조선시대의 규범이론과 규범체계

조선시대의 규범이론과 규범체계

1권

이재룡 외 12명

한국학술정보(주)

본 저서는 한국학술진흥재단 2002 기초학문육성지원사업의 일환으로 이루어졌습니다.(KRF-2002- 074-BS1060). 저자 일동은 도움을 주신 한국학술진흥재단에 감사의 뜻을 전합니다.

발간사

　문외한이 볼 때 법학을 공부한다는 것이 때론 매력적으로 보일지 몰라도 정작 법학자 자신은 어려운 학문이라는 생각이 든다. 주어진 법조문에 대한 해석으로 일관되는 것이 법학 아니냐고 묻는다면 그건 어불성설이다. 저급한 법학자야 평생 그렇게 법학을 할 수도 있겠지만 법은 일상적인 사람들의 규범적인 삶을 설명해내야만 한다는 지극히 간단한 사실만 직시해도 결코 법조문의 해석만으로 그칠 수는 없다는 것을 깨닫게 되기 때문이다. 일반인들은 물론이고 상인들 또는 수많은 공무원들조차 매 순간 언제나 법전을 찾아보고 행동하지는 않는다. 게다가 생활의 변화로 끊임없이 새로운 관계유형이 생겨난다. 그들이 매 순간 상황에 적합하게 대처하도록 하는 행동원칙은 어디에서 비롯되는가? 삶의 변화로 새롭게 형성되는 상호관계는 도대체 어디에 있는 행위기준을 토대로 이루어지는가? 법학자는 사람들이 일상행활 속에서 전개시키는 이와 같은 행위를 부문별로 설명해 내야만 한다. 어찌 법학이 간단히 조문의 해석에 그치는 학문일 수 있겠는가!

　이번 연구팀이 "조선조 법제도 연구를 통한 21세기 한국적 법문화에 관한 연구"를 3년에 걸쳐 진행 해 오면서 확인한 것은 바로 법학이 지닌 이와 같은 총체적 생활의 반영과 원리 또는 규준과의 조화를 우리의 선조들은 기막히게 잘 확립해 왔다는 점이다. 조선왕조는 이전의 어느 왕조에 비교할 수 없을 만큼 법전을 끊임없이 정비하고 반포한 왕조이다. 고려왕조가 변변한 법전 하나 없이 찬란한 문화를 구가한 것에 비해 왜 유독 조선왕조에 와서 법전의 발간이 줄기차게 이루어져야 했는지는 또 다른 학문적 연구과제이지만, 분명한 것은 조선왕조의 고도로 정비된 법제도가 하루아침에 이루어진 것이 결코 아니라는 점이다. 거기에는 시대적 역사적 환경에 최적의 삶의 조건을 만들어 가려는 우리 선조들의 줄기찬 경험적 사고와 지혜가 깃들어 있다. 어찌 '한글'이 하루아침에 만들어 지고 오늘날에 비추어 보아도 결코 손색없는 정밀한 관료제도가 저절로 이루어 졌겠는가? 우리는 이번 연구를 통해서 법제도 분야에 관한 우리 선조들의 놀라운 지혜를 확인 할 수 있었다.

이번 연구는 타의적으로 계수되어 사용하는 서구법체계와 법현실 간의 불합리한 측면을 전통법제의 연구를 통해 극복할 수 있는 방안을 모색해 보자는 의도로 추진되었다. 첫해에 전통법제를 분야별로 체계적으로 정리해보고, 두 번째 해에 각 법학분야에서 현대 법 도그마틱으로도 설명하기 어려운 한국적 법현실의 문제를 설명해 보고자 했으며, 3차 년도에 한국의 법문화가 처한 이와 유사한 경우를 중국과 일본은 어떻게 대처하고 극복했는가를 확인해 보려는 계획 하에 진행되었다. 연구를 진행하는 과정에서 드러난 것은 조선조 법제도가 연구자 몇 명이 모여 한 두 해 연구한다고 분석될 수 있을 만큼 간단한 것이 아니라는 사실이었다. 조선왕조는 세계적으로도 당대의 다른 나라와 비교해 볼 때 유례가 없을 만큼 장기간 지속된 왕조다. 고도로 정비된 법제도가 기능하고 있었으며, 사회통합을 이룰 수 있는 사회적 합리성의 가치가 보호받았고 신분사회였음에도 우리가 알고 있는 것 이상으로 평등하고 자유로웠다는 사실을 통해 볼 때 조선왕조의 장기지속성은 이유가 있었다는 점을 이해하게 된다.

본 연구를 책임져야 했던 연구책임자로서 전통법제에 대한 사전지식이라곤 전혀 없는 법학자들에게 어떻게 연구를 진행시켜서 소기의 목적을 달성 할 수 있을까 적지 않게 걱정을 했다. 현대법학과 전통법제도는 국가관 인간관은 물론이고 사상적 뿌리부터 다르기 때문에 이를 단순 비교할 경우 얼마나 무모한 작업이 될 것인가를 잘 알 고 있었기 때문이었다. 그러나 이러한 연구책임자의 걱정은 기우였다. 그들 자신이 선조들의 정서를 잘 알 고 있었고 그 때문에 고전을 읽고 이해하는 데에 어려움은 별로 없었다.

본 연구를 진행하면서 수차례에 걸친 학술발표회가 열렸는데 토론자로 참석한 전통 법사학 연구자들은 동일한 소재를 실정법연구자들이 분석하고 체계화 한 것이 종래의 법사학자들의 연구와는 다른 새로운 점이 두드러진다는 평가들을 했다. 법사학자들의 연구와 달리 실정법학자들의 연구는 경우에 따라서는 그대로 법제화가 가능하여 실효성의 측면에서는 분명 다른 위치에 있다. 본 연구가 목표로 한 것도 이 점이다. 이 점 또한 본 연구의 성과이다. 그러나 무엇보다도 가장 큰 성과는 실정법학자들의 전통법제에 대한 관심을 제고시킴과 아울러 구체화 시킬 수도 있고 더구나 연구를 진행하는 데 별 어려움이 없다는 점이다. 기왕에 전통법사상을 연구하는 기존 연구자(이재룡 교수, 진희권 교수, 유성국 박사)는 말할 것도 없고 조선조 관료제도와 현대 공무원 제도를 연구한 김중권 교수, 형사제도 전반을 분석한 박강우 교수, 채권제도의 여러 유형을 조사하여 계약의 관행 전반을 정리한 이재목 교수, 헌법제도로서의 국가제도를 분류 정리하여 분석한 최희수 박사 등의 연구는 단순한 연구 성과에 그치는 것이 아니라 그분들 자신이 전통법제에 깊은 애정을 갖게 되었으며 결코 소홀히 할 수 없는 중요한 연구과제라는 학문적 중요성을 인식한 것도 큰 산물이었다. 연구원들은 연구과제가 마무리 되어갈 즈음 본 연구 팀을 연구회로 전환시켜 지속적인 연구를 하자는 적극적인 의견을 개진하신 분들도 여러분 있었다.

3 차 년도에 개최된 국제학술회의에서 확인된 것은 중국의 경우 비록 우리보다 법제의 현대화 작업이 늦게 시작되기는 했지만 타의적으로 서구법을 계수한 우리와는 달리 서구법을 주체적으로 취사선택하여 계수하되 유사한 역사적 경험을 한 한국을 타산지석으로 삼고 있다는 점에서 우리보다는 훨씬 유리한 환경에 처해 있음을 알 수 있었다. 특히 우리와 문화와 역사를 일정부분 공유하고 있는 중국의 경우는 법학

전반에 걸쳐 전통법제와 현대법제의 관계에 대한 공동 연구 작업이 충분히 가능할 수 있다는 점도 확인할 수 있었다.

이번 연구의 결과물을 세상에 내놓는 데에는 적잖은 두려움이 앞선다. 본 저서는 한국에서는 처음으로 시도된 전통법제에 대한 종합적 연구이기 때문이다. 법사학자들과 다양한 분야의 실정법학자들이 한데 모여 3년에 걸쳐 이처럼 분석 토론을 거쳐 연구 성과를 학계에 보고한 경우가 한국의 법학계에서는 매우 드문 일이다. 13분의 전문연구자들이 총 19편의 논문을 단계별로 발표하고 그것을 한데 모아 저서로 엮은 것이다. 이 점에서 우리 연구자 일동은 남다른 감회를 느끼게 된다.

요즈음 같은 상황에서 전문연구서적을 출간한다는 것은 쉬운 일이 아니다. 본 연구의 취지를 듣고 흔쾌히 출간을 허락해 주신 한국학술정보(주)의 관계자 여러분께 드리는 감사함은 남다를 수밖에 없다. 본 연구가 진행되도록 끝까지 재정적 후원을 해준 한국학술진흥재단의 관계자 여러분들, 충북대학교 법학연구소 소장님 등 모두 본 저서가 출간되기까지 도움을 주신 분들이다. 이 자리를 빌어 감사의 뜻을 전한다.

2006년 1월 저자를 대표하여 이재룡 씀.

목 차

규범철학

인치, 법치 그리고 예치

조선왕조 법제도에서의 시간과 공간의 의미(1)
– 특히 법적 인간관에 대해서

이 재 룡

I. 법제도와 사회현실 간의 거리:
체계적 사고와 구체적 타당성

법제도와 사회의 관계, 즉 특정시대, 특정공간에서의 법제도가 바라보는 인간관은 문화적 속성을 지닌다. 법이 시간적·공간적 보편성 위에 기초하고 있다는 평범한 이치가 매우 중요한 요소라는 점은 틀림없는 사실이지만, 과거의 역사 속에 자리하는 법제도에 관한 문제는 분명 문화적 특성 위에서 거론되는 법제도의 특징적 부분을 찾아냄으로써 가능한 것이다. 법제사는 문화규범의 지평 위에서 호흡하며 존재를 과시한다.[1]

법질서는 법질서 그 자체로서 존재하는 것이 결코 아니다. 법제도 그 자체는 자기 목적도 지니고 있지 않으며, 자기 자신에게서 존재의 정당화 근거를 찾을 수도 없다. 오직 인간에 의해서 생성되고 변경되며 소멸될 수 있을 뿐이다. 그러므로 '법에 있어서의 인간'의 문제를 "'법은 인간을 어떻게 평가하는가' 또는 '법은 인간에 대하여 어떻게 작용하며 혹은 어떻게 작용하여야 할 것인가'와 같은 데에 있는 것이 아니고, 오히려 '법은 자신이 작용하고자 의도하는 인간을 어떻게 표상(表象)하고 있는가' 즉, '법은 어떤 종류의 인간에게 겨냥되어 있는가' 하는 데에 있다"는 문제의 출발점은 매우 그릇된 위치에서 법을 바라보는 시각이다.[2]

---

1) 법규범을 문화규범의 특성과 관련지어 설명한 사람은 마이어(Mayer, M. E.)이다. "법규범이 효력을 가지는 것은 이에 선행하는 일정한 문화규범이 통용되기 때문이다. 문화규범의 수범자는 일반 사회생활의 주체이다. 이에 대해 법규범은 문화규범의 효력을 전제로 하고 그것에 의해서 유지되고 있는 사회질서가 혼란에 빠졌을 때 이것을 구제하여 국민의 법익을 보호하는 임무를 가지고 있다."(황산덕, 『법철학강의』(방문사, 1983), 83면, 225면.
2) G. Radbruch/손지열·황우려, 『법에 있어서의 인간』(육법사, 1981), 19면.

법제도는 이미 발생된 사실을 소재로 삼는다는 점에서 현실 관련적이지만, 그에 대한 가치판단을 현실화한다는 점에서는 미래 지향적이다. 법에 부여한 가치를 객관적으로 정당화시켜야 한다는 어려움에 법학의 어려움이 자리하고 있다. 법제도가 특정가치를 제도적 차원에서 추구한다는 속성 때문에 자칫 이데올로기로 전화할 수 있다는 위험성은 법제도 자체가 안고 있는 영원한 딜레마이다. 그 때문에 사회 성원들의 다양성과 실질적인 삶의 모습을 보장함으로써 인간 삶의 건강함을 유지·보존하고 발양시키는 총체적 책임을 국가권력의 본래적 의무로 여길 경우, 법제도의 현실 관련성과 추구하는 가치이상 간의 교묘한 위치 설정은 좋은 국가·건장한 국가일수록 그 적절성을 찾아갈 수 있을 것이다.[3]

이러한 특징은 체계적으로 완비된 성문법 체제하에서 특히 두드러지게 나타날 수 있다. 이미 설정된 근본원리 또는 근원적인 가치를 제일원리로 하여, 여기서부터 하위의 원칙들이 도출되며 이러한 상하의 원리들이 유기적인 전체를 이루어 체계의 완결성이 확보된다. 그러므로 발생하는 사태를 법체계가 포섭·흡수하여 가치평가를 하고 법 내용의 집행력으로 현실화하여 현실의 상위에 존재하는 것처럼 여겨지게 된다. 법 도그마티커들에 의해 실정 법규의 체계적 완결성이 강조되면 될수록 이상과 이념이 현실을 규제하는 장치로 실질적인 기능을 하게 되는 기현상이 초래될 수도 있는 것이다. 즉 법은 끊임없이 다양하게 발생하는 현실 사태의 순간을 고정된 실체인 양 재구성하여, 미래를 염두에

---

3) "체계란 현실의 변화를 수용할 수 있는 가변성에의 문을 열어놓고 있는 개방적 계통이요 현실 경험에서의 整序이다. 그러므로 체계 그 자체에는 존재론적인 자기원인이 있을 수 없다. 체계가 자기 원인에 의해 실체로 받아들여질 것이 요구될 때 사회 구성원들은 이데올로기의 폭력 앞에 노출될 수밖에 없다. 우리는 이와 같은 현상을 인류 역사를 통해 적지 않게 확인할 수 있다."(이재룡, 「사계 김장생의 현실인식과 예학에 대한 비판적 이해」, 『법학연구』 12권 (충북대학교 법학연구소, 2001), 235면.

둔 가치평가를 하고 그것을 정당화시켜야 한다는 난처한 위치에서 존립해야만 한다. 그러므로 좋은 법질서란 다름 아니라 '생명들이 빚어내는 현실의 다양한 건강성을 어떻게 통합적·근본적 원리로 한데 엮어 전체의 시간적 계속성을 확보할 것인가'에로 집약된다고 하겠다.

II. 조선사회와 법제도

주지하듯이 조선왕조는 우리나라 역사상 최초로 통치이념을 표방하면서 건국된 왕조였고, 게다가 어느 왕조에서도 볼 수 없을 만큼 완비된 성문법전을 구비한 왕조였다. 이에 비해 문화가 난숙기에 접어든 고려시대에는 체계적인 성문법전이 없었고, 후기에 와서야 성문법전을 제정하려는 몇 번의 시도가 있었으나 결국 이를 완수하지 못한 채 조선의 건국을 맞았다. 그러나 어떻게 하여 조선왕조에서는 갑자기 활발하게 성문법전이 제정되고 이를 엄정하게 지켜야 한다는 규범의식이 제고될 수 있었는가. 이는 앞으로 연구해 보아야 할 과제이지만 여기서 필자가 강조하고 싶은 것은, 조선왕조가 이처럼 법치국가를 표방하고 건국된 나라라 할지라도 수천 년 지속되어 온 관습법 중심의 사고를 일거에 없앨 수 없었을 뿐더러 그럴 필요도 없었다는 점이다. 즉 조선왕조는(적어도 성리학이 극성을 부리기 전까지는) 고려사회에 비해 신분적 완고성이 완화되고 계층 간 상하 이동의 활로가 편협하지 않았으며 무엇보다도 성리학이라는 합리적 사고의 틀이 사회의 재편 과정에 작용하고 있다는 특징을 지닌다.[4) 조선왕조에서의 성문법전 제정의 필요성은 지

---

4) 엄격히 볼 때 조선조 초기의 건국의 주역들이 성리학으로 무장된 학자들이었다고 볼 수는 없을 것이다. 그들은 성리학적 기본 개념을 이해하고 성리학 전

역적·시대적 특성을 담고 있는 누적되어 온 관습법적 불합리를 보편적이고 일반적인 공통의 합리적 원리에 의해 해소시킴으로써 사회적 통합을 유도하려는 의도에서 찾을 수 있다. 그러므로 조선왕조에서의 성문법과 불문법의 관계는, 그것이 양자택일의 선택적 차원의 문제가 아니라 현실문제의 다양성과 시간적 적의성(適宜性)을 보장하면서 필요한 만큼의 사회적 통합을 이끌어내기 위한 상위의 원리로 성문법체계를 바라보았다는 점에서, 이 양자는 상호적 보완관계에 있었다고 볼 수 있다. 그렇다면 성문법규의 엄격성과 구체적 사태 내에서의 실질적 타당성 간의 긴장관계와 논리적 비약의 문제 등을 우리의 선조들은 어떻게 해결했으며, 어떻게 사회적 합의를 이끌어 낼 수 있었는가?

이러한 문제의 어려움은 조선조 초에 완성된 근본법인 경국대전의 조항이 개정되거나 수정되지 않은 채 수백 년을 유효한 규정으로 작용하면서 위에서 말한 바와 같이 구체적 사례에 내재된 정당성의 지표를 확인하려는 규범 태도를 저버리지 않으면서 시대적 변화를 수용할 수 있는 탄력적인 법운용을 동시에 추구해 왔다는 현상에서 더욱 두드러진다. 조선왕조의 법제도가 지니고 있는 이와 같은 특징을 살펴보기 위해 필자가 선택한 방식은 실증적 자료를 통해 성문법규와 구체적 사례를 분석함으로써 조선왕조가 추구해 온 법체계의 원리를 찾아보는 것이다. 이하에서는 『조선왕조실록(朝鮮王朝實錄)』, 『조선왕조실록』의 원사료로 사용되었을 만큼 상세하게 사건의 전모와 해결 과정이 담겨있는 『비변사등록(備邊司謄錄)』, 『수교집록(受教輯錄)』, 『수교정례(受教定

체의 체계를 구축하는 것도 쉽지 않은 과제였다. 더구나 그러한 성리학적 원리를 토대로 국가제도와 기틀이 어떻게 형성되어야 하고 사회질서는 어느 정도로 어떤 방향으로 정립되어야 하는지에 대한 구체적인 고민이 없었다. 이는 건국 초에 만들어진 각종 사회 법제를 살펴보면 확인할 수 있다. 즉 상속재산의 남녀 차별 없는 공평분배 제도, 제사의 윤회봉사와 외손봉사, 재가금지에 대한 백여 년에 걸친 논란, 과거를 통한 양민의 관리 등용의 기회 부여 등 오히려 고려시대에 비해 사회적 계층 이동의 문이 훨씬 더 폭넓게 열려 있었다.

例)』 등 당대의 역사적 사료와, 각종 법전을 중심으로 관련 문헌과 함께 살펴보기로 한다. 그리고 덧붙여 말할 것은 당시의 규범 현실을 가감 없이 접근하기 위해 가급적 간접 문헌을 참조하기 않기로 한다.

조선왕조의 어느 시대를 주된 연구대상으로 삼을 것인가의 문제도 제기될 수 있다. 주지하듯이 임란을 기점으로 정치집단과 백성들 간의 관계가 일변하게 되고, 정치집단 내부의 심각한 갈등은 또다시 양차 호란을 통해 표면화하게 된다. 대체로 임란과 양차 호란을 거치면서 성리학적 이론과 실천으로 투철하게 무장된 사람들의 정치적 영향력이 강화되면서 그들에 의해 성리학적 이념을 구현하기 위한 정치 제도화·법제도화 등이 추구된다. 이러한 현상은 『주자가례(朱子家禮)』의 위상을 군왕의 권위보다 상위에 설정함으로써 심각한 정치적 마찰을 빚기도 했지만,5) 사림들은 중앙 정계와 지방 향리에서 공히 성리학적 규범의식을 정착시키려 심혈을 기울였다. 이러한 시대적 변화를 겪으면서 법제도가 변모를 거듭하기는 했지만 왕조실록의 논의나 각종 사건 판례 기록 등은 그러한 시대적 변화상을 충실히 반영하고 있으므로, 이를 다시 구체적으로 분류 대비하여 그 특징을 섬세하게 논할 필요는 없다고 본다. 조선시대의 법전의 편찬 형식은 이러한 시대적 변화를 그대로 반영할 수 있는 체제를 갖고 있기 때문이다. 그러므로 이하에서는 법조항의 변화나 판례의 기록을 시대적 추이에 따라 살펴보면서 그에 따른 법 사상적 변화의 모습을 추적해보기로 한다.

---

5) 己亥禮訟은 孝宗이 죽은 뒤 그의 계모인 자의대비(趙大妃)가 효종의 상(喪)에 어떤 복을 입을 것인가를 두고 일어난 논란이었다. 甲寅禮訟은 효종의 妃인 仁宣王后가 죽자 慈懿大妃(趙大妃)가 어떤 상복을 입을 것인가 하는 문제를 놓고 벌어졌다. 이러한 논란의 저변에는 王嘉禮, 즉 國家禮에 일반 私家禮(특히 朱子家禮)를 적용함으로써 朱子의 권위(실제로는 朱子의 권위를 등에 업은 臣權)가 王權에 우선한다는 주장에 다름 아니었다.

Ⅲ. 법에서의 인간

앞서 기술했듯이 체계적인 성문법제도를 구비하고 있었음에도 구체적 타당성의 확인을 게을리 하지 않았던 조선시대의 규범관은 일견 모순된 이해의 태도처럼 여겨질 수도 있다. 이는, 한 쪽에서는 구체적 사실이, 다른 한 쪽에서는 논리적 규범체계가 동일한 삶의 권역에서 동시에 작용하고 있었기 때문이다. 그렇다고 조선시대의 법률가들이 성문법체계가 모든 사태를 포섭할 수 있다는 법 해석의 지평에서 논리적 완결성을 추구한 것도 아니다. 조선시대의 규범문화를 이와 같이 이해할 수 있는 이유는, 조선시대의 법제도의 형성과 운용이 법체계의 완결성을 신조로 하는 개념법학적 사고와 구체적 사태에 내재된 관계의 정당한 기준을 확인하려는 문제변증론적 사고(topisches Denken) 간의 접합점에 위치해 있기 때문이다.6)

인간의 삶은 시간과 공간의 무수한 관계 속에서 끊임없이 변해가며 지속되고 있다. 그러한 인간 삶의 한 찰나적 순간에 불과한 사건이나 사태를 지속적인 항구적 실체로 구성할 수 있다면 그것은 얼마나 실재에 가까울 수 있을까? 체계적 사고의 응축물인 실정 법질서는 스스로 실질적 사태에 간여할 수 있는 시간적·공간적 범위를 설정하게 된다. 이는 어느 시점부터는 변화된 법적 환경을 따라 스스로 변해야 함을 자신이 잘 알고 있다는 의미이다. 이 모든 복잡한 논의의 저변에는 시간의 흐름에 따라 부단히 새로 설정되는 공간구조의 재편성은 결국 어느 하나 따로 떼어 고려할 수 없는 동일체라는 점이 전제되어 있다. 즉 공간구조와 시간적 영역은 분리해서 사고할 수 없는 동일한 사태의 양면이라는 것이, 법적사고의 중요한 출발점이 된다.

---

6) T. Viehweg/계희열, 앞의 글, 371면 이하.

　그러므로 법에서의 인간상은 고립적·주체적 자유의 영역에 놓여있는 개인도 아니요, 그렇다고 전체 속에 매몰된 부분자로서의 삶도 아니다. 현실에서 전개되는 모습 그대로 서로간 적당히 관계 맺고 적절히 독립적이면서, 필요한 만큼 상하 선후와 연결되어 있고 필요한 만큼 종횡으로 간극을 둘 수 있는 관계일 뿐이다. 법은 바로 이와 같은 인간 본연의 삶의 모습을 보장해 주어야 한다.

Ⅳ. 남녀: 비교적 대등했던 전통에서
차별적 나눔의 관계로

　조선시대에 사회조직의 최전선에서 기능했던 종법제(宗法制)는 바로 이와 같은 사회적 인간관을 담고 있다. 주지하듯이 종법제는 혈연관계의 시간적 영속성과 공간적 확장성을 일정한 규칙에 의해 질서 지으려는 제도이다. 종법제를 통해 사회적 존재인 한 인간은 부단히 변하는 시간과 공간에서의 자기 위치를 확인할 수 있게 된다. 종법제는 혈통에 의한 선후간의 유래를 밝히고 혈연관계의 종횡을 엮어 이를 일목요연한 좌표로 담아냄으로써 한 인간의 사회적 제반 관계와 지위를 설정해 주고 있다. 이는 한 인간을 단세포적인 개별적 단독자로 이해하는 것이 아니라 혈연에서 혈연으로 이어지는 무한한 시간적 영원성을 타고 흘러가는 매개적 주체로, 그것도 그러한 주체들 간의 복잡하고 무수한 새로운 배열을 창출하는 공간구조상의 존재로 바라보고 있음을 의미한다.

　시간적 영속성을 보장하려는 장치가 대종(大宗)과 소종(小宗)의 구별이요, 공간적 확장성을 정서(整序)한 것이 복잡한 촌수관계다. 이러한 종법제가 실질적인 현실관계에서 크게 벗어날 수 없는 것은, 예법제도가 인정(현실관계 또는 존재 사실)에 바탕하여 의리(도덕 가치 또는 당위 가치)를 추구하는 현실 관련성을 결코 저버리지 않을 때에만 실효성이 보장된다는 사실과 궤를 같이한다.7) 이는 당위 가치를 지향하는 법질서가 현실의 실효성을 보장받을 경우에만 정당성의 효력을 인정받는 것과 같은 이치이다. 즉 형식은 반드시 내용을 담고 있어야 하며, 이 경우 형식이 예(禮)라면 내용은 인정이라는 본말관계가 성립한다.8) 예(종법제, 가례 등)든 법질서든 이러한 관계의 적절성을 초월하게 되면, 그것은 그때부터 이데올로기의 색채를 띠게 된다. 규범적 가치체계가 현실을 규정하려는 모습이 어떻게 시작되는 살펴보자.

> 사헌부에서 남녀가 다른 길을 걷게 하고, 저자를 같이하지 못하도록 청하였으나, 받아들이지 아니하였다.9)

어느 사회에서든 남녀의 관계는 사회의 최소 단위를 이루는 출발점이 된다. 문명사회에서 성적인 표시를 금기시하는 규범의식이 상존해 온 것은 남녀간의 성적 접촉을 자연적 행태에 방임해 둘 경우 사회의 존립 자체에 심각한 폐해를 줄 수 있다는 역사적 경험 때문이었을 것이다. 그러므로 『예기(禮記)』에서도 "남녀는 서로 섞여 앉지 않고 옷걸이를 서로 함께 쓰지 않으며 수건과 빗을 함께 사용하지 않는다. 물건도 직접 주고받지 않는다"고 했다.10) 성리학적 규범의식을 사회에 천착시키려는 사대부들의 이념적 요구에 현실적인 부적절성을 들어 세종은 반대하고 있었던 것이다. 그러나 성리학이 확고하게 제자리를 잡아가던

---

7) 『禮記』, 「間喪」, "此孝子之志也, 人情之實也, 禮義之經也, 非從天降也, 非從地出也, 人情而已矣!"; 『史記』 卷二十三, 「禮書」, "太史公曰: …… 余至大行禮官, 觀三代損益, 乃知緣人情而制禮, 依人性而作儀, 其所由來尚矣."

8) 이재룡, 앞의 책, 72면.

9) 『朝鮮王朝實錄』, 世宗 5년 10월 5일 壬子.

10) 『禮記』, 「曲禮上」, "男女不雜坐, 不同椸枷, 不同巾櫛, 不親授. 嫂叔不通問, 諸母不漱裳."

영·정조 시대에는 이와 매우 상이한 남녀관이 피력된다.

예전에 선정(先正) 조광조(趙光祖)가 도헌(都憲)이 되니, 남녀가 오히려 (다니는) 길을 달리하였다. 선정(조광조)은 인신(人臣)으로서 교화가 행해지고 풍속이 아름다워질 수 있게 하였는데, 더욱이 인군이 되어서 만약 교화할 수 있다면, 어찌 음란한 풍습과 패악한 행동이 있겠는가?[11]

영조대왕의 푸념에 찬 바람은 현실과 조응해야 할 규범이 이미 지고한 가치이념으로 이 땅을 지배할 수 있는 차원으로 제고되고 있음을 드러내고 있다.

V. 혼인: 원초적 현상에 대한 국가의 관심

남녀간의 관계는 혼인과 이혼에 관한 국가의 깊은 관심에서도 나타난다. 혼기에 찬 남녀간의 정의(情誼)는 사적 영역의 세계라서 국가가 간섭할 일이 아닌 듯 여길 수 있으나, 치자의 통치행위란 천하 만물이 있어야 할 제자리를 잡도록 이끄는 데 있다는 통치철학을 염두에 둔다면 그것을 쉽게 이해할 수 있을 것이다.[12]

송인명이 또 "혼인할 때를 넘긴 남녀는 관가의 힘으로 돕거나 종족(宗族)이 수반하여 니이가 차두 짝을 짓지 못하는 한탄이 없게 하소서."[13]

---

11) 『朝鮮王朝實錄』, 英祖 23년 8월 4일 壬戌.
12) 『中庸』, 二十二章, "唯天下至誠爲能盡其性. 能盡其性, 則能盡人之性. 能盡人之性, 則能盡物之性. 能盡物之性, 則可以贊天地之化育. 可以贊天地之化育, 則可以與天地參矣."
13) 『朝鮮王朝實錄』, 英祖 15년 1월 5일 壬子.

"남녀가 혼인하여 같이 사는 것은 인륜의 중대한 바이니, 백성들이 홀로 사는 것을 원망함이 없도록 하는 것은 왕자(王者)의 정치에서 먼저 할 바입니다. 바야흐로 동궁(東宮)의 가례(嘉禮)하는 날을 당하였으니, 태왕(太王)의 같이 즐겼던 것과 같은 은혜를 미루어, 가난하고 궁핍하여 때를 넘기고도 시집 장가 못간 사람을 남자는 30세, 여자는 25세로 한정하여 정밀하게 뽑고 구별하되, 서울은 호조와 선혜청에 지방은 도신(道臣)과 수령에게 모두 혼인을 돕도록 하여 필부필부(匹夫匹婦)가 짝을 얻지 못하는 원망이 없도록 해야 하겠습니다" 하니, 임금이 그대로 따랐다.[14]

모든 백성들이 적령기에 원만하게 결혼을 할 수 있는 것 또한 국가 통치에서 간과할 수 없는 중요한 지표가 되고 있는 것이다. 국가는 결코 결혼 적령기를 넘어 시기를 훌쩍 넘겨버린 남녀가 도처에서 힘겹게 살아가고 있는 현상을 결코 묵과할 수가 없는 것이다. 이는 국가권력이 백성들의 사적인 영역에 깊이 간여함으로써 그들의 삶을 통치방향에 적합하도록 통제하고 향도하는 데 목적이 있는 것이 아니라, 한 인간으로써 일생을 통해 누릴 수 있고 누려야 하는 지극히 당연한 최소한도의 삶을 보장해주는 것이 국가의 임무이기 때문이다. 국가와 국왕은 자기 자신에 의해 정당화되는 것이 아니라 바로 이와 같은 인간 일반의 보편적인 삶의 추구를 위해 존재하기 때문이다. 다음의 기사에는 조선조 국가권력이 바라보는 인간관이 잘 나타나 있다.

집이 그렇게 가난하지 아니하면서 나이가 30세 이상이 되도록 출가시키지 아니한 경우에 그 가장을 중벌로 논하고, 사족(士族)의 딸의 나이가 장성하였으되 가난하여 출가시키지 못한 자는 수령이 감사에게 보고하고 자재를 주어 혼인하게 하고 세초(歲抄) 때 계문(啓聞)한다.[15]

이는 국왕이 백성을 지배하고 통제하기 위해 사사건건 백성의 일에

---

14) 『朝鮮王朝實錄』, 英祖 19년 1월 25일 更子.
15) 『百憲總要』, 婚娶.

간섭한다는 의미가 아니다. 한 인간의 일생은 천지자연의 이치에 맞게 순리대로 이루면서 변해가야 하는 것이고, 왕은 하늘의 숭고한 큰 뜻을 인간세계에 실현시키는 대행자 역할을 해야 하므로, 한 여인의 삶이 기구하게 전개될 수밖에 없는 사회적 환경을 만들어낸 데에 일말의 책임을 지고 있는 것이다.

Ⅵ. 부 부

부부는 가정의 가장 중요한 핵심을 점하고 있으며 사회 구성의 출발점이 되고 있다.[16] 가정 내에서의 부부의 이상적 모습을 살펴보자.

부부는 인륜의 근본이며 만화(萬化)의 근원입니다. 『시경』은 「관저(關雎)」로 시작하였고, 『역경』은 건곤을 바탕으로 하고 있어 그 뜻이 미묘합니다. 한번 더불어 같이하면 죽을 때까지 바꾸지 못합니다.

이러한 '부부의 의'를 저버리는 행위에 대해 세종 당시의 사법 판단은 유교 윤리에 엄격하지 않았던 듯하다. 계속 이어지는 상소문을 보면 이를 확인할 수 있다.

왕왕 음욕을 못 이겨 행동을 거리낌 없이 함부로 자행하였다가 정상이 드러나고 일이 명백하게 되면, 유사(有司)는 율문에 구애되어 형벌하기를 즐겨하지 아니하니 방종하게 음란한 행위를 자행하여 인륜을 어지럽힌 사

---

16) 『周易』, 「序卦」, "有天地然後有萬物; 有萬物然後有男女; 有男女然後有夫婦; 有夫婦然後有父子; 有父子然後有君臣; 有君臣然後有上下; 有上下然後禮義有所錯." 또한 『中庸』 二十一章에도 "君子之道, 造端乎夫婦; 及其至也, 察乎天地"라는 말이 있다.

를 무엇으로 징계하겠습니까. 『서경』에, 상도(常道)를 무너뜨리고 풍속을 어지럽히는 행위를 세 번 거듭하면 '그 죄가' 미세한 것일지라도 용서하지 않는다고 하였습니다. 청하옵건대, 지금부터는 양반 부녀로서 실행(失行)한 자는 전형(典刑)을 밝히어서 음란을 방지하여 풍속을 바르게 하소서.[17]

고려 말의 유풍으로 인해, 『대명률(大明律)』의 「간범조(犯奸條)」에 의거한 처벌로는 유교적 사회윤리를 진작시킬 수 없다는 진단을 한 것 같다. 국가적 차원에서 가정을 보호하려는 정렬을, 부부간의 이혼을 최소화하려는 법적 태도에서도 확인할 수 있다.

형조에서 아뢰기를, "길주 사람 김가물의 아내는 그의 남편에게 이혼한다는 증서를 억지로 쓰게 하고, 사사로이 이실의 아들과 같이 살았습니다. 이에 가물이 악감정을 품어 이실의 집에 불을 지르고, 실의 소를 쏘아 죽이고 도망하였습니다."[18]

이 기사는 조선 초의 사회풍습상, 양 당사자에 의해서 비교적 어렵지 않게 협의 이혼이 가능했음을 보여주고 있다. 아마도 아직까지 고려 말의 자유스런 유풍이 강하게 남아있는 사회 분위기 때문이었을 것이다.

VII. 이혼: 억제와 허용의 줄타기

그러나 시대가 바뀌어 성리학적 규범윤리가 정착하기 시작한 숙종조 대에는 이혼에 대한 태도가 상당히 변하고 있다.

---

17) 『朝鮮王朝實錄』, 世宗 11년 9월 30일 癸酉.
18) 『朝鮮王朝實錄』, 世宗 14년 10월 29일 甲寅.

부부는 오륜의 시작이요 삼강의 근본입니다. 부부가 올바르게 된 이후에
야 오륜과 삼강을 펼칠 수가 있습니다. 만일 부인이 나쁜 행실이 있는데도
남편이 감히 버리지 못하고, 비록 패륜·난상(亂常)에 이를지라도 다만 서
로 이혼하지 않는 것으로만 도리를 삼는다면 윤리와 기강에 손상됨이 있지
않겠습니까. 동국(東國)(朝鮮을 의미)의 풍속은 여자가 정조와 신의가 있어
서 한번 시집가면 개가를 하지 않고 비록 축출을 당하더라도 종신토록 스
스로 수절을 하였기 때문에, 국법에서 가볍게 이혼하는 것을 허락하지 않았
으나, 만일 그 죄악이 법률에 관계된 경우에도 또한 일찍이 그 이혼을 허락
하지 않은 것은 아닙니다. 『대명률』에 기재된 것은 바로 국전(國典)인데,
이혼하는 법률이 없다고 말하는 것을 신은 옳은지 알지 못하겠습니다.[19]

그러나 이혼이 완전히 봉쇄된 것은 아니고 적법 행위로서 분명 기능
을 발휘하고 있었다. 다음의 기사는 이를 잘 말해주고 있다.

처가 있으면서 다시 취처(娶妻)한 자는 장형 90에 처하고 이혼하게 한
다. 처에게 축출(逐出) 및 의절하여야 할 사유가 없음에도 축출한 자는 장
형 80에 처하고 비록 칠거지악을 범하였다 하여도 삼불거(三不去)의 사유
가 있는데 축출한 자는 2등을 감하고 도로 찾아와서 살도록 한다.[20]

만약 부부가 서로 화목하지 못하여 양자가 이혼하기를 원하는 경우에는
처벌하지 아니한다. 칠거지악 중에 악질(惡疾)과 무자(無子)는 논하지 아니
한다. 이혼을 하여야 할 처지이나 이혼하지 아니한 자는 장형 80에 처한다.[21]

정조대왕 당시에 간행된 『백헌총요(百憲總要)』에 담겨있는 위와 같
은 기사에서 보면 부부간의 애정문제만큼은 국가도 어찌할 수 없는 부

---

19) 『朝鮮王朝實錄』, 肅宗 39년 4월 27일 甲戌.
20) 『孔子家語』, 「本命解」, "婦有七出, 三不去. 七出者: 不順父母出, 無子出, 淫僻出,
惡疾出, 姑疾出, 多口舌出, 竊盜出. 不順父母出者謂其逆德也; 無子者謂其絶世
也; 淫僻者謂其亂族也; 嫉妒者謂其亂家也; 惡疾者謂其不可供粢盛也; 多口舌者
謂其離親也; 竊盜者謂其反義也. 三不去者: 謂有所取無所歸一也; 與共更三年之
喪二也; 先貧賤後富貴三也; 凡此聖人所以順男女之際, 重婚姻之始也."
21) 『百憲總要』, 婚娶.

분으로 차치하고 있는 것 같다. 그것은 어찌 보면 당사자끼리의 인생문
제일 수도 있기 때문이다. 그래서인지 이미 죽은 아내와 호적상 이혼을
강행한 사례도 눈에 띤다.

원경렴(중략)의 아내는 바로 적신(賊臣) 이명언의 딸이다. 원경렴이 그
집에서 보호해 길러졌는데 을해년에 이르러 비로소 조정에서 이명언에게
역률(逆律)을 시행하였으나, 그 아내가 이미 죽어서 법이 이혼에 해당되지
아니하였는데도 원경렴이 그 자신에 누가 될 것을 두려워하여 이미 죽은
아내와 구태여 이혼을 하니, 세상에서 모두 그 사람됨을 박하게 여겼다.[22]

Ⅷ. 남존여비

조선조 중·후기에 접어들면서 혈연적 가족 체제의 유지는 물론 남
녀관계의 정신(貞信)함도 여자의 몫이라는 사회윤리가 자리 잡아가고
있었다. 물론 간통죄의 경우 남녀 모두를 처벌하는 법률은 분명 기능하
고 있었지만, 적어도 사회 저변에서는 여자의 행실을 옥죄는 사회의식
이 퍼져가고 있었다.

임금이 희정당에서 초복(初覆)을 행하였다. 황주의 양가집 여식 김작은
년은 나이 20세가 되도록 출가하지 않았는데, 그 이웃 사람이 아내로 맞이
하고자 하여 그 부모에게 청하였으나 허락하지 않았다. 그 이웃 사람은 원
래 완패(頑悖)한 자로서 처녀의 집에 몰래 들어가 겁간(劫奸)하고자 하였
으나 처녀가 큰 소리로 외쳐 모면하였는데, 그 이웃 사람이 공공연하게 말
하기를, "내가 이미 그 처녀와 간통했으니 다른 데로 시집갈 수 없다"고
하였다. 처녀가 그 소문을 듣고 억울하고 분통하여 스스로 월파루의 절벽

---

22) 『朝鮮王朝實錄』, 英祖 34년 2월 30일 丙戌.

아래에 투신하였으나, 남의 구원을 얻어 회생하였다. 그러나 스스로 생각하기를, '저들은 친족이 번성하지만 나는 몹시 잔약하여 마침내 그 수욕(羞辱)을 받을 것이니, 차라리 한 칼로 같이 죽어 흔쾌히 억울함을 씻는 것만 못하다' 하고, 드디어 남장을 하여 칼을 품고 새벽에 이웃 사람의 집을 찾아가 그를 찔러 죽이고, 스스로 잡혀서 관가에 나아갔다. 도신(道臣)이 그 정상을 계문하니, 임금이 친히 판부(判付)하기를, "살인에 대해 상명(償命)하는 것이 비록 법문에 실려 있으나, 절개를 세워 세상을 권장함은 왕자(王者)의 도리이니, 특별히 용서하도록 하라" 하였다.[23]

조선조 중·후기에 오면 혈연적 종법제가 완전히 정착하여 재가 금지가 본격적으로 권장된다. 강치휴가 상소에서 지적한 열 가지 폐해 중 개가를 금지하여 막고 있는 폐단을 들고 있는데, 이에 대한 정조대왕의 비답(批答)은 다음과 같았다.

> 진달한 말은 묘당(廟堂)으로 하여금 조목조목 품처(稟處)하여 실효가 있게 하도록 하겠다. 새로운 법을 엄격하게 세워 개가할 수 있도록 하는 일에 있어서는, 사서(士庶)의 여자들이 두 번 지아비에게 시집가지 않음은 우리나라의 3백 년 동안에 스스로 이루어진 습속으로서 당초에 법을 세워 금지하는 경우가 없었는데, 지금 무슨 법을 세워 허락하겠는가?[24]

정조대왕의 지적대로 재가 금지는 국법에 의해 집행됨으로써 제도화된 것이 아니다. 이는 순전히 사대부들이 성리학적 유교 윤리를 철저히 준행함으로써 양반 계층에 보편적인 강력한 규범력을 담보 받게 된 것이고, 이는 결코 무시할 수 없는 사대부들의 사회제도로 정착된 것이다. 이러한 사실은 조선 초의 연산군 시대의 논의를 보면 잘 알 수 있다.

> 이 법은 조종조(祖宗朝)에는 있지 않았던 것인데, 성종께서 자의로 결단

---

23) 『朝鮮王朝實錄』, 英祖 19년 11월 23일 壬寅.
24) 『朝鮮王朝實錄』, 正祖 1년 6월 13일 壬子.

하여 세우신 것은, 특히 인심을 격려하기 위한 것뿐이었으므로, 그 당시 조정 신하들도 모두 불가하다고 여겼던 것입니다.[25]

IX. 가족: 혈연 농도에 따른 친소원근의 입체구조

『대학(大學)』의 8조목의 하나인 「제가(齊家)」는 남녀의 정위(正位)와 부부간의 도리를 실천함으로써 이루어진다. 안정되고 예의바르며 화목한 가정을 이루는 것은 통치행위의 이상으로, 임금이 언제나 염두에 두어야 하는 중요한 덕목이었다.

> 조강(朝講)에 나아갔다. 시독관(侍讀官) 황염이 아뢰기를, "여기에 가정에 예방하는 일이 있으면 후회가 없으리라 했습니다. 대저 임금이 나라를 다스리는 도(道)에 있어서는 집을 바르게 하는 것이 가장 중요합니다. 때문에 늘 법도(法度)로 사전에 예방하면 규문(閨門)이 엄숙해지고 적서(嫡庶)의 명분이 현격하게 되는 것입니다. 그렇게 되면 나쁜 사람이 있더라도 사특(邪慝)한 술법을 부릴 수가 없게 되는 것입니다."[26]

가족의 구성원은 혈연의 친소원근에 따라 가족 내에서의 지위와 역할이 달리 주어진다. 물론 수천 년 내려온 역사적 전통에 의해 하루아침에 적장자 중시와 남녀 차별이나 적서 차별 등이 보편화될 수는 없겠지만, 성리학적 유교 윤리가 사회적 규범원리로 정착되기 시작하던 조선조 중·후기에 오면 내외법(內外法)이 사회제도로 정착하게 된다. 이러한 현상은 국법에 의해서 강요됨으로써 초래되었다기보다는 성리학으로 무장한 사대부들의 자발적 행례(行禮)로 인해 이루어진 것으로

---

25) 『朝鮮王朝實錄』, 燕山君 3년 12월 12일 己卯.
26) 『朝鮮王朝實錄』, 中宗 22년 4월 22일 丙寅.

써 조선조 17세기 이후 조선의 여성들은 극도의 제한적 삶을 살아야 했던 것이다. 물론 이러한 현상이 전 사회적인 일반적 모습은 아니었을지라도 지배층의 삶의 모습은 분명 조선조 초기와는 다른 모습이었다.

　조선의 지배층들이 여성에 대한 억압적 구조를 지속적으로 강요해온 것에 비해 가족의 구성원들은 혈연적 친소원근의 정도에 비례해 가족의 문제를 자신의 문제와 동일시하는 전통적 가족관은 변함이 없었다. 오히려 종법제도에서의 부계 혈족 간의 관계는 더욱 강조되는 측면을 보이고 있다. 당시의 법체계에서, 이러한 특징은 부부관계·부자관계는 물론 가족 내의 주인과 노비의 관계에까지 잘 나타나 있다. 즉 법적 효과의 귀속을 자기 책임의 원칙에 입각해 행위자 자신에게 귀속시키는 것이 아니라 혈연 공동체의 긴밀성의 정도에 따라 일정 한도 내에서 대리할 수 있는 것으로 취급하고 있다는 점이다. 오늘날의 규범관에 비추어 볼 때 이해하기 힘든 이러한 현상을 좀 더 자세히 살펴보자.

　　대체로 세와 공물로 바치는 쌀과 밀가루를 받아들이고서 수량대로 납부하지 않는 자, 금 그릇이나 은그릇을 받아들이고서 납부하지 않는 자, 일부러 배를 파손시킨 자, 관청과 개인의 묵은 빚을 진 자에 대해서는 설사 본인이 사망하였다 하더라도 아내나 자식에게 재산이 있는 경우에는 받아내는 것을 허락한다.27)

　그러나 정조대왕 때 편찬된 『대전통편(大典通編)』에서는 이에 대한 상세한 세부 사항이 조목별로 법례화되어 있다. 그중 다음과 같은 조항이 특별히 자세히 규정되어 있다.

　　무릇 본인이 사망하면 미(米)·면(麵)·포화(布貨)·잡물(雜物)에 흠축(欠縮)이 있어도 추징은 면제한다. 공사(公私)의 부채에 있어서는 친부자를 제외하고는 형제와 일족으로 일시 동거한 자에게는 일체 침범하지 못한

---

27) 『經國大典』, 「戶典」, 徵債.

다. 공채 600냥 이상을 상환하지 못한 자는 양인이나 공천·사천이나 비록
납물당상관(納物堂上官)이나 납물가선대부(納物嘉善大夫)라 할지라도 모두
그 처자를 당해 관서의 노비로 삼고 그 채물(債物)은 결손 처분한다. 잡직
당상관이나 잡직가선대부면 당사자는 정배하고 처자는 관서의 노비로 삼되
당사자이거나 자손 중에서 그 소정액을 추납(追納)하면 각각 본역(本役)에
복귀할 수 있는 허가를 지령(指令)한다.[28]

실제로 가족의 채무 지체로 인해 형벌을 감수한 경우가 종종 눈에
띄기도 한다.

김홍립의 아들 성진은 그 아버지 부채를 이미 갚았는데 그 동료가 미처
갚지 못함으로써 아직 석방되지 못하였다 하옵니다.[29]

김성길의 처 이례는 어영청의 통첩에 의하여 그 남편 김성길이 군수은(軍需
銀) 1백 30냥을 대출하여 여러 해 상환하지 아니함으로 수감된 것입니다.[30]

이러한 가족관은 일정 혈연의 범위 내에서 범죄자의 은닉을 허용해
야 할 정도로 실질적 규범원리가 되고 있다.

무릇 동거하는 친속과 대공(大功) 이상의 복(服)을 입어야 할 친속 간과
외조부모·외손·처의 부모·사위 또는 손부·남편의 형제 및 형제의 처가
범죄하였을 때는, 서로 범인을 은닉하는 것을 허용하며 노비나 고공인(雇
工人)이 가장을 위하여 그 범죄를 은닉한 자는 모두 불문에 부친다. 만약
그 범죄 사건을 관가에서 수사하는 것을 알고 정보를 누설하거나 또는 소
식을 범인에게 알려주어서 죄인을 은닉하거나 도망하게 한 자도 또한 처벌
하지 아니한다.

그러나 소공(小功) 이하의 복을 입어야 할 친속이 서로 범인을 은닉하며

---

28) 『大典通編』, 「戶典」, 徵債.
29) 『備邊司謄錄』, 孝宗 3년(壬辰) 10월 13일.
30) 『備邊司謄錄』, 孝宗 4년(癸巳) 11월 12일.

수사 사건의 정보를 누설한 자는 일반 타인보다 죄 3등을 감경하고 무복지
친이면 일반인보다 죄 1등을 감경한다. 만약 모반(謀叛) 이상의 죄를 범한
자이면 이조 각 항의 규정은 적용하지 아니한다.[31]

대공친이란 사촌 형제자매·손주들(衆孫)·며느리들(衆子婦)·조카며
느리들(姪婦), 남편의 조부모·백숙부모·조카며느리 등의 혈연관계를
지칭한다. 이에 비해 소공친은 그보다 혈연관계가 먼 경우를 일컫는다.
즉 적어도 촌수로 따져볼 때 4촌 이내의 혈연관계 내에서는 친족의 범죄
를 자기 자신의 범죄를 동질화시키는 밀접한 상호관계가 당시 사회의 보
편적 현상이었다는 점을 법제도가 받아들이고 있는 것이다. 그러나 다음
의 기사에서는 형사범의 경우 형사책임이 혈연적 친속의 범위에까지 확
대되는 것에 매우 세심한 주의를 기울이고 있다.

대신들이 아뢰기를, "『대명률』에 장오(贓汚)의 죄인은 정범이 현존할 때
는 물건을 관청이나 주인에게 돌려주고, 만약 범인이 죽었으면 추징하지 않
는다"고 하였습니다. 말한바 "법전에, 죄인이 비록 죽었더라도 처자에게 재
산이 있는 자는 추징을 허락한다고 하였다는 것은 곧 『대전(大典)』 징채조
(徵債條)의 공사의 부채를 가리켜 한 말이고 범장(犯贓)에 대해서 논죄한
정률(正律)은 아닌 듯 합니다" 하였는데, 임금께서 그 의논을 따랐다."[32]

이와 같은 추징의 경우 외에 연좌형을 받아야 할 경우, 친족의 범위
는 매우 엄중한 사안이 될 수밖에 없다.

임금께서 말씀하시기를, "이 다음부터는 역적의 부자(父子)가 혹시 사건
이 각기 다르고 혹은 긱기 흉모(凶謀)를 내어서 함께 흉역(凶逆)을 한 사
람 외에는 사정을 알고 동참한 것으로써 그 자식에게 자복을 받아내어 곧
바로 연좌시키는 법은 시행하지 말게 하라" 하고, 이것으로써 기록하여 법
식으로 삼게 하였다.[33]

---

31) 『大明律』, 「名例律」, 親屬相爲容隱.
32) 『朝鮮王朝實錄』, 仁祖 7년 10월 2일 癸丑.

『대명률』에 의하면 친족의 범위를 상례(喪禮) 시에 입는 상복의 격식을 준하여 적용하고 있지만, 우리나라의 오랜 전통상 중국과는 다른 외가와 처가에 관한 관계도 더불어 반영하고 있다. 아내의 범죄에 남편이 연좌되는 경우가 그런 경우이다.

　　율문 내에 역적의 연좌에 있어서 부모·형제·처자에 대해서는 모두 명문이 있으나 홀로 남편에 대해 언급되지 아니한 것은, 옛날부터 역적이란 것이 모두 남자로부터 나오고 여자로는 모역(謀逆)한 사실이 없었기 때문에 다만 처첩을 거론하고 그 남편에 대해서는 언급하지 아니한 것이 아니겠습니까. 율문에는 비록 그러한 규정이 없다 할지라도 그 남편이 정상을 모를 리 없으므로 홀로 연좌의 죄를 면하기 어려울 것 같사옵기에 엎드려 상재(上裁)를 바랍니다.34)

이러한 사례를 통해 다음과 같은 규정이 『형전사목(刑典事目)』에 신설·편입되었다.

　　역적인 여인이 출가하였으면 다만 그 남편만 연좌하고 그 아버지는 연좌를 면하나 아직 출가하지 아니한 여인에 대해서는 그 아버지가 연좌한다.35)

X. 친족과 호적

친족의 범위를 확정하는 근거는 무엇보다도 호적이었다. 조선시대에도 호적 정리는 매우 중요한 국가행정의 일환으로써 국가의 모든 행정행위는 이 호적을 통해서 이루어 졌다. 『거관대요(居官大要)』의 기록을 살펴보자.

---

33) 『朝鮮王朝實錄』, 英祖 6년 8월 5일 辛丑.
34) 『受敎定例』 一, 妻犯極逆其夫緣坐.
35) 『刑典事目』, 「受敎事目」, 壬子.

　　성명의 통패에 기재되어 있지 아니한 자는 곧 민인의 수에 들어있지 아니한 자로서 소송도 제기할 수 없고 죽어도 살인죄에 적용시킬 수 없다.[36]

　『형전사목』에는 호적에 관해 당시 발생할 수 있는 범죄의 종류가 명기되어 있다. 이를 통해 당시의 호적이 어떻게 기능하고 있었는지를 가늠할 수 있다.

　　호적단자(戶籍單子)[37]를 거두어들일 때 호미(戶米)[38]를 함부로 징수하여 폐단을 끼치는 경우에 관리와 동임(洞任)은 제서유위율(制書有違律)로써 논한다. 지방의 감색(監色)(監官과 色吏)이 술과 고기를 책징(責徵)하여 감고(監考)[39]를 빙자하여 함부로 징수한 자는 발각이 되는 대로 중벌에 처한다. 지방에 거주하는 양반이 혹은 향임(鄕任)을 피하고 혹은 노복의 군역을 피하여 서울의 협호(挾戶)(세도가집)에 입적을 한 자, 서울에 거주하는 양반이 지방호적에 중첩으로 입적을 하여 향시(鄕試)[40]에 속여서 응시하고자 한 자는 그 가장을 장형 1백, 도형 3년에 처하고 이를 즉시 적발하여 고지하지 아니한 수령과 부관은 파직시켜 축출한다.[41]

　원래 호적은 3년마다 작성하며 호적부를 한성부·호조·본도(本道)·본읍(本邑)에 각각 비치한다. 특히 민사소송 사건의 경우 반드시 호적을 먼저 열람한 후에 접수하도록 정례화되어 있었다.[42] 각 가문에서 발간하는 족보 또한 호적의 기능을 일정 부분 대신하고 있다. 이는 족보의 발간시 규장각의 검인을 받도록 되어 있어서 쉽사리 사실을 왜곡시킬 수 없었다고 볼 수 있기 때문이다. 이처럼 엄격한 사실관계를 바탕으로 작성된 호적과 족보 등을 근거로 친속관계는 비교적 정확하게 파악되고 있었다. 연

---

36) 『居官大要』, 五家統事目.
37) 호적부에 등록하기 위하여 작성한 초안.
38) 호적부 작성에 소요되는 수수료의 쌀.
39) 사실검사.
40) 지방에서 행하는 1차 시험.
41) 『刑典事目』, 「受敎事目」, 壬子.
42) 『百憲總要』, 戶籍.

좌의 경우 노복도 역시 해당되나 이에는 상당한 융통성이 발휘되어 사천인 경우와 첩실인 경우 등은 가능한 한 연좌에서 배제하려는 인도적 경향이 작용하고 있다.[43] 『형전사목』에는 "극역 죄인의 경우 출계(出繼)한 형제에까지도 각처에 골고루 분산시켜 정배한다"는 규정이 있다.[44] 즉 제도상 출계하여 타인의 양자가 되면 친부모와의 법률적 관계는 형식상 배제되지만 일정 부분 사실관계에 입각한 법률관계를 모색하려는 경향도 보이고 있다. 이는 정치상의 필요성에서 그랬던 것이 아니라 당시 수범자들의 혈연에 대한 실질적인 의식구조를 법제도가 수용하고 있기 때문이다.

혈연적 친소원근의 원리는 매우 분명하게 적용되고 있다. 다음의 경우를 보면 이러한 사실을 확인할 수 있게 된다.

> 오촌 당숙이 어머니와 함께 화간(和奸)을 했는데 후에 당숙을 그 자식이 살해했을 경우 정상을 참작하여 정배하는 데 그친다. 아버지가 숙부에게 살해당하고 후에 그의 자식, 즉 손자가 장성하여 그 종조부를 타살한 경우 특별히 사형을 감해 정배한다.[45]

나를 기준으로 직계상의 존속을 거의 자신과 동일시하는 혈연관계로 이해하고 있는 것이다. 그러므로 조부모와 나와의 관계는 부모와 나와의 관계에 비해 어떤 식으로든 차등화를 기하고 있다. 마찬가지로 같은 행위라도 방계 혈족에 대한 범행보다도 직계 혈족에 대한 범죄 행위에는 불법성의 정도를 훨씬 강하게 인정하고 있다. 이러한 혈족 간의 관계 형식은 나를 기준으로 할 때 손아랫사람에 대해서는 손윗사람에 대한 관계와 반대로 적용되고 있다. 『대전회통(大典會通)』의 다음 조항을 살펴보자.

---

43) 『百憲總要』, 緣坐.
44) 『刑典事目』, 「受敎事目」, "極逆出繼兄弟, 亦散配."
45) 『刑典事目』, 「受敎事目」, 以上蕭廟丁丑.

　자손·처첩·노비로써 가장을 고발하면 모반·반역죄를 제외하고는 교수형에 처하고 노비의 처나 남편으로서 가장을 고발하는 자는 장 100, 유형 삼천리에 처한다.

　친어머니나 친형제에 대해 거짓 기망으로 고해 바쳐 그들을 타인의 노비가 되게 한 자는 정기적인 형 집행의 때를 기다릴 것도 없이 교형에 처한다.

　자손으로써 그의 조부모·부모를 고소한 자는 시비곡직을 가릴 것도 없이 법에 의하여 논죄하고 인륜을 밝힌다.

　부모가 자녀를, 형이 동생을 살해하여 그 의도가 심히 잔악할 경우 투구살률(鬪毆殺律)에 따라서 논한다.46)

　계모가 남편을 사주하여 고의로 자녀를 살해하게 한 자도 동일 법률에 따라 논죄한다.

　처의 부모를 살해한 자는 모살시마친률(謀殺緦麻親律)로 논죄한다.

　어머니가 타인과 간통하는 현장에서 그의 자식이 간부(姦夫)를 살해하면 정상을 참작하여 정배한다.

　아버지가 타인에게 구타당하여 중상에 이르렀을 경우 그의 자식이 가해자를 구타하여 치사에 이르게 한 자는 사형을 감하여 정배한다.

　아버지가 피살되어 살인죄의 송사가 진행되고 있으나 확정 판결을 기다리지 않고 자의로 가해자를 살해하여 복수한 자는 사형을 감하여 정배한다.47)

　처가 남편의 원수를, 어머니가 자녀의 원수를 보복하여 자의로 살해한 자는 자손천살행흉인률子(孫擅殺行兇人律)에 의하여 장 육십에 처한다.

---

46) 이 경우는 본래 장형이나 도형에 처하게 되어 있다.
47) 아버지가 피살되었으되 관에 고하지 아니하고 가해자와 사사로이 화해하여 장
　례비용을 받고 시일이 지난 후 자의로 복수한 자는 복수율(復讐律)을 적용하
　지 아니하고 사화율(私和律)에 따라 장 100, 도 3년 형에 처한다.

출가하지 아니한 여자로써 타인에게 겁탈을 당하여 그의 아버지가 겁탈한 자를 현장에서 구타하여 치사케 한 자는 사형에 처해야 하나 천살(擅殺)한 율에 의해 장 100에 처한다.[48]

XI. 주인과 노비: 가족의 외연

혈연적 가족관계를 중시한 당시의 사회에서는 주인과 노비와의 관계도 동일한 구조 속에서 바라보고 있다. 즉 주인에 대한 노비는 물론 내용과 질적인 면에서 큰 차이가 있기는 하지만 부모에 대한 자식의 관계와 유사한 형식으로 취급되고 있다. 다음의 기사는 이러한 정황을 보여주고 있다.

사대부가의 행랑채에 기거하는 노복들이 시전을 소란하게 한 경우에는 그의 가장을 처벌한다.[49]

사대부가의 행랑채에 기거하는 노복들이 소를 도살하다가 발각된 경우에는 그 가장을 처벌한다.[50]

노비들의 범죄 행위에 대한 책임을 주인에게서 구하고 있는 것이다. 조선시대의 노비가 인격성을 완전히 무시당한 채 한낱 물건만으로 취급된 것은 아니라는 점을 알 수 있는 대목이다. 그 때문에 조선조 후기로 오면 외거노비들은 자신의 재산을 소유할 수 있었으며 심지어 자신의 노비를 소유한 노비도 적지 않았다. 대체로 주인과 노비의 관계는

---

48) 『大典會通』, 「刑典」, 告尊長條.
49) 『刑典事目』, 「受敎事目」, 以上景廟辛丑.
50) 『刑典事目』, 「受敎事目」, 癸酉.

한솥밥을 먹는 식구의 범주에 포섭되는 측면이 있으면서 일면 고공관
계(주인과 머슴의 관계처럼 노동력을 제공하고 임금을 받는 쌍무적 계
약관계)와는 달리 대가없이 노동력을 제공해야 하는 측면이 병존했다.
그 때문에 노비는 경우에 따라 면천하여 양인이 될 수도 있었고 그 경
우 전 주인과의 사이에 심각한 마찰이 생겨나는 경우도 있었다. 물론
노비가 양인을 상대로 소송을 제기하는 경우도 흔했으며 양반가의 마
님이 노비에 의해 소송에서 능욕을 당하는 경우도 전혀 이상한 모습이
아니었다. 성리학적 사회규범원리가 극성을 부리던 조선조 후기임에도
대체로 노비의 권한이 강화되고 있다. 당시 계급적 사회구조의 한 단면
을 살펴보자.

> "처의 상전이 비부(婢夫)(여자 비복의 남편)와 통간한 경우 율문에 거론
> 한 것이 없기 때문에, 형조에서 다만 음녀(淫女)로 규정지어 속공(屬公)
> (공노비로 삼음)할 뿐이고, 아무 탈 없이 그냥 있다고 합니다. 우리나라의
> 풍속에 비부는 자기의 종과 같이 생각하는데, 더군다나 근래 여염집들 간
> 에 비주(婢主)(비복과 주인)의 명분이 크게 무너져서 비부로서 처의 상전
> 을 능욕하는 자가 흔히 있으니, 처의 상전을 통간하는 변고는 역시 명분이
> 크게 무너져 그렇게 된 것입니다. 신의 생각에 남녀를 같은 율로 처치하지
> 않을 수 없다고 여기니, 이는 비단 엄법(嚴法)으로 통징(痛懲)할 뿐만 아
> 니라 교훈도 역시 그 가운데 있는 것입니다" 하니, 임금이 말하기를, "새로
> 운 율에 관계되는 일이니, 형조로 하여금 대신과 의논하여 품처(稟處)하게
> 하라."51)

이 경우 『대명률』 형률 「범간」, 「노급고공인간가장처(奴及雇工人姦家
長妻)」 조에 의하면 "무릇 노복과 고공인이 가장이 처나 딸을 간통한
자는 각각 참형에 처한다"고 하여 남자 노복과 주인마님이나 주인집
딸과의 간통만을 규정하고 있다.52) 『경국대전』에는 범간조 자체가 없이

---

51) 『朝鮮王朝實錄』, 英祖 21년 8월 12일 辛亥.
52) 『大明律』, 「刑律」, 犯奸.

40

이 부분을 『대명률』에 일임하고 있으며 영조 때의 『속대전(續大典)』에 가서야 범간조가 신설되고 관련 항목이 상세하게 구비되고 있다. 위의 기사는 당시 사회에서 일반적으로 받아들여지고 있던 비부에 대한 태도를 법제도로 흡수하는 것이 타당한가에 대한 논의이다. 이러한 논의를 거치면서 『속대전』에서는 "비부로서 처의 상전을 간음한 자는 남녀를 모두 때를 기다리지 아니하고서 참살한다. 여항인(閭巷人)으로서 비부이면 작처하여 솔하거생(率下居生)하는 고공(雇工)과 같이 논죄한다" 고 규정되기에 이른 것이다.[53] 성리학 시대에 이미 엄격한 계급 질서를 통해 사대부들의 권익을 보장하고 계층 간의 상하 이동을 방지하려 무던히 애쓰던 모습이 역력하게 담겨있다. 양란 후에 예법제도 등 각종 제도를 통하여 하층 계급을 억압하면 할수록 대동법 시행 이후로 활기를 띠기 시작한 상업 경제의 태동 등 사회 환경의 변화와 함께 신분제는 심하게 동요되고 있었다. 효종 때의 일이긴 하나 다음과 같은 기사는 주인이 생사여탈권을 행사할 만큼 노비에 대한 주인의 권한이 무한정한 것은 아니었음을 말해준다. 즉 법적으로는 분명 사적인 형 집행이 엄격히 금지되어 있었다.

"청평위(靑平尉) 집의 차지 내관 정응성은 부채를 이유로 상놈 한 사람을 포박하여 사적으로 몹시 잔혹하게 고문하였는데, 그 사람의 늙은 아비가 몹시 괴로워하는 모습을 차마 보지 못하고 울부짖으며 애걸하다가 기운이 다하여 마침내 그 아들 곁에서 죽었습니다. 이는 비록 타살한 것에 비할 바는 아니지만 개인 집안에서 형벌로 곤장을 친 것은 이미 불법이고 사람을 죽게까지 하였으니, 참으로 몹시 놀랍습니다. 정응성을 유사로 하여금 법에 의해 죄를 주게 하소서" 하니, 답하기를, "몹시 놀라운 일이다. 해조로 하여금 추고하여 그 실상을 알아낸 뒤에 처결토록 하라" 하였다.[54]

그러나 이러한 엄격한 법제도에도 불구하고 율곡은 「사창계약속(社

---

53) 『大典通編』, 「刑典」, 姦犯.
54) 『朝鮮王朝實錄』, 孝宗 7년 6월 18일 乙未.

倉契約束)」에서 성리학적 규범에 대한 위반의 경우를 6단계로 나누어 일정 정도의 사형(私刑) 집행을 규약화하고 있다. 즉 상벌(上罰)은 사류(士類)의 경우 회의가 끝날 때까지 뜰에 세워두고 식사 때에도 따로 구석에서 먹게 한다. 장자(長子)(회의 책임자 중 연장자)는 모든 계원이 면책(面責)(직접 마주하여 성토함)하고 하인은 태형 40대를 친다. 이런 식으로 노비는 태형 10대까지 형벌을 받을 수 있도록 규정되어 있다. 여기서 노비가 저지를 수 있는 위례 행위를 보면,

　　　상전 앞에서 불경스레 언성을 높이거나 밖에서 상전 욕을 한 것(상벌: 태형 40대).
　　　상전의 명을 즉시 이행하지 않거나 속여서 사리를 취한 것(차상벌: 태형 30대).
　　　상전이 보는 앞에서 소나 말을 타고 가는 것(중벌: 태형 20대).
　　　하인끼리의 다툼에서 연장자가 사리에는 맞았으나 상해를 입힌 것(중벌: 태형 20대).
　　　불만이 있는 하인이 그 불만을 유사에게 알리지 않고 다른 곳에서 떠들고 다니는 것(중벌: 태형 20대).
　　　하인이 선비를 보고도 인사를 하지 않거나 그 앞에서 무례하게 앉아 있는 것(차중벌: 태형 10대).
　　　하인들끼리의 다툼에서 연장자가 까닭 없이 폭행을 한 것(차중벌: 태형 10대)[55].

　이미 율곡 이이가 활동하던 시기에 오면 사림들의 시각에는 사적으로 형벌을 집행하는 것에 아무런 갈등도 없이 향리의 선비들 간에 쉽사리 규약으로 편입될 수 있는 분위기였다는 사실을 알 수 있게 된다. 사림들의 조직적인 활동에 힘입어 성리학적 규범의식이 철저히 뿌리내리기 시작하던 당시에, 비교적 평등성과 문화적 다원성을 담아내고 있던 조선조 초기의 법제도는 점진적이지만 확실하게 성리학적 규범사회

─────────────

55) 『栗谷全書』 권 16, 「社倉契約束, 立約凡例」. 이재룡, 앞의 책, 230면.

를 이 땅에 세우려 변모를 거듭하고 있었다. 『대전통편』에는 처첩·주
인과 노비·양인과 천민 등의 신분적 강상죄(綱常罪) 조항이 대대적으
로 신설되고 형량이 강화되고 있다. 이러한 모습은 조선조 중엽에 사대
부들의 행위 범절의 지침서로 기능하던 『소학(小學)』이 강조되던 것과
는 상이한 양상을 보이고 있다.56) 다음에 나오는 『조선왕조실록』의 두
기사를 보자.

　　팔도 감사들에게 글을 내렸다. "감사는 임금의 덕화를 선양하는 지위이
니, 의당 민이(民彝)(백성들의 떳떳한 도리)를 펴고 예속(禮俗)을 도탑게
하여 온 도내(道內)가 모두 효제(孝悌)의 행실과 장유(長幼)의 질서를 알
게 해야 한다. (중략) 또한 예문(禮文)을 자세히 고증해서 수시로 거행함
으로써 존비(尊卑)와 장유(長幼)의 질서를 어지럽게 해서는 안 된다는 것
을 알게 하라. 그리하여 백성을 교화시키고 순후(淳厚)한 풍속을 이루도록
하라."57)

중종 때만 해도 유교적 규범윤리는 아직 정착화 단계에 있지 않아서
삼강오륜으로 대표되는 유교적 행위범절에 대한 실질적이고 일상적인
이해가 일반화되기 시작하는 상태였다. 일상생활의 구체적 행위절목을
담고 있는 『소학』이 사대부들의 행위 지침서로 중요시된 배경에는 그
러한 학문사적인 측면이 전제되어 있었다. 이는 이황과 이이가 활동하

---

56) 『朝鮮王朝實錄』 中宗 12년 7월 27일 更子條에 다음과 같은 기사가 실려 있다.
"이에 앞서 함양(咸陽)의 포의(布衣)인 김인범(金仁範)이 소(疏)를 올려 남전
여 씨(藍田呂氏)의 향약(鄕約)으로 백성을 교화시켜 풍속을 이루게 하기를 청
하였는데, 예조(禮曹)에 계하(啓下)하니 예조가 정부에 보고하기를 '소학(小
學)』은 풍속을 바루는 책이므로 이미 많이 인쇄하여 중외에 널리 반포하였습
니다. 여 씨 향약은 곧 『소학』 중의 한 가지 일이니 특별히 거행할 필요가 없
습니다. 거행하지 마십시오.' 하였다. 정부의 계목(啓目)에 이르기를 '여 씨 향
약이 비록 『소학』에 실려 있으나 만약 밝게 효유하여 특별히 거행하지 않으면
심상히 보아 겉치레가 되는 것이니, 각 도의 감사(監司)로 하여금 널리 반포하
게 하는 것이 어떠하겠습니까?' 하였는데, 상이 윤허하였다."
57) 『朝鮮王朝實錄』, 中宗 21년 7월 21일 壬寅.

던 선조 때와 비교해 보면 잘 알 수 있을 것이다.

> 향약 모임 때에 유자(幼子)와 소자(小者)는 존자(尊者)와 장자(長者)에게 모두 재배(再拜)하니, 대개 장유의 차례를 중히 여기는 것입니다. 또 "무릇 앉기는 모두 연치(年齒)(연령)대로 하되 만일 특이한 벼슬이 있으면 비록 마을 사람이라도 또한 연치대로 하지 않는다" 했으니, 이는 조정의 벼슬을 중히 여긴 것입니다. 곧 어른을 어른으로 대우하고 귀한 이를 귀하게 여기어 함께 시행해도 어긋나지 않는다는 뜻입니다."[58]

XII. 휘갑하며

다음의 인용문에는 조선시대의 정치가들이 법에 대해 어떠한 태도를 지니고 있었는가를 알 수 있는 단편이 담겨있다.

> 신 등이 가만히 생각하건대 법이라는 것은 임금의 권병(權柄)이고, 조정의 강기(綱紀)로서 사해만민이 이를 믿고 생을 영위하는 것입니다. 법을 따르면 편안하고, 법을 따르지 아니하면 위태로우며, 법을 따르면 화평하게 다스려져서 일이 없고, 법을 따르지 아니하면 번거롭고 태만해져서 공(功)이 없는 것입니다. 이 때문에 옛날 철왕(哲王)은 반드시 법을 먼저 지키며 이를 보기를 신물(神物)과 같이 하여 감히 업신여기지 아니하고, 이를 사랑하기를 지보(至寶)와 같이 하여 감히 남에게 주지 아니하였으니, 이 법이 한번 무너지면 다시 구제할 수가 없기 때문입니다.[59]

어느 시대든 사회 구성원이 법에 대해 갖고 있던 사고는 비슷하다. 이는 특정집단·특정사회의 법문화의 소산이 아니라 인간 일반이 지니

---

58) 『朝鮮王朝實錄』, 宣祖 7년 5월 24일 丁酉.
59) 『朝鮮王朝實錄』, 成宗 10년 5월 10일 乙丑.

고 있는 선천적인 사유 능력 또는 사태에 대한 반응의 생리적 구조가 비슷하기 때문이다. 즉 조선왕조 시대라고 해서 현대보다 훨씬 미개한 법문화에서 살았다고 볼 하등의 이유가 없다. 어느 시대든 그 시대를 유지 존속시켜 나가기 위한 최소한도의 합리성만이라도 존재하고 기능하기 때문이다.

임진왜란 이후의 조선사회는, 전란 후의 사회적 기강 확립과 제도정비의 차원에서 전 사회의 구성원을 성리학적 이념의 틀 속으로 밀어넣어 본격적으로 의식구조를 재생산하기 시작한 시기이다. 즉 임란 후부터 영·정조에 이르기까지 조선의 중·후기 사회는, 조선조 초·중엽에 이르기까지 유지되어 오던 다소간 유연하고 개방적이던 사회적 면모가 점차 폐쇄적이고 고착적인 신분구조로 인해 억압적 구조의 틀로 치닫고 있던 사회였다. 붕당정치가 극성을 부리고, 종법제적 족보 발간으로 대표되는 극단적인 혈족 집단이 형성되고, 학맥과 붕당이 결합된 학파의 정치적·지역적 조직화가 이루어지고, 게다가 이 모든 사회적 병리 현상에도 불구하고 체제유지를 위해 백성들에게 성리학적 예제의 준수를 요구함으로써 극도의 형식주의가 보편적 가치로 인정받을 수 있던 시대로 특징 지워질 수 있을 것이다.

그러나 이 시대는 사대부들이 조직적이고 억압적인 신분구조를 극성스럽게 추구하던 사회임은 분명하지만 우리가 통상적으로 알고 있던 것처럼 조선반도의 전 백성들이 그렇게 폐쇄적이고 획일화된 사회 속에서 살았다고는 할 수 없을 것이다. 성리학이 극성을 부리던 18세기 경상남도 단성 지역의 호적대장(약 200여 연간 기록)에 의하면 과부인 여성호주(국가에 세금을 내는 가장의 의미)가 약 10퍼센트를 차지하고 있다. 이 중에는 장성한 아들 내외를 거느리고 있는 미망인의 경우도 눈에 띈다. 그러므로 여자에게 정절을 강요하고 출입을 통제하던 극단적인 유교 윤리의 모습은 사대부를 중심으로 한 양반 계층에 특히 두

드러진 현상으로 한정지어야 할 것이다. 신분제 사회라는 엄격성이 전제되어 있긴 하지만, 가능한 범위 내에서 수많은 민초들은 지금의 우리가 생각하는 것 이상으로 그들 나름의 건강하고 다채로운 삶을 영위하고 있었다.

지금까지의 논의를 간략히 정리하면서 글을 휘갑하기로 한다.

첫째, 조선왕조 법제도의 특성은 성문법체계의 엄격성을 유지하면서 현실 사태의 개별적 특성과 반복됨으로써 형성되는 관례 등을 동시에 충족시키려 노력하고 있다. 이 경우 법체계 전반의 위계적 질서를 염두에 두고 있음은 물론이다. 즉, 때에 따라서는 일시적 처리로 그칠 수도 있고 경우에 따라서는 단 한번의 판결일지라도 그 사안이 갖는 의미가 중요할 경우 정식(定式)으로 삼고 있으며, 시대에 따른 생활상의 변화를 수용해 법규를 변경할 경우에도 조종성헌(祖宗成憲)의 원칙상 가능한 한 원칙을 고수하는 한에서 변화를 꾀하고 있다. 조선왕조의 법제도는 필요한 만큼 원칙을 지키면서 필요한 만큼 현실을 수용하는 균형 잡힌 입법태도를 견지하려 노력했다고 할 수 있다.

둘째, 인간에 대한 법의 태도에서도 조선왕조의 법체계는 성문법이라는 상위의 가치체계 앞에 똑같이 놓여있는 평등한 존재로 한 인간을 인식하고 있는 것이 아니라, 현실적인 인간을 있는 그대로의 삶의 존재 구조에서 바라본다는 특징을 지닌다. 오늘날의 성문법체계는 대체로 보아 법적 인간을 법 앞에 선 단독자로 이해한다. 물론 경우에 따라서 관계적 존재로 전제하는 측면이 전혀 없을 수는 없겠지만 대체로 보아 개별저 독존자의 위치에서 한 인간을 바라본다. 다시 말해, 규범위반 현상에 대해서도, 가능한 한 사회구조 속에서의 인산관세들을 부카저으로 고려하면서 사회 전체와 한 개인 간의 자유의 영역 문제로 바라보는 경향이 강하다. 이에 비해 조선왕조의 법제도는 인간을 결코 고립된 개별적 단독자로 설정하고 있지 않으며 심지어 조상과 후손에까지 이어져 가는 시간적 연속선상에서의 존재로 이해하고 있다.

셋째, 조선왕조의 유교적 규범질서는 현실 사회에서 형성되는 위계적이고 입체적인 사회구조의 체계에 상응하는 규범실천과 규범력을 요구한다는 특징이 있다. 즉 상위 계층의 신분에는 그에 걸맞은 완화된 규범이 적용되는 경우가 있는가 하면 반대로 동일한 규범위반에 대해서도 일반인에 비해 가중된 형벌을 가하는 경우도 있다. 이는 사회 구성원 각자가 전체 체계와의 관계에서 차지하는 권한과 역할의 중요성이 각기 다르다는 엄연한 사실을 법제도가 수용하고 있기 때문이다. 법은 고래로 만인에게 결코 평등하지 않으며 평등하게 적용된 적도 없다. 왜냐하면 인간 사회의 삶의 구조는 원초적으로 결코 평등하지 않기 때문이다.

넷째, 지나친 평등이나 지나친 차별은 또 다른 억압적 이데올로기이다. 이데올로기는 다양하게 전개되는 생명력들 간의 아름다운 조화와 균형을 자칫 억제하여 획일화시킬 수가 있다. 그러므로 법제도는 가능한 한 현실에 가까이 다가가서 파편화되고 분화되기 쉬운 개별적 주체들의 다양한 소리를 일면 억제하고 일면 허용하면서 사회 통합이라는 큰 틀 속에 담아내야 한다. 즉, 공동의 존재구조 속에서 허용 가능한 자유 역량의 한계를 설정해 주는 일이 법제도가 할 일인 것이다. 이러한 균형점을 찾아내는 일은 결코 쉬운 일이 아니지만 포기할 수만도 없는 일이다. 조선왕조의 입법 원칙과 판결 원칙은 우리 선조들이 이러한 총체적 고찰에 있어서 얼마나 혜안을 지니고 있었는가를 잘 말해주고 있다. 오늘날 법원의 판결에 사회정책적 고려가 전무한 점과 이를 대조해 보면 잘 알 수 있을 것이다. 무궁한 시간의 흐름을 타고 무한하게 펼쳐지는 공간구조의 변화 속에 꿈틀거리는 인간 생명의 현상들을 법제도가 어떻게 담아내야 개체성을 말살하지 않으면서 공존질서를 확보하는 어려움을 극복할 수 있을 것인가? 21세기의 한국 법학이 반드시 풀어야 할 과제인 것이다.

참고문헌

『居官大要』.

『經國大典』.

『孔子家語』.

『大明律』.

『大典通編』.

『大典會通』.

『禮記』.

『百憲總要』.

『備邊司謄錄』.

『史記』.

『受敎定例』.

『栗谷全書』.

『周易』.

『中庸』.

『朝鮮王朝實錄』世宗.

『朝鮮王朝實錄』成宗.

『朝鮮王朝實錄』燕山君.

『朝鮮王朝實錄』中宗.

『朝鮮王朝實錄』宣祖.

『朝鮮王朝實錄』仁祖.

『朝鮮王朝實錄』孝宗.

『朝鮮王朝實錄』肅宗.

『朝鮮王朝實錄』英祖.

『朝鮮王朝實錄』正祖.

『刑典事目』.

G. Radbruch/손지열·황우려, 『법에 있어서의 인간』, 육법사, 1981.

T. Viehweg/계희열, 「문제변증론적 분석」, 『헌법의 해석』, 고려대학교출판부, 1993.

이재룡, 「사계 김장생의 현실인식과 예학에 대한 비판적 이해」, 『법학연구』 12권, 충북대학교 법학연구소, 2001.

______, 『조선, 예의 사상에서 법의 통치까지』, 예문서원, 1995.

황산덕, 『법철학강의』, 방문사, 1983.

조선왕조 법제도에서의 시간과 공간의 의미(2)
특히 법적 국가관에 대하여

이 재 룡

Ⅰ. 국가의 창건, 시대적 변화의 진폭

　　조선왕조는 법치국가를 표방하고 건국된 나라이다. 조선왕조에 와서 갑자기 법제도의 정비를 중요한 국가시책으로 여기게 된 이유에 대해서는 다각적인 연구가 필요하다. 물론 고려 말기에 이미 성문법전 제정의 필요성이 여러 번 제기되고 실제로 성문법전을 제정하려는 움직임도 있었지만 결실을 보지 못하고 조선의 건국을 맞게 된다.[1] 조선왕조는 다양한 분야에서 수많은 법제도가 만들어지고 잘 완비된 법에 의해 통치되고 유지되던 사회였다는 점에서는 고려시대와 분명한 차이를 지니고 있다.

　　이러한 문제는 고려시대에는 어떻게 정비된 성문법제도가 없이 그와 같은 놀라운 문화를 구가할 수 있었는가라는 물음과 동등한 위치에서 제기될 수 있는 표리관계에 있는 문제이다. 조선왕조는(적어도 성리학이 극성을 부리기 전까지는) 고려사회에 비해 신분적 완고성이 완화되고 계층 간 상하 이동의 활로가 편협하지 않았으며 무엇보다도 성리학이라는 합리적 사고의 틀이 사회의 재편 과정에 작용하고 있다는 특징을 지닌다. 조선왕조에서의 성문법전 제정의 필요성은 지역적·시대적 특성을 담고 있는 누적되어 온 관습법적 불합리를 보편적이고 일반적인 공통의 합리적 원리에 의해 해소시킴으로써 사회적 통합을 유도하려는 의도에서 찾을 수 있다. 그러므로 조선왕조에서의 성문법과 불문법의 관계는 그것이 양자택일의 선택적 차원의 문제가 아니라 현실문제의 다양성과 시간적 적의성(適宜性)을 보장하면서 필요한 만큼의 사회적 통합을 이끌어내기 위한 상위의 원리로 성문법체계를 바라보았다

---

1) 『高麗史』 卷四十六 「恭讓王世家」 四年 "二月甲寅, 守侍中鄭夢周, 進所撰新定律. 王命知申事李詹, 進請凡六日. 屢嘆其昧, 謂侍臣曰: 此律要熟究刪定然後, 可行於世也. 苟不熟審, 一切判付, 恐有可刪之條也. 法律一定, 不可變更云云."

는 점에서 이 양자는 상호적 보완관계에 있었다고 볼 수 있다2). 조선 시대의 성문법에 대한 이러한 시각은 법치를 통해 통치수단을 합리화 하며 국가권력을 공고화할 수 있기 때문이었으리라는 단순한 시각으로 설명할 수 있는 문제는 아니다. 조선왕조에 와서 분주하게 증가하기 시 작한 법제도 정비의 요구에는 당시의 정치·사회·경제적인 시대적 환 경이 작용하고 있었다.

II. 고려에서 조선으로, 시대적 특징

우선 조선왕조와 대비되는 고려시대의 정치적 환경을 간단히 살펴보 자. 고려의 국왕은 자신의 고유한 정치지분을 지니고 있는 여러 정치집 단 중의 하나로 정치권력을 행사했다. 이는 고려왕실 전유의 왕실재산 이 따로 국가예산에 의해 지급되면서 왕실에 의해 유지 관리되었던 사 실에서도 확인할 수 있다. 또한 국왕은 내시기구라는 최고의 정치 엘리 트집단을 측근 정치세력으로 활용함으로써 신하들의 정치세력과의 정 책대결에서 유리한 위치에서 자신의 정책을 추진할 수 있었다3). 결국 고려시대에는 국왕을 단일국가의 이념적 통일체로 즉 천명을 품수 받 은 지극히 존엄한 존재로 상징화하고 있지는 않았다는 의미로 이해될 수 있다. 고려시대는 중앙정부의 행정력이 지방 곳곳에까지 직접 미치 지 못하는 곳이 많았다. 국가통치제도가 완비된 성종 대에조차 국가행 정력이 직접 미치는 곳은 전국의 반을 넘지 않았다는 연구결과도 있 다4). 즉 중앙 국가권력이 지방의 토호 세력을 통해 간접적으로 백성을

---

2) 이재룡 「조선왕조 법제도에서의 시간과 공간의 의미: 특히 법적 인간관에 대 하여」, 『동양사회사상』(동양사회사상학회, 2003), 8면.
3) 박종기, 『500년 고려사』(푸른역사, 1999), 62면.

지배하던 중층적 정치조직 구조를 지니고 있었던 왕조가 고려왕조였다. 게다가 고려 후기에 이르기까지 사회경제적인 발전의 정도가 지역에 따라 현격하게 차이가 났는데 이러한 경제적 요인도 통일적이고 일관된 행정이나 정책을 전개시킬 수 없었던 이유가 되고 있다. 최근 고려시대의 이러한 시대적 특징을 고려 태조의 토성분정책(土姓分定策)에서 유래되어 전 왕조 내내 지속된 본관제도에서 찾는 연구도 활발하게 진해되고 있다. 본관제는 고려 초기 중앙정부가 지방 세력에게 성씨와 본관을 주어 그들의 영역에 대한 지배권을 인정해 주고 지방 세력의 자율성을 최대한 존중해 줌으로써 그들을 중앙정치권으로 편입시키려는 의도로 취한 정책이다.5) 이러한 여러 사회경제적 정치적 요인으로 인해 고려시대에는 통일된 성문법전의 완비를 필요로 하지 않았고 각 지방에 고유한 관습법적 사회규범이 일반적인 사회질서 유지의 근간이 되었던 것이다. 여기에 고려왕조 시대 내내 부단히 계속된 외침과 내홍은 이러한 법적 환경에 더 한층 통일된 법제도 정립의 환경을 저해하는 요인으로 작용하고 있었다. 그러나 조선은 이와는 매우 다른 정치적 환경에서 건국된 왕조이다. 우선 고려시대와 현격히 대비되는 국가관이 그것인데 항을 바꾸어 살펴보기로 하자.

Ⅲ. 조선왕조, 사회경제적 통일과 도덕정치 이념으로서의 국가관

　우선 태조의 즉위교서를 살펴보자.

---

4) 한영우, 『조선 전기사회사상연구』(지식산업사, 1983), 12면.
5) 박종기, 앞의 책, 127면 이하.

54

지금부터는 서울과 지방의 형(刑)을 판결하는 관원은 무릇 공사(公私)의 범죄를 판단함에, 반드시 『대명률(大明律)』에 선포된 법문(宣勅)을 어긴 경우(追奪)에 해당되어야만 관리 임명장(謝貼)을 회수하게 하고, 자산(資産)을 관청에 몰수하는 죄에 해당되어야만 가산(家産)을 몰수할 것이며, 그에 병과(附過)해서 직책을 환수(還職)하고 형벌집행 대신 벌금으로 대납(收贖)하게 해서 해임(解任)하는 경우 등의 일은 일체 율문(律文)에 의거하여 죄를 판정해야 한다. 고려왕조의 폐단을 따르지 말 것.6)

조선은 건국부터 유교적 도덕왕국 건립이라는 국가통치 이념이 표방하고 있는 사상적인 방향이 설정되어 있었음에도 한편에서는 성문법제도에 의한 법치주의를 내세운 특성이 있다. 그러나 기이하게도 성문법제도정비라는 목표와 유교적 도덕왕국 건립이라는 정신세계의 지향점은 갈등관계에 있는 것이 아니라 길항(拮抗)적 조화를 유지한 특성이 있다. 조선조의 국가제도가 상정하고 있는 이와 같은 입장을 오늘날 어떻게 이해해야 하는가?

국가란 그것을 구성하는 요소들의 집합체인 정적인 전체가 아니라 국민 개개인들의 삶이 전체적 관련을 맺으면서 계속 새로워지고 형성되는 가운데 존재하는 것이다. 국가는 이 끊임없는 갱신과 새로운 체험의 과정 가운데만 그 존재를 확인할 수 있다. 즉 국가는 끊임없이 스스로를 통합하기 때문에 존재하며 또한 통합하는 가운데 존재한다.7)

이 말은 인간의 삶이 전개되는 삶의 장, 즉 공동체를 이루며 무한히 펼쳐지는 시간적 계속성과 공간적 확장성의 무대에서 스스로 형성되는 공동체 전체의 구성과 조직 그리고 상호관계의 규범적 원리 일체를 두고 국가라고 정의할 수 있다는 의미이다. 정치적 통일체로서의 국가는 끊임없이 새롭게 형성될 때 또는 형성되는 한 존립할 수 있다는 의미이다. 이는 국가를 권력적 측면에서 이해하기보다는 개개 인간들 삶의

---

6) 『朝鮮王朝實錄』, 「太祖實錄」, 1년 7월 28일.
7) 계희열, 『헌법학(상)』(박영사, 2002), 41면.

관계형식의 형성이라는 관점에서 시간적 공간적인 역사성, 즉 동태적 측면에서 이해함을 의미한다. 즉 국가권력이란 인간의 이러한 형성 작용에 앞서 존재하는 어떤 것으로서 전제될 수는 없으며 오히려 인간생활의 현실 속에 존재하는 다양한 이해관계, 노선, 행동양식들을 통일적인 행위와 작용으로 결합시키고 정치적 통일을 형성하는 만큼만 현실성을 갖는다.[8] 이와 같은 현대법학의 국가관에 대해 유교철학은 어떻게 말하고 있는가.

> 만물을 흥성시키는 하늘의 덕이여! 크고 크게 하는 하늘의 과업이여! 지극하도다! 부유하고 풍성하게 함을 일컬어 대업(大業)이라 하고 나날이 새롭고 새롭게 일으킴을 성덕(盛德)이라 하나니, 낳고 낳아 끊임없음을 일컬어 역(易)이라고 하며 그 상(象)을 세워 드러냄을 건(乾)이라 하며, 그 오묘한 이치를 본받아 굳건히 지킴을 곤(坤)이라 한다.[9]

우주는 수많은 존재자들 간의 복잡한 관계가 끊임없이 이어지고 새롭게 균형을 창출하며 흘러가는 동태적인 생명의 장이다. 실제로 우리가 확인하고 검증할 수 있으며 그 존재를 부인할 수 없는 것은 이와 같은 경험적 현상의 세계뿐이다. 인간은 그런 경험적 현상의 누적된 관찰을 통해 시간적 계속성과 공간적 관계의 법칙성을 추론할 수 있을 뿐이다. 인간사회에 적용되는 법질서 또한 이런 역사적 인식과정을 통해 다듬어지고 확인된 산물이다. 즉 인간 이전에 법의 존재, 더 나아가 국가의 존재를 설정할 수는 없다.

국가의 탄생과 역할 또는 권력 작용의 범위는 인간 생명이 창출해내는 이와 같은 근본적 토대에서 볼 때 시간적으로는 인간 존재에 앞설 수 없으며 공간적으로도 본래 고유한 자기 영역의 범위를 갖고 있

---

8) 계희열, 앞의 책, 44면.
9) 『周易』, 「繫辭傳」 上 五章, "盛德大業至矣哉! 富有之謂大業, 日新之謂盛德. 生生之謂易, 成象之謂乾, 效法之謂坤."

지 못하다. 즉 국가가 시간적 공간적으로 자신의 권력적 면모를 드러내는 범위는 매우 제한적일 수밖에 없다. 국가의 모든 면모는 실은 인간에 의해 정해지며 드러나고 기능할 뿐이다. 유교입국을 표방한 조선왕조의 국가관은 이와 같은 국가철학의 본질적 모습에서 크게 벗어나지 않는다는 근대성을 지니고 있다. 조선조의 국가는 이미 유가철학이 표방하고 있는 천명의 존엄함을 지닌 이념적 존재로서 상정되고 있으며 이는 현실의 인간들이 관계 맺고 지속시키는 삶의 연속성 속에서 자연스런 모습을 드러내고 있는 것이다. 다음의 인용문을 음미해보자.

"나라를 다스리는 도리에 있어서 반드시 먼저 전체적인 계통(體統)을 확립한 위에 大綱을 들면 細目 또한 자연히 명백하게 되고 모든 과업이 이루어지는 것입니다. 3公은 6卿을 통솔하고 6卿은 各司를 통합하며 모든 관료들(百僚)은 분주하게 그 직무를 수행함과 같이 정원은 封駁의 임무를 관장하고 臺諫은 糾察의 책무를 주관하며 국왕(人主)은 大公至正의 도리로써 上位에 照臨하여 大小臣僚들이 각각 그 임무를 다하여 서로 侵奪함이 없도록 해야 하옵니다. 의리가 있는 곳에는 至尊(국왕)도 굽히게 되는 것이니 이는 고금에 통하는 올바른 도리(正誼)입니다."[10]

조선왕조는 건국 초부터 유교적 도덕왕국의 건설을 통치이념으로 삼고 있다. 고려가 불교를 국가의 통치이념으로 삼은 것과는 매우 다른 모습이다. 조선의 국가관은 철저히 유교적 통치원리에 의해 추구되는 이상적 도덕국가 완성을 지향하고 있다. 국가권력의 행사는 도덕국가에 한에서만 정당화되기 때문에 국가에 의해서 시행되는 행정이나 형벌집행 또는 수취와 부역 등 일체의 국가 행위는 그것이 도덕국가를 지향하기 위한 방편일 경우에 한해서 정당화된다는 점을 유가철학은 끊임없이 강조하고 있다.

통상적으로 국가의 성립요소로 영토·주권·인민의 세 요소를 든다.

---

10) 『備邊司謄錄』, 「刑獄例」 효종 1년 5월 25일.

이 중 영토는 경계가 설정된 지역적 범위를 말함이고,11) 주권에 대한 개념은 동양 정치사상에서는 별로 주목받지 못한 개념이다. 이는 동양 삼국의 특이한 정치 환경과 역사적 분위기 때문이기도 하겠지만 국가의 정당성 여부를 주권개념에서 찾기보다는 정치적 도덕성에서 확인해야 한다는 사상체계를 진작부터 발달시켜 왔다. 이 점에서 유교적 국가개념은 백성에 대해 의무가 주어진 존재이면서 한편으로는 그렇기 때문에 국민의 의무를 요구할 수 있는 존재이다. 국가는 백성에 대해 국가가 가지고 있는 모든 가능성과 잠재력을 개발하여 백성들이 삶을 연출하는 데에 보다 나은 무대와 장치를 마련해 주는 기능을 해야 한다. 이와 같은 제해흥리(除害興利)의 임무가 국가의 중요한 기능이나 그렇다고 국가가 일방적으로 백성에 봉사만 하는 존재는 아니고 그 응분의 보답 또는 지속적이고 향상된 봉사를 받기 위해 백성에 대해 필요한 의무를 부여하는 존재이기도 하다.12)

국가란 통섭적 유기체요 정의와 공공 도의의 구현체이며 생명의지의 집의체이다. 즉 국가란 힘만 갖추고 당면한 문제를 해결하는 평면적인 존재가 아니라 그 위에 목적의지를 세우고 이상세계를 추구해 가는 입체적 존재이다. 영토를 보전하고 除害興利하는 기능이 국가의 자기 형성기능이라면 분쟁을 해결해주고 인민의 생명과 종족의 유지를 보장해 주는 기능은 자기 관리와 자기 수호의 기능이다. 국가는 이러한 기능 외에 백성을 교육시키고 도덕적 삶으로 이끌며 모든 물질 자원을 개발해 문화 창조를 완성하는 기능을 완수함으로써 비로소 국가는 國體의 精華를 표출하는 입체적이고 목적적 존재로서의 기능을 갖추게 된다.13)

---

11) 『說文解字』, "國, 邦也.", "邦, 國也" 段玉裁의 注에 "故邦封通用"이라 했으며 國 안의 或은 段玉裁의 주에 "域卽或"이라 하여 或은 域과 같은 의미를 지니고 있다. 모두 모두 일정한 경계 내의 영역을 가리키고 있다: 김충렬, 『동양사상산고 Ⅱ』(예문지, 1994), 97면.

12) 김충렬 앞의 책, 97면.

13) 김충렬, 앞의 책, 100면.

유가가 중시하는 인문 도덕문화의 창조는 천지질서 의미의 완전한 구현을 의미한다. 『중용(中庸)』은 이 점을 다음과 같은 웅변으로 대변하고 있다.

> (오직 천하의 지극한 성인의 총명예지가) 두루 넓은 것은 하늘과 같고, 깊이 근원 있음은 깊은 연못과 같아서, 그것이 나타나면 백성 누구나 공경하지 않을 수 없게 되고, 그의 말을 백성 누구나 믿지 않을 수 없게 되고, 그의 말을 행하면 백성들이 기뻐하지 않을 수 없게 된다. 이러한 까닭으로 그 명성이 나라 안에 넘쳐흘러 구이(九夷)에 이르고, 배와 수레가 가는 곳, 사람의 힘이 미치는 곳, 하늘이 덮인 곳, 땅에 실린 곳, 해와 달이 비치는 곳, 서리와 이슬이 내리는 곳, 무릇 생명이 있는 것들 모두 서로 존경하고 친애하지 않음이 없으니 이를 하늘과 짝함(配天)이라 한다.14)

도덕정치의 모습이 천지자연의 원리와 가치를 실현하는 데까지 이르러 지극한 도덕왕국이 건설된 인문세계를 그 지극함이 하늘과 나란할 수 있는 상태인 배천이라 일컬은 것이다.

Ⅳ. 조선조 국가의 시간과 공간의 의미

국가의 신성함과 국왕의 지고지존 함은 그것이 도덕적 실질을 갖추었을 때만 요구될 수 있다. 그 때문에 그러한 신성함에는 분명한 내재적 한계가 전제되어 있다. 그러므로 조선왕조에서 국가는 무자비한 권력을 행사할 수도 있는 잠재적 폭력단체가 아니라 백성들에게 인간다

---

14) 『中庸』 31장 "(唯天下至聖, 爲能聰明叡智)溥博如天, 淵泉如淵. 見而民莫不敬, 言而民莫不信, 行而民莫不說. 是以聲名洋溢乎中國, 施及蠻貊. 舟車所至, 人力所通, 天之所覆, 之之所載, 日月所照, 霜露所降, 凡有血氣者, 莫不尊親. 故曰配天".

운 삶을 안내하며 교육시키는 선도자로서의 도덕적 책무를 지닌 유기
체로 여겨진다. 마찬가지로 국왕도 국가를 자신의 소유로 여기지 않고
자손에서 자손으로 이어져 가는 시간적 영속의 관점에서 국왕의 역할
과 임무를 위치 지운다. 종묘와 사직은 바로 이와 같은 시간적 영속성
의 관념과 공간적 경계 영역의 의미가 투영된 상징물이다. 그러므로 조
선왕조시대에는 역사의식을 매우 중요시했으며 역사를 후세에 남기는
기록문화가 매우 발달했다.

1. 국가의 시간적 영속성: 종묘와 종법제(宗法制), 통(統)의 의미

　국가는 시간적 영속성을 지닌 유기체이다. 이는 조선왕조 특유의 관
념이 아니라 동양적 정치모델에서 보편적으로 확인되는 현상이다. 이
통에 대한 중요한 인식은 정치문화사적으로는 국가통치권의 계승이 선
양에서 형제상속을 거쳐 부자상속으로 바뀐 시점에 등장하기 시작한다.
여기에는 국가라는 공동체를 유기체적 존재로 바라보는 시각이 전제되
어 있다. 즉 모든 인적 구성원들의 공동의 협력과 노력에 의해 유지되
는 국가라는 조직체의 통치권을 왜 국왕 일개인의 혈연관계 내에서만
계승되어야 하는가에 대한 심각한 고민이 전제되어 있다. 다시 말해서
정치사상 국왕의 무단적 통치권의 행사에 대한 심각한 회의가 제기되
는 시점부터 왕권은 국가라는 유기체 내에서의 역할과 기능 또는 권한
의 범위에 대한 합리적인 모색이 제기되고 그러한 합의하에 허용 가능
한 방식으로 왕위의 계승은 제도화될 수 있었다. 종묘란 바로 이와 같
은 왕가 혈통의 지속성을 국가라는 유기체의 존재이념 내에서 허용할
수 있는 지속성에의 보장제도인 것이다. 이는 주(周) 대의 주공(周公)
에 의해 구체화된 종법제와 혈연적 의미를 공유하면서 이를 국가라는

전 공동체적 존재방식에 가장 적합하게 연결지은 공적인 제도라고 보아야 한다.

　이를 사회를 이루는 한 개인의 차원에서 국가의 차원까지 확장해 살펴보자. 사회의 구성원은 출생과 사망으로 끊임없이 교체되나 사회조직(또는 사회구조) 그 자체는 지속성을 갖는다는 점에서 볼 때 이는 사회를 유기체적 시각에서 바라본 것이다. 종법제가 상정하는 혈연적 가족(家門)관이나 종묘(宗廟)(시간적 영속성의 상징)와 사직(社稷)(공간적 토대의 상징) 그리고 군왕·백성 삼자의 결합체로 상정되는 국가관은 분명 유기체적 사회관을 그리고 있는 것이다. 이러한 유기체적 사회조직에서 '통'을 중시하는 태도는 그것이 담당하고 있는 현실적이고 실질적인 기능과 의미 때문이다. 그러므로 일단의 사회조직을 '통'을 축으로 규정지으려는 태도는 고도의 추상적인 이념을 지니고 시작된 것이 아니라 사회구성원리의 극히 단순한 측면이 반영된 것일 뿐이다. 이러한 원칙은 정도의 차이는 있을지언정 오늘날에도 그대로 타당한 인류사회의 보편적인 현상이다. 이 통의 중요성은 이를테면 『의례(儀禮)』 상복(喪服) 편의 아버지에 앞서 죽은 적장자(嫡長子)를 위해 아버지가 삼년복(三年服)을 입어야 하는 이유를 제시한 대목을 보면 분명해진다. 그 이유는 문의(文意) 그대로 "(적장자는) 유구하게 이어져 내려오는 우리 가문의 조상들에 대해서는 가문의 실체(體 즉 가문이 유기체적인 실체임을 의미)를 바르게 해주는(正) 역할을 하는 자이고 또한 앞으로 무한히 계속될 우리 가문의 정체성(重 즉 중요성)을 대대손손 전해주는 중요한 역할을 하는 자이기 때문"이라는 것이다(이재룡, 2001: 239쪽 이하) 종묘는 왕통이 계승되어져 가는 영속성을 제도화함으로써 국가의 시간적 영원성을 상징한 국가제도이다. 그러므로 여기서의 국왕 또한 현 시점, 현 공간에서 국가의 모든 것을 소유한 절대적 권력자 일 개인의 존재로 설정될 수는 없다. 『의례』의 표현과 마찬가지로 무한히 계속되는 국가라는 유기체의 한 시점의 일정기간을 위탁받은 통치 대리인의 성격이 전제되어 있는 것이다.

종묘로 상징되는 국가의 시간적 의미, 즉 영속성의 의미는 현실의 정책과 국가적 문제들에 대한 대책이 단순히 현 시점, 현 공간 내에서의 제한적인 대책일 것을 넘어서는 그 어떤 것임을 요구하고 있다. 즉 지금 이 공간의 모든 것은 우리들만의 전유물이 아니오, 끊임없이 이어져 가야 하는 국가라는 유기체 전체의 공유물이다. 그러므로 국가정책과 분배 등은 반드시 국가라는 유기체의 역사적인 생명력을 보장해 주는 한에서만 의미가 있다. 조선왕조의 국가관이 이와 같은 의미를 담고 있었기에 국가에 의해서 추진된 일체의 정책과 방안은 짧게는 수십 년을 길게는 수백 년을 내다보는 궁극적인 정책일 수 있었다.

2. 국가와 국왕: 통치권의 이념적 상징성과 실질적 위상

전 백성의 공존적 삶이 영위되는 국가라는 총체적 유기체는 곧 왕으로 상징화된다. 즉 왕은 곧 국가요, 국가의 모든 것은 왕의 것이라고 일컬어진다. 그렇다면 왕이 곧 국가인가? 조선시대의 국왕은 국가를 국왕 일개인의 소유로 인식했었는가?

국가는 자연인인 국왕 한 개인의 소유물이 아니요, 국가권력 또한 통치를 위한 자기 존재 근거를 지니고 있는 것도 아니다. 그것은 백성 모두의 삶의 존재형식이며 구성원리이고 규범적 조직의 통일체이다. 국가조직의 최고 정점에 있는 왕의 존재 또한 그에 관계되는 일체 존재와의 관계에 의해 정당화된다. 그러므로 국왕의 사적인 일과 국가기권으로서의 일은 분명하게 구분된다.

이것은 전하(殿下)의 일이요, 국가에는 관계가 없는 일입니다.15)

이는 세종대왕이 부왕 태종에 의해 역적으로 몰려 죽임을 당한 빙모를 제사지내게 하려는 고심에 대한 신하의 답변이다. 조선의 국왕은 이미 천명을 품부 받은 존엄함 지존으로 상징화되고 있으며 그 자신이 국가의 이념적인 정신적 통일체로서 화체(化體) 되어 있는 것이다. 그러므로 조선에는 고려에 비해 국왕의 고유한 정치권력을 유지하기 위한 정치집단이 존재할 필요가 없었으며 과거에서 우수한 성적으로 합격한 인재들을 정부 각처나 지방 곳곳에 골고루 보내 관료로서의 임무를 충실하게 하도록 독려할 수 있었다. 한반도 전역이 중앙정부의 행정권 안에 포섭되어 이제는 지방 토호를 통한 간접지배가 불필요하게 되었음은 물론이다. 조선왕조는 국가권력의 이념적 정당화 근거나 행정력이 미치는 범위, 또는 국가통치의 가치추구의 면 등 국가를 특징짓는 모든 면에서 고려와는 다른 면모를 지니고 있었다.

그렇다면 국왕은 국가통치권에서 어느 정도나 권력을 독점할 수 있었는가? 이 점은 조선왕조와 동시대의 명 황제의 권한을 상호 비교해 보면 금방 알 수 있다. 일례로 중국의 황제는 수백 명의 친위부대를 직접 거느리며 지휘 통솔할 수 있었으나 조선의 왕은 자신이 직접 지휘할 수 있는 군대는 하나도 없었다. 물론 군대의 동원령을 가지나 이 또한 대신과 부처 모르게 혼자 명령을 내릴 수가 없었다. 심지어 역모자를 체포할 때도 승정원 소관부서를 거치는 공식적인 절차를 밟아야 했다16). 국왕은 역모 이외에는 친히 국문도 할 수 없고 대부분의 정사는 담당 부서에 일임하여 그들에 의해 행정업무가 처리된다. 국왕은 대부분의 경우 복잡하게 짜여져 있는 행정절차에 의거해 최후로 결재를 하는 것으로 처리된다. 물론 조선조 초기에 정리되기 시작한 행정제도는 세종 때에는 매우 세심한 부분에 이르기까지 섬세하게 규정되어 있어

---

15) 『朝鮮王朝實錄』, 「世宗實錄」 세종 28년 5월 17일 甲申.
16) 임용한, 『조선 국왕이야기』(혜안, 2000), 81면.

서 관리들의 전횡과 독단을 방지할 수 있는 장치를 마련해 놓고 있기도 했지만 이 점은 국왕의 통치권에 대해서도 마찬가지로 적용되는 행정원리였다. 이러한 신권과 왕권의 관계는 고려왕조를 거치면서 오랜 세월에 걸쳐 형성된 한국적 정치상황 특유의 정치문화이다. 즉 조선의 국왕은 결코 전능한 권력을 행사할 수 있는 위치에 있지 않았다. 상징적 존재로서의 국왕은 국가 그 자체였으나 정치권력 집단 간의 구조적 위상에서 정점에 있을 뿐인 하나의 정치세력이었다. 이 점이 오히려 공인된 제도상 자신의 정치 배후세력을 지니고 있는 고려의 국왕보다 못한 조선 국왕의 위상이라고 할 수 있다. 즉 고려의 국왕은 최고의 정치 엘리트들의 도움에 힘입어 신하들과의 정책대결에서 유리한 위치에 있을 수 있었으나 조선의 국왕은 모든 것을 자신이 알아서 하거나 신하들 상호관계를 적절히 조율하면서 자신의 위치를 지켜나가야 했다.[17)]

3. 국가와 백성: 백성들의 생명과 형벌

조선왕조가 국가의 이념적 통일체로 상징화된 존재로 국왕을 설정했다는 점은 여러 점에서 복잡한 논의를 야기한다. 앞서 말했듯이 국왕은 천명을 받은 존엄한 존재로 자신의 상징적 위치를 설정하면서 한편으로는 국가행정과 정치관계의 복잡한 구조 속에서 자신의 정치적 역량도 확보해야 했다. 이는 단순히 국왕이 천명을 받은 최고의 존재라는 위상에서 저절로 주어지는 것은 아니다. 차라리 정치적 역학관계 내에서의 정치력의 확보라면 사용할 수 있는 모든 수단을 동원해 자신의 파워를 증대시켜 나갈 수도 있겠지만 조선왕조에서의 국왕은 이미 그런 점에서는 초월적인 태도를 보여야만 했다. 즉 국왕에 관한 일체의 사항들은 완전히 공개되어야 하며 공개된 결과 또한 철저히 도덕적이

---

17) 박종기, 앞의 책, 62면.

라야만 했다. 국왕의 정치권력을 집요하게 제한하려는 신하들의 다양한 정치세력들 틈에서 국왕은 겉으로 드러나지 않게 자신의 정치적 포부를 관철시켜야 하니 국왕은 매우 고독하고 힘들고 고뇌하게 되어 있었다. 조선시대의 정치구조상 백성들의 위치가 국왕과의 사이에 분명한 자리매김을 하게 된 데에는 이와 같은 조선시대 나름의 정치 환경이 자리하고 있었다.

고려시대의 백성들은 지방토호들이나 대지주들의 관리하에 있었으나 조선왕조에 와서 국가의 직접지배체제에 들어오게 되었다. 국왕의 백성에 대한 통치가 관리들을 통한 간접통치에서 직접통치로 바뀌어간 것이다. 물론 이미 유가철학 자체 내에 국가권력의 정당성을 백성의 전폭적인 지지에서 확인하려는 정치철학적 기저는 완성되어 있었지만 한반도에서의 정치사에서 이와 같은 정치형태가 등장하기까지에는 오랜 세월을 기다려야 했던 것이다. 조선에 와서야 비로소 백성은 실제로 통치행위의 실질적인 목표가 될 수 있었다. 조선시대 내내 강조되어 왔던 애민은 그러한 정치사상의 표현이었다. 이하에서는 애민사상이 투영된 법제도 전반을 검토해 보기로 한다.

국가와 국민의 관계는 법제도에 의해 전개된다. 그러므로 법제도가 그에 의해 통치를 받는 국민 또는 백성을 어떠한 관점에서 바라보고 있는가는 매우 중요한 문제가 된다. 다시 말해서 법은 국가권력과 백성을 매개해 주는 위치에 존재한다. 전통사회에서의 정치현상이 신권과 왕권 간의 정치적 역학관계로 전개되고 있고 바로 이 지점에서 백성들은 나름대로의 정치적 위상을 지니고 있게 된다. 이는 백성들이 자신들의 권리를 신장시키기 위한 투쟁의 결과로 얻게 된 산물이 아니다. 동양 정치사에서는 서양의 경우처럼 국민들의 그러한 권리를 위한 투쟁 양상은 별로 진개되지 못했다. 여기에는 다양한 문화적 역사적 원인이 있을 것이다.

어쨌든 동양에서는 국가권력은 백성들을 위해 봉사해야 한다는 사상은 일찍부터 있어왔다. 그러한 대의명분 앞에서 법을 어떻게 정립해야 하는가의 문제는 신하들과 국왕과는 현격한 차이가 있기 마련이었다. 형벌을 완화하고 사면령을 자주 내리려는 국왕과 법의 엄격한 집행을 통해 신분질서체제를 공고히 하려는 관료들 간에 심심치 않게 갈등 양상이 빚어지곤 했다. 이하에서는 이에 관한 사례를 간단히 살펴보기로 한다.

형벌집행방법과 형벌의 종류는 시대적 환경에 따라 경감의 모습을 보이고 있는데 이 중 대표적인 것이 자형(刺字)의 형벌을 폐지한 것이다. 자자(刺字)는 경형(黥刑)이라고도 하는데 이마나 팔뚝에 입묵(入墨)하는 형벌을 말한다.

> 전교로 이르기를 지난번에 자자(刺字)의 율을 사용하는 일로 하문(下問)을 하였더니 그때에 법문(法文)은 비록 인용된다 하여도 지금 이러한 일은 없다고 하므로 그 법문을 제거하도록 명령하였다.[18]

율문상으로는 아직 존재하고 있으나 형사처벌 관례상 거의 집행되고 있지 아니함으로 아예 폐지하라는 전교이다. 다음에 예시하는 사례에서 연좌제의 적용범위를 놓고 국왕과 신하 간에 피력된 의견은 각각 나름의 타당성을 지니고 있다. 국왕은 여기서 형사피의자에게 유리한 법적용이 법의 본래 정신임을 강조하고 있다.

> 을미년에 태종께서 연좌(緣坐)된 이무(李茂)의 아들 이탁(李卓) 등을 놓아주기를 명하니, 헌부에서 이를 중지하기를 청하였다. 그러나 "『춘추(春秋)』의 법은, '악한 사람을 미워함이 그 자신에게만 그치고, 형벌은 사자(嗣子)에게도 미치지 않는다.' 하였으니, 일족을 멸하는 것이 어찌 『춘추』의 법이겠는가. 지금 놓아 사면하고자 하니 어떠한가." 하니, 대사헌 권도(權蹈)가 대답하기를, "형률에도 연좌의 조문이 있으니, 어찌 죄의 경중을

66

논하지 않고 연좌했겠습니까. 그 정상(情狀)이 불쌍하게 여길 만한 것은 이를 사면하여도 오히려 옳겠지마는, 이와 같은 역신(逆臣)의 무리는 가벼이 사면할 수 없습니다."하였다. 임금이 말하기를, "옛날에 삼족(三族)을 멸할 때에도 연좌의 법은 또한 가벼운 것을 따라 처리하였다."[19)

형사범을 처벌할 때 가능한 한 피의자에게 유리하게 판단해야 한다는 세종의 형벌관이 나타나 있다. 그러나 이러한 애민관은 상황에 따라 국왕의 입장과 신하의 입장이 바뀌는 경우도 종종 있었다. 조선의 국왕 중 가장 무능하고 바보 같았던 인조의 경우가 그러하다. 인조는 증거재판의 원칙을 무시한 재판의 집행에 항의하는 신하들의 요구를 완전히 묵살하고 있다.

"의당 국문하여 스스로 범죄 사실을 실토하도록 하고, 다시 전후 패선군의 수상(受賞)에 대한 동이점(同異點)을 조사해서 그 실상을 제대로 파악하여 처리해야만 바야흐로 옥사의 체통에 합당할 듯합니다." 하니, 답하기를, "전례가 없지 않으니 번거롭게 품하지 말라." 하고, 마침내 그를 참형에 처했다.[20)

그러나 법문상 분명한 규정이 있음에도 실제의 적용에서는 이를 매우 탄력적으로 적용한 사례가 많이 눈에 띤다. 이것은 사건 자체에 내재한 실질적인 타당성을 구하려는 태도로 이해되는데 이 경우 법조문에 앞서서 작용하는 보편적 법원리가 전제되어 있음을 확인할 수 있다. 이런 경우에 법적 안정성을 위해 원칙적인 법적용을 요구하는 신하와 탄력적 법운용을 강조하는 국왕과의 갈등이 나타나기도 한다.[21) 세종은

---

19) 『조선왕조실록』, 「세종실록」 세종 8년 6월 2일 甲子.
20) 『비변사등록』, 「형옥례」, 인조 23년 8월 23일 壬寅.
21) 다음의 사례는 규정대로 시행하기를 요구하는 신하와 법규 이상으로 처벌하려는 국왕과의 갈등을 표현하고 있다. "박치원(朴致遠)을 율(律)로써 감단(勘斷)한다면 그 죄가 유(流)에 해당하나, 일찍이 시종(侍從)을 지냈으니 형벌을 시행할 수 없습니다." 하니, 임금이 말하기를, "박치원은 제가 일찍이 탐리(貪吏)

법적용의 실질적 탄력성을 다음과 같이 말하고 있다. "죄를 판결할 때에 올리기도 하고 내리기도 하여 추이(推移)하면서 죄를 정하는 것은 모두 뒷사람을 경계하기 위해서이다. 죽이는 것만이 능사는 아니다."고 했다.22) 그러나 영조는 『대명률』의 율문23)에도 불구하고 70세가 넘은 선옥(仙玉)의 가증스러운 행태를 벌하기 위해 고문을 통한 신문(刑訊)을 명하고 있다.24) 법제도에 관해 매우 깊은 관심을 보였던 영조는 역대 국왕들 중에 가장 많은 법적 조치들을 내리고 있다. 남형을 금지하기 위해 법정 이외의 형장(刑杖)을 철저히 금지시키고 있으며,25) 감형과 사면령을 자주 내리고 형옥관에 대한 감찰과 징계를 소홀히 하지 않았다. 영조의 백성에 대한 깊은 관심은 다음의 기사에서 웅변처럼 전개되고 있다.

아! 그가 비록 감옥의 형틀 가운데 있다 하여도 그 근본을 탐구하면 모두 나의 백성이다. 옛날 우임임금이 수레에서 내렸다 하였으니 위대하도다! 그 성스러움이여! (중략) 지금 죄수를 처결한 것이 비록 하나하나 흡족하지는 못하다 할지라도 그 마음을 돌아보면 자못 깊은 바가 있다. 임금된 자는 하늘의 근원(天元)을 본받아 인정(仁政)을 행하고 백성을 사랑해야 하니 그것이 곧 상천(上天)의 마음이다. 오늘의 칙유(飭諭)를 소홀히 하는 경우 이 어찌한 것 나의 정성을 등지는 것뿐이랴. 창창한 저 하늘이 계시다. 아! 한 성(誠)자로써 힘쓰게 하고 팔도(八道) 도신(道臣)과 양도 유수(兩都留守)에게 하유(下諭)하노라.26)

를 논핵(論劾)함이 한두 번이 아니었는데, 자신이 수재(守宰)가 되어서는 스스로 범죄함이 이와 같으니, 비록 전정(殿庭)에서 팽형(烹刑)을 가하지 않는다 하더라도 어찌 시종이라 하여 관대할 수가 있겠는가? 상례에 의하여 형장(刑杖)으로 추문(推問)함이 옳다." 하였다(『조선왕조실록』, 넝소 3년 12월 19일 庚子).

22) 『조선왕조실록』, 「세종실록」, 세종 8년 6월 2일 甲子.
23) 『대명률』, 「명례율」, 老小癈疾收贖 "凡年七十以上十五以下及發疾, 犯流罪以下, 收贖".
24) 『조선왕조실록』, 「영조실록」, 영조, 10년 12월 3일 甲辰.
25) 『비변사 등록』, 「처형례」, 영조 16년 4월 16일.

Ⅴ. 국가, 그리고 국왕과 법

1. 국가권력의 균형과 제한

개국 초에 종친은 품계는 주어져 일정한 봉록은 받을 수 있지만 직책은 주어지지 않았다. 고려시대에는 국왕이 왕족과 측근으로 이루어진 하나의 정치세력을 형성해 신권과 분립하고 있던 것에 비해 조선의 유교정치철학에 의해 국왕의 존엄성이 이념적으로 보장된 것과 관련되어 이루어진 제도이다. 즉 국왕의 권력을 적정선에서 안배할 필요성이 제기되었고 이는 종친들의 정치참여 제한으로 나타났다. 국왕과 신권을 합리적으로 분산해 중앙집중화 하려는 의도에서 이루어졌다.27)

조선왕조에서 시행된 각종 국가제도는 국가의 통치이념 즉 유교적 도덕왕국의 건설을 위해 군왕을 정점으로 모든 대소신료들이 각기 자신의 직분에서 맡은바 임무를 완성하기 위한 효과적인 장치로 이해해야 한다. 어느 시대나 마찬가지이지만 국가의 제도는 다원적이고 다층적이며 종합적으로 전개되는 국민들 개개인이 공존할 수 있는 질서원리를 구축하고 보장해주는 이념을 안고 있다.28) 과거든 현대든 다소간 정도의 차이는 있을지언정 이러한 모습이 전적으로 배제된 시대는 없었다. 그러므로 조선시대의 국가제도를 오직 민본주의의 관점에서 바라본다면 이는 분명 일면적 고찰에 그치기 쉽다. 분명 왕권을 강화하기 위한 조치와 함께 백성들의 안위를 깊이 고려한 정책은 물론 신분질서를 확고히 하기 위한 각종 규제장치도 동시에 시행되고 있기 때문이다.

---

26) 『비변사등록』, 「형옥례」 영조 21년 6월 10일.
27) 진희권. 「조선조 초기의 유교적 국가이념과 국가질서」(고려대학교 박사학위논문. 1998), 61면.
28) R. Zippelius/이재룡, 『법의 본질』(길안사. 1999), 37면.

그러나 국가정책이 파행으로 흐르는 것을 막기 위해 시행된 각종 상호
견제와 보완장치제도의 목적이 백성들의 안녕과 풍요로운 삶을 보장하
고 도덕적 인간성을 구가할 수 있는 사회 환경을 만드는 것이었다. 그
러한 각종 제도들이 끊임없이 만들어지고 다듬어졌다.[29] 조선의 국가제
도는 고려왕조의 관습법적 특성과 달리 성문법에 의한 제도화를 기했
다는 특징을 지닌다. 이하에서는 조선왕조의 이와 같은 국가관이 법제
도에 어떻게 투영되었는가를 간략히 살펴보기로 한다.

2. 천하의 근본인 공적장치(公器): 법

공자의 '예악정벌자천자출(禮樂征伐自天子出)'(『論語』, 「季氏」)에서 보
듯이 국가법제도 최후의 권원은 군왕에게서 나온다. 민심의 소재를 정확
히 파악하여 천자자연과 같은 조화로운 인간세를 구현하는 것이 왕의 임
무이며 거기에서 입법행정 사법의 모든 권원이 유래한다. 그러므로 왕은
도덕적인 자기 구속의 원리 이외에는 그 어떤 외적 제약을 받을 수 없다.
그러나 군왕의 자기를 스스로 구속하는 내면의 도덕가치원리는 결코 단
순한 주관적인 가치판단의 차원에 머물러 있는 것이 아니라 기나긴 역사
적 경험에서 확인된 객관화된 가치기준이다. 그러므로 이 또한 왕에게는
객관적인 제약원리로 다가올 수 있었다.

이 때문에 왕이 최종적인 입법권자라는 의미에서 법 논리상 법적용
의 제약성을 벗어날 수는 있었지만 결코 역사의 가치판단에서 벗어날
수는 없었다. 왕은 법을 만들기만 하고 준수하지 않을 자유는 없었으며
스스로 만드는 법이라 힐지리도 그것이 조종성허(祖宗聖憲)일 경우에는
왕도 스스로 백성과 함께 마땅히 준수해야 할 의무가 있다고 보았다.
그러한 의미에서 왕은 '기법지종(紀法之宗)'이라고 표현하였다. 즉 왕은
한 나라의 법을 체현하는 근본이 되는 종주(宗主)인 것이다.[30]

---

29) 진희권, 앞의 논문, 54면.

사헌부 대사헌 윤향(尹向)·지사간원사(知司諫院事) 한옹(韓雍) 등이 상소하였는데, 소(疏)는 다음과 같았다.

"법이라는 것은 천하의 공기(公器)이므로 사사로이 할 수 없는 것입니다. 그러므로 관숙(管叔)·채숙(蔡叔)이 헛소문을 퍼뜨림에, 성주(成周)의 어짊으로도 은혜를 베풀지 못하였고, 박소(薄昭)가 사자를 죽임에, 한 문제(漢文帝)의 너그러움으로도 용서하지 못하였습니다."31)

사헌부에서 상소하기를,

"신이 그윽이 엎드려 생각하옵건대, 법(法)이란 것은 천하의 공기(公器)니, 폐하여 덮어둔 죄에 대한 법령을 먼저 귀하고 가까운 사람에게 행하게 되면, 사람들이 믿는 것이 있어서 감히 범하지 않을 것입니다. 어찌 폐단이 백성에게 미치겠습니까."32)

왕조차도 법을 굽혀 사사로이 대할 수 없음을 표현한 것이다. 영조대왕 또한 공기로서의 국법을 사사로이 대할 수 없는 지극히 조심스러움을 다음과 같이 표현하고 있다.

"아아! 법이란 천하 모두에게 평등하게 적용되어야 하는 것이다. 임금으로써 그 권병(權柄)을 잡고 있다 할지라도 한 오라기의 터럭만큼이라도 거기에 간섭할 수 없는 것일진대 더구나 임금의 임명을 받은 관리에게 있어서랴? 중앙과 지방의 관원에게 지위(知委)하여 휼수(恤囚)하고 단옥(斷獄)할 때에는 내 신칙(慎勅)한 명령을 본받아 각별하고 근면하게 준행토록 할 것이다."33)

"대체로 법이란 고금의 인군이 천하와 국가를 다스리는 공기(公器)이므로, 사사로운 은혜로써 굽힘은 불가합니다. 원하건대, 전하는 대의(大義)로 결단하여 의금부에서 과죄(科罪)한 율을 굽어 좇아, 이들을 모두 법에 의해 처치하여, 만세토록 난신적자가 나오는 길을 막으소서."34)

---

30) 박병호. 『세종시대의 법률』(세종대왕기념사업회. 1994), 38면.
31) 『朝鮮王朝實錄』, 「太宗」 7년 9월16일 丙寅.
32) 『朝鮮王朝實錄』, 「世宗」 26년 6월 21일 己亥.
33) 『秋官志』 律令 刑書 '御定欽恤典則'.

물론 이러한 근본원리에도 불구하고 왕 스스로 법에 대한 우위에서 자의를 행사한 예도 많았지만 그럼에도 그런 왕의 처사에 대해 공개적으로 비판하고 역사에 기록하는 강한 규제력이 동시에 행사될 수 있는 장치는 여전히 기능하고 있었다. 그러나 여기서 유의해야 할 것은 조선왕조의 잘 발달된 국가제도를 단순히 왕권을 견제하기 위한 장치로 이해할 수는 없다는 점이다. 즉 신권(臣權)이 유한한 권력 자체의 속성에서 강화되려는 경향이 있다면 왕권은 적어도 이념적으로는 그와는 다른 항구성·무한성을 지니므로 신하가 강화시키려는 관리들의 권리남용에 대해서도 매우 엄중한 관리를 하고 있는데 이를테면 관직을 얻으려고 친척도 아니면서 고관의 집에 드나든 관리가 있을 경우 그는 장 100, 유 3000리에 처해진다.[35] 심지어 관리가 도박을 하면 일반인의 경우보다 1등을 가중 처벌한다.[36] 신권과는 다른 차원에서 중시된다는 점이다. 그러므로 섬세하게 정비된 조선왕조의 국가제도를 단순히 왕권을 견제하기 위한 노력의 산물로 바라볼 수만은 없다.

3. 조종성헌(祖宗成憲)과 입법

조선왕조의 입법정책은 특기할 만한 현상을 지니고 있었다. 즉 새로운 법제를 정비하거나 입안할 때 법적 원리만을 염두에 두고 제정하는 것이 아니라 다양한 현실과 고래로 확인되어 정립된 도덕적 원리나 경전상의 정신, 또는 이왕에 형성되어 규범력을 지니고 실효성을 확인 받고 있던 세간의 행위양태 등 고려할 수 있는 것은 모두 고려하여 법제를 정비했다. 다시 말해서 조선왕조 법제도의 특성은 성문법체계의 엄격성을 유지하면서 현실사태의 개별적 특성과 반복됨으로써 형성되는

---

34) 『朝鮮王朝實錄』, 「太宗」 15년 5월 12일 戊申.
35) 『經國大典』, 「刑典」, 禁制, 奔競者條.
36) 『大明律』, 「刑律」, 雜犯, 賭博條.

관례 등을 동시에 충족시키려 노력하고 있다는 점이다. 이 경우 법체계 전반의 위계적 질서를 염두에 두고 있음은 물론이다. 즉 때에 따라서는 일시적 처리로 그칠 수도 있고 경우에 따라서는 단 한번의 판결일지라도 그 사안이 갖는 의미가 중요할 경우 정식으로 삼고 있으며, 시대에 따른 생활상의 변화를 수용해 법규를 변경할 경우에도 조종성헌에 입각해 가능한 한 원칙을 고수하는 한에서 변화를 꾀하고 있다.

예전의 법은 열 가지 폐단이 있고 새 법은 한 가지도 폐단이 없을 경우에만 개정할 수 있다는 세종 때의 법 개정 원칙은 선왕의 법원칙을 최대한 존중하려는 노력의 산물이다. 어느 왕조든 개국 초기의 입법정신은 대체로 새롭고 올바른 명분을 지니고 있는데 이러한 전통을 끝까지 유지하려는 노력이 관례로 형성되면서 반면에 악법을 제정할 수 있는 가능성은 그만큼 적어질 수 있다. 조종성헌의 원칙은 갑오경장 때까지 유지되었다.[37] 조선왕조의 법제도는 필요한 만큼 원칙을 지키면서 필요한 만큼 현실을 수용하는 균형 잡힌 입법태도를 견지하려 노력했다고 할 수 있다.[38]

대체로 입법과정에서 고려되었던 사항을 크게 분류해 보면 다음과 같은 것들을 들 수 있을 것이다. 첫째는 사서삼경을 비롯한 각종 유교경전과 역사서는 조선왕조 입법과정에 작용하는 최상위의 규범적 전형이었다. 각종 정책결정과 입법에 유교경전은 최고의 가치기준으로 작용하고 있다. 두 번째는 경국대전의 중요성은 재삼 거론할 필요도 없이 조선왕조 전 시대에 걸쳐 변함없는 역할을 하고 있다. 이는 조종(祖宗)의 성헌(成憲)이라는 지고한 위치를 누리면서 후대의 왕들이 정책을 결정하거나 입법의 기준으로 작용하고 있다. 경국대전이 이와 같은 지위를 누릴 수 있었던 것은 왕권과 신권을 적절히 조화시키고 있으며

---

37) 박병호, 앞의 책, 28면.
38) 이재룡 「조선왕조 법제도에서의 시간과 공간의 의미: 특히 법적 인간관에 대하여」, 『동양사회사상』(동양사회사상학회, 2003), 34면.

각 기관 간에도 균형과 견제원리를 담고 있고 규정의 탄력적 정용이 가능한 측면이 있었기 때문에 매우 효율적인 원전으로서의 역할을 할 수 있었다. 셋째로 들 수 있는 것은 오랜 역사에서 형성된 선례였다. 중국의 역사와 한국의 역사에서 확인되는 다양한 고례(古例)는 이미 역사적 검증을 거친 정당성을 지니고 있기 때문에 그것이 성문법전과의 사이에 현격한 상위가 있지 아니하는 한 이를 매우 진지하게 고려하고 있다.[39]

조선왕조에서 법안이 발의되어 입법되기까지 과정은 대체로 다음과 같다. 발의는 중앙정치무대에서 활동하는 핵심 관원들에 의해 이루어지는 경우가 많았다. 해당 관원이 의견을 상소나 계문(啓聞)의 형식을 갖추어 국왕에게 제출하였을 때 국왕이 받아들여 논의에 부침으로써 발의가 성립된다. 드문 경우지만 국왕 자신이 어떠한 의견을 제출하거나 또는 측근으로 하여금 상소나 계문의 형식을 갖추어 자신의 의견을 대변하게 함으로써 발의의 주체가 되기도 한다. 이렇게 발의된 안건은 중앙 정치무대의 일정한 범위의 핵심 관료들의 논의를 거치게 되는데 이 과정에서 각 개인이나 정치집단 간의 이해가 조정되어 반영된다. 이런 과정을 거쳐 의견들이 취합되어 국왕의 명으로 시달되면 이를 교(敎), 판(判), 제(制)라 했고 그것을 정리한 문서를 왕지(王旨), 상지(上旨), 판지(判旨), 교지(敎旨)라 했으며 이를 공적인 경로를 통해 해당 관원이나 관서에 전달한 것을 전지(傳旨), 전교(傳敎) 또는 수교(受敎)라 했다. 이렇게 해서 이루어진 수교가 여러 법령의 기초자료가 되는 것이다. 수교를 집행하는 과정에서 많은 검증을 거쳐 서로 상충하는 것들을 조정하고 삭제하거나 보충하여 정리한 것이 법전이나. 이 중 '대전(大典)'류는 법전 중에서도 최고의 지위를 갖는 것으로써 조종의 성헌으로

---

39) 여동일·박창진, 「조선왕조의 정책결정모형분석」, 『평화연구』 20집(경북대 평화연구소, 1995), 198면.

받아들여졌다.[40]

다음의 기사는 성종 대에 이미 조종성헌의 원칙이 확고하게 자리 잡았음을 알려주고 있다.

> 『경국대전』 안에 있는 규정(중략)은 선왕(先王)께서 인정을 참작하여 항식(恒式)으로 정한 것이니, 후세의 임금이 마땅히 준수할 바이며 변경할 수 없는 것입니다. (중략) 조종(祖宗)의 떳떳한 법은 보태거나 줄일 수 없습니다. 옛사람의 말에, '법이 시행되지 못하는 것은 위에서부터 범하기 때문이다'고 하였으니, 이것은 삼가지 아니할 수 없습니다.[41]

다음의 기사는 기존의 법규정을 현실에 맞게 수정 보완하려는 논의를 담고 있다. 범죄에 상응하는 정도의 형량을 구형하고 가능한 한 연좌제의 적용을 배제하려는 노력을 기울이고 있다.

> 상(上)이 이르기를, "전가의 율은 각별히 상심(詳審)하여 일 후 다시 아뢸 것을 분부하고 조목(條目)을 내도록 하는 것이 옳다." 하였다. 유척기가 아뢰기를, "그렇다면 지금 전가율의 적용 죄목을, 경중을 가리어 감하여야 할 것은 감하고, 존치할 것은 존치하도록 품재(稟裁)하여 고치겠습니다." 하였다.[42]

전가사변(全家徙邊)으로 일컬어지는 형벌이 지나치게 가혹해서 이를 탄력적으로 운용하기 위한 세부지침의 필요성을 강조하고 있는 대목이다.

국왕은 함부로 법령을 발동할 수도 없었다. 섬세한 관행과 정밀하게 짜여진 법령에 의해 제한당하고 있었음으로 국왕이 정치적 의사를 반영한 시책을 제시하는 것은 쉬운 일이 아니었다. 모든 경전과 선례, 기

---

40) 홍순민, 「조선 후기 법전 편찬의 추이와 정치운영의 변동」, 『한국문화』 21집 (서울대 한국문화연구소, 1998), 169면.
41) 『조선왕조실록』 성종 20년 2월 17일 乙巳.
42) 『비변사등록』, 「처형례」 영조 16년 (1740) 4월 18일.

존의 법령 등 많은 사항을 고려한 후에 제시되어야만 그나마 대신들에 의해 받아들여지는 형편이었다. 다음의 기사를 보자.

　　성교(聖敎)가 한 번 나오면 인(因)하여 만세의 법전이 되는 것임으로 신조(臣曹)에서 바야흐로 거행코자 하였으나 이는 이미 일시의 연교(延敎)에서 나온 것이며 또 본률(本律)과는 약간 차이가 있으므로 마땅히 거조(擧條)를 마련한 연후라야 거행하게 될 것 같습니다. 상上이 이르시기를 이러한 습성이 절통(切痛)하고 경(卿)도 바야흐로 엄금하여야 한다고 하였으니 거조를 마련하여 형추(刑推) 도배(島配)하도록 하는 것이 가(可)하다.43)

　그러나 조종성헌이 무조건적인 타당성을 갖는 것은 아니다. 사리에 합당하고 현실적으로도 실효성이 있는 경우에 강조될 수 있는 원칙인 것이다. 과기제도를 고치려는 세종의 물음에 대한 대신들의 논의는 이를 잘 말해주고 있다.

　　"의리(義理)에 해가 있으면 고쳐 만드는 것도 옳겠지마는, 의리에 해가 없으면 『육전(六典)』에 기록되어 있는 태조(太祖)의 성헌(成憲)을 고칠 수 없습니다." (중략) 변계량이 아뢰기를, "법은 때에 따라서 변경할 수도 있으니, 어찌 고집할 수가 있겠습니까." 하였다.44)

　그럼에도 영조대왕의 말에 나타나 있듯이 조종성헌의 원칙은 매우 신중하게 취급되었으며 하부로 삭감하거나 배제할 수 없는 위상을 갖고 있었다. 영조대왕은 "내가 비록 부덕하나 조종의 법을 지켜야 하므로 마음에 비록 측은함이 있으나 법을 어찌 낮추거나 올리겠는가? 차라리 지나치게 신중한 실수가 있을지언정 법금(法禁)을 늦추어 백성들로 하여금 쉽게 범하게 할 수는 없다."고 하고 있다.45) 신하든 국왕이

---

43) 『수교정례』, 「老嫗島配」.
44) 『조선왕조실록』, 세종원년 12월 13일 戊子.
45) 『조선왕조실록』, 영조실록, 영조 7년 5월 24일 丙戌.

든 정치적 입장에서 필요할 경우 엄격한 법치를 대의명분으로 내세워 강조하고 있는 것이다. 그러므로 법은 정치적 역학관계의 면에서 보나 국가 구성원 전체의 공존조건의 면에서 보나 가장 균형 잡힌 기준으로 서의 정당성을 지니고 있어야 된다. 법에 대한 이러한 태도는 법령을 해석 적용하는 데에서도 나타난다.

4. 법의 해석

다음의 기사는 법해석에 있어서 입법자의 의사를 존중하는 목적론적 해석의 일례이다.

> "신 등의 생각으로는 법을 만든 본의(本意)를 구하려고 한다면 마땅히 내용을 따라야 하는데, 지금 『대전(大典)』의 문맥을 보니, 두 구절로 나누어 보아야 글의 뜻이 매우 순조로운데, 전하께서는 무엇을 의심하십니까? 만약 문장의 뜻은 비록 이와 같으나 본의는 그렇지 않다고 하면서, 문장 내용을 버리고 별도로 문장 밖의 본의를 구하여 그것을 백성들에게 알린다면, 아마도 세조(世祖)께서 법을 만든 본의가 아닌 듯합니다. 「형전(刑典)」은 곧 세조께서 친히 찬정(撰定)하신 것으로 문장과 본의가 서로 부합하여 지극히 정밀한데도 뒷날의 관리들이 각자 사사 의견으로 이치에 닿지 않는 것을 억지로 끌어대어 글을 굽혀 적용하니, 위로는 선왕(先王)의 성헌(成憲)에 어긋나고 아래로는 뭇 백성들의 이목을 미혹하게 합니다."[46]

이는 노비들의 신원에 관한 소송 적격기간(사실이 발생한 시점에서부터 3년간 유효)에 관한 경국대전의 규정을 둘러싸고 전개된 해석의 차이를 보여주고 있다. 문리해석에서 목적론적 해석까지 나아가 규정의 적합성을 찾으려 고심하고 있는 대사간 이평(李枰)의 논지가 매우 날카롭다. 법적 안정성을 내세운 성종의 엄격한 해석으로 채택되지는 않

---

46) 『조선왕조실록』, 성종 21년 5월 17일 戊辰.

았지만 적어도 조선시대에는 조정에서 법규를 놓고 이와 같은 토론이 항시 전개되곤 했다.

반역죄에 대한 처리를 하는 과정에 율문에 없는 사항의 경우 율문을 확대해석 함으로써 흠결을 보충하고 있다. 대체로 반역죄는 남자들에 의해 자행됨으로 법조항은 이런 경우를 염두에 두고 입법되었다. 그러나 아내의 반역행위에 대해 남편을 연좌시켜야 하는가의 사례에서 이를 확대 해석하여 적용시키고 있다.

> 역적죄의 연좌처벌에서 율문에는 그 처와 첩을 종으로 한다는 말은 있어도 그 남편을 거론하지는 않았으나 남편이 아내에 대해서나 아내가 남편에 대해서나 다를 것이 없으므로 역적죄의 연좌범으로 처벌해야 한다. 율문 내에 역적죄의 연좌에 있어서 부모·형제·처자에 대해서는 모두 명문이 있으나 홀로 남편에 대해 언급되지 아니한 것은 옛날부터 역적이라는 것은 모두 남자에게서 나오고 여자로서는 모역한 사실이 없었기 때문이었다. 율문에는 그러한 규정이 없었더라도 그 남편이 정상을 모를 리 없었으므로 홀로 연좌의 죄를 면하기 어렵다.[47]

법의 해석은 입법기술상 필연적으로 이르게 되는 법개념의 추상성과 일반성을 구체화하고 명확히 하는 일련의 작업이다. 그것은 성문법은 물론 관습적인 사례의 적용에서도 나타나는 필연적인 현상이다. 대체로 대부분의 법전에 담겨있는 해석과 적용의 일반 원칙들 즉 총칙이나 명례율 등은 그와 같은 법적용의 경험을 통해 형성된 원리들의 전체를 일컫는다. 법을 제정하는 과정에서도 그렇지만 법을 해석하고 적용하는 과정에서도 또한 그 시대의 시대적 분위기나 역사적 환경의 영향을 받는 것은 어쩔 수 없는 일일 것이다. 위에서 살펴본 법해석의 사례는 법학 일반이 안고 있는 통시적인 법원리·법제도가 기능하는 곳 어디서든 작용하고 있음을 말해준다.

---

47) 『수교정례』, 「妻犯極逆其夫緣坐」.

그러나 법규가 언제나 이와 같은 정치논리나 상황논리에 노출되어서는 법 자체가 지니고 있는 공평성 또는 보편성의 핵심이 심하게 훼손될 수 있다. 이것은 올바른 법적 태도가 아니다. 조선왕조의 법집행자들은 법이 지니고 있는 이와 같은 현실과 이상 또는 사실과 가치 간의 교묘한 줄타기를 훌륭하게 행했음을 보여주고 있다. 아닌 입법과 해석은 물론 법 집행에 이르기까지 법제도 전반에 걸쳐 대원칙으로 준수되어 온 조종성헌의 원칙이 그것이다.

5. 법의 적용

조종성헌은 법적용의 일반 원칙이었다. 이는 입법과 법적용 전 과정에 걸쳐 존중되어야 할 기본 원칙이었다. 물론 조종성헌의 대상이 『경국대전』 하나만일 수는 없다. 현 국왕 이전에 성립되어 程式으로 확정된 일체의 규정들은 조종성헌의 대상이 될 수 있었다. 그러므로 조종성헌의 기본태도는 이미 세종 때부터 구체화되기 시작하면서 『경국대전』이 완성된 이후에는 완전한 원칙으로 자리 잡게 된다. 전 세계에서 유래를 찾아보기 힘들 정도로 518년간 장수한 조선왕조는 그 긴 기간 동안 사회가 적지 않게 변화했을 텐데 이와 같은 원칙을 끝까지 고수했는가? 매우 이해하기 힘든 현상임에 틀림없다.

이러한 원칙을 강조한 이유는 여러 가지 측면에서 분석될 필요가 있다. 법학적 측면에서는 당시의 법규정이 오늘날 우리가 알고 있는 법률처럼 엄격한 해석을 통해 분명하게 집행되어야 한다는 법적사고가 일반화되어 있지 않았다는 것을 들 수 있다. 즉 다양한 방식으로 다양한 이유에 의거해 법규의 적용을 탄력적으로 운용하는 관례가 진작부터 형성되어 내려왔다. 경국대전에 의해 의용형법으로 사용되던 대명률의 다음 규정을 보자.

무릇 율령에 기재된 것이 사리를 다하지 못하였거나 또는 죄를 결정하는데 형률에 조문이 없는 것은 율문 내에 가장 가까운 것을 의률(依律)하여 가할 것은 가하고 감할 것은 감하여 죄명을 정하고 형조에 보고하여 왕에게 계문한다.[48]

조선시대에 사용된 법전은 아니지만 동아시아 법문화에 깊은 영향을 미친 당률에는 다음과 같이 유추해석을 적극적으로 권장하는 규정도 있다.

무릇 해서는 안 되는데 한 자는 태형 사십(笞刑四十)에 처한다. [律·令에 조문은 없으나 이치상 해서는 안 되는 것을 말한다.] 이치상 그 사안이 중대하다면 장형 팔십(杖刑八十)에 처한다.[49]

엄격한 의미에서 법문 그대로 해석 적용하는 법치주의적 사고에서는 이와 같은 법문화를 이해하기 힘들 것이다. 이는 법문화 발전의 측면에서 미개한 수준이라는 평가를 받을 만한 요인은 되지 않는다. 왜냐하면 법제도 그 자체는 자기 목적을 지니고 있는 것이 아니라 사회 구성원 전체의 공존을 균형 있게 보호해 주면서 각자의 삶을 보장해주면 되는 것이기 때문이다. 이는 성문법 국가가 불문법 국가를 법적 미개의 상태라고 함부로 말할 수 없는 것과 같은 이치이다. 법적용의 이와 같은 탄력성은 기본법전의 보편성을 일반 원칙으로 삼아 그 테두리 내에서 특별한 사태를 관리하는 효율성을 보여줄 수 있었다.[50] 이 경우 국가권력

---

48) 『大明律』, 「斷罪無正條」, "凡律令該載不盡事理若斷罪而無正條者 引律比附 應加應減 定擬罪名 轉達刑部 議定奏聞."
49) 『唐律疏議』 雜律 「不應得爲」, "諸不應得爲而爲之者, 笞四十.[謂律·令無條, 理不可爲者.] 事理重者, 杖八十."
50) 이를테면 율문에 없는 죄를 처벌한 경우로써 다음과 같은 사례가 있다. "範上罪는 본래 律文에 없으나 大典의 亂言條에 '윗전에 干犯한 죄로서 情理가 切害한 자는 참형에 처하고 다만 가산을 몰수한다'는 규정에 의거해 처리하라는 하달이 있었으나, 범상 또는 誣上은 그 죄가 不道에 해당하니 강도의 죄보다 가

의 남용에 대한 제한원리는 법규정 자체 내에 있는 것이 아니라 법제도에 상위 하는 보편적인 도덕원리 즉 경전의 원칙이나 국가권력 정당화의 최후 근거인 애민관 등의 척도에 의해 제한되었다. 그러므로 우려할 만큼 남용될 수도 없었을 뿐더러 그렇게 되더라도 구제할 수 있는 각종 법적 장치들이 작동하고 있었다.

조선왕조는 전 기간에 걸쳐 끊임없이 법제도가 정비되고 수많은 법전이 간행되었는데 조종성헌의 원칙을 유지하면서 각 시대에 맞는 법제도를 정비해온 나름의 방식을 발전시켜온 것이다. 즉 일반법으로서의 경국대전을 원전으로 하고 시대에 맞게 새롭게 만들어진 규정을 그에 보태어 경국대전의 입법취지를 해하지 않는 범위 내에서 적용시키는 입법방식을 택하고 있는 것이다. 조선조 후기에 만들어진 『대전회통』은 경국대전의 모든 규정을 수록하고 있으면서 그에 비해 분량이 몇 배나 증가하고 있다. 원전은 원으로 속대전은 속으로 표시한 후 새로운 규정을 그에 덧붙이는 방식을 택하고 있다. 여기서는 '신법 우선'의 원칙도 주장할 수 없고 '특별법 우선'의 원칙도 의미가 없다. 즉 정책의 일관성과 항구성이 보장받을 수 있었으며 필요 이상으로 법률을 만들어 혼란을 가중시키는 병폐는 발생할 여지가 없는 것이다.

이 밖에도 법적용의 일반 원칙인 소급효금지의 원칙이나[51] 일사부재리,[52] 또는 한시법의 효력정지[53] 등의 원칙을 비교적 원칙으로 지키고 있는 것도 눈에 띤다.

벱게 처벌되어서는 안 되므로 범상 부도의 죄는 가산을 몰수하는 외에 그 처자식을 연좌시켜 종으로 만들게 하고 이후로 이대로 立法하여 시행하게 하라"(『수교정례』 犯上不道罪人 妻孥島配).

51) 『朝鮮王朝實錄』, 성종실록, 성종 20년 1월 21일 庚辰.
52) 『비변사등록』. 「처형례」, 인조 24년 9월 11일.
53) 『비변사등록』, 처형례, 영조 42년 6월 6일.

Ⅵ. 조선왕조의 유교적 사회구성원리: 국가

조선왕조의 국가관은 혈연적 가족주의의 확대가 곧 국가라고 상정하는 유가적 사회구성원리를 충실히 반영하고 있다는 특성을 지닌다. 이는 자식의 부모에 대한 효도를 최고의 가치덕목으로 규정해 이를 국왕은 물론이고 전 사회 구성원들에게 요구한 도덕지상주의 사회를 추구하고 있다는 점에서도 확인할 수 있다.

종법제적 가족윤리는 혈연적 가족관계를 종과 횡으로 구분지어 각기 관계의 친소원근에 따른 규범력의 차등을 기대하고 있다. 다음과 같은 사례는 가족윤리의 준엄함이 국가통치에 얼마나 중요한 것으로 작용했는가를 보여주고 있다.

> 남편 김세만과의 사이에 이미 4명의 자식을 둔 처 인조이는 남편이 소실을 얻은 것에 심하게 질투를 하면서 동시에 그 자신도 다른 남자와 정을 통했다. 후일 '어머니가 다른 남자와 정을 통하고 있다'는 사실을 두 자식으로부터 보고 받은 김세만은 두 사람이 함께 있는 집에 당도해 큰 소리를 지르고는 그 집에 불을 질러 버렸다. 곧이어 두 사람은 집에서 뛰쳐나왔고 처 인조이는 남편을 뒤쫓아 와 거세게 항의하며 시어머니를 밀치고 욕설을 퍼부었다. 이에 분개한 김세만은 처 인조이를 그 자리에서 칼로 찔러 죽였다.

이 사건은 이미 영조 20년에 결안(結案)되어 특별교시로 처리되었는데 영조 30년에 재차 조사할 것을 명하고 있다. 영조는 자식으로써 어미의 간음을 증언하여 어미를 죽음에 이르게 한 것이 윤상(倫常)에 크게 관계된 것이라 하여

> "김세만은 원배(遠配)하라. 王된 자는 효로써 정치의 근본을 삼는다. 세만이의 두 아들은 당시 주수창의 아들 도욱에 비해 나이가 어렸지만 지금 이미 수십년이 지났으니 반드시 나이가 찼을 것이다. 결장정배(決杖定配)하라."[54]

고 판시했다. 이는 간음죄보다 불효죄를 더욱 중하게 취급하고 있는 본 보기이다. 그 밖에 부대시(不待時)에 처하는 십악대죄(十惡大罪) 중 악역(惡逆)·불효·불목·불의·내란 등이 가족윤리에 관한 조항으로 이는 최저 교수형에서 능지처사(陵遲處死)에 이르기까지 엄형에 처해졌다.55) 이와 같은 도덕적 엄수주의는 치밀한 관료주의를 지향한 점에서도 예외 없이 적용되고 있다.

법이 천하의 공기(公器)이면 법에 의해 구성되고 집행되는 국가의 통치조직과 관료조직 또한 천하의 공기이다. 관료조직 구조의 신분계급화는 얼핏 보아 차등적 차별적인 관계를 고착화시키는 모순을 보이지만 관직과 관품이 천하의 공기라는 도덕성을 근거로 정당화된다.

대사헌 박경(朴經) 등이 상소하였다.
"관직은 공기이니 마땅히 덕망을 먼저 보아야 하고, 함부로 임명해서는 안 되는 것입니다. 국가에서 고려의 옛 제도에 의하여 순자(循資)의 법을 쓰고 있는데, 진실로 재질과 덕망이 출중하지 않으면 계급을 뛰어 올릴 이치가 없는 것입니다."56)

"관작(官爵)은 국가의 공기(公器)이니, 요행(僥倖)의 무리를 함부로 사진(仕進)하게 할 수는 없습니다."57)

관직에 봉직하는 관리들에 대한 차별적 특별예우는 물론이고 사회적 신분관계에 따른 법에 의한 차별화는 양천(良賤)구별·처첩구별·적서차별 등의 형태로 전개 되었지만, 이러한 차별의 불평등을 해소시킬 수 있는 장치가 곧 도덕적 품성에의 요구였다. 그러므로 이러한 제도적 차별화는 내재적 정당화의 한계 때문에 흔히 적절한 조화관계를 일탈하

---

54) 『秋官志』, 「祥覆部」 奸淫 英祖 3년.
55) 『大明律』, 「名例律」 十惡.
56) 『朝鮮王朝實錄』, 「太祖」 3년 12월 辛卯.
57) 『朝鮮王朝實錄』, 「太宗」 4년 9월 19일 丁巳.

기 십상이었고 그 때문에 조정에서는 관리나 상층 신분계층의 월권을 방지하려 애썼다. 다음의 기사는 이러한 저간의 상황을 잘 말해 준다.

> 의금부에서 아뢰기를,
>
> "전 영흥부사 박관이 관노인 연만·가질동·내은달 등 6명에게 함부로 형을 집행하여, 사망한 자도 있고 부상한 자도 있으니, 죄가 참형에 해당하며, 판관(判官) 전강과 영흥부사 이위·고원 군사 이대·전 문천군사 김보중이 차사원(差使員)으로서, 다만 관(冠) 등이 형(刑)을 굽혀 문초를 받은 것에 의거하여 형을 가하고 국문했으니, 장(杖) 70대에 도(徒) 1년 반에 해당하며, 감사 민심언은 관 등의 죄를 추궁하지 아니하였으니, 장 90대에 해당하며, 이미 차사원으로 하여금 법을 어기며 압슬형(壓膝刑)을 행하고, 그 잘못을 스스로 알면서도 형조에 보고하지 않고 또 조정에 보고하지 않았으니, 장 80대에 해당하며, 엄극관은 익명 문서에 의하여 내은달에게 형을 잘못 실시하여 죽게 했으니, 죄로 장 1백 대에 도 3년에 처하고, 장례비은 10냥을 추징하여 피살된 사람의 집에 주게 하소서." 하니, 명하여 아뢴 대로 실시하게 하되, 관은 1등을 감하고 위는 공신의 자손이므로 다만 직첩(職牒)을 회수하고 외방에 부처(付處)하고, 심언은 직첩만을 회수하고, 강은 여흥부의 정료간(庭燎干)으로 충당하고, 대는 부평부의 정료간으로, 보중은 고양현의 정료간으로 충당하도록 하였다.[58]

그러나 이러한 경우가 위정자의 특별배려적 성격이 강한 것으로 볼 수 있다면 다음의 사항은 상층신분에 대한 법적인 특별취급이 법제화되어 우선적으로 고려되고 있다는 점이다.

> 불의(不義)는 관내의 인민이 소속한 부·주·현 등의 관장을 살해하며 군사(軍士)가 그를 영솔하는 병마사·부사 등을 살해하며 관리와 군졸 등이 소속한 오품 이상 관원을 살해하거나 자기가 수업 받은 스승을 살해하는 행위 ……를 말한다.[59]

---

58) 『朝鮮王朝實錄』, 「世宗」 12년 윤 12월 10일 丙午.
59) 『大明律』, 「名例律」 十惡.

이 밖에 『대명률』에는 '팔의(八議)'가 있고 '직관유범(職官有犯)'·'군관유범(軍官有犯)'·'문무관범공죄'·'문무관사(私)범죄'·'응의자지조부유범(應議者之祖父有犯)' 등등 무수히 많은 신분우대의 특별규정들이 있다. 그러나 이러한 특별 신분에의 법적 우대정책은 천하의 공기로서의 법이 지니는 평등성을 해치게 되고 규범세계에서 극히 중요한 정의감마저 훼손시킬 수 있다. 법적 평등감과 정의감이 제 기능을 하지 못하게 되면 그 사회는 더 이상의 존립기반을 상실하게 된다.

그러나 한편으로는 범죄의 종류에 따라서는 관리들의 권리남용에 대해 매우 엄중한 관리를 하는 경우도 있는데 이를테면 관직을 얻으려고 친척도 아니면서 고관의 집에 드나든 관리가 있을 경우 그는 장 100, 유 3000리에 처해진다.[60] 심지어 관리가 도박을 하면 일반인의 경우보다 1등을 가중 처벌한다.[61] 이러한 규정들은 관리들의 도덕적 품행을 단속함으로써 신분적 우월성을 유지하려는 조치로 여겨진다. 또한 이러한 파행을 막아주는 장치로서 상층 신분계층의 철저한 도덕적 자기 규율과 끊임없이 시행되어온 휼형(欽恤) 사상을 들 수 있다. 조선시대에 특히 백성들의 흠휼에 깊은 애정을 쏟은 왕으로는 세종과 영조·정조를 들 수 있을 것이다.

이상의 논의를 총괄해보면 조선사회는 국가 전체를 수많은 사람들이 다양한 모습으로 공존하며 문화를 이루어 가는 공동의 장으로 여기고 있다는 것을 알 수 있다. 천하는 어느 누구의 소유물도 아닌 천하의 것이고 그 안에서 개인의 영역과 신분질서의 규범성 그리고 더 나아가 군왕의 존엄성도 정당화된다. 이렇게 보아야 군주의 신성함이나 신분계층 간의 차등, 그리고 종법제의 종과 횡으로 연결된 규범성의 차등이 설명될 수 있고 마찬가지로 왕토·왕민·왕법 등의 개념이 이해될 수 있다.

---

60) 『經國大典』, 「刑典」, 禁制, 奔競者條.
61) 『大明律』, 「刑律」, 雜犯, 賭博條.

VII. 휘갑하며

　동양사회는 서양의 계약법적사고와 달리 유별나게 국가조직법 즉 행정법규와 국가의 통치관련법 즉 형률이 진작부터 잘 발달해 왔다. 서양 형법사에서 근 18세기에 와서야 확인되는 예방 형벌관과 목적형사상이 아득한 기원전에 이미 중요한 형벌이념으로 자리잡아온 것만 보아도 발달의 정도를 짐작할 수 있을 것이다. 이러한 국가조직법규와 형률의 발달에 지대한 공헌을 한 것은 말할 것도 없이 법가사상이었다. 법가사상은 춘추시대에 잉태되어 전국시대라는 초유의 혼란기에 정립된 법학파로서 그 섬세한 법리학의 발달은 『당률소의(唐律疏議)』에서 만개되고 이는 그대로 동양제국의 법모델이 된다. 조선이 받아들인 『대명률』은 『당률소의』의 후예이고 조종성헌의 예우를 받던 『경국대전』도 『대당육전(大唐六典)』을 모범으로 하고 있다. 이미 중국에서는 북제 문선제에서 무성제에 이르는 10여 연간에 북제율을 완성하게 되는데 이는 유교의 사회구성원리와 통치원리를 법가가 중시한 성문법의 관점에서 흡수해 완성된 최초의 유가입법률(儒家立法律)이다.62) 여기에는 오형은 물론이고 십악과 팔의가 수록되었다. 이로써 유교적 덕치주의를 표방하는 예치주의원리에 그것을 뒷받침해주는 성문법제도가 국가권력을 배경으로 법가적인 통치기술과 절묘하게 결합해 민본주의적 왕도정치를 실현하는 장치로 기능할 수 있게 된 것이다. 법제도와 그리 친숙하지 않는 유교가 법제도를 통해 유교적 민본주의를 펼칠 수 있었던 것은 이와 같은 제도형성의 역사적 맥락이 있었기 때문이었다. 그러므로 조선시대에 민본주의적 왕도정치의 이상을 담고 있는 법제도는 군주제도를 옹호하고 신분제도를 공고히 하며 공평무사한 법집행을 통해 질서

---

62) 薛梅卿 主編. 『中國法制史敎程』(中國法政大學出版社, 1988), 127면.

를 확립하려는 법가적 요소를 배면에 지닌 채 유교적 도덕정치를 이상으로 하는 법질서로 기능 할 수 있었다.

특정사회에 보편적으로 인정되는 법규범은 국가권력의 무단적인 강제가능성만으로 실효성이 담보되는 것은 아니다. 이는 규범이 사회 구성원들의 보편적 의지의 통일 즉 객관의지의 구체화를 통해 형성되는 것만 보아도 잘 알 수 있다. 그러므로 법은 그것이 전체 성원들에 의해 준수되고자 한다면 반드시 수범자들의 세계관 또는 동시대인들의 보편적 사회표상과 일치해야만 한다. 그렇지 않은 법은 일시적으로 수범자들의 준수를 강제할 수 있을지 몰라도 영원히 강제할 수는 없다. 개국 초부터 성리학으로 무장된 사대부들이 유교적 규범질서를 한반도에 뿌리내리려 부단히 노력했음에도 별반 성과를 거두지 못하다가 조선개국 후 거의 200여 년이 지나서 성리학자들의 향약을 통한 지속적인 노력에 의해 유교적 규범원리가 보편화되기 시작했다. 여기서 고래로 이 땅에 전해오며 우리의 정서를 이루고 있던 규범문화와의 갈등이 얼마나 큰 것이었나를 알 수 있게 된다. 조선 중후기에 이르면 성리학자들은 고을 곳곳에서 향약을 통해 주자학적 성리학이 추구하는 이상사회를 만들려는 부단한 노력을 하게 된다. 사대부들에 의해 전개된 전국적 규모의 사회운동은 학문기관을 통한 도덕교육과 가례의 시행 그리고 향약을 통한 규범통제의 측면에서 이루어지고 있다. 그들은 일정한도 내에서 형벌집행권(笞刑)을 갖고 마을 구석구석을 통제했다.63) 오늘날 우리가 전통적 윤리관으로 알고 있는 것들 중 대부분(남녀차별, 처첩차별, 장유유서, 동성동본불혼, 종법제, 처가를 기피하는 태도, 사대봉사(四代奉祀), 족보발간 등등)이 그 당시에 철저히 뿌리내리게 된 것들이다.

---

63) 율곡 이이의 「西原鄕約」에는 笞刑을 40대까지 향약에서 집행할 수 있었으며 심지어 「非理好訟律」(『大典會通』, 「刑典」, 聽理條)을 직접 鄕約에서 적용할 수 있다는 규정도 있다.(『栗谷全書』 권 16, 「西原鄕約」 條目). 이재룡, 『조선, 예의 사상에서 법의 통치까지』(예문서원, 1995), 224면 이하.

도대체 국가권력이 엄연히 기능하고 있고 중앙정부의 통제가 지방 곳곳에까지 미치던 조선조 중후기에 이러한 사형(私刑) 집행이 국가적으로 허용되어 있었다는 것을 어떻게 이해해야 하는가? 무엇보다도 이들이 실현하고 했던 규범가치가 중앙정부가 건국 초부터 국가적 차원에서 보급시키려 했던 유교적 규범질서이고 사대부들 자신은 관직에 있었던 아직 출사하지 않았던 모두 잠재적 국가관료들로 받아들여졌다는 이유 때문일 것이다. 즉 국가권력의 연장선상에 사대부들이 위치해 있었기 때문에 그들에 의한 형벌집행은 결코 이상할 것이 없었다. 그 때문에 덕주형보(德主刑補) 또는 예주형보(禮主刑補)의 예·법 질서관은 이 땅에 뿌리내릴 수 있었다. 그러므로 조선조 중·후기에 이르면 마을 곳곳에서 발생되는 웬만한 사건은 국가권력이 전면에 나서서 처리할 것도 없이 자체적으로 처리될 수 있었다. 법 없이 유지되던 사회의 모습이 바로 이와 같았다.

우리 국민들의 법문화와 법의식은 바로 이와 같은 전 시대의 문화적·정신적 유산을 토대로 하고 있다. 물론 일제강점기·6·25·독재·서구문화의 홍수 등등 수많은 외적 요인으로 많은 부분 질곡을 겪은 역사를 갖고 있지만 그럼에도 불구하고 아직도 다른 문화와 뚜렷이 구별되는 우리만의 고유한 규범적 특질이 있음을 간과할 수는 없다. 왜냐하면 한 시대에 타당한 법질서는 창조가 아닌 기존 공존조건의 질서 속에서 확인되고 발견되어 정립되는 것이기 때문이다.

많은 우여곡절과 시시비비 속에서 오백여 연간 시행되어 온 유교적 민본정치의 법제도는 물질과 정신·실정법과 도덕예의·국가와 개인·사회와 나 등의 복잡한 사회적 관계를 일관된 맥락에서 받아들일 수 있는 전통을 확립했다. 물론 순수한 의미의 유교적 민본정치가 제대로 구현될 수는 없었을지라도 이 땅에서 전개되는 모든 정치와 법제도는 오직 국민을 위해서 행해져야 한다는 사상적 전통을 심어주었음을 결코 소홀히 할 수는 없다.

참고문헌

『高麗史』.

『經國大典』.

『唐律疏議』.

『大唐六典』.

『大明律』.

『大典會通』.

『備邊司謄錄』.

『說文解字』.

『受敎正例』.

『栗谷全書』.

『儀禮』.

『朝鮮王朝實錄』.

『周易』.

『中庸』.

『秋官志』.

김충렬, 『동양사상산고 Ⅱ』, 예문지, 1994.

계희열, 『헌법학』 상, 박영사, 2002.

박병호, 『세종시대의 법률』, 세종대왕기념사업회, 1994.

박종기, 『500년 고려사』, 푸른역사, 1999.

여동일·박창진, 「조선왕조의 정책결정모형분석」, 『평화연구』 20집, 경북대 평화
        연구소, 1995.

이재룡, 「조선왕조 법제도에서의 시간과 공간의 의미: 특히 법적 인간관에 대하

여」, 『동양사회사상』, 동양사회사상학회, 2003., 「사계 김장생의 현실인식과 예학에 대한 비판적 이해」, 『법학연구』 12권, 충북대학교 법학연구소, 2001., 『조선, 예의 사상에서 법의 통치까지』, 예문서원. 1995.

임용한, 『조선 국왕이야기』, 혜안, 2000.

진희권. 「조선조 초기의 유교적 국가이념과 국가질서」. 고려대학교 박사학위논문. 1998.

R. Zippelius/이재룡, 『법의 본질』, 길안사, 1999.

한영우, 『조선 전기사회사상연구』, 지식산업사, 1983.

홍순민, 「조선 후기 법전편찬의 추이와 정치운영의 변동」, 『한국문화』 21집, 서울대학교 한국문화연구소, 1998.

薛梅卿 主編. 『中國法制史敎程』, 中國法政大學出版社, 1988.

조선의 국가이념에 대한 소고

진 희 권

Ⅰ. 서 설

　조선은 고려의 혼란기를 극복하면서 새로운 질서를 창출하였다. 조선은 왕과 사대부들의 노력을 통하여 고려 말기의 사회·경제·정치·전반에 걸친 모순을 제거하였고 결국 약 500년간 국가체제를 유지할 수 있게 한 『경국대전(經國大典)』을 편찬하기에 이르렀다.

　조선은 유교입국의 기치를 들고 개국하였으며 유교의 이상사회를 이루기 위하여 왕과 관료들은 - 약간의 갈등이 나타나 보이지만 - 노력하였으며 그 결과 국가질서나, 형벌제도 등에 투영되게 되었다.

　조선에서의 유교는 단순히 국가제도를 형성하는 데 사용된 것은 아니었다. 왕권통제, 공론(公論)의 형성, 애민정치 등 사회 전반에 걸쳐 기능을 하였으며, 또한 사적인 윤리규범으로도 역할을 하였던 것이다.

Ⅱ. 조선의 국가이념으로서 유교의 성격

　조선의 개국은 이성계와 이방원을 위시한 무장(武將)과 정도전 중심의 급진적인 신진사대부에 의해서 이루어졌다. 즉 이성계의 권력과 정도전의 유학적 정치사상에 의하여 조선이 탄생된 것이다. 이러한 신진사대부들에 의하여 탄생한 국가적 성격은 성리학적인 국가질서보다는 오히려 선진유가의 국가질서를 추구하고 있다. 이것은 당시의 조선입국의 기틀에 대한 기본계획을 수립한 정도전의 성격과도 무관하지 않은 것으로 보인다. 정도전에게 있어서 성리학은 불교에 의한 사회적 폐단을 극복하기 위한 수단에 불과하였다. 실제로 그가 새 왕조의 통치이념과 새로운 문물제도를 창건하는 과정에서 수용한 사상조류와 문물제도는 매우 다양하고 폭 넓은 것이었다. 밖으로 중국의 삼대(三代) - 하(夏)·은(殷)·주(周) - 이후의 역대왕조의 문물을 받아들이고 고려시대의 문물을 참작하여 새로운 구조 속에서 재구성을 하였다.[1]

왕조의 성립 과정에는 유교(儒敎)의 전통적인 사상을 구현하고자 노력하는 모습이 보인다. 고려왕조로부터 왕위를 이양 받는 데 있어서도 표면상으로는 무력을 통하여 왕위를 쟁취한 것이 아니라 평화롭게 왕위를 이양 받음으로서 유교의 이상적인 왕위이양방식인 선양(禪讓)의 모습을 취하려고 노력하고 있다. 건국 후 법(法)을 만들고 병권(兵權)을 집중시키고자 한 것은 물론 왕권의 안전에 그 목적이 있겠지만 이 또한 원시유가가 추구하고자 하는 국가의 전형(典型)인 것으로 파악된다.

Ⅲ. 조선의 유교입국

1. 개국과 역성혁명(易姓革命)

(1) 왕위계승과 천명사상

왕위계승에 대한 유가의 입장은 요(堯)와 순(舜)에게서 보듯이 선양을 지향한다. 즉 천하를 현자에게 맡겨야 한다는 것이다. 그러나 선양제도는 순(舜)에서 우(禹)에로 이어진 이후로 막을 내렸다. 우왕이 자신의 아들인 계(啓)에게 천하의 대권을 넘겨줌으로써 왕위계승은 세습되었으며 그 이후 역성혁명에 의하여 새로운 정권이 탄생하였다.

이러한 상황을 유가에서 말하는 천명(天命)으로 설명이 가능하다. 왕

---

1) 민족문화추진위원회 편, 「삼봉집해제」, 『국역 삼봉집』, 1997. 10면.

위의 계승은 천명에 따른 것이지 전 대의 왕의 의지에 의하여 다음 대의 왕에게 주어지는 것이 아니라는 것이다. 그러므로 요순시대의 선양도 왕위의 양위에 의하여 왕위를 계승하는 것이 아니라 백성들이 새로운 왕을 받아들였기 때문에 비로소 순임금이 왕위를 계승했다고 하는 것이다.[2]

이러한 절차는 우왕이 순에 이어 왕위를 이어 받을 때도 마찬가지인 것이다.[3]

결국 왕위는 천명이 따라야 하는데 그 열쇠는 민(民)에게 있는 것이다. 즉 민심의 향방에 따라 정해지는 것이지 누가 누구에게 물려주는 것이 아니라는 것이다. 그러므로 우의 뒤를 이어 왕이 된 우의 아들 계(啓)도 우가 왕위를 물려준 것이 아니라 민심이 계에게로 향했기에 왕위를 이어 받았다는 것이다.[4]

여기서 왕도정치의 근본성격을 엿볼 수 있다. 왕도는 '왕에 의한 정치'이기 전에 '민을 근본으로 하는 정치'라고 보는 것이 그 실질적 의미에서 가깝다고 할 수 있다.[5]

---

2) 『맹자』, 만장 상: 萬章曰 堯以天下與舜 有諸 孟子曰否 天子不能以天下與人 然則舜有天下也 孰與之乎 曰天與之 …… 昔者堯薦舜於天而天受之 暴之於民而民受之 故曰天不言 以行與事 示之而已矣.: 堯崩 三年之喪畢 舜避堯之子於南河之南 天下諸侯朝覲者 不之堯之子而之舜 訟獄者 不之堯之子而之舜 謳歌者 不謳歌堯之子而謳歌舜 故曰天也 夫然後之中國 踐天子位焉 而居堯之宮 逼堯之子 是簒也 非天與也.

3) 『맹자』, 만장 상: 昔者舜薦禹於天十有七年 舜崩 三年之喪畢 禹避舜之子於陽城 天下之民 從之 若堯崩之後 不從堯之子而從舜也.

4) 『맹자』, 만장 상: 禹薦益於天七年 禹崩 三年之喪畢 益避禹之子於箕山之陰 朝覲 訟獄者 不之益而之啓曰吾君之子也 謳歌者 不謳歌益而謳歌啓曰吾君之子也.

5) 이러한 의미에서 유교의 국가이념을 법학에서는 왕도정치, 민본정치, 예치주의로 대별하여 보고 있는데 이 세 개념을 하나의 틀에 묶어서 보는 것이 이해가 빠를 것으로 보인다. 국가이념은 왕도정치로서 그 기본 베이스는 왕에 있는 것이 아닌 민(民)에 있다는 민본주의이며, 이러한 민본주의를 실행하는 실질적인 국가적 노력이 바로 인정(仁政)이며, 그 실행 수단을 예치주의로 보는 것이 유교적 국가이념에 대한 이해를 보다 적절하게 할 수 있을 것으로 보인다. 자세한 것을 글을 계속 쓰면서 보충하고자 한다.

이러한 천명사상은 순자(荀子)에게서도 나타나는데 그는 맹자의 논리에서 한 걸음 더 나아가 왕위의 양위를 뛰어넘고 있다.6) 순자는 민심이 귀속되는 자가 바로 왕이 되는 것이지 양위라는 형식의 유무와는 아무런 상관성이 없다고 했다.7)

요 임금과 같은 성인은 도덕적 결정체이고 지혜가 천지를 통한다고 한다. 그가 나라를 다스릴 때에는 백성들에게 도덕의 대소에 따라 적당한 지위를 정하고 재능에 따라 벼슬을 주었고 모든 사람이 각각 자기의 능력에 따라 적당한 일에 종사하여 대동사회가 구현되었다고 한다. 이러한 사회는 계속 성인(聖人)들이 나와서 그 뒤를 이어가야 하는 것이 최선이겠지만 대를 이을 성인이 항상 때에 맞추어 등장하지는 못하는 것이다. 그러므로 순자는 비록 도덕적으로 문제가 있거나 본성이 조절되지 못하는 자도 이러한 성왕의 제도를 유지해 나간다면 천하를 잘 운영할 수 있다고 보았다.

하지만 비록 천하를 운영하는 위에 올랐을지라도 성왕의 제도를 실행하지 못하여 민심이 떠난 경우에는 왕으로써의 실질이 없어지는 것이다. 그러므로 하(夏)와 은(殷)의 마지막 왕이며 폭군으로 알려진 걸(桀)과 주(紂)는 왕으로 평가할 수 없으며, 그들을 정벌한 은의 탕왕(湯王)과 주(周)의 무왕(武王)의 행위도 왕을 시해한 것이 아니라, 단지 공적(公賊)을 방벌한 것이라고 맹자는 평가하고 있다.8)

순자는 이들 걸과 주는 성왕의 자손으로 왕위를 물려받았으나 그 지위에 조차도 있지는 않았다고 한다. 왕위를 물려받았다고 해서 왕이 천

---

6) 『순자』, 정론; 世俗之謂說者曰 堯舜擅讓 是不然 ……. 聖王已沒 天下無聖 則固莫足以擅天下矣 天下有聖而在後子者 則天下不離 朝不易位 國不更制 天下厭然與鄕無以異也 以堯繼堯 夫又何變之有矣 聖不在後子而在三公 則天下如歸 猶復而振之矣 天下厭然與鄕無以異也 以堯繼堯 夫又何變之有矣 唯其徙朝改制爲難.

7) 『순자』, 정론; 天下歸之 之謂王.

8) 『맹자』, 양혜왕 하; 齊宣王問曰 湯放桀 武王伐紂 有諸 孟子對曰 於傳有之 曰臣弑其君可乎 曰賊仁者謂之賊 賊義者謂之殘 殘賊之人謂之一夫 聞誅一夫紂矣 未聞弑君也.

하를 차지할 수 있는 것은 아니다. 천하가 왕에게 스스로 복속되어야만, 즉 민심이 그에게 향해 있어야 비로소 왕이 되는 것이다.9)

이러한 유가의 천명사상은 선양과 역성혁명의 기본개념으로서 조선개국을 정당화하는 데 인용되고 있다.

(2) 이성계의 선양

조선의 개국 과정과 왕조의 성립 과정에는 유가의 전통적인 사상을 구현하고자 노력하는 모습이 보이고 있다. 고려왕조로부터 왕위를 이양 받는 데 있어서도 표면상으로는 무력을 통하여 왕위를 쟁취한 것이 아니라 평화롭게 왕위를 이양 받음으로써 유교의 이상적인 왕위이양방식인 선양의 모습을 유사하게 취하려고 노력한 것이 나타나고 있다.

1) 왕위계승의 경과

위화도회군 이후에 이성계는 병권뿐만 아니라 국가권력을 한 손에 쥐게 되었다. 이성계에 의해서 옹립된 공양왕은 형식뿐인 존재에 불과하였다. 이성계는 공양왕으로부터 문하시중의 직을 받아서 신하로서는 가장 높은 위치를 차지하게 되었다. 그러나 위화도회군 이후부터 이성계를 추종하는 관료들은 그에 만족하지 않고 이성계를 왕으로 추대하고자 하였다.10)

---

9) 『순자』, 정론; 聖王之子也 有天下之後也 勢籍之所在也 天下之宗室也 然而不材
　　不中 內則百姓疾之 外則諸侯叛之 近者境內不一 遙者諸侯不聽 令不行於境內 甚
　　者諸侯侵削之 攻伐之 若是 則雖未亡 吾謂之無天下矣 聖王沒 有勢籍者罷不足以
　　縣天下 天下無君 諸侯有能德明威積 海內之民莫不願得以爲君師 然而暴國獨侈
　　安能誅之 必不傷害無罪之民 誅暴國之君若誅獨夫 若是 則可謂能用天下矣 能用
　　天下之謂王 湯武非取天下也 脩其道 行其義 與天下之同利 除天下之同害 而天下
　　歸之也.

10) 『태조실록』 권 1, 총서, 공양왕 4년 6월; 南誾自威化島回軍之時 與趙仁沃等密
　　議推戴 及還以告殿下 殿下曰此大事不可輕言 時衆心爭相推戴 或有於稠人廣中楊
　　言曰 天命人心已有所屬何不亟爲勸進.

　그리하여 조준, 정도전, 남은 등 52인이 더불어 이성계를 왕으로 추대하려고 모의까지 하였다.[11] 이러한 위급한 상황에서 공양왕은 이성계와 동맹을 맺고자 하였다.[12] 공양왕의 자구의 노력은 오히려 역효과를 나타나게 되었다. 즉 유래에 없던 임금과 신하의 동맹을 강행하려고 함으로써 王으로서의 실질적 권한이 없음을 결국 스스로 밝힌 것이 되며, 이성계를 추대하고자 하는 일파들에게 빌미를 제공하게 되어,[13] 왕대비의 명을 빌어서 공양왕을 폐위시켰다.

　공양왕이 물러난 지 나흘 만에 대소신료, 한량, 기로 등이 이방원과 함께 이성계의 저택을 찾아가 등극하기를 권고하였고[14] 그 이튿날 이성계는 수창궁에서 왕위에 올랐다 한다.[15]

---

11) 『태조실록』 권 1, 공양왕 4년 6월；闇密與素相歸心趙浚鄭道傳趙仁沃趙璞等　五十二人協謀推戴　然畏太祖震怒不敢以告.

12) 『태조실록』 권 1, 총서. 고려사, 공양왕 4년 7월(갑신)；初恭讓命召　殿下及司藝趙庸曰　予將與李侍中同盟　卿等以予言就傳侍中　聽侍中言　草盟書而來　且曰必有故事　庸對曰盟不足貴　聖人之所惡　若列國同盟則故有之　君與臣同盟則無　經籍故事可據.

13) 『태조실록』 권 1, 총서；庸時兼史官　書曰上於侍中扶立之功未報　反害之意　已萌天命已去　人心已離　區區之盟不可賴也. 그러나 동맹의 초안은 공양왕의 명령처럼 이성계가 초안을 잡은 것이 아니라 이방원과 조용에 의해서 작성한 것이며 공양왕은 이를 추인한 것이 불과하다. 이러한 것을 통해서 볼 때 이러한 사초는 이성계의 왕위계승을 정당화하기 위해 첨가한 것으로 보인다.

14) 백극렴 등이 다음과 같은 이유로 왕위에 오르기를 권고하였다. 첫째, 우선 신돈의 자식인 우(禑)가 왕위에 오름으로써 사직에 대한 고려 왕씨의 제사는 이미 끝이 난 것이고, 우가 죄 없는 자를 살육하고 군대를 일으켜 요동을 정벌하려 했고, 둘째 우의 아들인 창을 폐할 때 천명은 이미 이성계에게 있는데도 겸손하게 사양하고 공양왕을 추대하여 사직을 받들고 민생을 편안케 했으며, 셋째, 공양왕은 정치와 형벌을 문란케 하여 임금의 도리와 민심을 잃어 왕위에서 물러났으며, 넷째는 군정과 국정의 사무는 중하므로 하루라도 비워 둘 수 없다는 것이다.(『태조실록』 권 1, 태조 원년 7월 17일(丙申)；克廉等合辭勸進曰 …… 妖僧辛旽子禑　稱恭愍王後裔　居王位十有五年　王氏之祀已廢矣　禑乃恣行暴虐殺無辜　至興軍旅攻打遼東 …… 天以王位命公之時而　公謙讓不居　推戴定昌府院君權署國事 …… 政刑紊亂　民無所措其手足 …… 定昌君自知君道已失　民心已去　不可以爲社稷生靈主　退就私第　惟軍國之務之煩至重　不可一一而無統宜卽王位).

15) 『태조실록』 권 1, 태조 원년(1932) 7월 17일(丙申)；太祖固巨之曰　自古王者之

2) 이성계의 왕위계승을 통한 선양

유교입국을 지향하는 조선의 개국답게 양위의 정당성은 천명의 이동에서 찾고 있다. 이러한 논리는 탕과 무왕이 역성혁명으로 천하를 얻은 요소뿐만 아니라 순과 우가 선양을 받은 요소가 포함되어 있다고 볼 수 있다.

우왕 때 요동정벌의 대의를 들어 반기를 들고 위화도에서 회군한 이성계는 그 이후 사실상 국가의 권력을 모두 쥐고 있었다. 그러나 왕씨의 조정을 폐하고 이씨의 조정을 세운다는 것은 체제유지 속에서 점진적인 개혁을 원하는 정몽주를 위시한 온건파 사대부의 반대를 사기에 충분하였다. 그러므로 이성계도 창왕을 폐하고 나서 자신이 즉위하지 않고 공양왕을 왕위에 세우는 등 외면적으로 왕조유지를 위한 노력을 하였다. 그러나 권문세가만의 농장혁파로는 미봉책에 불과하였으며, 전면적인 개혁을 위해서는 왕실과 사원의 농장도 토지개혁의 대상이 되어야만 했다.

그러므로 당시의 정치 경제의 모순을 제거하려는 노력은 새 왕조의 개국을 요청하였으며, 모든 상황은 이성계가 결국 언제 즉위하며 어떠한 형식을 거쳐서 즉위할 것인가만 남아 있었던 것으로 보인다. 당시 개혁의 중심세력인 정도전을 위시한 사대부들은 가장 유교적이고 가장 평화로운 절차를 거쳐서 즉위시키고자 하였다.

이미 천명의 이동은 실록의 기록에도 있듯이 이미 창왕을 폐위시킬 때 있었던 것으로 보고 있다. 그래서 공양왕의 추대는 마치 요가 죽자 순이 요의 아들인 단주에게 나라를 맡기고 자신은 지방으로 피해 있는 것과 동일한 모습을 보여주고 있겠다고 하겠다. 이성계가 왕위에 즉위하는 것은 잘못된 왕통을 바로 잡는 것으로서 오히려 고려왕조의 은인

興非有天命 不可余實否德 何敢當之 遂不應 大小臣僚閑良耆老等擁衛不退勸進益切 至是日太祖不獲己幸壽昌宮.

이 되었다.

이러한 구도는 비록 성인의 반열은 아니라고 할지라도 도덕적 인품을 크게 부각시키고자 하였던 것이 아닌가 한다. 더구나 이성계에 의하여 즉위한 공양왕의 무능을 강조하고, 이성계가 토지개혁을 맡으면서 백성으로 하여금 도덕적인 모습이 더욱 부각되게 하였던 것이다. 이러한 과정 속에서 관료들과 백성의 추대를 통하여 왕위를 오른 이성계의 양위는 무혈혁명으로서 탕과 무왕의 역성혁명보다는 오히려 순과 우의 선양에 비견할 수 있다고 평가할 수 있을 것이다.

2. 조선조의 왕도정치의 이해

유가의 왕도정치의 근본은 인정(仁政)을 통한 위민정치(爲民政治)에 있다고 할 수 있을 것이다. 천시(天時)와 지리(地利)를 제대로 파악하고 관직을 설치하고 제도를 만들어서 백성을 다스리는 주된 이유는 홍범구주(洪範九疇)16)의 아홉 번째 보듯이 모든 사람이 자신의 생명이 다하는 날까지 자신의 역할을 다하며 건강하고 풍족하게 생활할 수 있는 사회를 구현하는 데 있는 것이다. 이러한 유가의 왕도정치의 모습은 바로 민본주의로 나타나고 있다 하겠다. 유가정치를 표방하는 조선은 개국으로부터 각 왕이 통치하는 데 있어서 민본을 바탕으로 통치를 하려는 노력이 많이 드러나고 있다.

(1) 조선에 있어서 백성에 대한 지배층의 인식

유교정치사상은 민본을 근본으로 한다.17) 백성은 나라의 근본으로 백성이 없으면 나라도 없고 군주도 있을 수 없는 것이다. 그래서 맹자도

---

16) 『상서』, 주서, 홍범.
17) 『상서』, 하서, 오자지가: 民惟邦本 本固邦寧.

백성이 가장 귀하고 그 뒤에 나라이며 가장 가볍게 여겨야 할 것이 군주라고 하였던 것이다.[18] 이러한 백성을 중시하는 사상은 유가의 전통적인 사상으로 백성은 하늘에 의하여 잉태된 것으로서[19] 왕은 백성을 봄으로써 하늘을 볼 수 있고 백성의 목소리를 들음으로로써 하늘의 목소리를 들을 수 있듯이[20] 하늘의 생각은 곧 백성의 생각이라고 하였다. 이렇게 천과 백성을 동격으로 보면서 민심이 있는 곳에 바로 천심이 있는 것이라 하여 백성은 바로 국가의 존립근거로서의 위치를 차지하게 되는 것이다.

백성에 대한 이러한 인식은 조선의 개국 초에도 그대로 나타나고 있다.[21]

고려왕조의 멸망은 백성을 제대로 돌보지 않았기 때문에 하늘이 재앙을 내린 것이라고 보았다. 이것은 또한 조선이 개국하는 데 정당성을 확보할 수 있는 이유이기도 한 것이다. 그러므로 조선의 존립의 근거는 바로 백성을 위하고 돌봐주어야 한다는 것이다. 이러한 천으로서의 백성을 중시하는 민본사상은 특히 개국 초기에서는 국가의 안정을 위해서는 가장 강조되어야 하지 않을 수 없었을 것이다. 이러한 민을 천과 동일시하는 사상은 실록에 곳곳에 나타나고 있는데 세조 대에 이르러서도 왕의 교지를 통하여 여전히 나타난다.[22] 이러한 민본사상은 관료층에서도 나타나 임금에게 간언하거나, 백성을 다스리는 데 있어서 기준이 되고 있음을 엿볼 수 있다.[23]

---

18) 『맹자』, 진심장 하: 民爲貴 社稷次之 君爲輕.
19) 『시경』, 대아, 탕지십; 天生蒸民.
20) 『상서』, 주서, 태서 중: 天視自我民視 天聽自我民聽.
21) 『태조실록』 권 6, 태조 3년 6월 24일(임진); 旨于都評議使司曰 王氏節祀 天乃俾子肇造邦家 實爲斯民也 若不敬天勤民 天之降殃必矣.
22) 『세조실록』 권 4, 세조 2년 5월 19일(정해); 傳旨議政府曰 民者天也 民而安然後 天心安 治國之道 當以安民爲先 而民苦無良無法制 忿毒之心日長 和易之德日喪 孝悌忠信無.
23) 『태종실록』 권 18, 태종 9년 10월 27일(을축); 疏曰 …… 經曰民惟邦本 本固邦寧 傳曰猷雖非死 民心病之 臣等以謂 自古以來國之興亡 在民心之苦樂 不在貯蓄之多少. 정도전, 『삼봉집』 권 10, 경제문감 하, 현령; 夫民者國之本也.

그러나 백성에 대한 지배층의 인식은 반드시 이렇게 긍정적이지만은 않았다. 백성은 天이며 나라의 근본이 되므로 중시해야 한다고는 하지만 그들은 도덕적으로는 열악한 존재라고 인식하였던 것이다.[24) 실록에서도 도처에서 백성을 무지지인(無知之人)으로 표현을 하고 있음을 볼 수 있다.[25] 이것은 사대부층은 유교의 천리나 도리를 알고 있다는 점에서 식자로 인식되는 반면에 일반 백성은 이를 모르기 때문에 무지한 존재로 표현하고 있다. 이러한 백성은 또한 자신의 욕망을 거스르지 못하고 이에 따라 행동하는 존재로 표현되고 있다.

그러나 이와 같이 백성을 도덕적으로 열악한 인격체로 보는 것은 조선에 와서 나타난 인식은 아니다. 이는 유가에서 전통적으로 인간에 대하여 모두 동일한 존재로 보지 않고 그 성품이나 기질에 있어서 차등이 있는 존재로 파악하고 있는 인식에 근거하고 있겠다고 하겠다.[26]

이것은 왕과 제후 등의 지배계급, 그리고 관료계급과 생산계급으로 구분되어 있는 당시의 신분사회를 반영한 것이라 할 수 있을 것이다. 이러한 신분사회에서 유가는 인간의 동일성이 아니라 유별성을 강조하는 것이다. 이것은 유가의 정명론(正名論)이나 직분론(職分論) 등으로 나타나는데 이러한 논리는 당시의 신분구조에 대한 정당화를 부여하여 신분의 고착화를 가져왔다는 비판을 받기도 한다.[27] 그러나 유가의 원

---

24) 정도전, 앞의 책 권 13, 조선경국전 상, 정보위; 下民至弱也 不可以力劫之也 至愚也 不可以智斯之也 得其心 服之 不得其心則去之.

25) 『태종실록』 권 20, 태종 10년 10월 24일(정사); 司憲府上疏 疏曰 竊見 國家更造楮貨 使之通行 然無知之民狃於舊習 不肯信從 暗用常布以 干邦憲者比比有之. 권 29, 태종 15년 4월 13일(경진); 其於立法也 無知之人 固宜疑惑 識理之人 亦隨而 咻之甚爲可怪. 『세종실록』 권 28, 세종 7년 6월 22일(신유); 集賢殿副提學 申檣等十四人陳言一 浮屠蠹財惑衆之弊 臣等往者具疏以聞 雖蒙嘉納 未盡施行其 無知民庶則已矣 至於識理士大夫 不尊著令 設齋致客 糜費如前.

26) 『논어』, 양화; 子曰 性相近也 習相遠也.; 子曰 唯上知與下愚 不移. 季氏; 孔子曰 生而知之者上也 學而知之者次也 困而學之又其次也 困而不學民斯爲下矣. 『맹자』 등문공 상; 或勞心 或勞力 勞心者 治人 勞力者 治於人 治於人者 食人 治人者 食於人 天下之通義也.

래의 사상은 비록 당시의 신분사회를 인정하고는 있으나 신분의 경직성까지도 주장하였다고는 볼 수 없다. 오히려 인성과 능력에 따라서 어떠한 지위에도 오를 수 있음을 강조하였던 것이다.[28] 유가에서 이와 같이 백성을 도덕적으로 열등한 존재로 파악한 것은 지배층에 의한 보호와 교육이 필요한 존재로 보고자 한 것으로 여겨진다. 수령을 목민관이라고 칭한 것도 바로 이러한 이유에 의해서라고 할 것이다.

위와 같이 백성에 대한 이해 속에서 통치자와 백성은 서로 긴밀한 관련을 맺는다. 그리고 그 관계는 일방적인 관계가 아니라 서로가 서로를 필요로 하는 관계인 것이다. 즉 서로가 목적과 수단이 되는 쌍방적인 관계가 성립하는 것이다.[29]

사람이 사회를 이루고 살아가는 데 있어서 재화의 생산과 질서유지는 절대적으로 필요한 것이다. 그러나 모든 사람이 이 두 가지 일에 참여할 수는 없다. 역사적으로도 재화를 생산하는 자와 질서를 유지시키는 자는 분화되어 그 임무를 행하여왔다. 이러한 분화는 지배자와 피지배자란 이름으로 불리어 왔다. 유가에서는 이 둘 사이의 관계를 서로가 서로를 의지하는 관계로 설정하였다. 백성은 평화로운 질서의 대가로 국가에 세금을 바치는 것이고 국가는 세를 받는 대가로 사회의 질서를 바로 잡아서 평화로운 사회를 유지하여야 하는 것이다. 결국 국민은 세금을 내야 할 의무와 평화로운 질서를 요구할 권리가 있는 것이며, 국

---

27) 신기현, 「한국의 전통사상과 평등인식」, 『한국정치학회보』 제29집 2호(한국정치학회, 1995), 414면.
28) 『맹자』, 고자 상; 凡同類者 擧相似也 何獨至於 人以疑之, 聖人與我同類者. 고자 하: 人皆可以爲堯舜. 『순자』, 왕제: 賢能不待次而擧 罷不能不待須而廢 雖王公士大夫之子孫也 不能屬於禮義 則歸之庶人 雖庶人之子孫也 積文學 正身行 能屬於禮義 則歸之卿相士大夫.
29) 정도전, 앞의 책, 권 13. 조선경국전 上, 부전; 民之相聚也 飮食衣服之欲攻乎外 男女之欲攻乎內 在醜則爭之 力適則鬪之 以至於相殘 爲人上者執法以治之 使爭者平 鬪者和 而後民生安焉 然不可耕且爲也 則民之出乎什一以養其上 其取直也 大 而上之所以報其養者亦重矣.

가는 사회의 질서를 유지할 의무와 세금을 거둘 권리가 있는 것이다. 이와 같은 상호 의존적인 관계에서 또한 도덕적인 의무가 생겨난다.

일없이 먹고 노는 관료를 먹여 살리는 것도 국민의 세금에 의한 것이기 때문에 그러한 관료가 많을수록 국민의 세금은 늘어나 그 부담이 커지게 되는 것은 당연한 것이다. 그러므로 적정한 수의 관료를 임명하여 국민의 세금이 세어나가는 것을 막아야 하는 것이다. 이러한 도덕적인 의무도 민본의 내용이 되며, 법제화되는 것이다.[30]

(2) 조선조의 인정(仁政)

1) 족식(足食)과 부국강병

고려 말의 상황은 백성들의 생활이 가장 어려웠다. 특히 국가에 부역의 의무를 지는 양인의 측면에서 보면, 소작농들은 일부는 국가의 부역과 원의 진상품에 대한 부담을 이기지 못해 권세가에 의탁하거나 농토를 떠나 공업이나 상업에 종사하기도 하고 더러는 승이 되기도 하였다. 기록에 의하면 전 인구의 반 이상이 양적에서 빠져나갔다고 한다. 물론 이것은 공·사의 노비나 사원의 노비가 된 자는 제외한 숫자이다.[31] 그나마 자신의 경작지를 지킬 능력이 있는 자도 권력자의 토지겸병으로 말미암아 전세도 몇 중으로 수탈당하고 있는 형편이었다.[32]

토지제도의 문란은 바로 백성을 병들게 하고 나라를 약하게 하는 근

---

30) 『정종실록』 권 4, 정종 2년 4월 6일(신축) ; 門下府上疏 請汰冗官 疏曰 …… 傳曰無君子莫治野人 無野人莫養君子 治人者食於人 治於人者食人 君子小人雖有尊卑之等 而實相資也 豈可無事而坐食 享民之利乎.

31) 정도전, 앞의 글 ; 戶口日就於耗損 其有見存者 不勝賦役之煩 折而入於豪富之家 托於權要之勢 或作工商 或逃浮圖 固已失其十五六 而其爲公私寺院之奴婢者 亦不在其數焉.

32) 정도전, 앞의 글 ; 無力而弱者 又從强有力者借之耕 分其所出之半 是耕之者一 而食之者二 富者益富 而貧者益貧 至無以自存 夫而爲遊手 轉而爲末業 甚而爲盜賊 嗚呼 其弊有不勝言者 及其法壞之益甚 勢力之家互相兼幷 一人所耕之田 其主或至於七八 而當輸租之時 人馬之供億 求請抑買之物 行脚之錢 漕運之價 固亦不啻 倍蓰於其租之數 上下交征 起而鬪力以爭鬪之 而禍亂隨以興 卒至亡國而後已.

본적 원인이었던 것이다. 그래서 고려 말의 사대부들이 당시의 전제개혁을 하는 데 있어서 정당성의 이유로 들고 나선 것은 부국강병과 민본의 이념을 구현이었다.33) 정도전도 농민에 대하여 지나친 착취를 없애고 그들의 생업을 보장하는 것이 필요하다고 주장하였던 것이다. 백성의 보호를 통하여 백성의 수를 늘려야만 나라가 부강해질 것이라고 판단하였던 것이다.34) 개혁을 추진하는 사대부들이 갖고 있는 숨은 뜻이 당시에 일부의 권력층과 사원에 집중되어 있던 권력과 부의 재분배에 있다고 할지라도, 개혁의 완성은 당시의 민생의 어려움을 해결하는 해결책과 다르지 않기 때문에 민본과 부국강병이라는 과제를 풀기 위한 역사적 과정 속에서 조선은 탄생하였다고 평가할 수 있을 것이다.

조선 초기의 왕조실록에는 국가의 부국강병과 백성의 경제적 풍요에 대한 논의가 곳곳에서 등장하고 있다.35) 조선 초의 관료들도 식량을 풍족히 하고 군비를 튼튼히 하는 것이 국가의 급선무이며 정치에서 마땅히 먼저 해야 할 일이라고 주장하였다.

태종 초기에는 관료들이 보는 족식의36) 의미는 『논어집주(論語集注)』

---

33) 이러한 목표를 시행하기 위하여 실시한 일련의 경제조치는 비록 권신에게 집중되어 있었던 부와 권력을 박탈하고 신진관료들에게 재분배하는 데 그 본질적인 목표가 있다고 볼 수도 있다. 하지만 그러한 조치는 국가의 재정에 증대를 가져 왔으며, 소작농에게도 경영의 안정을 가져왔다고 할 수 있다. 김훈식, 「여말선초의 민본사상과 명분론」, 『애산학보』 4(1986), 14-15면.

34) 정도전, 앞의 글, 版籍; 國之貧富 在民之衆寡 賦役之均 在民數之周 故任民牧之職者 休養生息以蕃其類 勞來安集以保其居 民可庶也. 蠲免; 國以民爲本 民以食爲天 故輕徭薄賦以裕其食.

35) 『태종실록』 권 9, 태종 5년 4월 1일(병인); 原卜君尹穆上言 足食足兵信民之目 願 令大小臣僚擬議以聞. 『태종실록』 권 9, 태종 5년 6월 24일(무자); (司諫)院上疏 請擧行陳言疏略曰 夫求言將以行之也 殿下以足食足兵民信之道求言於百官 百官各以所見畢陳之其 後未聞有擧行 願擇其可行者而行之 上召議政府舍人命曰 府所撰陳言事目不稱予意 姑留之.

36) 자공이 정사를 묻자 공자 이르기를 '식량을 풍족하게 하고 군비를 튼튼하게 하며 백성이 위정자를 믿도록 하여야 한다.'라고 하였다(『논어』, 안연; 子貢問政 子曰 足食足兵民信之矣).

에서는 주자(朱子)가 주석하였듯이[37] 백성이 그 근본이 되지 못하고 세수의 확충에 의한 부국강병을 위한 즉 군비의 확충의 의미로 해석하고 있다.[38] 조선왕조가 세워진 이래 부국강병을 실현하기 위한 노력은 물적·인적 자원의 확보의 측면에서 계속되어진다.[39]

그러나 이러한 부국강병의 정책은 수정을 하게 되는데 그 이유는 부국강병을 위한 조세정책은 백성의 생존권과 배치되는 일이 생기기 때문이다. 즉 철저한 조세정책은 국가에 부를 축적하여 주게는 하지만 백성들의 기본적인 삶을 침해할 수도 있다는 것이다.[40]

그러나 국가를 운영하는 데 있어서 세금을 박하게 한다는 것은 또한 국가의 재정을 어렵게 만드는 것이기도 하였다. 결국 세금을 박하게 하면서도 세수의 적정성을 보전하는 데에는 인적·물적 자원에 대한 관리가 그 무엇보다도 중요한 것이다. 그래서 수리사업[41] 등에 국가가 관여

---

37) 『논어집주』, 안연; 言食廩實而武備修 然後敎化行 而民信於我 不離叛也.

38) 『태종실록』 권 3, 태종 2년 2월 5일(무오); (司諫)院上疏略曰 足食足兵信民之矣 國無三年之蓄 國非其國 臣等竊見國家兵卒之鍊器械之備 靡所不擧可謂足兵矣 …… 伏望 殿下以各等功臣田與中外寺社田 幷三萬七千三百餘結 依科田例 皆收其稅以補軍資 則稅入不下全三天七百有餘石矣 又汰煩冗之官 省不急之備 勿令以軍資田租充祿田陳損之數 則中外軍資不闕一二年 三年之畜可期也 允之.

39) 태종 대의 둔전(屯田)의 설치(둔전은 그 폐해로 인하여 태조 때 음죽둔전 하나만 남겨놓고 폐지하였다고 하나(정도전, 앞의 책, 권 14, 조선경국전 하, 정전, 둔전; 殿下卽位 用議者之言 革去沿海屯田 止置陰竹一所 民力可謂紓矣) 그 시행이 철저하지 않아 태종 7년 6월 28일(경술)에 다시 혁파하였다. 그러나 태종 9년 12월 13일(경술)에 가서 다시 부활함을 볼 수 있다), 연호미법(煙戶米法)과 양맥세(兩麥稅)의 신설, 토지의 양전(量田)(『태종실록』 권 10, 태종 5年 9月 5日(정유); 命改量忠淸慶尙全羅道田 分遣敬差官四十五人 以量之) 등의 사업을 통하여 세수를 확보하고 국가가 동원할 수 있는 인력을 관리하였다.

40) 『태종실록』 권 13, 태종 7년 6월 28일(경술); 司憲府上疏曰 …… 屯田烟戶米之法 雖信美矣 然立法定制當順民心 今年累月不雨禾穀盡槁 民將飢餓乃 何不以爲念而欲加其聚斂乎 何待政府之擬議 然後知其利害哉 願殿下採擇施行 敎曰其永除屯田烟戶米之法.

41) 『태종실록』 권 17, 태종 9년 1월 28일(신미); 前鷄林府尹李殷 上足食之策 從之言曰 足食足兵國之急務 而政之所當先也 盖食之本在農 農之本在築堤堰興水利備旱災而己 若不備患 生民飢饉倉廩空匱 將何以足食足兵哉 …… 伏望 下令諸道

하여 천재에 관계없이 일정한 생산량을 확보할 수 있도록 하고 군적(軍
籍)의 정리42)나 호패법43) 등을 통하여 인적자원을 관리하였던 것이다.

조선이 부국강병을 위한 노력은 초기에 세수에 의한 군비확충을 위
한 노력에서 점차로 국가의 식량생산력의 증대로 전환을 하였다. 그래
서 족식의 의미는 충분한 군량을 축적하는 것에서 한 걸음 더 나아가
모든 백성이 풍족히 먹을 수 있는 식량생산력 증대로 확장되었다. 그리
고 족식(足食)·족병(足兵)·민신(民信)으로 대변되는 원시유가의 부
국강병의 의미는 생산량의 증대로 인한 민의 생존권 확보와 더불어 세
금의 경감 그리고 이러한 바탕위에 세워지는 군비의 확충을 통하여 자
연스럽게 백성으로 하여금 군주를 신뢰하게 한다는 것이 되었다고 할
것이다.44) 이렇게 국가의 근본은 백성에 있다는 유가의 민본사상이 부

　　專以築堤堰 勸農桑爲務 而使田野盡闢桑麻蔽野 則民生富庶兵食自足 爲國之急務
　　莫功於此 伏望裁擇施行.

42) 태종 9년 10월 27일(을축)의 기사에 今年隣保軍籍督成一時 民心擾擾라고 하여
　　인보법(隣保法)과 군적의 정리가 태종 9년에 이루어졌음을 밝히고 있다.

43) 호패법은 백성들의 유민화를 막고 생산에 전념하게 하기 위하여 태종 6년 3월
　　24일(갑인)에 지평주사 권문의의 청에 의하여 시행하도록 하고 있다. 그러나
　　태종 9년 12월 21일(무오)의 기사에 좌헌납 송희경의 소의 내용 중에 모든 백
　　성에게 호패를 주게 하여 호패가 없는 자에게 형벌을 주자고 하는 것으로 보
　　아, 호패법 실시 후 3년이 넘어도 호패법이 철저하게 시행되지 않은 것으로 보
　　인다. 그러나 호패법에 의한 인적 관리는 초기의 1/10세에서 세종조의 1/20세
　　로 가능하게 만든 주요한 요인 중에 한 요인이라고 생각이 든다.

44) 『논어』에는 원시유가에서 말하는 족식과 부국강병의 의미를 자세히 알 수 있
　　는 대화가 있다(顔淵 第12: 哀公 問於有若曰年饑用不足 如之何 有若對曰 盍徹
　　乎 曰二吾猶不足 如之何其徹也 對曰 百姓足 君孰與不足 百姓不足 君孰與足).
　　애공은 당시의 조세를 산출양의 1/5에 해당하는 양을 세금으로 거두었던 것으
　　로 보인다. 그러나 어느 해에는 흉년으로 말미암아 생산량이 급감하였고, 결국
　　세수의 부족으로 국정운영에 어려움이 생겼던 것이다. 그런데 유약은 철법(徹
　　法)(철법은 주나라의 세법으로 공전(公田)에 대하여 산출량의 1/10을 조세로
　　내게 하는 것이다. 맹자는 이러한 경세의 사상을 이어서 정전법(井田法)에 의
　　한 1/9세와 1/10세를 주장한다. 정전법이란 900묘의 토지를 '井'자로 나누어 주
　　변의 100묘의 토지는 8부(夫)가 각기 경작하고 가운데의 100묘의 토지는 공동
　　으로 경작하여 조세로 바치는 세법으로 읍 밖에 사는 야인들에게 적용되는 조
　　세법이다. 그리고 읍에 거주하는 국인(國人)들에게는 산출량의 1/10을 수세하

국강병책과 더불어 조선에서도 그 싹을 키웠나갔던 것이다.[45]

2) 위민정치

유교입국을 천명하면서 건국한 조선이지만 유교가 현실로 구현되는 데는 왕과 관료들 간에 많은 갈등이 있을 수밖에 없을 것이다. 한 나라의 왕으로서 가질 수 있는 절대적인 권력은, 특히 국가를 세우는 데 참여한 왕으로서는 쉽게 버릴 수는 없는 일일 것이다. 그러나 조선 초의 사대부들은 끊임없이 왕을 교육시키고자 하였고, 상소와 간언을 백성의 근본임은 백성임을 강조하였다. 조선의 유교입국의 입안자인 정도전에게 있어서도 국가의 근본은 백성에게 있으며 모든 정책과 법은 백성을 위하는 정신에서 나와야 한다고 하였다.[46] 그러나 이러한 사고가 절대권력자에게서 나오는 데는 쉽지는 않았다.[47]

였다. 『맹자』, 등문공 상; 野人九一而助 國中什一使自賦)을 시행하여 종전보다 더 적은 세율인 산출양의 1/9 내지는 1/10을 세금으로 거두라는 것이다. 그 이유는 바로 국부는 조세를 적게 받아서 백성이 생활이 풍족한 연후에 비로소 이루어질 수 있는 것이라는 것이다. 즉 유가에서 바라보는 부국강병과 백성의 이익은 배치되는 것이 아니라 그 궤를 같이 하는 것이다. 그러므로 세금은 백성들이 생활을 영위하는 데 어려움이 없도록 정해져야 하며, 심지어 흉년에는 조세를 적게 받아서 고통분담을 백성과 같이하는 것이 결국 백성이 군주를 믿게 되며 비로소 부국강병을 이룰 수 있다는 것이다.

45) 법가의 부국의 기반에는 '백성이 약하면 국가는 강해지고, 백성이 강하면 국가는 약해진다'는 논리를 가지고 있다. 그리고 오히려 백성이 부유해지면 나태해지기 때문에 소박하게 살도록 정책을 펴야 한다고 한다(상군서, 약민 제20). 이렇게 법가는 약민정책을 쓴 데 반하여 유가는 부국의 기반에 족민(足民)을 두고 있다. 물론 당시의 경제상으로 보아 법가가 상정하는 백성의 소박한 삶과 유가의 족민 사이에 경제적인 격차는 그리 없을지 모른다. 그러나 한 나라의 정책을 펴는 데 있어서 군주를 중심으로 할 것인지 백성을 근본으로 할 것인지는 그 정책의 운영방법에 있어서 많은 차이점을 도출할 수밖에 없을 것이다.

46) 정도전, 앞의 책, 권 10, 경제문감 하, 현령; 古者 方制四海 而天子列爵頒 祿非 爲臣下 皆以爲民也 故成人 一動作 一施設 一命令 一法制 必本於民.; 人君保民 均於保子 愛民甚於愛牛 而爲之乳與牧者 實奇諸吏.

47) 『태종실록』 권 13, 태종 7년 6월 28일(경술); (司諫)院上時務數條疏曰 天之立 君爲民而己 故先王之政 莫先於養民 成周之民無不受田 五畝之地不收其租 而皆

더욱이 태종조는 조선왕조의 존속을 위한 수성의 기틀을 닦는 시기였다. 이런 이유로 국가의 재정은 어느 시기보다도 많이 필요한 시기였기에 철저한 답사를 통하여 세금을 거두었던 것이다. 이러한 모습은 관료들의 시각에서는 경요박부(輕徭薄賦)의 유가적 조세제도와는 상치되는 점이라 하겠다. 국가의 재정과 백성의 민생안정의 갈등은 조선의 정치사에서 계속되었지만, 그런 와중에서 국가는 백성들의 생존을 위하여 적극적으로 관여함으로써 위민정치를 펼쳐나갔다.

위민정치의 하나로 평가될 수 있는 것이 상평보(常平寶)의 설치라 할 것이다.48) 상평보는 물가조절을 위하여 관에서 확보해두는 자본금이다. 그러나 그러한 자본금의 역할은 단지 물가조절에 그 목적이 있는 것이라기보다는 곡식의 공급을 조절함으로써 민생의 안정을 지속화하는 데 그 의미가 있겠다고 하겠다. 조선에 들어와서 흉년에 백성을 구제하는 의창제도는 시행되고 있었으나,49) 상평보를 관장하는 상평창의 설치는 태종 9년에 와서야 시행되고 있다.50)

獲田廬之利 仰事俯育 安土樂業 我國家徒知斂民之財 不知恤民之道 常賦之外雜斂多門 無利及於民者 故怨積於下 變應於上 水旱之災無歲無之 況今改量諸道之田 家基寸地皆計而賦之 民生益苦怨氣尤積 是不可不慮也 願自今依成周五畝之制斟酌多寡分授不稅則庶幾人心悅而天道順矣 …… 不報.

48) 상평보(창)는 법가의 인물로 알려진 이회가 처음으로 만든 제도로 알려졌다. 이회는 중국의 전국시대 위나라의 사람으로 중국형법의 모체가 되었다고 평가받는 『법경육편(法經六篇)』을 편찬하였다. 상평보가 우리 역사에 나타나는 것은 고려 성종 때이다. 성종 12년(993)에 포 32만 필로 쌀 6만 4천섬을 바꾸어서 이를 자본으로 하여 흉년이 들어서 곡가가 오르면 시가보다 싸게 방출하고 풍년으로 곡가가 떨어지면 시가보다 비싸게 쌀을 구입함으로써 곡가를 조절하여 백성들의 생활을 안정되도록 하였다. 이러한 일을 맡아보던 기관을 상평창이라고 하였으며, 상평창은 그 후 선조 41년(1608)에는 선혜청으로 흡수된다.

49) 의창제도는 중국 한 나라 선제 때의 대사농중승이었던 경수창이 만든 제도로 수·당시대에 널리 행하여졌다. 평상시에 곡식을 저장해 두었다가 흉년이 들면 곡식을 내어 구제하던 제도로 환곡정책의 일환으로 나온 것으로 이자는 붙지 않는 것이 원칙이었다. 우리나라는 고려 성종 5년(986)에 실시하여 조선조까지 계속되었다.

50) 『태종실록』 권 17, 태종 9년 1월 18일(신유); 全羅道都觀察使尹向 請置常平寶

이렇게 국가는 나라를 운영하는 데 있어서 민생의 안정을 위하여 단지 식량증산을 꾀하고 조세를 경하게 함으로써 백성을 풍족하게 하는 것에 그치지 않고 적극적으로 쌀의 공급량을 조절함으로써 민생경제의 안정을 도모하였다. 이와 같은 적극적인 국가의 경제관여는 국가의 정치는 바로 국민을 위하여 존재하는 것이라는 위민정치의 발로라 아니할 수 없다.

그러나 위민정치는 유가정치에서는 항상 앞에 등장하는 것이기는 하지만 단지 구호에 그칠 수 있다. 비록 군주가 아무리 위민정치를 하고자 할지라도 지방관들이 그러한 군주의 뜻을 따라주지 않는다면 아무런 의미가 없는 것이다. 즉 제도와 적당한 재원과 더불어 지방관에 대한 국가의 감독이 적절히 행해져야만 그러한 위민정치가 제대로 국민에게 미칠 수 있는 것이다. 세종 원년의 왕지王旨를 보면51) 흉년을 당하여 지방에서 백성들에 대한 구휼이 제대로 시행되는지 여부를 중앙의 관료를 보내어 감시하고 제대로 행하지 못한 수령에 대해서는 형벌을 부과하였음을 밝히고 있다. 더불어 수령들에게 계속 구휼에 힘쓰라고 하고 있다. 이렇게 굶주리는 백성을 구제하는 것은 한 나라의 군주로서 백성을 위하는 가장 근본적인 인정의 발로이며 위민정치인 것이다.

그러나 이러한 위민정치도 유가의 존비의 차등적인 사고를 바탕으로 하는 현실에서 제대로 구현이 됐는지는 의문이 아닐 수 없다. 왜냐하면 비록 백성이 나라의 근본이며 백성은 왕보다도 더 귀하다는 것은 유가적인 신분제도 속에서는 허구에 불과하게 될 우려가 높기 때문이다. 사

從之 啓曰 …… 當秋穀賤之時 給布一匹減價二斗而糴 以使民用及 春穀貴 納布一匹增價一斗而糶 俾免民飢 凶年則有糴 而無糶 待其年豐依式收之.

51) 『세종실록』 권 3, 세종 원년 2월 12일(정해); 王旨 …… 比因水旱風雹之災 連歲凶歉 鰥寡孤獨窮之者 先受其苦 至於有恒產之民 亦未免飢餓甚可憐憫 爰命戶曹發倉賑濟 續遣知印 分行考察 守令不恤民隱者 聞亦有焉 己 令有司治罪 嗟乎生民之衆 餓莩之狀 非予寡躬所能周知 監司守令近民之官 體予至意 夙夜匪懈 一以境內人民 不至於飢餓 失所爲慮 至於荒僻村落 親行考察 盡情賑濟 予將更遣朝官 審其能否 如有一民飢死者 監司守令 並以敎旨不從論.

실 세종 대에 존비의 명분에 따라 부민(府民)이 수령을 고발하는 것을 금지한 일이 있다.52)

비록 이와 같은 제도는 지방관들이 참소나 무고의 위협 없이 소신껏 목민의 일에 임하게 할 수 있도록 만들었다고 하지만 목민관들에게 무사안일과 부패를 가져온 것으로 보인다. 그리하여 이 제도가 시행된 지 2년이 채 못 되어서 세종은 사헌부에게 풍문만으로 지방관을 규탄할 수 있도록 하였다. 또한 조관(朝官)에게 명하여 주군(州郡)을 조사하고 촌락들을 출입하면서 모든 수령들이 탐오하고 가혹한 형벌을 쓴 것 등을 일일이 적발하게 하였으며, 이에 일체의 민간의 기한과 인고와 원통함을 품고 억울한 일을 당한 사람에게 스스로 진술할 기회를 주었다.53)

유가적인 차별적인 신분제도하에서는 위민정치는 왕이나 관료의 애민의식 없이는 이루어 질 수 없는 것이다. 그러므로 세종과 같은 성군이나 성종 초기와 같이 현능한 신하들이 있을 때에는 나라는 태평성대를 구가할 수 있지만 그렇지 못한 경우에는 백성들은 권력으로부터 자유로울 수는 없었다. 그러나 차선책으로 왕은 서연(書筵)과 경연(經筵)을 통하여 유가적 수양을 닦았으며, 관료들도 과거 등을 통하여 유가적 소양을 어느 정도 인정받은 자들이었다. 그러므로 국가를 운영하는 자들은 완전한 도덕적인 인격자는 아닐지라도 어느 정도의 도덕적 소양을 가진 자들이었기에 이보다는 의를 앞세움으로써 조선은 그 국호를 면면히 유지할 수 있었다고 볼 수 있을 것이다.

---

52) 『세종실록』 권 9, 세종 2년 9월 13일(무인) ; 禮曹判書許稠等 啓竊謂 天下國家
　　人倫所在　莫不各有君臣上下之分　不可小有陵犯之心也　近來以下向上　得一小釁
　　則羅織告訴　以逞陵上之心者比比有之　此等之俗漸不可長也 …… 願自今如有府史
　　胥徒　告其官吏品官　吏民告其守令與監司者　雖實若不關係宗社安危　及非法殺人
　　則在上者置而勿論如　或不實則在下者加允之坐論罪　從之.
53) 『세종실록』 권 21, 세종 5년 7월 3일(신사) ; 王旨 …… 命憲府風聞彈糾　庶得循
　　良共治黎庶重 …… 朝官按行州郡　出入里閭　大小守令貪汚酷刑等事悉令發摘一切
　　民間飢寒困苦與夫含冤貝屈　者　許以自陳.

3. 예치주의

(1) 유가의 예치(禮治)

예에 있어서 정당성의 근거로 우선은 성인이 제정하였다는 데 두고 있다.[54] 그러나 성인인 왕이 제정하였다는 것은 형식적인 정당성만을 부여할 뿐이다. 성인은 그의 능력을 십분 발휘하여 가장 타당한 공존조건을 발견하여야 할 의무를 가지고 있는 것이다. 이는 성인의 '성(聖)'이란 글자가 갑골문에서부터 귀가 커서 많은 것을 듣고 헤아릴 수 있는 능력을 가리키고 있는 것과 일맥상통한 것이다.

여기서 예가 제정되는 창구는 최고 권력자인 왕으로 일원화 되어있으며, 인간으로서의 사회 내에서의 삶을 적절하게 조절하며 보호할 수 있어야 하는 것이다. 그리고 예라는 것은 사람이 행할 수 있는 가능한 범위에서만 논의되는 것이어야 한다.[55]

중국의 역사를 보면 요순 이래 삼대에 이르기까지 여러 성인의 출현을 보았고 그에 따라 많은 문물제도의 정비를 보았다. 그러나 하와 은의 제도는 그 시간적 거리 때문에 완전히 알 수는 없었다. 그리고 주나라도 쇠퇴하여 주나라에서는 그 제도의 원형을 찾기 어려웠다. 하지만 주공이 봉후로 있었던 노나라에는 다행히 주의제도가 현존하고 있었기에 공자는 당시 완벽한 제도로 평가받았던 주의제도에 의거한 통치를 주장하였던 것이다. 그리고 이러한 공자의 뜻에 의거하여 순자는 요순과 같은 선왕의 제도를 따르는 선왕지치(先王之治)가 아니라 당시에 제도의 원형을 알 수 있는 주의 문·무왕의 제도를 통한, 즉 후왕(後王)에 의한 통치를 하고자 하였던 것이다. 이러한 주의제도가 바로 예

---

54) 『순자』, 성악: 凡禮義者　是生於聖人之僞　非故生於人之性也　聖人積思慮習僞　故以生禮義　而起法度.

55) 『예기』, 곡례: 夫禮者, 所以定親疏, 決嫌疑, 別同異, 明是非也.; 貧者, 不以貨財爲禮. 老者, 不以筋力爲禮.

치의 예의 내용이 되는 것이다.

이러한 주의 예는 바로 성왕인 문·무왕에 의하여 제정된 것이기에 이 제도를 바르게 시행한다면 성왕의 정치와 버금가는 통치가 가능할 것이라고 보았다.

(2) 조선에서의 예치

1) 정도전의 예치주의

조선에서 예치의 기틀을 마련한 것은 정도전에서 비롯된다고 할 수 있을 것이다. 정도전은 자신의 집필인 『조선경국전』을 통하여 주례의 육전체제를 연구하여 조선이 육조 중심의 관제체제를 정립하고 유지하는 데 커다란 영향을 끼쳤을 뿐 아니라, 『경제문감』을 통하여 중국고대에서부터 송 대까지와 고려의 관제를 정리하여 관제제도의 기틀을 마련하였다. 그리고 『경제문감별집』을 집필하여 중국의 요순 이후에서 송대의 왕에 이르기까지, 그리고 고려시대의 왕들의 공과를 지적하여 왕도정치의 전형이 무엇인지를 지적하고 있다.

그는 비록 태조가 천명에 의하여 왕으로 즉위를 하였다고는 하나 인정을 펴지 못하면 결국 왕위를 유지하지 못할 것이라고 하였다.[56] 유가의 인정은 도덕적으로 완성된 성인이나 현인에 의해서 이루어지는 왕도정치인 것이다. 그러나 중국역사를 통틀어 살펴보더라도 인정이 제대로 이루어진 시기는 요·순·우·탕·문·무왕 등이 다스리던 때밖에는 없다. 그러므로 정도전은 국가의 통치를 단지 王에게만 의지하지는 않고 있다.

그는 춘추시대에 비록 임금이 성인이나 현인이 아니었지만 훌륭한

---

56) 정도전, 앞의 책, 권 13, 「조선경국전」 상, 정보위: 正其心以體乎仁, 推其愛以及於人, 仁之體立, 而仁之用行矣. 여기서 정도전은 太祖가 仁政을 펴는 왕으로 묘사를 하고 있다. 그러나 이것은 왕으로서 仁政을 펴야 한다는 것을 역설적으로 강조하고 있다고 해석할 수 있을 것이다.

재상들을 등용하여 패왕의 업을 세운 것을 인용하여 현세의 정치에 있어서 임금이 어떠한 재상을 선택하는가에 따라 태평한 정치와 어지러운 정치가 구별된다고 보았다.57) 따라서 왕은 가장 훌륭한 신하를 재상으로 삼아 그에게 백관의 통솔을 일임하는 것이 인정에 가장 가깝게 접근하는 일이라는 것이다. 왕은 국사에 대하여는 오직 재상과만 논의하며, 재상은 왕법에 따라 궁궐의 살림살이를 절제하고 어진 선비를 관직에 등용하여 그들을 통솔하여 백성을 다스리는 것이다.58) 이렇게 정도전은 국가의 통치권력을 재상을 정점으로 하는 중앙집권적 관료제도를 추구하고자 하였다.

그리고 그는 왕과 관료들의 전횡을 막는 장치로 규찰탄핵기관을 매우 중시하고 있다. 규찰 또는 탄핵관료로 어사, 간관, 감사 등을 두고 있으며 재상에 못지않게 비중을 두고 있다. 그는 어사는 백관을 규찰하는 관직으로 그 영예는 재상보다도 더 중하다고 하고 있다.59) 또한 간관은 왕의 허물을 바르게 잡는 일을 하는 관직으로 그 중대함은 재상과 동등하게 두고 있다.60) 또한 감사는 수령의 풍기를 잡는 관직으로 백성의 행복과 불행은 수령에게 달려있으므로 감사의 임무가 중하다고 보았다.61)

---

57) 정도전, 앞의 글, 宰相年表; 覇者之世, 其君不及其臣然能任之專. 故亦能成一時之功. 若夫中材之主, 相得其人則治; 不得其人則亂. 如唐之玄宗, 相宋璟張九齡, 則致開原之太平, 用李林甫楊國忠, 則速天寶之禍亂. 噫! 臣之遇君誠難, 而君之遇臣亦難矣. 앞의 책, 권 12, 경제문감 별집 하; 濟天下之蹇未有不由聖賢之臣爲之佐; 自古聖王, 齊天下之蹇, 未有不由聖賢之臣爲之助者, 湯武得尹呂是也.

58) 정도전, 앞의 책, 권 13, 「조선경국전」 상, 치전, 총서; 人主之職在論一相, 冢宰之謂也. 上以承君父, 下以統百官, 治萬民, 厥職大矣 …… 先王立法, 舉以此屬之總裁, 而以爲之制節限量 …… 惟知人之賢不肖而進退之 庶績興, 而百官治; 審事之當否而區處之, 物得其所, 而萬民安.

59) 정도전, 앞의 책, 권 10, 경제문감 하, 대관; 御史府爲朝廷紀綱之職. 故大臣由公相已下, 皆屏氣切息, 就我而資正 …… 御史過於宰相.

60) 앞의 글, 諫官; 諫官雖卑, 與宰相等 …… 諫官掌獻替, 以正人主.

61) 정도전, 앞의 글, 감사; 監司當行舉劾. 앞의 책, 권 13, 「조선경국전」 상, 관제; 監司風紀之任, 而守令近民之官. 守令有賢否之異, 而民之休戚繫焉.

정도전은 당시의 인정의 실현을 위하여 직접적으로 유가의 이상사회를 추구하지는 않았다. 중국의 역사상에 나타난 관제와 고려의 제도를 살펴서 관료제를 재구성함으로써 현실 속에서 가능한 통치의 원류를 찾으려 했던 것이다. 고려 말의 혼란을 평정할 수 있는 새로운 체제를 찾고자 왕권과 신권의 적절한 분화와 조화를 통하여 권력을 분산시키고 통제하는 장치를 만들어 올바른 정치가 이루어지기를 바랐던 것이다.[62]

그는 이러한 유교통치에 대한 접근은 조선의 예치의 길을 열어놓았다고 할 것이다.

2) 예치의 구체적 내용

㉠ 예치의 성격

조선의 예치는 예제의 정비와 통치구조의 확립에 맞추어져 진행되었다. 먼저 유교이념을 구체화시킬 통치기구의 확립을 목적으로 관제개혁에 대한 연구가 많이 행하여지고 있다.

조선의 관료제는 고려의 육부를 수정하여 정도전의 『조선경국전』에 따라 『주례』를 본받아서 이·호·예·병·형·공의 순서에 의거하여 육조를 설치하였다.[63] 그리고 『주례』의 연구를 통하여 건국 초기에 방만해진 관료제를 축소하고자 하는 노력들이 보인다.[64] 『주례』의 육관체

---

62) 이재룡, 「삼봉 정도전의 법사상」, 『민족문화연구』 23(고려대 민족문화연구소, 1990), 250-253면. 정도전의 논리에 의하면 재상제는 새롭게 출현한 제도가 아니다. 요·순도 백규를 두어 왕을 보좌하게 하였는데 그들이 바로 순과 우이다. 그들은 왕을 보좌하여 천하를 다스렸는데 당시 요와 순이 남면지치(南面之治)를 이루었다. 정도전은 바로 이와 같은 통치의 모습에서 재상제의 연원을 찾고 있다. 이러한 것을 볼 때, 그에게 있어서는 왕도정치의 이해는 성왕에 의한 통치라는 측면보다는 가장 덕이 높은 현인에게 백관을 총괄하게 하여 나라를 다스리는 측면으로 파악한 것 같다.
63) 개국 초기에는 고려의 제도를 답습하여 태조 원년에 반포한 육조의 순서대로 이, 병, 호, 형, 예, 공의 순서로 되어있었다. 세종 즉위년에 이르러 주례의 순서인 이, 호, 예, 병 ,형, 공으로 바뀌었다.
64) 『정종실록』 권 4, 정종 2년 4월 6일(신축).

116

제를 중심으로 당시 조정에서 설치한 관직 중에 쓸데없는 관직을 없애는 작업을 착수하였다. 개국 초에 정치권의 단결을 위해서는 개국공신들에 대한 대우가 필요한 때이므로 용관(冗官)을 없애지는 못하였으나, 관료제의 정비를 위한 기틀을 차례차례 마련하였다.

그러나 이러한 관료제도의 정비는 왕과 신하 사이의 이해관계가 얽혀있는 일이어서 항상 순탄하지 만은 않았다.[65]

왕권과 신권의 갈등 속에서도 계속되어진 왕과 관료의 노력은 예치를 단지 삼대의 이상적인 제도를 조선에 실현하고자 하는 것에서 벗어나 역대의 중국과 고려의 제도를 통하여 현실적으로 필요한 국가기관을 정비하고자 하였다고 보아진다. 그리하여 비록 주례를 이상적인 제도로 보고 관제를 기초하였으며, 그 밖에 여러 역사서의 연구를 통하여 역대의 제도를 참고하여 우리에게 맞는 제도를 찾고자 하였다.[66]

---

65) 그 예로 첨사원(詹事院)의 설치에 관한 논란이었다. 첨사원은 세종 말년에 세종이 건강상의 문제로 정상적인 국정운영이 어렵게 되자 세자에게 일반적인 국정업무를 맡겨서 처결하도록 하기 위하여 설치된 기관이었다. 그러나 신하들은 그러한 제도가 삼대에도 없었으며 국가의 명령이 두 군데서 나오는 예가 없으며 또한 당대 이후에 보이는 첨사부도 국정의 재결에는 참여한 일이 없다는 것을 들어서 반대하였다(『세종실록』 권 97, 세종 24년 8월 2日(기축) 이후의 기사참조). 세종의 고집으로 인하여 첨사원은 지속하였지만 결국 문종 즉위 후 폐지하게 되었다(『문종실록』 권 1, 문종 즉위년 3월 9일(계축)).
66) 한형조, 「조선 세종 대의 고제연구에 대한 고찰」, 『역사학보』 제136집(1992. 12), 105면. 예로는 세종 즉위년에 종친, 훈신, 문무일품의 상이 발생하였을 때 그 업무를 처리하기 위하여 일시적으로 설치하였던 조묘·예장도감을 『주례』와 『당서』에 근거하여 예장도감으로 통합하여 상설화함으로서 비용의 낭비를 막고 수레와 의식에 필요한 물품의 준비에 만전을 기하게 하였다.(『세종실록』 권 2, 세종 즉위년 11월 11일(정사)). 또한 동궁관속인 지통예가 역대에는 없었으며, 『통전』과 『문헌통고』에 의거하여 다만 중호가 황태자의 관속이었다는 사실을 밝혀서 좌우중호를 설치하기도 하였다(『세종실록』 권 41, 세종 10년 7월 22일 壬申).

ⓛ 오례의(五禮儀)의 정립

예제의 정비는 불교국가를 탈피하여 유교국가의 면모를 세우는 데 가장 중요한 일이었으나 개국 초의 혼란기에는 주로 국가기구의 정비에 힘을 쏟았으며, 세종에 와서 오례의의 완성과 더불어 비로소 자리를 잡게 되었다.

예제(禮制)의 정비는 유교입국으로서의 실질을 갖추기 위한 작업이었다. 고려조의 불교적인 색채를 말끔히 제거하고 유교적인 윤리질서를 구축하기 위해서는 실생활에 있어서의 모든 의식을 유교화할 필요가 있었다. 더구나 유교의 예는 직분적인 예이기 때문에 권력구조를 유지시키는 기능을 가지고 있었다. 따라서 왕실의 권위와 신분간의 질서를 세우는 데는 무엇보다도 예제의 정비가 필요했던 것이다.

길예(吉禮)가 제천, 사직, 종묘에 대한 예로서 왕의 권위를 높이는 제도라고 한다면 가례(嘉禮)는 백성에서 왕에 이르기까지의 분(分)과 화(和)를 나타내고 있다. 먼저 책봉의식을 통하여 왕실의 위엄을 세우고 있다. 그리고 군신 간의 상하질서를 구체적으로 제도화하였다. 그러나 실질적으로는 군신 간의 관계에 있어서 형식적인 의례를 많이 단축하고 만남의 장을 화합의 의미가 부여되도록 하고 있다.[67]

또한 가례에는 80세 이상의 연장자에 대해서 연회를 열어 대접하도록 하고 있다. 이것은 유교에서 노인을 공경하는 사상이 그대로 제도화한 것이다.[68] 일반적인 일은 아니지만 세종 때에는 90세 이상의 노인들에게 벼슬을 주고 천역을 면해주는 등 효제(孝悌)의 풍속을 두텁게 하여 왕도정치의 이상을 나타내기도 하였다.[69]

---

67) 『세종실록』 권 41, 세종 10년 9월 17일(병인).
68) 『세종실록』 권 10, 세종 2년 11월 5일(기사). 창평 현령 송복이 옛 제도를 들어서 국가에서 70-80세 노인을 봉양하는 법을 올리니 세종은 이를 예관에게 시켜서 고제를 상고하여 실시하도록 하고 있다.
69) 『세종실록』 권 68, 세종 17년 6월 21일(신유). 세종은 당현종과 송태종의 제도에 의거하여 90세 이상인 자로 평민에게 8품을 주고 원직이 9품 이상인 자에

　왕권의 안정과 국가의 안보의 측면에서 국왕의 군 최고의 통수권자임을 나타내는 예제도가 바로 군례라고 할 것이다. 군례의 중요한 의식은 강무(講武)와 대열(大閱)이다. 강무는 일정한 지역에서 사냥을 하는 의식으로 효과적인 군사훈련이다. 그러나 사냥에 따르는 백성의 폐해나 의식의 번거로움 때문에 태종 대에는 대간과 형조로 하여금 시중을 들게 하였다.[70] 그러나 군사훈련을 하기 위하여 때때로 강무가 열리는데, 열리는 장소의 遠近에 따라 훈련비용과 백성의 피해가 차이가 컸다.[71] 그러나 강무는 국가안보를 위하여 필요한 것이며 예로써 행하는 것이기에 없앨 수는 없다는 데 공감대가 형성되었다.[72]

　이러한 오례의는 국가의 권위와 신분질서상의 분별을 드러내기 위하여 만든 것이지만 또한 이러한 예는 반대로 왕실의 방종을 막는 역할을 할 수 있는 것이다. 왕과 왕실에는 귀한 만큼 대우하면서 반대로 그 이상의 형식은 허가하지 않고 있는 것이다. 또한 왕실의 행사를 대부분 공개함으로써 왕의 사적인 영역을 최소한 줄이고 있다. 이렇게 공인으로서 왕을 철저하게 노출시키는 것은 담합정치를 막는 역할도 할 수 있는 것이다. 또한 예는 일방적인 것이 아니라 쌍무적인 것이기 때문에 신하에게도 법도가 있듯이 왕에게도 따라야 할 법도가 있다. 즉 예는 상대방의 존귀에 걸맞은 법도가 있는 것이다. 그러므로 왕이 신하를 대하는데도 예는 적용되는 것이다. 따라서 예치는 왕이 예에 의거하여 통치하는 것이지만, 반대로 예에 의하여 철저하게 구속되는 것이라 할 수 있을 것이다. 그리고 예치는 오늘날의 관습법과 같은 역할을 하여, 현재

　　게는 각각 1급씩 올려주고 백세 이상의 평민에서 원직 8품인 자에게는 6품을 주고, 원직이 7품 이상인 자에게는 각각 1급씩 올려줘서 3품을 한계로 하였다. 그리고 부인에게도 남편에 준해서 작위를 주었다. 천민에게는 90세 이상의 남녀는 각각 쌀 2석을 내리고, 백세 이상인 남녀는 모두 천민을 면하여 남자에게는 7품을 주도록 하였다.

70) 『태종실록』 권 13, 태종 7년 2월 10일(을미).
71) 『太宗實錄』 卷 27, 太宗 14年 3月 15日(戊子).
72) 『태종실록』 권 29, 태종 15년 6월 17일(임오).

의 제도는 과거의 제도에 의하여 확인되어야만 정당성을 인정받게 되며 만약 그렇지 못한 경우에는 신하들의 간쟁을 감수해야만 하는 통치의 수단인 것이다.

Ⅳ. 결 론

조선은 당대의 모순을 해결하기 위하여 역사적 사회적 필요성에 의하여 탄생한 왕조라 할 수 있다. 이 왕조는 유교라는 틀 속에서 크게는 국가의 질서, 작게는 개인의 윤리에 이르기까지 철저하게 질서의 새 판도를 짰다고 할 수 있다.

사실 중국에서 유교가 발원하였다고는 하지만 중국은 국가의 구성원리는 유교의 정치적 형식인 『주례』를 본받았다고 하지만 실질적으로 법가적 질서로 백성을 통치했다고 할 수 있다.

이러한 시각에서 유교문화는 오히려 중국의 동쪽인 한반도에서 그 결실을 맺었다고 할 수 있다.

백성을 통치의 목적에 두고 철저하게 지배자의 도덕성을 강조하고 예에 따른 다스림을 통하여 조선은 외세의 침략이 없을 때까지는 최고의 태평성대를 누릴 수 있었던 것이다.

참고문헌

『尙書』.

『論語』.

『論語集註』.

『孟子』.

『荀子』.

『周禮』.

『商君書』.

『朝鮮王朝實錄』.

『經國大典』.

『三峰集』.

김충열, 『중국철학산고(Ⅰ), (Ⅱ)』, 온누리, 1988.

민족문화추진위원회 편, 『국역 삼봉집』, 1997.

이재룡, 『조선·예의 사상에서 법의 통치까지』, 예문서원, 1995.

진희권, 『조선조 초기의 유교적 국가이념과 국가질서』, 고려대학교 박사학위논문,
　　　 1998.

한영우, 『정도전 사상의 연구』, 서울대 출판부, 1989.

김훈식, 「여말선초의 민본사상과 명분론」, 『애산학보』 4, 애산학회, 1986.

신기현, 「한국의 전통사상과 평등인식」, 『한국정치학회보』 제29집 2호, 한국정치
　　　 학회, 1995.

심재우, 「동양의 법사상」, 『법학논집』 제29집, 고려대 법학연구소, 1993.

이재룡, 「삼봉 정도전의 법사상」, 『민족문화연구』 23, 고려대 민족문화연구소, 1990.

한형조, 「조선 세종 대의 고제연구에 대한 고찰」, 『역사학보』 제136집, 1992.

조선시대 관료범죄의 유형과 규제에 관한 연구

진 희 권

I. 서 론

우리는 연구와 관련하여 조선의 법제도와 유교문화라고 하는 것을 소재로 삼고 있다. 우리가 조선의 법제도와 구성원리를 공부하는 것은 예전에 그러한 제도가 있었다는 과거지향적인 연구가 아니라 미래지향적인 연구이어야 한다는 것이다. 그 말은 예전에 이러한 그래도 쓸만한 제도가 있었다든지 아니면, 어쩌면 이렇게도 인간의 존엄을 해치는 제도가 있었는가라는 향수에 젖은 연구를 지양해야 한다는 것이다. 우리의 연구의 방향은 과제제목에서 나타났듯이 조선조의 법제도의 연구를 통하여 우리의 법제도에 비전을 제시해줄 수 있는 것을 찾는 데 있다고 할 수 있다.

법은 최상의 규범도 아니고 이상세계를 실현하고자 하는 수단도 아니다. 독일의 법철학자인 라드부르흐(Gustav Radbruch)도 법의 영역을 문화와 같은 영역인 가치관계적 영역으로 두고 있다. 이것은 단적으로 말해서 사회생활의 반영에 의하여 법제도가 만들어지고 또한 해석되고 적용된다는 것이다. 그러나 우리의 법제도는 우리와 다른 역사와 문화적 전통을 가진 나라의 법을 거의 그대로 수용하고 있으며 법의 해석과 적용 역시도 그들의 방식을 쫓고 있다. 이러한 현실 속에서 법제도와 일반인의 법감정이 일치된다면 그게 이상할 것이다. 결국 이러한 괴리를 줄이는 연구의 일환으로 유교규범에 대한 이해와 당시의 법제도의 연구를 통하여 현 제도의 문제를 해결할 수 있는 방안을 찾는 작업이라고 생각한다.

전통규범에 가지는 의미는 현대의 서구 중심의 법체계에서 바람직한 시사점을 전해줄 수 있다고 생각한다. 근대적 의미의 법제도 가운데에는 개인의 권리보장이 중심에 서 있다. 그리고 비록 탈근대화라는 이름으로 자유주의적인 근대법을 수정함에 있어서도 한계점에는 개인의 권리가 자리하고 있다.

이러한 체계 속에는 인간에 대하여 기계적인 분쟁해결만이 가능할 뿐이다. 이 속에서 인간의 공존질서를 위하여 만들어진 규범인 법이 오히려 비인간화를 부채질하고 있다. 법을 통하여 인간관계를 재확인하는 게 아니라 인간관계를 오히려 파괴하고 있다는 것이다. 그 이유는 비록 요즈음에 많은 시도가 있음에도 불구하고 개인의 법익이 법에서 보호하고자 하는 최선의 가치이기 때문이다. 법은 사회규범인데도 불구하고 인간관계나, 상대방에 대한 충분한 고려 없이 적용되고 집행되기 때문이다. 이러한 문제점을 풀어나갈 수 있는 실마리가 바로 인간관계 특히 자연적인 가족관계를 중심으로 규범이 형성된 전통규범에 있다고 할 수 있을 것이다.

물론 가족주의 중심의 문화는 정리적(情理的)이다. 합리적이나 논리적이기보다는 관계를 중시하는, 즉 혈연과 지연에 따라 좌우되는 문화라 할 수 있다. 그래서 부패와 부조리의 온상이 될 수 있는 그러한 문화라 평가할 수 있다. 그러나 다른 관점에서 보면 그러한 문제를 해결하는 것이 곧 사회의 질서를 바로 잡는 일이기에 국가경영을 위해서는 그것을 방지하는 여러 장치가 발달되었다고 볼 수 있다는 것이다.

조선조의 법제도에서 살펴볼 수 있는 상피제도라든지 과거 관련 규정 그리고 관직임용 시, 재판과 관련하여, 그리고 인사고과와 관련하여 사적인 연결을 끊고 공적인 판단을 하기 위한 여러 제도가 발달되어 있다는 것이다.[1] 그리고 정실판단을 막기 위하여 탐오죄와 관련하여 자세한 규정을 두고 있다.

이러한 제도들은 가족주의문화 속에서 법이 왜곡되어 집행될 수 있

---

1) 최희수, 「조선 초기의 권력체계와 권력 상호간의 통제원리에 대한 고찰」, 『JURIS FORUM』 3(충북대학교 법학연구소, 2003), 183면 이하 참조.

는 것을 미연에 방지하기 위함이라 할 것이다. 우리의 현재의 법제도는 이러한 우리의 문화를 간과한 제도이기 때문에 법의 왜곡은 어쩌면 너무도 당연하기까지 하다. 따라서 조선의 제도를 보는 우리의 눈은 그것을 감탄하거나 비판하기 위해서가 아니라 그 법체계 속에서 오늘 우리가 본받아야 할 것은 무엇인가를 찾는 작업이라야 할 것이다.

이 글은 위와 같은 논거점을 가지고, 특히 탐오죄와 관련된 규정을 살펴보기로 할 것이다.

당시의 국가체제는 중앙집권적인 체제이며, 오늘과 같이 삼권분립을 통한 견제와 균형이 존재하지 않았기 때문에 관료체제 안에서의 자정기능이나, 부패와 관련된 제재 등을 통하여 선명성을 유지하였다.

특히 관료범죄와 관련해서는 '부패와의 청산'이라는 모토하에 20세기를 마감하면서 세계적인 이슈가 되었다. 특히 관료의 부패는 민주주의를 파괴하고 빈곤의 문제를 헤쳐 나갈 수 없게 하며 갈등을 야기하는 위험을 초래하는 것으로 단지 한 나라의 문제가 아니라 전 세계적인 문제인 것이다. 물론 이러한 부패의 문제를 해결하기 위해서는 처벌과 제재라는 형사적 수단뿐만 아니라, 청렴으로 향해나갈 수 있는 다양한 체계가 필요하다. 예를 들어 정부조달에 관한 규칙, 이해충돌에 관한 규칙, 정치인과 공직자들의 자산 및 부채 공개의 규칙, 정보접근에 관한 규칙, 언론의 역할, 교육의 역할, 사회의 전체적인 가치체계, 사법부의 독립, 옴부즈만이나 부패방지기구 같은 기관들의 독립 등 많은 것들이 있다.[2]

형사적 처벌이 부패와 싸우기 위한 하나의 도구로 여기서도 그 보충적 성격을 바로 인식할 때에 올바른 역할을 할 수 있음을 명심해야 할 것이다.

---

2) 페터 아이겐(Peter Eigen), 「국제 반부패 운동의 오늘과 내일」(2004. 3. 23). (사)반부패국민연대 - 국제투명성기구한국본부(Transparency International-Korea). http://www.ti.or.kr

이 글은 조선시대의 형사법 체계를 통하여 관료범죄의 대강을 살피고 특히 부패(뇌물)범죄와 관련하여 어떠한 행위유형들을 처벌하고 있는지를 살펴서 오늘날에 시사하는 바를 찾고자 한다.

II. 관료범죄의 대강: 대명률(大明律)의 명례(名例)에 나타난 관료범죄의 처벌 원칙

1. 형사절차에 있어서 특별규정

대명률은 관료나 공신 등에 범죄처벌에 대한 특별규정을 두고 있다. 팔의[3]에 해당하는 자와 5품 이상의 현직에 해당하는 관료의 범죄는 왕의 허가를 얻어야 신문이 가능하고 조사 후 보고하여 왕의 재결을 기다려 처벌하게 하였다. 특히 지방관원의 경우 소속관할의 상급관료가 함부로 신문을 하지 못하게 하고 있다.[4] 이러한 규정은 당률과 마찬가

---

3) 八議는 議親, 議故, 議賢, 議能, 議功, 議貴, 議勤, 議賓를 말한다. ㉠ 議親은 황제의 내외친족으로 황제의 고조부의 형제, 증조부의 종부형제, 조부의 재종형제, 부의 삼종형제, 자신의 사종형제, 그리고 태황태후 황태후의 總麻 이상 친족과 황후의 小功 이상의 친족을 말한다. ㉡ 議故는 황제를 오랫동안 가까이 모셨거나 황제로부터 특별한 대우를 받은 자이다. ㉢ 議賢은 현인군자로서 그 언행이 법칙으로 삼을 만한 자이다. ㉣ 議能은 군대를 잘 이끌고 왕을 유능하게 보좌하여 모든 사람의 모범이 될 만한 자이다. ㉤ 議功은 큰 공이 있어 그 공이 太常에 기록된 사람이다. ㉥ 議貴는 관장하는 업무가 있는 職事官인 경우는 三品 이상, 맡은 업무가 없는 散官인 경우는 2품 이상, 爵位를 받은 자는 일품 이상(國公)의 자이다. ㉦ 議勤은 고위관료로서 공직기간 중 부지런히 일한 자이거나, 극히 먼 지역에 사신으로 나아가 고초를 겪은 자이다. ㉧ 議賓은 前王朝의 國君, 貴族 등으로 先代의 제사를 받들도록 봉한 자를 말한다.

4) 大明律直解 名例 應議者犯罪, 職官有犯.

지로 왕의 친인척이라든가 공신 관료들에 대한 특혜규정으로 이는 '존귀한 자는 높인다'는 유교의 사상이 형률에도 투영된 결과이다.[5]

2. 공·사 범죄의 구별

관료들의 범죄는 공죄(公罪)[6]와 사죄(私罪)를 구별하여 다르게 처벌하도록 하고 있다.

문무관이 공무를 수행하는 도중에 얻은 죄는 태형에 해당하는 가벼운 죄는 속죄금을 내게 하고 그 죄명을 기록하지 않으며, 장형 이상 해당하는 죄인 경우에는 매년 1회씩 기록하고 9년에 1회씩 경중과 횟수를 통고하여 파면 또는 승진의 자료로 삼도록 규정하고 있다.[7]

개인적인 범죄를 지은 경우에 문관인 경우 태형 40 이하의 형에 해당하면 죄명을 기록하여 다시 본직에 복귀시키고, 태형 50에 해당하는 경우 현직을 해임하고 다른 관직으로 이임하고, 장 60에서 90에 해당하는 경우, 현직을 해임시키며 각각 관직을 1등급에서 4등급을 감등시키고 관직이 정관(正官)인 경우에는 잡직에, 잡직인 경우는 변방의 직에 임용하고, 장형 100에 해당하는 자는 관직을 파면시키고 임용하지 않도록 하고 있다.[8]

또한 관직이 없었을 때에 범죄를 저지른 자가 관직이 임용된 후에 죄가 발각되면 공죄에 관련된 경우는 속죄금을 받고 죄상을 명부에 기록하여 두며, 관직을 옮긴 후 이전의 공죄가 밝혀지거나 퇴임 후 발각

---

5) 唐律疏議, 卷 1, 名例, 7條. 八議의 규정은 周禮에서 보이는 八辟과 일치한다(周禮, 秋官, 小司寇).
6) 이러한 죄의 유형은 관리가 公事로 인하여 죄를 얻은 것과 과실로 남의 죄를 높이거나 감한 것, 그리고 문서를 늦추거나 착오한 것 등을 말한다(大明律直解 名例 常赦所不原).
7) 大明律直解 名例 文武官犯公罪.
8) 大明律直解 名例 文武官犯私罪.

된 경우에는 태형 이하는 불문에 붙이고 장형 이상의 경우는 죄상을 기록하여 인사고과 때에 참작하도록 하고 있다. 또한 공적일일을 처리하다가 지은 죄로 인하여 파면된 자는 장형까지는 불문에 붙이되 양곡(糧穀)이나 관물(官物)에 관한 사항에 대하여는 그 진상을 명확히 밝히도록 하고 있다. 그러나 만약 사죄(私罪)에 관계된 것은 모두 형률대로 논죄하도록 하고 있다.

3. 가족 간의 특혜

이러한 관료들의 특혜는 그 부모형제에게도 미치는데 4품, 5품관의 부모와 처, 음직을 이어받을 자손은 죄를 범하면 관료를 처벌하는 예에 따라 처벌하도록 하고 있다. 그러나 이 경우는 십악, 강간, 도적, 살인, 왕법수죄(枉法受財)한 자의 경우 특혜는 인정되지 않으며, 그 이외의 친족이나 노복들이 관료의 세를 업어 양민을 침해하거나 관청을 능멸한 경우에는 오히려 보통 사람의 죄에 비하여 1등급을 가중하여 행위자를 처벌하도록 하고 있다.9)

Ⅲ. 부패 관련 관료범죄의 유형과 처벌

관료가 관련된 범죄는 모든 분야에 대하여 규정되어 있지만 여기서는 주로 부패관료의 처벌과 관련되어 있는 수장조(收贓條)의 규정을 중심으로 살펴보고자 한다.

---

9) 大明律直解 名例 應議者之父祖有犯.

1. 수장(受贓)(수뢰(收賂)의 죄)의 유형

(1) 관리수재(官吏受財)

수장죄의 기본 구성요건은 관리수재이며 그 내용은 다음과 같다.

> 무릇, 관리가 남의 재물 받은 자는 장물을 계산하여 단죄하되 무록인(無祿人)이면 각각 죄 1등을 감경하고, 관원이면 관직을 추탈(追奪)하고 관원명부에서 제명하며 이속(吏屬)이면 직역을 파면하고 모두 임용하지 아니한다. 설사 과전(過錢)한 자는 유록인(有祿人)이면 재물을 받은 자보다 죄 1등을 감경하고, 無祿人이면 2등을 감경한 죄로 처벌하되 장 100의 형에 그치며, 장물이 있으면 장물을 계산하여 중한 것에 좇아 논죄한다. 유록인이 법을 굽히고 받은 장물은 각 증훼자의 것을 통산한 전량에 대하여 과죄한다. 법을 굽히지 아니한 수훼장물은 각 증훼자의 것을 통산한 전량을 절반하여 과죄한다.[10]

관리가 어떠한 사건과 관계있는 사람에게서 재물을 받은 경우 관리는 사건에 대한 해결유무를 떠나서 처벌하고 있다. 우선 기본적으로 이러한 사실이 발각되면 관원이면 관직을 박탈당하고 관원명부에서 제명하고, 이속(吏屬)이면 직역을 파면하고 영원히 임용하지 않는다. 그리고 장물의 정도에 따라 형벌을 부과하는데 여기서는 수뢰하여 법을 왜곡하여 그 사건을 처리했는지[枉法受贓] 아니면 뇌물은 받았지만 법대로 처결했는지[不枉法受贓]에 따라 구별하여 처벌의 경중을 달리하고 있다.[11] 이 규정에는 뇌물을 직접 전달받은 관리뿐만 아니라 이를 중간에서 전달한 관리도 처벌할 수 있는 규정을 두어 장형 100대의 한도 내에서

---

10) 大明律直解 卷 23 刑律 受贓 官吏受財.
11) 전자의 경우는 받은 뇌물의 양을 합산하여 그 정도가 1관 이하의 경우 장형 70에서 시작하여 80관 이상일 경우 교수형까지 처할 수 있도록 규정하고 있으며 후자의 경우는 감경하여 1관의 경우 장 60에서 120관을 초과할 경우 장 100에 유형 3000리의 형까지 처벌하게 하였다.

수뢰한 관리와 같이 처벌받으며 그 대가로 재물을 받은 경우는 그 재물의 양을 계산하여 그중에 무거운 죄로 처벌하고 있다.

인조 14년(1636년)에 수교로 뇌물을 주는 폐단을 금하고 이러한 영을 어길 경우 귀천을 논하지 않고 사죄(死罪)로 논죄하도록 하고 있다.[12]

(2) 좌장치죄(坐贓致罪)[13]

관리는 직무와 관련해서 뿐만 아니라 담당직무가 아닌데도 그 직무에 관련하여 남으로부터 재물을 받는 경우에 좌장죄를 구성한다.

대명률에서는 이러한 범죄유형으로 본 조에서는 가령 남에게 재물을 도둑맞거나 또는 구타상해를 당한 경우에 가해인으로부터 잃은 재물을 배상받거나 상해에 대한 치료약을 받은 이외에 정당한 대가를 벗어난 재물을 받은 경우와 함부로 재물을 부과징수하거나 또는 소액을 징수할 금전이나 곡식을 다액징수하거나 또는 비록 횡령하지 않더라도 영선제작 등으로 인하여 인력과 금전, 물화 등을 허비한 행위 등을 열거하고 있다.

예시규정을 보아서는 다른 사람의 직무에 관련하여 금품을 받은 관리뿐만 아니라 정당하지 않은 금품을 수수한 상대방도 이 죄로 처벌하도록 하고 있음을 알 수 있다. 더구나 세금의 과다징수나 공사하면서 함부로 인력이나 재화를 낭비하는 행위도 모두 잘못된 금품을 받은 장죄(贓罪)의 일종인 좌장치죄로 처벌하고 있음을 알 수 있다.[14]

이러한 행위유형은 당률에 의하면 담당관리가 아닌데도 사건에 관련하여 재물을 받은 것으로 그 재물은 장물이라는 판단하에 좌장치죄라고 명하였다.[15]

---

12) 受教輯錄 刑典 禁制.
13) 大明律直解 卷 23 刑律 受贓 坐贓致罪.
14) 이 경우 1관의 경우 태형 20에서 500관 이상일 경우 장 100에 도 3년에 처하고 있다. 사건당사자 간에 협정에 의하여 금품을 주고받은 경우는 재물을 증여한 자는 증여 받은 죄의 5등을 감경하여 처벌하도록 하였다.

(3) 사후수재(事後受財)

사건과 관련하여 사후에 재물을 받은 경우도 처벌하고 있다.16)

사건을 담당한 관리가 비록 사건이 다 처리되고 나서 관리가 관계인으로부터 사후에 재물을 받았다 하더라도 관리수재의 죄와 동일하게 처벌하도록 규정하고 있다.

무릇 관리가 재물을 받을 것을 승낙하였으면 비록 아직 받지 아니하였더라도, 관계사건을 법을 굽혀 처리하였으면 왕법수장의 예로써 논죄하고, 사건처리를 법을 굽히지 아니하였다면 불왕법수장의 예로써 논죄하여 각각 1등을 감경하되, 법을 왜곡한 바가 중한 자는 각각 중한 것에 좇아 논죄한다.17)

(4) 유사이재구청(有事以財求請)18)

사건의 당사자가 재물을 주고 자기에게 유리하도록 처리할 것을 청탁하는 행위를 말한다.

당사자가 재물을 가지고 청탁하여서 담당관리가 법을 왜곡하여 처리하게 한 자는 제공한 재물을 계산하여 좌장죄로 처벌하고 있다. 그러나 관리가 교활하게 자기 의사를 무리로 고집하거나, 억지로 일을 만들거나, 협박하여서 재물을 받았으면 재물을 공여한 자는 처벌하지 아니한다.

---

15) 謂非監臨主司 而因事受財者(唐律疏議, 卷 26 雜律 389條).
16) 大明律直解 卷 23 刑律 受贓 事後受財.
17) 大明律直解 卷 23 刑律 受贓 官吏聽許財物.
18) 大明律直解 卷 23 刑律 受贓 有事以財求請.

(5) 재관구색차대인재물(在官求索借貸人財物)[19]

이 범죄는 타인을 감독하는 관리나 지역의 세력가가 자신의 위세를 이용하여 자신의 관할하에 있는 자에게 재물을 요구하거나 강요하는 행위를 말한다. 이 범죄는 자신의 우월적인 지위를 이용하는 경우에는 단순히 재물을 빌리거나 대여하는 경우도 그 재물을 장물로 계산하여 불왕법수장의 죄로 처벌하도록 하고 있으며 재물을 강요하여 받은 자는 왕법수장의 죄로 처벌하도록 하고 있다. 이때 재물은 원래 주인에게 돌려주도록 하고 있다.

또한 자기의 재화를 관할주민에게 비싼 값을 받아 제공하거나, 주민의 물건을 염가로 사들여 많은 이익을 취득한 자에게는, 모두 그 남은 이익을 계산하여 불왕법수장의 죄로써, 강요침탈한 자는 왕법수장의 죄로써 논죄하도록 하고 있다. 이때 사용한 재화와 금전이 관물(官物)이면 관에 수납하고, 사물(私物)이면 원래 주인에게 돌려준다.

소관부 내에 물건을 사고 즉시에 값을 지불하지 아니하는 자와, 의복, 기구, 노리개 등을 빌려가고 한 달이 지나도록 돌려주지 아니하는 자는 모두 좌장죄로 논죄한다. 주민의 마소 따위와 수레 선박 등을 사사로 차용하였으면 각각 일수를 따지어 삯을 계산하여 좌장죄로 처벌하고 삯을 추징하여 주인에게 준다.

만약에 소관 내에서 상납하는 토산물을 수수하면 받은 자는 태 40의 형에 처하고, 준 자는 받은 자보다 죄 1등을 감경한다.

왕명을 받들고 출사하는 사람이, 그 파견된 곳에서 재물을 요구, 차용, 대부하거나 매매하여, 가격과 이익을 많이 취득한 자와, 뇌물을 받는 자는 모두 담당관리가 그러한 행위를 한 것과 더불어 죄가 같다. 관직을 옮긴 후 옛 소관부 내에서 재물을 받거나 요구하거나 차용 대부하는 따위의 행위는 각각 관직에 있는 경우에 비하여 3등을 감경한다.

---

19) 大明律直解 卷 23 刑律 受贓 在官求索借貸人財物.

(6) 가인구색(家人求索)

관리의 집안사람이 위와 같은 행위를 하면 관리의 죄에서 2등을 감경 처벌하며 관리가 이 일을 알고 있으면 행위자와 동일하게 처벌한다.[20]

(7) 풍헌관리범장(風憲官吏犯贓)

관리의 비위를 규찰하는 임무를 가진 관료가 감찰순시 중인 곳에서 타인의 재물에 대하여 위와 같은 행위를 할 경우 일반 관리의 경우에 비하여 죄 2등을 가중한다.[21]

(8) 인공천과검(因公擅科斂)[22]

주민을 관할하는 관리 등이, 소속 상관에 의한 명문의 지시 없이 함부로 소속부민에게 공무로 인한 재물을 부과징수한 자와 군을 관할하는 관리, 두목, 통주(統主) 등이 군인들의 전량을 거두어서 상금으로 사용한 자는 장 60에 처하되 재물의 정도가 중한 자는 좌장의 예로서 논죄하고, 만일 횡령 착복하였으면 장물을 계산하여 왕법수장의 죄로써 논죄한다.

공무로 인한 것이 아니고 함부로 남의 재물을 거두어들여 착복한 자는 장물을 계산하여 불왕법수장의 예로써 논죄하되 만약 거두어들인 재물로 남에게 제공한 자는 비록 자신이 착복하지 아니하여도 동일하게 처벌한다.

(9) 사수공후재물(私受公侯財物)[23]

무릇 중앙 지방의 대소군관은 남몰래 또는 드러내놓고 왕자·재상

---

20) 大明律直解 卷 23 刑律 受贓 家人求索.
21) 大明律直解 卷 23 刑律 受贓 風憲官吏犯贓.
22) 大明律直解 卷 23 刑律 受贓 因公擅科斂.
23) 大明律直解 卷 23 刑律 受贓 私受公侯財物.

등이 보내주는 지폐금은 피륙·의복·양미·전물 등을 받지 못한다. 만약 받으면 군관은 장 100의 형에 처한 뒤에 면직시키고 먼 변방에 보내어 충군한다. 백호 통주인 경우도 같은 죄로 처벌한다. 재범하면 사형에 처한다. 급여한 왕자·재상 등은 초범·재범의 죄는 면제하나 명부에 죄과명을 부기하며, 3범이면 면사에 한 번 준한다. 만약 대소군관이 왕명을 받들고 전쟁터에 출정할 경우에는 준 자나 받은 자 모두 예외로 한다.

(10) 극류도장(尅留盜贓)[24]

관리가 마땅히 관서에 납입해야 할 장물을 관서에 납입하지 않거나 일부분을 빼돌리는 것을 말한다. 포도관이 도적을 체포한 뒤에 절취한 장물을 착복한 자는 장물을 계산하여 불왕법수장의 예로써 논죄하고, 그 착복한 장물은 모두 절도의 죄로써 논죄한다. 만약 군졸이 이러한 범죄가 있으면 장물이 많더라도 죄는 장 80에 그친다.

(11) 관리청허재물(官吏聽許財物)

관리가 재물을 받을 것을 응낙하였다면, 비록 금품을 받지 않았더라도, 관계사건을 법을 굽혀 처리하였다면 왕법수장의 예로써 논죄하고, 사건의 처리에 법을 굽히지 않았다면 불왕법수장의 예로서 각각 논죄하되 각각 1등을 감한다.

2. 현행 뇌물죄와의 비교

조선시대의 관료에 대한 수장죄는 구성요건에 있어서 오늘날 우리의 뇌물죄와 많은 유사점과 동시에 다른 점을 가지고 있다고 할 수 있다.

---

24) 大明律直解 卷 23 刑律 受贓 尅留盜贓.

먼저 유사점을 보면 범죄의 구성요건이 많이 유사하다는 데 있다고 할 것이다.

우리 형법의 뇌물죄의 구조를 보면 우선 수뢰죄와 증뢰죄로 크게 구별하고 있다. 수뢰죄는 그 기본 구성요건은 단순수뢰죄로 형법 제129조에 수뢰죄의 '구성요건으로 공무원 또는 중재인이 그 직무에 관하여 뇌물을 수수, 요구 또는 약속한 때'라고 규정하고 있다. 이 규정은 관리수재의 규정의 행위객체와 유사하다고 할 수 있다. 증뢰죄는 제133조에 규정을 두고 있으며 그 규정의 객체는 유사이재구청의 객체와 유사하다고 할 수 있다.

수뢰죄의 행위인 수수·요구·약속의 행위유형도 각각 관리수재의 수수행위, 재관구색차대인재물의 요구행위 그리고 관리청허재물의 승낙행위 등과 유사한 행위유형을 가지고 있다.

감경요건으로 제3자 뇌물공여죄를 두고 있는데 이러한 행위는 마찬가지로 관리수죄의 감경규정으로 두고 있다. 더구나 왕법수장와 불왕법수장로 구분하고 있는 것은 현행형법에서 제131조에 수뢰 후 부정처사, 사후수뢰에 대한 조문을 둔 것과 뜻을 같이한다고 할 수 있다.

이러한 여러 유사점과는 달리 구분되는 몇 가지 점을 살펴볼 수 있을 것이다.

행위의 객체에 있어서 관리수재의 녹을 받지 않은 자나, 좌장치죄에서도 나타났듯이 사건 당사자 사이의 정도를 넘는 금품의 수수도 장죄로 처벌한다는 것이다. 즉 우리의 현행형법이 공무원이란 신분으로 제한하는 데 비하여 그 범위가 넓다고 할 수 있을 것이다. 즉 전통적인 뇌물죄는 중심에 수수 받는 자가 있다고 하기보다는 수수되는 뇌물이 자리를 차지한다고 볼 수 있을 것이다. 그 재물이 정당하다고 판단하기가 어려우면 그러한 재물과 관련 있는 자를 장죄로 처벌한다고 할 수 있을 것이다. 단지 수수 받는 자의 지위나 사건관련성에 따라 형의 경중을 평가한다고 할 수 있다.

그러한 모습이 아주 잘 나타나는 조항이 바로 재관구색차대인재물의 조항이라 할 수 있다. 이 조항은 강요에 의하여 행할 경우에는 전형적인 권력형 부패의 모습이지만, 강요에 의하지 않고 행한 행위의 경우는 오늘날의 법적 관점에서 보면 사법적인 측면에서 허용가능한 행위로 평가할 수 있을 것이다.

재물을 빌리거나 빌려주거나 하는 일은 사법관계에 있어서 개인과 개인 간의 자유의사에 의하여 이루어지는 법률관계이기도 하다. 그러나 이러한 행위조차도 금지하는 것은 특이하다 할 수 있다. 이 규정은 또한 관료가 자신의 관할하에서 거래를 통하여 이익을 많이 남기는 경우도 금하고 있다. 이러한 행위를 한 관료는 강요하지 않은 상황에서 이루어졌다 하더라도 불왕법수장의 죄로 처벌하고 있으며, 강요로 행해진 경우에는 왕법수장의 죄로 처벌하고 있다. 그리고 관할 내에서 물건을 사고 즉시 대금을 지급하지 않거나 물건을 빌리고도 한 달 이내에 도려주지 않거나 심지어는 관할 내에서 생산되는 토산품을 받는 행위도 처벌하고 있다. 이 규정은 이러한 관리의 행위뿐만 아니라 관리와 한 집에 기거하는 동거인들도 관리의 힘을 업고 유사한 행위를 한 경우에 처벌하고 있다.

이러한 사적인 영역까지도 구체적인 법률조항을 두어 금지하는 것은 뇌물의 연결고리가 될 수 있는 것을 사전에 방지하기 위한 노력의 결과가 아닌가 한다.

3. 경국대전상의 관료부패범죄에 대한 특칙

특이한 것은 경국대전에는 원악향리에 대한 규정을 두고 있다는 것이다.

향리의 부패의 유형을 보면 수령을 조종 농락하고 마음대로 권세를 부리면서 폐단을 만들어낸 자, 몰래 뇌물을 받고 부역을 고르지 않게 하는 자, 세금을 거둘 때에 부정하게 취렴하여 남용하는 자, 양민을 강제로 부리고 부역을 은폐하는 자, 전토를 널리 설치하고 양민을 시켜서 농사지은 자, 마을을 돌아다니면서 백성들을 침해여 잇속을 채운 자, 권세가에 붙어서 아전신역을 회피하려한 자, 자신의 역을 모면하려고 도망쳐서 촌락에 숨은 자, 관청의 위엄을 등에 업고 백성을 못살게 구는 자, 양인의 딸이나 관청여종을 첩으로 삼은 자이다.25)

향리로서 부패한 자에 대해서는 주민의 신고를 허용하며 고을의 경제소나 사헌부에 신고토록 하여 처벌을 하게 하였다. 죄가 도형죄에 해당하면 같은 도의 작은 역참에 아전으로 종신하도록 하고 유형에 해당하면 다른 도의 작은 역참에 종신토록 하였다.

『속대전』은 이 규정에다 수령의 교체시기에 관물을 자의로 사용한 경우 장 100대에 유형 3000리에 처하도록 하고 있다.26)

4. 장리(贓吏)에 대한 특별규정

『대명률』에서는 뇌물을 받고 법을 왜곡한 자와 법을 굽히지 않고 뇌물을 받은 자는 특별히 그 죄를 사면하지 않는 일반사면의 경우는 사면을 시키지 않는 죄로 특별관리하고 있다. 『경국대전』에서는 이에 그치지 않고 범죄로 파면된 자와 장죄(贓罪)를 지은 관리의 자손에 대하여 관리의 등용을 제한하는 규정을 두고 있다.

장죄는 『당률』에 의하면 '수재왕법(受財枉法)·불왕법(不枉法)·수소감임(受所監臨)·강도·절도·좌장(坐贓)의 죄'를 포함한 것이지만27)

---

25) 經國大典 刑典 元惡鄕吏.
26) 大典會通 刑典 元惡鄕吏.
27) 唐律疏議, 卷 26 雜律 389條.

대명률직해상의 수장조(受贓條)를 따로 두어서 관료들의 수뢰죄를 규정하고 있는 것으로 보아 뇌물을 받은 관리는 위에서 살펴보았던 대명률직해상의 수장에 해당하는 범죄로 국한시켜 보아도 될 것으로 여겨진다.

이러한 장죄를 지은 관리의 자손은 우선 과거를 보는 데 제약을 받고 있다.

『경국대전』, 「예전(禮典)」에는 죄를 지어 임용이 금지된 자와 장리(贓吏)의 아들을 문과 시험과 생원 및 진사시험에 응시하는 것을 금지하는 규정을 두고 있다.[28] 당시에는 과거를 보기 위해서는 녹명이란 절차를 거쳐야 한다. 즉 과거응시자는 시험 전에 4祖의 관직·성명·본관 등을 쓴 문건과 신원보증서를 정록소에 제출하여 신원을 확인한 다음에 이름을 등록하도록 한다. 이러한 절차를 통하여 장리의 아들이 시험 보는 것을 막았다.

그리고 「이전(吏典)」에는 장리의 자식과 손자는 의정부, 육조, 한성부, 사헌부, 개성부, 승정원, 장예원, 사간원, 경연, 세자시강원, 춘추관, 지제교, 종부사 등 중앙관직과 관찰사, 도사 및 수령 등의 지방관직에 임명할 수 없으며, 증손부터 비로소 상기의 각 관청 이외의 직에 임용함을 허하고 있다. 이 규정에 의하면 장리의 자손은 비록 관직에 있다 하여도 주요 직책에는 임명하지 않으며 관직에 있지 않은 경우 어떠한 관직도 부여하지 않으며, 이 경우 관직의 등용은 증손부터 가능하며 사헌부와 사간원에 의한 서경제도가 있는 것으로 봐서 장리의 4대손까지는 중요 관사에 임용하기가 어렵다는 것을 말해주고 있다고 하겠다.[29]

---

28) 經國大典 禮典 諸科. 숙종의 전교로 장오의 죄를 범한 자는 비록 사면으로 인하여 죄를 용서받았다고 하더라도 벼슬길에 나갈 수 없음을 정식(定式)으로 하고 있다(受敎輯錄 吏典).

29) 대전속록에 의하면 의정부, 이조, 병조, 사헌부, 사간원, 장예원, 홍문관, 춘추관, 지제교, 종부시, 시강원, 각 도의 도사와 수령의 직을 제수하는 사람의 서경을 함에 있어서 처의 사대조(四代祖)도 상고하도록 하고 있다: 大典續錄 吏典(署經).

Ⅳ. 결 론

조선시대에 관료와 관련된 범죄에 대한 대강을 살펴보면 관료는 임금을 도와서 나라를 다스리는 지위에 있는 자이기 때문에 그 지위를 인정하여 범죄행위에 대하여 경하게 처벌하는 것으로 보인다. 특이한 것은 신분으로 감형을 하는 데 있어서 업무집행을 하면서 과오로 생기는 범죄보다 개인적인 신분에서 범하는 범죄를 보다 무겁게 처벌한다는 것이다. 즉 공죄인 경우 태형은 속죄금을 내고 기록에 남기지 않는 데 비하여, 사죄의 경우는 태형 40대 이하의 경우라도 기록이 되어 인사고과에 작용하고 50대의 경우는 좌천을 시키고 있다. 또한 공죄로 장형의 형을 받은 경우는 단지 인사고과에 영향을 미칠 뿐이지만 사죄인 경우는 파직시킨 후 감등하여 잡직이나 변방의 관직으로 내쫓고 있다. 이러한 것은 유교형벌의 특징을 이룰 수 있는 것이라고 생각이 든다.

업무상의 사소한 범죄인 경우는 후에 인사고과에 반영하여 책임을 물음으로써 행정의 계속성과 일관성을 지향할 수가 있다. 유교형벌의 성격상 태형은 일반 백성에 대한 훈계형으로 장형은 관료들에 대한 행정벌의 성격을 가지고 있다. 이러한 이유에서 관료가 업무 중 사소한 일로 태형을 받는 경우 속죄금으로서 이를 대신하고 장형의 경우는 인사의 불이익을 줌으로써 그 목적을 어느 정도 달성할 수 있다고 할 수 있다. 그러나 공인으로서 사적인 범죄를 저지른 경우는 신분이 개인으로 뿐만 아니라 관료로서의 지위까지 존재하는 이중성 때문에 조금 더 중하게 처벌하는 것으로 보인다.

그러나 공범죄 중에서 특히 양곡이나 관물에 관한 문제는 중히 다루는 것으로 보인다. 위에서 보았듯이 관직을 옮길 때에 호조로부터 해유를 받아야 새 관직에 임용할 수 있듯이 공물의 출납에 대해서는 엄중한 것으로 보인다. 자신의 지위를 이용하여 사리를 채우는 경우에는 고급관료와 하급관료의 차이를 보이고 있음을 알 수 있다. 사실 지위는 그 혜택이 주어지는 것이기에 거기에 비례하여 책임도 주어진다. 그러기 때문에 같은 유형의 범죄를 범하였을 때에 법을 왜곡하는 정도나 고급관료의 책임은 하급관료보다 더 크다고 하겠다.

위에서도 보았듯이 관료의 형벌은 그 책임에 대한 문책이기 때문에 그만큼 권한이 있는 자가 그리고 고급관료가 하급관리에 비하여 문책을 더 받게 되는 것이다. 관료범죄의 유형 중에서 장물죄에 해당하는 범죄유형이 매우 구체적으로 규정된 것이 또한 당시 법의 특징이라 할 수 있다. 관료의 신분으로서는 뇌물을 받는 것은 물론 뇌물로 의심을 할 만한 모든 유형의 행위들과 관료로서의 위치가 영향을 줄 우려가 있는 행위를 구체적으로 나열하여 위반 시 형벌에 처하고 있는 것이다.

오늘날 우리의 형법에 의하여 뇌물로 처벌될 수 있는 금전적인 거래를 벗어난 공공연한 거래가 난무하지만 그것은 떡값이라는 명목으로 즉 대가 없이 받은 돈이라는 미명하에 사법의 대상에서 교묘하게 빠져나가는 경우를 많이 보아왔다. 또한 정치자금법에 의한 정당한 돈으로 탈바꿈되는 경우도 있으면 단순한 사적인 거래로 교묘히 둔갑을 하는 경우도 왕왕 접한다.

그러나 실질적으로 그러한 거래는 관료 내지는 정치인과 경제인 간의 부패의 고리를 만드는 역할을 하였던 것이다. 이러한 부패의 고리를 막기 위하여 금융실명제도 도입하였지만 오늘의 현실에 나타나는 모습은 실패하였다고 평가할 수 있을 것이다.

연예인들을 가십거리로서 사생활을 파헤치며 공인으로서 자세를 바로잡으라고 요구하는 전도된 사회를 지양하고 공직자 내지는 정치인들의 사적인 생활을 공개하고 감시하여 부패의 연결고리를 만드는 것을 사전에 막을 수 있는 방안을 모색하는 데는 전통법에 있어서 수장죄의 구성요건을 검토할 만하다 하겠다.

참고문헌

『經國大典』.

『大典會通』.

『朝鮮王朝實錄』.

『三峰集』.

『牧民心書』 외 古典.

강정인 외, 민주주의의 한국적 수용, 책세상, 2002.

김 돈, 조선 전기 군신권력관계 연구, 서울대학교 출판부, 1997.

박익규, 한국 정치문화와 권력구조, 하우출판사, 2002.

박종민, 한국의 지방정치와 도시권력구조, 나남, 2000.

이문영, 『논어맹자와 행정학』, 나남, 1996.

이종상, 헌법상 권력구조론, 경남대학교출판부, 1997.

정홍준, 조선중기 정치권력구조 연구, 고려대학교 민족문화연구원, 1996.

조지 세바인 외 지음/강정인 외 옮김, 현대 민주주의론의 경향과 쟁점, 문학과지성사, 1994.

존 호프만 지음/이중호 옮김, 국가와 권력, 그리고 민주주의, 신아출판사, 2000.

한국형사정책연구원, 권력형 부정부패의 구조와 통제방안, 1999.

한양대학교 인문학연구소, 탈근대의 담론과 권력비판, 한양대학교출판부, 2002.

허 엉, 헌법이론과 헌법, 박영사, 2004.

공법이론

통제, 균형, 견제의 미학

조선 초기의 권력구조와 권력 상호간의 통제원리에 대한 고찰

최 희 수

I. 서 론

이 글은 조선 초기의 권력체계와 권력 상호간의 통제체계를 살펴보는 것을 목적으로 한다. 조선은 왕조국가였기에 그를 살펴봄이 현재의 입헌민주주의체제를 살아가고 있는 우리들에게 직접적으로 도움을 줄 수 있는 결론을 가져다주기에는 일정한 한계가 있을 수밖에 없을 것이다. 왕조국가에서는 국가작용의 세 형식, 즉 입법과 집행 및 사법작용이 최종적으로 군주 一人에게 통합적으로 귀속되고 또 그로부터 연유하게 되며, 그로 인해 주권자로서의 국민이 모든 국가권력의 정당성의 원천이 되고 있는 오늘날과 비교할 때 국가권력기관의 구성 및 권력 상호간의 견제와 균형의 원리는 사뭇 다르게 나타날 수밖에 없기 때문이다.

하지만 민주주의를 표방하면서도 조선시대에 못지않은 독재가 가능할 수도 있음을 우리는 민주주의의 역사를 통해 배우고 있다. 이것은 결국 왕조국가인가 아니면 국민주권국가인가의 여부에 따라 국민을 위한 정치가 이루어지는가의 여부가 결정되는 것이 아님을 의미한다. 왕조국가인 조선에서도 삼권분립에 기반을 둔 국민주권국가에 못지않은 권력 상호간의 견제기능, 특히 국왕의 전단적인 권력행사를 제한하기 위한 신권의 치열한 노력이 존재하고 있었다. 비록 '국민에 의한 정치'는 실현될 수 없었을지언정 결코 '국민을 위한 정치'가 없었던 것은 아니었으며, 우리는 끊임없이 왕도정치가 강조되었던 조선의 역사를 통해 이 점을 확인할 수 있다.

'국민에 의한 정치'란 궁극적으로 '국민을 위한 정치'라는 목적을 달성하기 위한 수단이라 할 것이고, 그렇다면 조선이 강조한 왕도정치 역시 오늘날의 민주주의 내지 국민주권이 추구하고자 하는 바와 그 추구하는 바에 있어 본질을 공유하고 있음에 다름 아니라 할 것이다. 따라서 조선의 권력통제원리를 확인하는 것은 현재를 살아가는 우리에게도 결코 의미 없는 작업이 아니다. 형식적인 권력체계는 상이하여도 '국민을 위한 정치', 그리고 이를 가능하게 하는 권력 상호간의 통제원리는 어느 체제이든 결코 포기할 수 없는 것이기 때문이다.

이 글의 연구범위는 조선 초기, 대체로 성종 때까지로 한정하였다. 이 시기는 5백년 조선왕조의 기본틀이 갖추어진 시기로서 이후의 역사에 기초가 된다. 아울러 헌법을 전공한 필자의 능력의 한계로 인해 직접 원전을 인용할 수 없었음을 밝혀 둔다. 다행히 조선 초기의 권력구조 및 정치사에 대한 연구는 이미 국내에서 상당한 정도의 진척을 보이고 있다. 아래에서 인용한 문헌들은 모두 그 분야의 뛰어난 연구성과를 나타낸 것들로서, 필자의 논문은 이들 문헌들의 단순한 정리작업에 불과함을 고백한다.

II. 조선 초기의 권력기관

1. 국 왕

조선은 강력한 중앙집권체제를 갖추기 위해 국왕의 절대적 지위를 필요로 하였고, 이를 위해 국왕의 신성성(神聖性)을 강조하였는데, 왕은 종묘와 사직이 귀의하는 곳이며 하늘의 직사(職事)를 대리해 다스리는 존재, 즉 대천이물(代天理物)하는 존재로 인식되었다.[1] 국왕의 신성성을 강조한 것은 궁극적으로는 국왕이 자유로운 권력자임을 인정하는

---

[1] 정긍식, 「조선시대의 권력분립과 법치주의」, 『법학』 제42권 제4호(서울대 법학연구소, 2001), 39면 참조.

것이었다. 이것은 결국 한 나라의 권력구조의 기본틀을 확정하는 기본 법전, 즉 『경국대전(經國大典)』에조차 왕에 대한 명문의 규정을 두지 않는 결과로 이어졌다. 왕은 법으로 규정될 수 없는 초월적 존재였던 것이다.[2] 하지만 국왕의 신성성의 강조는 그 반대의 효과로 국왕의 권력행사를 제약하기 위한 근거가 되기도 하였다. 천명을 대리하는 국왕은 천명으로 간주되는 민심을 존중하고 유교적 왕도정치 내지 덕치를 실현해야 할 의무를 진다. 그리하여 국왕은 의정부와 육조, 삼사의 견제로부터 자유로울 수 없었고, 이미 어린 시절부터 서연(書筵)을 통해, 또 왕위에 오른 후에는 경연(經筵)을 통해 무흠결의 성인(聖人)으로 거듭날 것을 교육받았다. 그런 점에서 국왕의 신성성은 국왕이 절대권력자임을 확인하는 동시에 전단적 권력행사를 제어하는 이중적 성격을 지녔다고 보겠다.

2. 의정부

의정부[3]는 고려시대부터 최고의결기관이었던 도평의사사(都評議使司)가 제2대 정종 2년에 개편된 것으로, 태종 13년까지 육조를 지휘하는 국정최고책임기관으로서의 역할을 하다가, 이후 태종의 육조 중심의 국정운영 등 왕권과 신권 간에 권력의 중심추가 어느 쪽을 향하는가에 따라 정치실제에 있어 그 역할과 기능에 있어 부침을 거듭하면서 1894년 갑오개혁에 따라 내각제와 군국기무처가 창설될 때까지 존속하였던 기관이다.[4] 경국대전에 따를 경우 의정부는 조선왕조 최고의 정무기관

---

2) 이것은 1897년 大韓國國制에서 국왕을 절대군주로 명시하고 있는 것과 대조된다고 한다. 오종록, 「조선시대의 왕」, 『역사비평』 54(역사문제연구소, 2001), 283-284면(정긍식, 앞의 글, 41면 각주 37에서 재인용).

3) 의정부의 구성은 領議政(정1품, 총관할), 左議政(정1품, 吏·戶·禮曹 관할), 右議政(정1품, 兵·刑·工曹 관할)의 三相, 左·右贊成(각 1인, 종1품), 左·(右參贊)(각 1인, 정2품)으로 이루어진다.

으로서 모든 관리들을 통솔하고 일반정사를 처리하며 음양을 고르게 하고(理陰陽), 나라를 운영하는 최고정책결정기관으로서의 직무를 수행한다. 의정부의 의결방법은 삼상합의제(三相合議制)에 의하며, 그에 따른 결정내용은 국왕의 승인과 윤허에 의해 최종적으로 확정된다.

3. 육 조

육조는 중앙 실무집행기관으로서의 역할을 수행하는 기관이다. 개국 초부터 육조제가 운영되었고, 각 조별로 그 기능이 명백하게 구별되었지만 육조 기능의 상당부분이 다른 기관에 의해 관장됨으로 인해 그 직무분장이 모호하였을 뿐만 아니라 정3품 아문(衙門)에 불과하였고, 그에 따라 의정부의 지휘를 받으면서 업무를 처리하였다. 그 후 태종 5년(1405)에 육조의 장관으로 정2품 판서제(判書制)가 실시되면서 정2품 아문으로 격상되었다. 이제 육조는 대소 조정에 참여하게 되었고 나아가 문·무반의 인사권과 재정권 및 갑병에 대한 권한이 각 해당 조로 전속됨과 더불어 육조속사제(六曹屬司制)[5] 및 육조속아문제(六曹屬衙門制)[6]가 성립됨으로써 육조는 그 기능이 강화되었고,[7] 그에 따라

---

4) 중종 12년(1217)에 삼포왜란에 대처하기 위해 국내외의 군무의 기밀을 총괄하는 備邊司가 설치되었다. 이 제도는 창설 초 의정부의 삼의정을 都提調로 하고 변방의 사정에 정통한 武臣을 提調로 하여 변방의 군사사무를 처리하던 기관이었다. 본래 전시에만 두었으나 명종 10년(1555)에 상설기관이 되었다. 임진왜란 이후에는 六曹판서, 언관의 장, 지방 관찰사 및 문무의 고관을 대규모로 참여케 하여 변방의 군사사무 뿐만 아니라 정치, 외교, 재정 등 정부기관의 각 소관영역에 있어 중요 정책을 수립하는 최고결정기관으로 전환함으로써 사실상 의정부의 기능을 흡수한 것으로 보인다. 1894년 갑오개혁 때까지 지속하였다. 김용욱, 「조선조 정치체계에 관한 연구: 유지와 붕괴를 중심으로」(고려대 박사학위논문, 1981), 133-134면 참조.
5) 각 조에 3개씩의 屬司를 두는 제도를 말한다. 『태종실록』 권 9, 태종 5년 3월 정유 참조.
6) 의정부 등 10여 개의 堂上衙門을 제외한 90여 개의 衙門을 그 職掌과 관련하여

조선왕조의 기본적인 정무집행기관으로 자리 잡게 된다. 각조가 관장하는 소관 사무에 대해 그 조의 장관에 해당하는 판서(1인, 정2품), 참판(1인, 종2품), 참의(1인, 정3품) 등 당상관(堂上官)들의 전원일치에 의한 합의로 의결하였으며, 또한 사전에 전랑(銓郎)[8]과도 합의를 거쳐야 한다. 이로 미루어 보건대 각조 판서의 권한은 전단적인 것은 아니었으며, 그 조 내에서도 권력분산이 이루어졌던 것으로 보인다.[9]

4. 삼 사

삼사란 양사(兩司)(사헌부와 사간원)와 홍문관을 합쳐 부르는 말이다. 사헌부[10]는 현재의 정사를 논평하고 문무백관의 치적을 조사·규탄하며 풍속을 시정하고 억울한 형벌을 밝히며, 또한 남사한 행실과 위계를 규탄하는 업무를 관장하는데, 국가의 중요 결정과 관원의 인사에 깊이 간여하면서 종친과 문무백관의 잘못을 규탄함은 물론 국왕에 대해서도 언제나 극간(極諫)함을 그 본령으로 삼았다. 본래 사헌부는 오늘날의 검찰이나 감사원과 가장 유사한 기능을 담당하는 기관으로서 관원의 기강을 감찰하는 사법적 기능[11]을 그 주 임무로 하는바, 조선의 경우에

육조에 소속시키는 제도를 말한다. 『태종실록』 권 9, 태종 5년 3월 정유 참조.
7) 이것은 태종의 왕권강화책, 즉 의정부기능을 약화시키고 육조직계조로 나아가기 위한 전 단계의 체계정비를 의미하는 것이었다.
8) 조선시대 이조의 정랑과 좌랑을 달리 이르던 말로서 내외 관원을 천거하고 銓衡하는 데에 가장 많은 권한을 가지고 있었다.
9) 같은 취지는 김용욱, 앞의 논문, 134면 참조.
10) 사헌부는 종2품아문으로서 간쟁기능은 주로 大司憲(종2품), (執義)(1인, 종3품), 掌令(2인, 정4품) 등이 전담하였다. 말단직으로는 監察(정6품, 24명)이 있다. 사헌부를 대표하거나 의정부 등 최고정책결정회의에 참여하는 것은 그 장인 대사헌이 전담하였으나, 어떤 문제가 조정의 공론이 된 경우 다른 관리들도 개별적으로 간쟁에 참여할 수 있었으며 그 의견이나 비판은 독자성을 지녔다.
11) 사헌부는 大廳, 執義廳 및 臺長廳으로 이루어진 本臺와 分臺로 구성되는데, 본대가 주로 논집탄핵의 기능을 수행한 반면, 분대는 別廳監察房으로서 감찰기능을 담당하였다. 이홍렬, 「대간제도의 법제사적 고찰: 근조선 초기를 중심으로」,

152

는 "論執時政得失, 矯正風俗"의 기능도 지니고 있어 제도적으로 간쟁기능도 부여받고 있다는 점이 그 특색이다. 양사의 하나인 사간원[12]은 정3품 아문으로서 국왕의 잘못과 비위를 간하고 논박하는 일을 임무로 하며, 사헌부와 함께 정부의 활동에 대한 비판기능을 담당하였다. 양사는 다 같이 군왕의 이목지관(耳目之官)으로서 그 권한이 대동소이하였는바, 간관이라도 풍헌(風憲)을 논할 수 있었고 대관이라도 군주에게 간쟁(諫諍)할 수 있었으며,[13] 때론 양사합계(兩司合啓)로 때론 대사헌과 대사간의 공동명의로 간언하기도 하였다. 대간의 언론은 군주로부터 일반관리들에 이르기까지 감히 무시되지 못할 정도로 권위를 지니고 있었다. 한편, 홍문관[14]은 세종 때 경연의 전담기구였던 집현전의 후신으로, 세조 때 일시 폐지되었다가 성종 때 예문관[15]에다 경연의 직무를 맡긴 후 성종 9년 예문관에서 홍문관이 분리됨으로써 다시 부활하게 된다. 홍문관은 법제상 장서각기능, 문한기능 및 고문기능을 주 임무로 하였다. 문한기능과 고문기능에 따라 홍문관원들은 경연관(經筵官)과 지제교(知製敎)[16]의 역할을 겸임하게 된다.[17] 홍문원이 행사하는 기능 가운

『사총』 5(1960), 23-24면.

12) 그 직무는 大司諫(정3품), 司諫(1인, 종3품), 獻納(1인, 정5품), 正言(2인, 정6품) 등이 담당하였고, 모두 문관을 썼다.

13) 대간이 가진 이러한 권한, 즉 언관으로서의 권한은 대간에 대한 특별한 대우로 이어지게 된다. 즉 대간은 비록 그 品秩이 三公六卿에 미치지는 못하나 실제로는 宰相에 못지않았으며 堂上官이라도 대간에 대해 정중히 답례를 하여야만 했다. 나아가 대간에 대해서는 考功法(考課法)이 적용되지 않았고, 신분이 보장되었으며, 의정부 및 육조의 당상관과 더불어 지방장관의 추천권을 보유하였고 蔭敍의 혜택 등을 누렸다. 보다 자세한 내용에 대해서는 이홍렬, 앞의 논문, 19-20면 참조.

14) 홍문관은 領事(1인, 議政[정1품]이 맡음), 大提學(1인, 정2품), 提學(1인, 종2품), 副提學 및 直提學(각 1인, 정3품) 등으로 구성된다.

15) 나라에 소용되는 글을 맡아서 지으며, 모두 문관을 썼다. 윤국일, 『신편 경국대전』(신서원, 1998), 44면.

16) 임금이 반포하는 敎書의 글을 짓는 관원으로 집현전(홍문관)의 관원이 겸임하는 경우(外知製敎)와 6품 이상의 관원을 뽑아 시키는 경우(內知製敎)가 있다.

17) 사실 藏書閣 기능은 문한 및 고문기능을 위한 보조기능이라 할 것이다. 최이돈,

데서 가장 중요한 것은 고문기능에 해당한다 할 것인데, 이것은 경연이나 발책(發策), 수의(收議), 고제연구(古制研究) 등을 통해 수행되었다. 문한기능은 외교문서 등 각종 문서를 작성하는 지제교, 사초(史草)를 기록 정리하는 사관, 과거를 관장하는 시관(試官), 외교를 담당하는 사신(使臣) 등의 역할을 통해 이루어 졌다.[18] 하지만 홍문관은 성종 13년 이후부터 법제상의 기능을 넘어 감찰기능과 언관기능까지도 수행하게 되었고, 대간탄핵권을 확보함으로써 삼사의 하나로서 확고한 자리매김을 하게 된다.[19]

5. 승정원

승정원[20]은 왕명의 출납을 맡은 국왕의 비서기관으로 왕명의 단순한 출납이라는 매개기능에 그치지 않고, 해당 조의 판서 등 당상들과 상호 밀접한 관련하에 분방업무(分房業務)를 관장하면서 그 조의 논의와 결정에 참여했다는 점에서 오늘날의 대통령 비서기관에 유사한, 오히려

「성종 대 홍문관의 언관화 과정」, 『진단학보』 61(1986), 6면 이하 참조.
18) 본래 외교문서는 承文院, 그 외의 문서는 예문관에서 담당하였지만 집현전 설치 후에는 집현전이 거의 담당하였고 이것은 홍문관 설치 이후에도 마찬가지였다. 따라서 副堤學 이하의 홍문관이 지제교를 겸임하였다. 또한 사관 역시 예문관의 소임이었으나 홍문관원들도 사관의 역할을 한 것이 확인되고 있으며, 외교문서의 작성뿐만 아니라 직접 사신으로 파견되기도 하였다. 시험의 경우에도 예조 소관이었으나 홍문관원들이 차출되어 시관으로 사용되기도 하였다. 이상과 같은 홍문관의 다양한 활동은 결국 홍문관원들이 가진 소양이 활용될 필요성에 기인하는 것이라 볼 수 있다. 이상 최이돈, 앞의 글, 16-20면의 요약임.
19) 위의 논문, 43면 참조.
20) 승정원의 내부조직은 六曹의 기능에 상응해 六房으로 되어 있으며, 대체로 都承旨가 吏房, 左承旨가 戶房, 右承旨가 禮房, 좌부승지가 兵房, 우부승지가 刑房, 同副承旨가 工房을 담당하였으나, 반드시 그런 것은 아니고 국왕의 기호, 승지의 재주나 식견 및 相避規定에 따라 달리 分房되기도 하였다. 한편 비서실장격인 도승지는 그 분방인 이방뿐만 아니라 육방의 업무전반에 간여하였다. 6승지는 모두 정3품 당상관에 해당한다.

그 이상의 비중을 가졌던 것으로 보인다. 승정원이 전개하였던 계문(啓聞)(국왕에 대한 보고행위)이나 의의(擬議)[논의]의 내용을 살펴보면, 이판(吏判)과 인사문제(銓選)를 논의하고, 호조의 소관인 공물(貢物) 감면의 건, 공조의 소관인 창고의 건축과 운영문제 등에 관한 일을 상계하는 등 육조업무 전반에 걸쳐 상계하고 협의하는 역할을 수행하였다.[21] 한편, 세조 말부터 성종 7년까지 원상제(院相制)[22]가 실시됨으로써 승정원이 변칙적으로 운영되기도 하였는데, 원상제는 왕권과 신권 상호간의의 권력관계와 밀접한 관련이 있으므로 후술하기로 한다.

Ⅲ. 국정운영의 기본구도

1. 기본틀: 신권에 의한 왕권의 제약

국왕의 신성성을 강조하면서도 절대왕권의 위험성을 방지하기 위한 시도는 국초부터 전개되었다. 대표적인 예가 개국공신인 정도전이 저술한 『조선경국전(朝鮮徑國典)』(1394)과 『경제문감(經濟文鑑)』(1395)에서 자세히 볼 수 있다. 정도전은 이를 통해 세습군주제의 한계를 극복하기 위해 총재(冢宰)(宰相) 중심의 통치체제에 대한 구상을 밝히고 있는데, 재상은 국왕의 옳지 않음에 대해서는 끝까지 거부하여 막음으로써 옳은 길로 인도하며 모든 결정의 실질적 결정권자가 되고 내외의 모든 관료를 통솔하는 역할, 즉 재상이 정책의 최고결정권자이자 최고

---

21) 한충희, 『조선 초기 육조와 통치체계』(계명대학교 출판부, 1998), 203면 이하 참조.
22) 원상제에 대해서는 이동희, 「조선 초기 원상의 설치와 그 성격」, 『전북사학』 16(1993); 김갑주, 「원상제의 성립과 기능」, 『동국사학』 12(1973) 참조.

집행권자가 되어야 한다는 것이었다.[23] 이는 곧 국왕을 명분상 정점으로 하고 재상을 실질상 정점으로 유교적 관료가 중심이 되어 통치하는 체제를 의미하는 것이다.[24]

나아가 정도전은 정령의 협의 등에 있어 재상이 군주의 독주를 견제할 수 있도록 하는 간접적 방법으로서 언로의 개방, 대간(臺諫)의 설치, 경연제도 등을 설치할 것을 역설하였다. 정도전이 주장한 재상 중심의 국정운영체제가 왕권의 강화를 추구한 태종에 의해 결국 좌절하였음에도 불구하고 왕권의 절대화를 방지하기 위해 그가 제시한 방안들은 그의 사후 조선역사에서 상당부분 실현되어 왕권의 견제에 큰 역할을 행하였음을 볼 수 있다.[25]

2. 의정부서사제와 육조직계제

정치제도적인 측면에서 볼 때, 왕권과 신권의 경쟁은 의정부서사제(議政府署事制)와 육조직계제(六曹直啓制)라는 정무집행시스템의 교체

---

23) 정긍식, 앞의 논문, 52-53면 참조.

24) "治典은 冢宰가 관장하는 것이다. 司徒 이하가 모두 총재의 소속이니 敎典 이하 또한 총재의 직책인 것이다. 총재에 그 훌륭한 사람을 얻으면 6典이 잘 거행되고, 모든 직책이 잘 수행된다. 그러므로 人主의 직책은 한 사람의 재상을 論定하는 데 있다." 정도전, 『朝鮮經國典(상)』, 「治典」 摠序條 참조. 한편 治典에서는 군신의 직능과 관리 선발방법을 항목별로 자세히 제시하고 있으며, 특히 재상은 정치・경제・군사 등 모든 통치의 실권을 가져야 함을 강조하고 있다(김운태, 『조선왕조정치・행정사(근세 편)[제2전정증보판]』(박영사, 1995), 33면 각주 51에서 재인용).

25) 同旨: 김운태, 위의 책, 37면은 태종 – 세종 대를 거쳐 세조 – 성종 대에 신왕조의 왕권이 확립되고 大典(경국대전)체제가 성립될 시기에는 다소 애매하고 추상화된 상태로나마 정도전이 주장한 재상 중심체제가 원형에 가까운 정도로 규범화되어 章典으로 제도화되었다고 평가하고 있다. 또한 한영우, 『정도전 사상의 연구(개정판)』(서울대학교출판부, 1983) 역시 정도전의 사상이 당대에는 실현되지 못했지만 그의 법사상은 5백년 조선왕조를 이끌어간 주춧돌로서 실현되었다는 점을 강조하고 있다.

관계를 통해 보다 분명하게 살펴볼 수 있다. 건국 초, 즉 태조 즉위년 (1392)에서 정종 2년(1400)간의 정치형태는 여말의 도평의사사가 육조를 지휘하면서 정치, 외교, 군사 등 국정 전반을 통할하는 체제를 취하고 있었다. 이후 정종 2년에 도평의사사가 의정부로 개편됨에 따라 의정부가 국정을 이끄는 체제, 즉 의정부서사제가 태종 14년(1414)까지 지속되었다. 그런데 이 기간은 태종 5년(1405) 육조의 지위가 확립된 시점을 기준으로 전·후기로 구분할 수 있다. 먼저, 전기의 경우, 의정부 탄생과 그 체제정비[26]가 진행되는 과정에서 육조는 여전히 정3품 아문이었기 때문에 의정부를 통하여 국왕에게 공사를 보고하고 하명을 받는 등 의정부의 지휘하에 있었고 따라서 육조의 기능이 미약한 시기였다. 이에 반해 후기는 육조의 체제확립기로서 육조직계제로 나아가기 위한 준비단계로 볼 수 있다. 이제 육조는 정2품 아문으로 그 지위가 격상되었고, 그에 따라 대소 조정에 직접 참여할 수 있는 권한을 가지게 되었을 뿐만 아니라 종전에 다른 기관이 가졌던 문·무반의 인사권이나 재정권이 이·병·호조 등에 전속되면서 육조의 서무분장이 확립되었다. 특히 태종 5년 3월에는 육조속사제[27]와 육조속아문제[28]가 성

---

26) 예컨대 태종 1년 7월 이후에는 의정부 구성원이 종전의 문하부, 삼사, 예문춘추관, 삼군부의 2품관에서 문하부의 2품관만이 의정부의 관원이 되는 등 조선적인 의정부제로 개편되었다. 한충희, 『조선 초기 육조와 통치체계』(계명대학교 출판부, 1998), 181면.

27) 육조속사제는 각 曹에 각 3개의 속사(총 18)를 배속시키고 각 속사의 업무는 그 조에 편제된 낭청의 정랑(正郞, 정5품), 좌랑(佐郞, 정6품) 각 1인으로 전담하게 하는 제도를 말한다. 경국대전에서 볼 수 있는 육조속사제의 구체적 내용에 대해서는 윤국일, 『신편 경국대전』(신서원, 1998), 32-36면 참조.

28) 육조속아문제는 당시까지 존속한 100여 개의 관아 중에서 의정부, 중추원, 사헌부, 사간원, 승정원, 한성부 등 그 장관의 품계가 정3품 당상관 이상인 관아 10여 개를 제외한 90여 개의 관아를 그 각 관아의 職掌과 육조의 직장과의 관련성을 고려하여 각 曹에 분속시킨 제도를 말한다. 이조에는 承寧府 등 11개 관아, 호조에는 典農寺 등 18개 관아, 예조에는 예문춘추관 등 35개 관아, 병조에는 中軍 등 13개 관아, 형조에는 分都官 등 4개 관아, 공조에는 繕工監 등 11개 관아가 분속되었다. 보다 자세한 내용은 한충희, 「조선 초기 육조연구」

립됨으로써 육조의 기본틀이 정립되었다. 육조체제의 정비는 비록 이 시기에 여전히 의정부서사제라는 국정운영시스템이 유지되고 있었음에도 태종이 왕권강화책의 일환으로 점진적으로 의정부기능의 축소를 도모하기 위해 재상 중심의 국정운영체계에 명나라의 육부 중심의 운영체계를 받아들임으로써 "왕 - 육조 - 육조속아문제"의 체제를 구축한 것으로 간주될 수 있을 것이다. 이로써 확립된 육조체제는 부분적 보완을 거쳐 경국대전으로 법제화되며 그 기본골격은 조선 말까지 유지되었다.

이어 태종 14년(1414)에 육조직계제가 성립된다. 육조직계제는 명나라의 육부가 직접 황제에게 정사를 보고하고 지시를 받는 육부직주제(六部直奏制)에 영향을 받은 것이다.29) 이로써 육조 중심의 국정운영이 이루어지게 됨으로써 의정부는 육조의 지휘권을 상실하고 서무가 육조로 이관되었으며, 국왕의 지시가 있을 경우 육조가 계문(啓聞)한 공사(公事)나 현안문제 등에 대한 의의(擬議)에 참여하는 형식을 취하게 되었다. 따라서 이 경우에도 의정부가 권한을 완전히 상실한 것으로 볼 것은 아니다. 육조직계제 이전에는 임금이 각 사에서 올린 상소·상언을 의정부에 내려 의의하는 의정부의의제가 시행됨으로써 의정부에 과도하게 권한이 집중되었는데, 육조직계제 이후에는 의정부 단독의 의의는 사라지고 대신 육조의의, 의정부·육조의의 또는 의정부·육조·대간의 동의(합의) 등의 형태로 정책심의가 이루어졌다.30) 종전에 볼 수 없었던 육조 단독의 의의가 등장하고 의정부가 의의에 참여하는 경우에도 육조와 공동으로 의의하거나, 혹은 육조 및 대간과 더불어 합의를 도출하게 하는 형식은 육조직계제하에서 의정부의 권한이 상대적으로

(고려대 박사학위논문, 1992), 30면 이하 참조.
29) 한충희, 앞의 책, 182면 참조.
30) 그 구체적인 실례들에 대해서는 최승희, 『조선 초기 정치사연구』(지식산업사, 2002), 98면 이하.

약화되고 있음을 분명히 보여주고 있다.

육조직계제는 세종 18년(1436)까지 지속되다가 다시 의정부서사제로 복귀하게 되는데, 그것은 세종의 건강악화에 따라 육조직계로 인한 업무량을 감당할 능력이 없었다는 점, 의정부 대신에 명망 있는 인사(예컨대 황희)가 재직하고 있어 그 도움이 필요했다는 점 등을 들 수 있다. 이러한 체제는 병약으로 인해 또한 나이가 너무 어려 왕권확립을 기약할 수 없었던 문종과 단종에 이르기까지 계속되었다. 특히 단종의 경우 극단적인 의정부 중심의 정치가 행해지기도 했다.[31] 정변을 통해 정권을 잡음으로써 강력한 통치가 가능하였던 세조는 친정에 대한 의지와 극단적인 의정부서사제의 폐단을 바로잡기 위해 다시 육조직계제로 환원(세조 1년[1455])하게 되고, 중종 11년(1516)에 다시 의정부서사제로 개편될 때까지 유지되었다. 다만 이 기간 동안에 육조직계제가 유지되기는 하였으나 세조 13년에 원상제가 도입되어 성종 7년까지 지속[32]되면서 국정을 주도하였고, 원상제가 혁파된 이후에도 성종이 대부분의 업무를 영돈녕부사 이상 의정에게 논의하게 한 후[33] 시행하였으므로 육조의 직무수행은 크게 제약을 받았다.

세종이 18년 4월 내린 교서[34]를 살펴보면 종전의 육조직계제가 의정

---

31) 예컨대 의정부 대신이 국왕에게 임명하여야 할 인사의 이름 위에 황색점을 찍어 올리고 국왕이 이를 결정하는 이른바 "黃標政事"가 행해지기도 하였다. 한충희, 위의 책, 183면.
32) 그 이후에도 원상제는 국왕의 즉위 시에 가끔 설치되어 잠깐씩 운용되었다. 예컨대 연산군은 즉위 초부터 그해 11월, 중종은 즉위 초부터 3년 5월간 원상을 임명하였고, 인종·명종·선조·인조·현종·숙종·경종 때도 원상제가 있었다고 한다(주 22 참조).
33) 『성종실록』 권 179, 성종 16년 5월 기묘.
34) "甲午年(태종 14년)에 예조에서 '大臣으로서 小事를 친히 처리하는 것은 옳지 않습니다. 軍國重事는 의정부에서 회의하여 啓聞하되 그 나머지는 육조로 하여금 職事를 直啓하여 시행하게 하소서'라고 啓하였다. 이후에 일의 輕重大小를 막론하고 모두 육조에 돌아가고 의정부에 관계되지 않아 의정부에서 관여하고 啓聞하는 것은 死囚를 論決할 뿐이니 옛날 宰相을 위임하는 뜻에 어긋난다. 甲午年 立法한 본뜻은 이러한 것이 아니었다. 하물며 이는 모두 祖宗의 成憲이므

부서사제로 전환하게 된 배경을 알 수 있는데, 이 교서의 전반부는 육조직계제의 문제점을 지적하고 있으며 후반부는 환원된 의정부서사제하에서의 구체적인 국정처리절차를 제시하고 있다. 즉, 전반부의 경우 세종은 의정부서사제가 주대의 예에 따른 것으로 유교적인 이상체제임을 전제로 육조직계제하에서의 의정부의 정치적 권한상실의 부당성을 언급하고 그것이 의정부서사제로 전환하게 되는 이유[35]임을 밝히고 있다. 또한 후반부에서는 의정부서사제의 내용을 언급하고 있는바, 육조는 각기 그 조에 관계된 서무를 먼저 의정부에 보고하면 의정부에서 그 가부를 충분히 논의한 이후에 국왕의 재가를 받고 이를 다시 그 조에 내려 시행하되, 이·병조의 인사, 병조의 군사 및 형조의 형결문제는 그 조에서 직계(直啓)하여 시행하되 그 적부에 대해 의정부에서 논박할 수 있도록 하고 있다. 이것은 태종 14년 이전의 의정부서사제와는 달리 인사·군사·형사문제에 관한 한 국왕이 직접 장악하는 형식이므로 엄밀하게는 의정부서사제를 원칙으로 하고 부분적으로 육조직계제가 가미된 절충형이라고도 할 수 있을 것이다.[36]

의정부서사제가 시행됨으로써 육조의 계는 의정부의 계는 급증하였는데 그 내용은 직계가 인정된 것을 제외한 거의 모든 문제를 대상으

로 다만 수시로 損益했을 뿐이다.

지금 祖宗成憲에 의하여 육조는 각각 해당 職事를 모두 먼저 의정부에 稟하고 의정부는 그 可否를 常度한 후 啓聞取旨하여 다시 육조에 내려 시행한다. 오직 吏·兵曹의 除授, 兵曹의 用軍, 刑曹의 死囚 외의 刑決은 그대로 本曹에서 직계하여 시행하되 곧 의정부에 보고한다. 만약 마땅치 않은 것이 있으면 의정부에서 살펴 논박하여 다시 시행한다. 이와 같이 하면 옛날 宰相에게 전임하던 뜻에 합치할 것이다."(『세종실록』 권 72, 세종 18년 4월 戊申) 또한, 최승희, 앞의 책, 178면 참조.

35) 최승희, 위의 책, 179면은 태종 때의 육조직계제하에서도 의정부는 상대적으로 권한이 약화되기는 하였지만 여전히 擬議에 참여하여 국정을 주도하였다는 점에서 세종의 敎書가 지적하고 있는 바는 적절하지 못한 것이며, 단순히 의정부서사제로 전환하기 위해 육조직계제의 문제점을 과장한 것으로 보고 있다.

36) 同旨: 최승희, 위의 책, 179면.

로 하고 있었다. 다만 주의할 것은 의정부서사제라 할지라도 왕정의 기본틀이 바뀌는 것은 아니라는 점이다. 즉 왕정하에서 군왕이 신하를 접견하고 정사를 돌보거나(시사(視事), 계사(啓事)), 왕명을 통해 결정된 바를 집행하는 기본형식은 변함이 없다(물론 시사의 빈도와 방법, 왕명의 내용과 권위는 시대에 따라 차이가 있을 수 있다). 또한 의정부서사제하에서도 예외적으로 직계가 허용되기도 하였다. 예컨대 세종에 의해 의정부서사제로 전환된 이후에도, 처음부터 직계가 허용된 이·병·형조의 업무 이외에, 긴급히 처리해야 될 일은 의정부에 보고하지 않고 직계하여 시행할 수 있었다. 따라서 그 횟수는 줄었지만 육조의 계는 여전히 지속되었다고 한다.[37]

3. 원상제

원상제(院相制)란 육조직계제 체제하에서 등장한 것으로 승정원의 변칙적 운영을 의미하는 것이었다. 원상이란 승정원의 재상을 말하는데, 세조 말에 승정원에 기존의 도승지를 비롯한 6승지 외에 재상들이 원상이라는 이름으로 등청해 국정을 논의하게 하였다.[38] 원상은 교대로 승정원에 나가 국정에 참여하였는데[39] 이들이 수행하는 기능은 실록의 내용[40]을 통해 잘 알 수 있다. 즉 원상은 국왕에 대한 자문기능은 물론 직접적으로 정책결정을 행하는 역할을 수행하기도 하였고, 그 인적 구성이나 역할에 비추어 볼 때 의정부, 홍문관, 승정원 및 경연 등의 기능

---

37) 구체적인 사례에 대해서는 최승희, 위의 책, 185면 참조.

38) 이동희, 앞의 논문, 1면.

39) 『성종실록』 권 2, 원년 1월 己酉條: 舊例에는 원상이 날마다 2인씩 승정원에 나가 輪番으로 앉아 있고 …….

40) "전하께서 즉위하신 이래 노성한 대신을 골라 (승)정원에 두시고 모든 시행하는 바를 그들에게 자문치 않는 것이 없으시니 ……"(『성종실록』 권 11, 2년 7월 戊戌條); 또한 『성종실록』 2년 11월 丙辰條 및 7년 5월 辛酉條 등 참조.

을 장악하고 있었던 것으로 보인다.[41]

육조직계제제하에서 원상이 설치된 것은 국왕의 권력약화와 밀접한 관련이 있다. 형식적으로 볼 때 원상설치는 세조 13년 9월 명의 사신 접대문제가 그 직접적인 계기가 되었다. 그러나 명의 사신이 오기 얼마 전에 이시애의 난이 발발하여 세조 정권의 정통성이 중대하게 위협받았을 뿐만 아니라 세조의 건강악화로 인해 측신(側臣)에 대한 의존도가 증가하는 등 집권 이후 왕권강화책을 표방하여 왔던 세조정권이 그 말년에 이르러 위축되게 된 것이 원상제 도입의 배경으로 작용한 것으로 평가되고 있다.[42] 결국 당상관 承旨와 달리 일종의 재상급 비서로서 정무를 총괄하는 원상의 임명은 국왕비서기구의 강화, 즉 국왕의 권력강화라는 측면보다는 오히려 육조직계제제하에서 의정부서사제를 대신해 신권을 강화하게 되는 결과에 이르고 있음을 알 수 있다.[43] 이와 같이 원상들의 강력한 권한을 행사하는 것을 막기 위해 선대부터 여러 차례 원상제혁파가 건의되다가, 성종이 장성한 후 마침내 친정체제 구축이 가능해진 연후에야 혁파[44]되게 된다(성종 7년 5월).

---

41) 김갑주, 앞의 글, 60면 이하 참조.
42) 이동희, 앞의 글, 22면.
43) 세조를 이은 睿宗은 나이가 어려 院相인 원로대신을 제어할 수 없는 상황에서 세조의 유명을 받들어 오히려 즉위 초 6명의 원상을 더 임명하였고, 예종이 1년이 채 안되어 승하하고 뒤를 이은 성종 역시 13세의 어린 나이로 즉위함으로써 세조비(貞熹王后)의 수렴청정에 따라 추가로 4명의 원상을 더 임명하게 되고, 이들 원상들이 국정을 주도하게 되었다. 이때에는 원상들이 領經筵事를 겸하여 경연에까지 참여하여 국정을 이끌었다. 이상의 내용에 대한 보다 자세한 설명은 이동희, 앞의 글, 22-29면 참조.
44) 동시에 승정원 승지들의 출납권이 더욱 강화되었다(『성종실록』 권 67, 7년 5월 丁巳條 참조).

Ⅳ. 권력통제의 방식

1. 언론을 통한 권력통제

(1) 언론의 주체

조선의 권력통제의 주된 수단은 삼사의 언관에 의한 간쟁이라 할 수 있다. 언관활동의 일차적 목적은 왕권의 확립이었지만, 명분과 정명을 기본으로 하는 유교국가의 이념을 지향하는 언관의 감찰활동은 필연적으로 왕권과의 대립·갈등을 동반할 가능성을 내포하게 됨은 불가피한 것이있다. 그에 따라 언권의 활동에는 군주에 대한 통제 또한 그 중요한 임무의 하나로 간주되었다. 절대권력을 가진 군주 자체에 대한 비판이 가능하려면 그것을 가능케 하는 사회적 합의, 적어도 그 시대의 지배계층 대부분에 의해 합의되고 있는 인식이 존재할 경우에만 가능하다. 조선의 경우, 군주는 언제나 언관의 말에 귀 기울여야 하고 그 제안이나 간청을 받아들이는 것을 군왕의 도리로 여겼으며, 아울러 임금은 궁중에서 지내는 것이지만 언관은 군주와 백관 및 백성의 사이를 이어주는 언로를 열어주는 것이라는 지배적 인식이 통용되고 있었다.[45]

한편, 언관활동이 실효적으로 왕권을 견제 내지 통제할 수 있도록 하기 위한 노력들을 다양한 측면에서 살펴볼 수 있다. 첫째, 언관은 이미 그 선출 과정에서부터는 물론 언관으로 재직하는 동안에도 엄격한 기준의 적용을 받았다. 사간원의 관원은 문관에 국한되었고 과거에 급제하지 않은 사람에게 언관의 자격을 부여하지 않음으로써 공신이나 대신의 자손이 언관이 되는 것을 막고 언관의 역할이 불충실해지는 것을 막고자 하였다. 이른바 삼한갑족(三韓甲族)의 가문에서 태어나야 할 뿐만 아니라 그 부인의

---

45) 『지봉유설』(고서간행회 간), 1, 10장, 3, 80면.

문벌까지도 고려되었으며, 특히 청직을 많이 배출한 가문이 선호되었고 그 조상이 부정부패에 연루되지 말아야 했다.[46] 언관 가운데 사헌부의 가장 낮은 직인 '감찰(監察)'의 직의 경우라 할지라도 의정부 의정과 양사 관원들에 의해 투표로 선출되었을 뿐만 아니라 6조나 지방의 관원으로서 곧고 강직한 성품이 두르러진 사람으로 임명되었다. 이상과 같은 엄격한 기준들은 궁극적으로 국왕에 대한 견제기능으로서의 간쟁기능이 실효적으로 행사될 수 있는 조건들을 사전에 확보하고자 함에 있었던 것으로 보인다. 둘째, 언관들은 그들의 논리를 기본적으로 유교원리에 입각하여 전개하려고 하였다는 점이다. 유교입국, 특히 朱子學을 치국의 이념으로 하여 성립되었고, 요순시대를 이상적 치세로 전제하고 있는 국가에 있어 왕권에 대한 견제는 곧 사직을 위한 것이며 궁극적으로 왕조의 유지·존속을 위한 것에 다름 아닌 것으로 간주되었다. 셋째, 절차적 측면에서, 군왕은 행정적 업무나 공공행사에 있어서 반드시 사헌부와 사간원의 관원 1인씩을 참가시켜야만 했다. 즉 양사의 관원은 왕을 마주보는 자리인 승지 뒤, 사관 옆에 앉아서 지켜보도록 되어 있었다.[47] 따라서 이들은 정책심의 과정을 직접 참관할 수 있었을 뿐만 아니라, 후에 보고 들은 바를 각자의 아문에 보고하고 그에 관해 검토하게 되며, 반대의견에 이르게 될 경우 간언에 착수하게 된다. 이것은 정책결정 과정 자체가 비판을 주된 임무로 삼는 인사들에게 투명하게 공개되고 있었음을 의미하는 것이다. 넷째, 성종 이후에는 왕의 지원하에 홍문관 역시 간쟁기능을 행사하게 되었다는 점도 주목할 점이다. 전술한 바와 같이 홍문관은 본래 경연을 위한 전담기구 또는 국왕에 대한 자문기능을 담당하는 기구였지만, 점차 언관화화는 과정

---

46) 9반역으로 처벌된 조상이 있다거나 (본인은 물론) 본인의 母가 부정을 저지른 경우이거나 재가하는 경우 등에는 연좌제가 엄격히 적용되었으며, 본인이 조강지처를 버리는 등 도덕적 문제가 있을 경우에도 언관의 직을 유지하기 어려웠다. 이에 대해 자세한 내용은 손보기, 「조선 전기의 왕권과 언관」, 『세종학연구』 1(1986), 11면 이하 참조.

47) 손보기, 위의 글, 13면.

164

을 걷게 된다. 특히 홍문관의 언관으로서의 기능은 성종의 묵인하에 점차
강화되어 갔으며, 마침내 홍문관원이 대간의 잘못을 지적하고 탄핵할 수
있는 지위에까지 이르게 된다. 성종 21년에는 대간들이 홍문관의 탄핵으
로 계속 사직함에 국왕이 이를 막아보고자 하였어도 대간들은 "홍문관은
공론이 있는 곳"48)이라 하면서 사직(辭職)을 관철시키기도 하였다. 성종
22년에는 왕이 홍문관을 "재상과 다름이 없다"49)고까지 언급하고 있으며,
또한 대간이 지속적으로 이조를 탄핵하는 것이 홍문관을 두려워하고 있기
때문이라는 성종의 지적50)이 있는바, 이와 같은 사실들은 대간의 언사가
홍문관의 견제와 제약하에 이루어지고 있음을 볼 수 있는 사실들이다. 후
일 연산군은 대신의 행위는 대간이 논박하고 대간의 행위는 홍문관이 논
박하니 비록 공론이라고 하여도 시기(猜忌)의 풍(風)이 아님이 없다51)면
서 홍문관의 권한강화를 비난하기도 하는데, 이는 삼사의 하나로 자리매
김한 홍문관의 활발한 언사참여를 확인할 수 있는 대목이며, 나아가 삼사
상호간에도 효과적인 권력견제가 이루어지고 있었음을 볼 수 있는 매우
의미 있는 사실이라 할 것이다. 다른 한편, 양사의 간쟁에 대한 홍문관의
지원이라는 측면도 무시할 수 없다. 즉 대간은 비록 홍문관의 공론(公論)
을 의식하여 언사를 소홀히 할 수 없었지만 다른 한편 홍문관의 지지를
바탕으로 강력한 언사활동을 전개할 수 있었기 때문이다. 특히 연산조에
는 왕이 대간의 간쟁을 거부할 때 홍문관이 대간을 옹호하는 경우가 많았
다.52) 무엇보다 삼사합계(三司合啓)의 경우에는 강력한 힘을 발휘할 수
있었다.

---

48) 『성종실록』 권 242, 21년 7월 己巳: 弘文館公論所在之地.
49) 『성종실록』 권 251, 22년 3월 丁酉: 無異宰相.
50) 今臺諫請罪吏曹者, 畏弘文館之議也(『성종실록』 권 242, 21년 7월 甲戌).
51) "近來, 大臣所爲臺諫駁之, 臺諫所爲弘文館駁之, 雖云公論, 不無猜忌之風矣."(『燕
    山君日記』 권 41, 7년 8월 甲戌).
52) 가령 연산군 5년 12월 중순에 왕이 홍문관의 간쟁을 비난하고 풍속이 불미하
    다고 비판하자, 侍讀官은 홍문관이 近侍로서 마땅히 왕의 잘못을 지적해야 한
    다고 반박했다. 『연산군일기』, 연산군 5년 12월 14일(戊戌).

(2) 간 쟁

조선건국에 있어 사상적 기반을 제공하였던 신진사대부들은 왕도정치의 실현을 이상으로 하였고 이를 위해 대간언론(臺諫言論)의 중요성을 강조하였는데, 대간언론[53]의 논리는 구체적 사안에서는 무엇보다 공론(公論)(또는 '公議')에 기초를 두고 있었다. 가령 "臺諫, 人主之耳目, 公論所在"[54]라는 표현이 여러 곳에서 발견되고 있을 뿐만 아니라 『성종실록』에서만도 거의 400건에 해당하는 '공론'·'공의' 관계기사가 나타나고 있으며 이 중 공론과 대간언론과의 관계를 집중적으로 언급하고 있는 것은 23건에 해당한다고 한다.[55] 공론이란 오늘날의 이해에 의하면 국민의 이익과 관심이 걸린 문제에 대한 국민적 논의 및 이를 통한 보편적 합의의 도출과정, 즉 여론을 의미하는 것이라 할 수 있을 것이다.[56] 결국 공론을 따르면 치평하고 공론을 폐하면 위난해지며, 공론을

---

53) 대간의 언론은 원칙적으로 시간, 장소, 방도에 구애를 받지 않았다. 대체로 圓議라는 자체합의 과정을 거쳐 수렴된 의사를 승정원을 통해 군왕에게 전달하고 다시 승정원을 통해 그 답을 받는 형식을 취하는 것이 보통이었다. 이것은 의사의 교환 과정에서 그 의미가 왜곡될 가능성이 있다는 단점을 지녔다. 이러한 약점을 피하기 위해서는 글을 통해 의사를 전달하는 것이 가장 확실하였는데, 疏는 작성절차가 까다로웠기 때문에 성종 4년부터 격식을 갖추지 아니하고 사실만 간단히 기록하여 올리는 차자(箚子)가 빈번하게 이용되었으나 이들 방법 역시 승정원을 거친다는 점에서 간접적인 것이었다. 가장 효과적인 방법으로는 역시 親啓라 할 것인데, 여기에는 朝啓(視事)와 請對가 있었지만 자주 활용되기에는 미흡하였다. 經筵도 간쟁을 위한 장으로 활용되었는데, 특히 성종 대에는 거의 매일 경연이 열렸고 대간의 관원들이 매달 서너 번씩 경연에 들 기회를 가졌으므로 경연이 대간언론의 장으로 활발히 이용되었다고 한다. 이상은 남지대, 「조선 성종 대의 대간언론」, 『한국사론』 12(1985), 127면 이하 참조.

54) 『정종실록』 권 3, 2년 정월 己丑;『태종실록』 권 8, 4년 12월 乙亥.

55) 남지대, 앞의 글, 112면 및 각주 27 참조.

56) "대저 公議는 국가의 元氣입니다. 나라를 잘 다스리는 이는 반드시 公論을 밝게 펴서 막힘이 없도록 합니다. 公論이 막히고 펴지지 않으면 국가의 元氣가 막히게 되어 손발·어깨·허리가 말을 듣지 않게 되므로 人主는 제 뜻을 굽히고 公論을 따르는 것이니, 이가 곧 원기를 보호하고 국체를 보전하는 所以입니다. 예부터 公論이 이기면 나라가 다스려지고 公論이 지게 되면 어지럽게 됩니다."(『성종실록』 권 268, 23년 8월 庚申 홍문관부제학 안침 등의 상소).

반영하는 길은 곧 언로에 있게 된다. 그에 따라 대간은 마땅히 공론에 따라 처신하고자 하였으며, 또한 대간이 대신의 비리나 부당성을 논박하면서 군주에게 그 주장을 받아들이도록 요청하기 위한 논리적 근거 내지 기반으로서 공론에 의거하고자 하였다. 이와 같은 '공론'의 형성은 특히 대간의 의사결정방식인 이른바 '원의(圓議)'에 의존하는 바가 컸다. 원의란 입계(入啓) 전에 구성원들 간에 평등한 토론을 통하여 의사를 합일시키는 것을 말한다. 다시 말해 구성원 상호간의 이의(異議)를 조정하는 것을 말한다. 이것은 개별 관원의 의사를 제약하는 부정적 측면도 없지 않았지만 대체로 긍정적 작용을 한 것으로 평가되고 있다.[57] 즉 통일적 의사를 내세움으로써 한두 사람의 사적인 의견이라는 혐의를 피할 수 있을 뿐만 아니라 언론이 다소 과격한 내용을 담고 있더라도 그에 대한 처벌을 방지하는 역할을 수행할 수 있게 되는 것이다.

간쟁의 구체적 내용은 다양한데, 임금의 일신에 관한 것에서 정사(政事)에 관한 것까지 포함되어 있었다. 예컨대 조회를 게을리 하였거나 경연에 참석하지 않은 경우, 상벌이 정당하지 않았거나 종친에 대한 지나친 배려가 행해지거나 혹은 언로가 막혔을 경우 등 군주의 안일 혹은 정치가 바르지 못했을 경우에는 간쟁의 대상이 되었다.[58]

(3) 탄 핵

관료들의 기강을 확립하고 부정부패를 치죄하기 위한 기관으로서는 법제상 사헌부, 즉 대관(臺官)이 일차적인 기관으로 설정되어 있었다. 따라서 사간원이나 홍문관에게는 본래 탄핵권한이 존재하지 않았으므로 이들 기관이 탄핵을 시도할 경우에는 때로 왕권에 의해 제약되거나 월권행위라는 비난을 받기도 하였다. 그러나 실제에 있어 사간원은 별

---

57) 남지대, 위의 글, 149면 참조.
58) 진희권, 「조선조 초기의 유교적 국가이념과 국가질서」(고려대 박사학위논문, 1998), 86면 참조.

다른 제약 없이 탄핵을 행할 수 있었다.[59] 홍문관의 경우, 성종 대에 이르러 탄핵권, 특히 대간탄핵권을 행사하게 되었는데 그것은 성종 19년 사간 봉원효(奉元孝)의 상소가 발단이 되었다. 그는 상소에서 홍문관이 대간의 시비를 논하면 장차 대간이 천해지고 권한이 홍문관에 있게 될 것이라는 주장을 폈지만 이것은 홍문관의 반박을 받았고 결국 문책을 당하게 되었는데, 이것은 홍문관의 대간탄핵권을 확인하는 선례가 되었다.[60] 종래 홍문관이 형성되기 이전에는 "臺諫公論所在之地"로 인식되었으나, 성종 대에는 오히려 "弘文館公論所在之地"라 칭해질 정도로 홍문관의 권한이 강력해 졌다. 또한 이것은 삼사 상호간에도 탄핵이 가능했음[61]을 의미하는 것이기도 하다.

엄격한 의미에서 탄핵과는 구별되는 것이지만, 인사에 대한 이의제기 역시 대간의 언론행위의 중요한 부분을 차지하고 있었다.[62] 탄핵과 인사이의는 실제에 있어 구별되기 어려운 애매한 경우가 많았으므로 이들 두 경우를 합쳐보면, 대간의 전체 언론활동의 약 2/3에 이를 정도가 되었다고 한다. 또한 성종 연간에 탄핵 또는 인사이의의 대상이 된 인물만도 약 750명이 이르며 이는 한 사람당 평균 8.6회, 전체 6,419회에 이를 정도였는바 이러한 사실로 미루어 조선의 대간에 의한 인물평가는 오늘날과는 비교할 수 없을 정도로 활발하게 이루어지고 있었음을 확인할 수 있다.

---

59) 司諫院 右正言 洪逸童이 아뢰기를, "李念義가 재령군수가 되어 전라도로부터 수로로 운반한 飢民賑濟의 米豆를 자기 집에 거두어 들여서 盜用하였는데 …… 청컨대 丁時應의 예에 의하여 그 장물은 징수하고 온 가족은 변방에 入居하도록 하소서."(『문종실록』 권 1, 즉위년 5월 27일 庚午).
60) 최이돈, 앞의 글, 34면 참조.
61) 진희권, 앞의 논문, 88면 참조.
62) 가령 최승희, 『조선 초기 언관·언론 연구』(한국문화연구소, 1976)의 기준에 따라 분류할 경우 중복을 포함한 총 8,316회의 언론 가운데 탄핵이 3,561회(42.8%), 人事異議가 2,361회(28.4%), 時政이 985회(11.8%), 간쟁이 851회(10.2%), 斥佛이 558회(6.7%)였다고 한다(남지대, 앞의 글, 160면).

(4) 서 경

서경(署經)이란 왕이나 이조·병조의 인사권행사에 대한 견제장치로서 중하위직 관료의 임명에 대간이 동의권을 행사하는 제도를 말한다. 『경국대전』, 「이전(吏典)」 고신조(告身條)에 따르면 오품(五品) 이하의 관원에 대해서는 사헌부와 사간원의 승인수표(署經)를 확인한 다음에야 내어주도록 되어 있다. 고려조에서는 1품부터 9품까지의 모든 관리에 대해 대간이 서경하였으나 조선조에 와서는 5품 이하(태종 때에는 4품 이하)의 관리에 대해서만 서경하였다. 이 경우 친가와 외가의 4대조와 본인의 신상에 대한 하자여부를 적어 사헌부와 사간원에 보내면 대간에서 그것을 조사해 보고 각각 수표하여 동의를 표시하게 된다. 서경을 받아야 사령장을 교부받게 되며, 1차 심사에 통과하지 못한 경우 재서(再署)·삼서(三署)를 구할 수 있고, 삼서에서도 통과되지 못하면 그 관직에 임명될 수 없다.[63] 서경은 군왕의 입장에서 보면 인사권에 대한 중대한 제약을 의미하므로 태종의 경우에는 모든 관리의 인사를 독점하고자 시도하기도 하였으나 성공하지 못한 바 있다.[64] 4품 이상의 관리의 경우에는 임금이 서경을 거치지 않고 직접 교지를 내려 제수(除授)하는데 이를 관교법(官敎法)이라고 하였다.

서경은 인사의 공정성 확보를 주된 목적으로 하는 것이라는 점에서 오늘날 볼 수 있는 신원조회에 유사한 역할을 하고 있는 데 그치고 있으며, 군주국가의 특성상 오늘날과 같이 고위관료를 대상으로 한 국회의 인사청문회제도나 인사동의권으로까지는 발전하지 못하고 중하위직인 5품 이하를 대상으로 행해졌다는 점에서 그 한계를 가진다.

그러나 그로 인해 고위관리에 대한 대간의 견제 내지 통제권이 약화되었다고 볼 것은 아니다. 전술한 바와 같이 조선 초기 매우 활발하게

---

63) 진희권, 앞의 논문, 90면.
64) 그 자세한 경과에 대해서는 진희권, 앞의 논문, 91면 이하 참조.

진행되었던 탄핵이나 인사이의를 통해 - 비록 사후적인 것이라 할지라도 - 정4품 이상의 고위관료에 대한 견제 내지 통제는 여전히 유효했음을 확인할 수 있다. 가령 성종 연간에 탄핵 또는 인사이의의 대상이 된 사람은 약 750人으로서 이 중 10.1%에 해당하는 76人이 대간의 집중적인 공격을 받아 각 20회 이상씩 피론(被論)[65]되었는데 이들의 신분은 종척(宗戚), 공신(功臣), 대신(大臣), 무신(武臣) 등으로 그 신분은 거의 대부분이 당상관이었다.[66]

2. 경연을 통한 권력통제

경연(經筵)이란 일반적으로 왕이 문신들과 더불어 경사(經史)를 강론하는 기관을 말하는데, 여기에서는 치도(治道)와 시정(時政)의 득실이 논해지며 왕과 대신 및 경연관이 국사를 논의하거나 신하들이 간쟁(諫諍)·헌의(獻議)하는 장이기도 했다.[67] 경연은 세자에게 군왕으로서의 덕목을 가르치던 서연(書筵)[68]의 연장으로서 왕권을 제약하기 위한 장치였으며, 왕에게 정치의 원칙과 실례를 매일 가르치고 교육함으로써 왕권의 자의적 행사를 방지하고 유교의 규범에 따라 나라를 다스리도

---

65) 피론된 사유로는, 公事로 인한 잘못이나 인륜에 저촉되는 綱常罪, 貪汚·瀆職, 非文臣으로 당상관이나 요직에 제수된 경우 등이 주류를 이루고 있다.
66) 이상의 통계는 남지대, 앞의 글, 160면 이하를 참조할 것.
67) 남지대, 「조선 초기의 경연제도 - 세종·문종 연간을 중심으로 -」, 『한국사론』 6(1980), 117면.
68) 서연이란 왕세자에게 유학의 經史를 가르치는 교육의 장을 의미하거나 왕세자의 교육 자체를 의미하는 말이었다. 장래의 국왕에 대한 교육을 담당한다는 점에서 서연은 왕도정치의 실현에 있어 경연에 못지않은 중요성을 지녔다. 서연의 효과는 궁극적으로 왕위를 승계한 이후에 군왕에게 화체되어 나타난다는 점에서 잠재적인 것에 불과하고, 서연 그 자체가 바로 권력통제제도로서의 역할을 하는 것은 아니라 할 것이므로 본고에서는 서연의 중요성만 지적하는 것에 그치고자 한다. 서연의 경과와 의의에 대한 자세한 설명은 진희권, 앞의 논문, 78면 이하 참조.

170

록 지도하기 위한 것이었다.

이와 같이 경연은 왕에 대한 교육을 통하여 그 덕성을 함양하고 환관과 궁첩의 말에 따라 정사를 처결하는 밀실정치를 타파하기 위한 것이 주된 목적이었으므로, 경연이 활성화되었던 시기에는 왕권에 대한 신권의 효과적인 견제, 국왕의 자의적인 국정운영에 대한 통제가 실효적이었다. 왕권이 신권에 비해 우월하였던 태종이나 세조 때 경연이 위축 또는 폐지되었던 사실 역시 경연의 권력통제적 기능을 반증하는 것이라 할 것이다.[69]

무엇보다 조선 전기의 경연관들은 이른바 간쟁론을 체계화하였고 군주에게 이를 지속적으로 교육시켰다. 이러한 간쟁론은 주된 내용은 간쟁이란 곧 국가의 흥망을 좌우하는 것이므로 신하된 자는 마땅히 군주를 가차 없이 비판할 권리와 의무가 있으며, 반면 군주는 아무리 가혹한 간쟁일지라도 이를 수용하는 것이 의무이자 미덕이며 나아가 군주는 아첨을 경계해야 한다는 것이다.[70] 왕은 전제군주로서 강력한 권력을 행사하지만 궁중에 고립되어 정보에 제약을 받으며, 따라서 자의적인 권력행사나 그릇된 정보에 기초한 결정이 내려질 가능성이 늘 상존하므로 왕의 결정에 대한 비판과 감시 및 대안제시를 가능하게 하는 언로를 열어두어야 한다는 것이다. 경연관들은 간쟁에 대한 군주의 대응방식을 낙간(樂諫), 납간(納諫), 염간(厭諫), 노간(怒諫)으로 구분하였다. 이들은 낙간하고 납간하면 국가는 흥성하며, 염간하고 노간하면 국가가 쇠망하게 되는 것임을[71] 주창하는 한편, 보다 간단하게 납간과 거간(拒諫)으로 2분하여 전자를 가르치며 후자를 경계하고자 했다. 이를 위해 경서와 사서의 강의를 통해 납간의 원칙과 실례를 가르치고자 하였다. 군왕은 경연관들의 이러한 교육에 따라 간관들의 간쟁에 대해

---

69) 同旨: 진희권, 앞의 논문, 77면.
70) 권연웅, 「조선 전기 경연의 간쟁론」, 『경북사학』 14(1991), 24면 참조.
71) 『중종실록』 권 10, 5년 1월 19일(홍문관 상소의 첫머리 참조).

언제나 성군의 모습을 보이도록 교육받았다. 조선왕조하에서 오늘날에 버금가는 활발한 언론활동이 가능했던 것은 경연관들이 군왕에게 지속적으로 교육시키자 하였던 이러한 간쟁론의 강연에 힘입은 바 크다 할 것이다.

3. 사관을 통한 권력통제

사관(史官)이란 통상 예문관의 봉교(奉敎)(정7품), 대교(待敎)(정8품), 검열(檢閱)(정9품)에 해당하는 8인(이른바 한림 8인)으로서 동시에 춘추관의 기사관을 겸임하고 있는 낮은 직급의 역사기록자를 말한다. 사관은 비록 그 품계는 낮지만 임금의 언행·정사와 신하의 옳고 그름을 있는 그대로 기록하고, 이로써 당대의 역사를 후세에 전달하는 임무를 띠고 있다. 따라서 사관들이 바르게 기록할 수 있도록 하기 위하여 기록의 대상인 임금이나 신하에게는 사초의 열람이 금지된다. 그러므로 사서는 후대의 귀감일 뿐만 아니라 당대의 왕과 신하들에게도 반성과 경계의 계기를 제공한다. 그런 점에서 비록 사관이 직접적으로 군신의 권력행사를 견제할 권한은 없었지만 사관의 존재만으로도 자의적인 왕권과 신권의 행사를 간접적으로 제어하는 강력한 견제장치가 되었다.

조선 초 정종 때부터 사관의 경연입시(經筵入侍)가 허용되었는데 지경연사 조박은 정종에게 "인군(人君)이 두려워 할 것은 하늘이요, 사필(史筆)입니다. 하늘은 푸르고 높은 것을 말하는 것이 아니라 천리를 말하는 것입니다. 사관은 착하고 악한 것을 기록하여 만세에 남기니 두렵지 않습니까"[72]라고 하면서 사관의 의의를 강조하고 있다. 이때부터 사관은 왕을 근시(近侍)하면서 그 언행을 일일이 기록하게 되었고, 세종

---

72) 『정종실록』 권 1, 원년 1월 7일(戊寅).

때에는 정사를 논하는 중요한 자리에는 대부분 입시를 허락받아 상세한 기록을 남길 수 있게 되었다. 나아가 성종 때에는 가뭄의 복구상황이나 세금의 수납실태, 강우량조사, 구휼실태조사 등 현황파악을 위해 사관을 파견하는 등 사관의 존재는 국정처리와는 불가분의 관계를 맺게 되었다.[73]

사관이 충실한 역사의 기록자로서 그 직무를 제대로 수행할 수 있는가는 사관의 책임감과 이를 뒷받침할 군주의 태도에 좌우되는 바가 컸다. 사관이 수행한 직무의 성격에 비추어 왕과 불편한 관계가 형성될 가능성이 상존하였으며 실록에서도 그와 같은 기록을 찾아볼 수 있다. 가령 태종이 간언에 따라 사관의 좌우입시를 허락하면서도 편전에 들지 못하도록 한 채 정사를 보았던 사실,[74] 기사관(記事官)의 수를 축소한 사실[75] 등에서 왕과 사관 간의 긴장관계를 엿볼 수 있다. 사관들 역시 자신의 직무수행을 위해 노력하였다. 가령 태종이 사냥을 나가면 사관들은 얼굴을 가리면서까지 왕의 일거일동을 기록하려고 하였다고 한다.[76] 반면 세종과 성종 때에는 사관의 중요성이 제대로 평가되고 또 그 활동도 활발하였음을 볼 수 있다.

결론적으로 조선의 사관들은 자칫 전제정치로 나아갈 위험성을 안고 있었던 군주의 권력행사를 사필로써 억제하는 역할을 하였다고 할 수 있다. 세계사에 유례가 없을 정도로 상세한 기록인 실록을 편찬하였던 그들의 활동이 곧 조선왕조를 5백년이나 유지될 수 있도록 한 숨은 공로자라 하지 아니할 수 없다.

---

73) 구체적인 실례에 대해서는 진희권, 앞의 논문, 104면 이하 참조.
74) 『태종실록』 권 1, 원년 4월 29일(丁亥) 참조.
75) 『태종실록』 권 2, 원년 7월 13일(更子).
76) 『태종실록』 권 24, 12년 11월 20일(辛丑).

V. 결 론

이상의 논의를 통해 알 수 있는 바와 같이, 조선 초기의 권력 상호간의 견제와 균형은 왕권과 신권 상호간의 권력견제라는 측면과 신권 상호간의 권력견제라는 두 측면을 내포하고 있다. 국왕의 독재가능성은 일차적으로 재상에 의해, 이차적으로 공론에 입각한 삼사에 의해 통제된다. 주의할 것은 국왕의 전단에 대한 통제의 방식은 문제가 발생할 때마다 그때그때 대처하는 형식이 아니었다는 점이다. 군왕의 자리에 오르기 전인 세자시절부터 세자시강원(世子侍講院)에 의한 서연을 통해 군왕의 도를 교육함으로써, 나아가 군왕이 되고 난 이후에도 경연에서의 교육을 통해 지속적으로 권력남용의 위험성을 견제하고자 하였으며, 또한 군왕에 대한 견제를 목적으로 하는 대간(臺諫)이 법제화(經國大典)됨으로써 제도적으로도 간쟁기능이 보장되고 있었다. 이것은 결코 조선이 군주의 자의에 의해 통치되는 절대주의적 전제체제가 아니었음을 보여준다.[77) 현실정치에 있어서도, 한편으로 왕권의 신성성과 절대성을 강조하면서도 다른 한편으로 군왕의 무흠결성과 덕치를 강조하고 이로부터 왕권의 내재적 제약성을 이끌어내는 정치문화가 정착되어 있었음을 볼 수 있다. 이 과정에서 사관이 역할이 중요한 것이었음은 앞서 살펴 본 바와 같다. 비록 부분적인 일탈이 없었던 것은 아니지만, 신권에 의한 왕권의 견제는 성공적이었다고 평가할 수 있을 것이다. 한편, 신권에 대한 권력견제는 일차적으로 군주의 인사권이라는 통제수단 이외에 대간의 감찰과 탄핵 등 공론을 통해 상호 견제가 이루어지고 있었다. 전체적으로 볼 때 왕권과 신권, 그리고 신권 상호간에 권력견제에

---

77) 同旨: 김운태, 『조선왕조정치·행정사(근세 편)』[제2전정증보판](박영사, 1995), 40쪽 이하 참조.

효과적으로 기여하였던 점은 무엇보다 다양한 경로(서연, 경연, 신문고, 간쟁, 상소, 윤대(輪對), 성균관 유생들의 시위 등)를 통한 언로의 개방을 들 수 있을 것이다. 이것은 공개된 토론의 장에서 잘잘못을 가려내는 데 결정적 기여를 한 것으로 보이며, 그만큼 정치의 투명성을 제고하는 수단이 되었을 것이다. 바로 이러한 점들이 조선의 역사를 5백년이나 지속시킬 수 있었던 원동력이 되었던 것이 아닐까.

참고문헌

『經國大典』.

『三峰集』.

『典錄通考』.

『朝鮮經國典』.

『朝鮮王朝實錄』.

계희열, 『헌법학(中)(보정판)』, 박영사, 2002.

권연웅, 「조선 전기 경연의 간쟁론」, 『경북사학』 14, 1991.

김갑주, 「원상제의 성립과 기능」, 『동국사학』 12, 1973.

김용욱, 「조선조 정치체계에 관한 연구: 유지와 붕괴를 중심으로」, 고려대 박사
    학위논문, 1981.

남지대, 「조선 초기의 경연제도: 세종·문종 연간을 중심으로」, 『한국사론』 6, 1980.

손보기, 「조선 전기의 왕권과 언관」, 『세종학연구』 1, 1986.

윤국일, 『신편 경국대전』, 신서원, 1998.

이동희, 「조선 초기 원상의 설치와 그 성격」, 『전북사학』 16, 1993.

이홍렬, 「대간제도의 법제사적 고찰」, 『사총』 5, 1960.

진희권, 「조선조 초기의 유교적 국가이념과 국가질서」, 고려대 박사학위논문, 1998.

최승희, 『조선 초기 언관·언론 연구』, 한국문화연구소, 1976.

최승희, 『조선 초기의 정치사연구』, 지식산업사, 2002.

최이돈, 「성종 대 홍문관의 언관화 과정」, 『진단학보』 61, 1986.

한충희, 『조선 초기 육조와 통치체계』, 계명대학교 출판부, 1998.

홍성방, 『헌법학(개정 1판)』, 현암사, 2004.

조선 초기의 제도언론에 관한 연구

- 경연과 언론을 중심으로 -

최 희 수

Ⅰ. 서 론

조선은 유가적 왕도정치를 통치의 바탕으로 삼는 왕조국가였다. 유가적 왕도정치는 민본주의에 입각해 인정(仁政)을 펼침으로써 왕도의 전형인 요순(堯舜)을 따르는 것을 치도(治道)의 근본으로 삼는다. 국가권력행사의 도덕적 정당화는 민본주의에 기초한 인정에 있다.

> 정치를 하는데 선왕의 도를 따르지 않는다면 지혜롭다고 할 수 있겠는가? 이러한 까닭으로 오직 仁者만이 높은 지위에 있는 것이 마땅하다. 仁하지 않으면서 높은 지위에 있다면 그것은 그의 惡을 여러 사람에게 뿌리는 것이다.[1]

맹자의 이 말은 결국 통치자는 인(仁)으로써 백성을 다스려야만 왕도정치가 구현될 수 있다는 것을 말하고 있다.[2] 조선 초기의 정치가이자 유학자인 정도전 역시 인군(人君)은 천지가 만물을 거스름 없이 생육시키는 것을 본받아 인간을 다스림에 있어서 그들이 각자 그 능력에 따라 자신의 일을 하면서 부족함 없이 살아갈 수 있는 사회를 만들어가야 함을 역설하고 있다.[3]

하지만 유교적 군주국가에서 단순히 인정이나 덕치(德治)만을 강조한다고 하여 통치권력, 특히 군주의 타락을 방지할 수 있는 것은 아니다. 오히려 왕도정치의 성공은 군주의 타락을 방지할 수 있는 권력체계

---

1) 『孟子』, 「離婁」 上: "爲政, 不因先王之道, 可謂智乎, 是以惟仁者, 宜在高位, 不仁而在高位, 是播其惡於衆也."
2) 진희권, 「조선조 초기의 유가적 국가이념과 국가질서」(고려대 박사학위논문, 1998), 27면.
3) 鄭道傳, 『朝鮮經國典』, "人君, 以天地生物之心爲心, 行不忍人之政, 史天下四境之人皆悅, 而仰之若父母, 則長享安富尊榮之樂, 而無危亡覆墜之患矣, 守位以仁, 不亦宜乎恭惟."(진희권, 앞의 논문, 29면에서 재인용).

의 구성과 권력견제장치의 효율적 작동에 결정적으로 의존한다. 조선은 비록 군주국가였지만 군주와 신권 간, 또한 신권 상호간에 권력을 견제하는 제도적 장치들이 매우 성공적으로 운영되었던 나라이다. 그중에서도 특히 권력에 대한 비판이 권력체계 내부에서 매우 효과적으로 이루어지고 있었다. 이러한 권력비판기능을 수행한 것이 이른바 조선의 言官들이다. 이 글에서는 기존의 연구성과를 기초로 언관언론(言官言論), 즉 제도언론(制度言論)의 이론적 기초와 그 구체적인 현상을 살펴보고, 이로써 '제도 밖에서 이루어지는 언론'에 치중하고 있는 오늘날의 언론의 온고이지신으로 삼고자 한다.

II. 조선 초기의 권력분립

1. 들어가며

주지하다시피 전통적인 권력분립, 즉 삼권분립론은 입법·집행·사법이라는 3유형의 국가기능을 서로 독립적인 기관에 분속시킴으로써 권력 상호간에 견제와 균형을 도모하고, 이로써 국민의 자유와 권리인 기본권을 보호하기 위한 것이다. 권력분립은 궁극적으로 국민의 기본권 보장에 그 목적이 있고, 따라서 권력분립원리 그 자체는 자기 목적적인 것이 아니며,4) 권력남용으로부터 국민의 기본권 보장을 기하기 위한 수단으로서의 성격을 가진다.

---

4) 삼권분립을 시민혁명에 성공한 서구의 역사적 산물일 뿐이며 그 자체 보편타당성을 가진 절대적 기준이 아니라고 보는 견해(정긍식, 「조선시대의 권력분립과 법치주의」, 『法學』 제42권, 제4호(서울대학교, 2001), 31면 이하 참조)도 같은 입장으로 보인다.

조선의 권력구조는 물론 이상과 같은 서구식 또는 전통적 권력분립과는 거리가 멀다고 할 수 있다. 근대의식이 깃들기에는 너무나 이른 15세기에 오늘날과 같은 권력분립구도를 기대할 수는 없다. 그러나 조선왕조의 경우에도 권력이 오로지 국왕의 임의나 자의에 의해서만 행사되었던 것은 아니다. 오늘날의 권력분립은 '권력 상호간의 견제'와 '권력 상호간의 균형'을 두 핵심요소로 하는데, 조선의 권력분립구도에서 볼 때는 먼저, 왕권과 신권 상호간의 관계에서 권력 상호간의 균형이라는 요소를 찾기는 어렵지만 권력 상호간의 견제(즉 신권에 의한 왕권의 견제)라는 요소는 어렵지 않게 확인할 수 있고, 신권 상호간의 관계에서는 권력 상호간의 균형 및 견제라는 두 요소가 모두 확인될 수 있는데, 그와 같은 권력 상호간의 견제와 균형의 효과적 실현의 장(場)으로서 가장 중요한 것이 경연과 언관을 통한 간쟁이었다. 그리고 이와 같은 권력견제 및 권력균형은 궁극적으로 국왕의 통치를 '덕치(德治)'로 이끄는 데 있었다.

따라서 조선의 권력분립구도는 왕과의 관계에서, 또 신권 상호간의 관계에서 전단적 권력행사를 견제하는 방식으로 나타나며, 또 그것은 - 서구식 권력분립이 국민의 기본권 보장을 목적으로 하는 것에 대응할 때 - 유가에서 강조되어 온 덕치를 실현하는 데 있었던 것이다. 이러한 의미에서 조선의 권력구조를 권력분립원리의 측면에서 논의하는 것은 충분히 의미를 지니는 것이다.5)

---

5) 同旨: 정긍식, 앞의 글, 31면 이하는 엄격한 의미의 삼권분립이 아니라 행정조직 내부에서의 견제와 균형을 통한 사실상의 권력분립이 조선시대에도 존재했음을 인정하고 있다.

182

2. 권력분립의 방식

권력분립의 구체적 내용은 다양한 측면에서 고찰할 수 있다.

가령 국정의 기본틀이라는 관점에서 볼 때에는 왕권에 대한 신권의
견제를 위해 관료의 '정사보필주의(政事輔弼主義)'가 강조되었음을 볼
수 있다. 가령 조선건국 초에 존재했고 뒤에 의정부로 바뀌는 도평의사
사(都評議使司)는 중신(重臣)들로 구성된 최고의 합의제 국정의결기관
으로서 여기에서 의결된 것이 왕명으로 시행되었으므로 국왕은 병권을
제외하고는 실권이 없었다고 한다.6) 또한 그 후의 의정부서사제(議政
府署事制)와 육조직계제(六曹直啓制)의 교차는 왕권과 신권의 관계를
잘 보여준다. 왕권이 강할 때에는 육조직계제가 채택되었지만, 신권이
강할 때에는 반대로 의정부서사제로 국정이 운용되었다.7) 이와 같은
신권의 강조는 유교적 정치사상에 기초하고 있으며, 그에 따르면 군주
의 자의나 일방적 결단에 의하여 정치가 이루어져서는 아니 되며, 설령
어떠한 문제가 군주에 의해 발의되더라도 반드시 관료와의 협의나 정
책결정 과정을 통해서만 실효성이 보장될 수 있다는 것이다. 이것은 결
국 신권의 강화를 통한 왕권의 견제로 귀결되며, 조선의 정치사상가들8)

---

6) 김운태,『조선왕조 행정사』(박영사, 1981), 66면 이하 참조.

7) 가령 건국 초기부터 의정부주도의 의정부서사제와 육조가 국왕에게 직계하는
   육조직계제가 번갈아 채택되었는데, 대체로 왕권이 강했던 시기(1414년[태종
   14년]에서 1435년[세종 17년], 1455년 - 1494년[세조에서 성종까지])에 육조
   직계제가 시행되었음을 볼 수 있다. 정긍식, 앞의 글, 32면 참조; 최희수,「조
   선 초기의 권력체계와 권력 상호간의 통제원리에 대한 고찰」,『Juris Forum』
   3(충북대 법학연구소, 2003), 196면 이하 참조.

8) 예컨대 정도전을 비롯하여 조광조(趙光祖), 이황(李滉), 이이(李珥) 등이 그러
   하다. 조광조는 중종 대에 '인의예지(仁義禮智)의 정치를 이룩하려면 군주가
   반드시 대신을 공경하여 정사(政事)를 위임하여야 한다'(조광조,『靜菴文集』
   [동화출판사, 1972], 534면)라고 간언한 바 있고, 이황 역시 '군주는 모든 일을
   腹心(大臣)에게 맡기고 耳目(臺諫)을 통해서 처리해야 한다'고 주장하면서 '군

의 일관된 주장이기도 하였다. 가령 건국 초 삼봉(三峰)은 재상(宰相) 이론을 전개하여 재상이란 '위로는 음양을 조화하고 아래로는 서민을 어루만져 편안하게 하며', '천하의 정치와 교화와 명령이 나오는 직책'일 뿐만 아니라 '자신의 몸을 바르게 갖고(正己), 군주를 바르게 하며(格君), 인재를 알고(知人), 일을 잘 처리하는 것(處事)'이 본연의 임무임을 강조하고 있다.9)

　왕권에 대한 효과적인 또 하나의 견제수단으로서는 경연을 들 수 있다. 후술하는 바와 같이 경연은 국왕에 대한 교육으로서 사서삼경 등 경전과 중국의 역대사서 등을 강독하는 것이지만 경전의 내용을 바탕으로 국왕의 행위와 현실정치에 대한 직접적인 비판을 가할 수 있는 장으로도 활용되었다.10)

　다음으로 조선 초기에 권력견제적 기능을 담당한 것은 특히 간쟁이라 할 것인데, 제도적으로 권력견제권한을 부여받고 있었던 기관은 사간원(司諫院)과 사헌부(司憲府)였다. 사간원은 경국대전상 "掌諫諍, 論駁"의 간쟁권한을 그 주된 임무로 가지고 있었으며, 사헌부 역시 일차적으로 사법기능을 담당하는 기관이지만 "論執時政得失, 矯正風俗"의 기능도 담당하므로 간쟁기능도 행사할 수 있었다.11) 나아가 홍문관(弘文館)도 성종 때부터는 대간탄핵권을 확보함으로써 삼사(三司)의 하나

────────────

　　주·대신(의정부, 당상관), 대간(三司) 등의 세 세력이 자기의 직책을 다하며, 일치하여 精을 모으고 神을 모아 통하여 일체가 될 때 善政政治가 이루어진다'고 말한 바 있다(이황, 『퇴계집』[동화출판사, 1972], 426면). 율곡 역시 '군신이 서로 만나지 않으면 정치가 흥하지 않고, 군신이 서로 깊이 믿지 않으면 정치의 실효를 이룩할 수 없으며, 군주가 신하에 맡기는 것은 천지의 도리'라고 강조하고 있다(이이, 『율곡집』[동화출판사, 1972], 391, 393면). 이상은 김용욱, 앞의 논문, 63면 이하에서 재인용한 것임.

　9) 정도전, 『삼봉집』, 447면; 김용욱, 「조선조 정치체계에 관한 연구: 유지와 붕괴를 중심으로」(고려대 박사학위논문, 1981), 63면 이하 참조.
　10) 정긍식, 앞의 글, 33면.
　11) 최희수, 앞의 글, 189, 205면 이하 참조.

184

로서 간쟁에 참여하게 된다.12)

그 밖에 권력견제의 수단으로서는 여론에 의한 통제,13) 사관에 의한 통제14) 등을 들 수 있다.

군주의 절대적 권력에 대해 누구도 부정할 수 없었던 15세기의 조선에서도 전술한 바와 같은 다양한 권력견제장치들은 필자가 보기에 매우 효과적으로 작용하고 있었다고 생각된다. 이와 같은 권력견제장치들 중에서도 이 글에서는 경연과 언관의 언론을 통한 권력통제를 좀 더 구체적으로 살펴보고자 한다. 오늘날 주로 언론매체를 통해 이루어지는 권력에 대한 감시·통제와는 달리 경국대전 등 조선의 법령은 제도적으로 왕권에 대한 교육의 장으로서의 경연과 언관을 통한 간쟁이 법제화되었고 이를 통해 권력에 대한 비판이 현실적으로 구현되었다는 점에서 이들 수단들은 제도언론에 해당하는 것이라 할 수 있다. 하지만 그것은 집권자의 이념이나 정책의 일방적 홍보를 위한 수단으로서의 역할만을 했던 것은 아니며 제도 자체가 추구했던 목적, 즉 권력견제적 작용은 아래에서 살펴보는 바와 같이 매우 효과적으로 발휘되고 있었다.

---

12) 이에 대한 보다 구체적인 설명은 최이돈, 「성종 대 홍문관의 언관화 과정」, 『진단학보』 61(1986), 43면: 최희수, 앞의 글, 192면 이하 참조.
13) 예컨대 성균관 유생들에 의한 空館(수업거부와 단식), 유생들의 만인소(萬人疏), 복합상소(伏閣上疏), 부월상소(斧鉞上疏) 등이 있다. 정긍식, 앞의 글, 33면 이하.
14) 史官에 의한 권력통제의 자세한 내용에 대해서는 최희수, 앞의 글, 218면 이하 참조.

Ⅲ. 경연과 제도언론

1. 경연의 의의

역사적으로 경연(經筵)이란 고려조 말부터 조선조에 걸쳐 왕 앞에서 경서를 강론하던 자리 또는 그 일을 맡은 관청을 의미한다. 즉 경연이란 일정한 행위양태를 의미하는 것임과 동시에 관청명을 지칭하는 두 가지 의미를 함축하고 있다. 행위양태라는 의미에서의 경연은 고려 공민왕 때에는 이를 서연(書筵)이라고 불렀으나 공양왕 2년에 경연으로 개칭되었으며, 조선조에 이르러서는 세자에게 경서를 강연하는 것을 서연, 왕에게 경서를 강론하는 것을 경연이라고 하여 양자를 구별하여 썼다.[15]

한편 경연은 국가조직상 독립관청이기도 한데, 경국대전에 따를 경우 경연은 정3품 아문(正三品衙門)의 하나로서 '임금을 위해 옛글을 외우고 해석하고 연구하는 직무'를 담당하는 기관이다. 경연의 관리는 다른 직무의 관리로 겸임시키되 원칙적으로[16] 모두 문관을 쓰도록 되어 있다. 경연에 소속된 고위관리들로서 영사(領事) 3인은 모두 의정(議政)으로 겸직하도록 하였고, 지사(知事)(정2품)와 동지사(同知事)(종2품) 각 3인, 참찬관(參贊官) 7인을 두었다.[17]

경국대전에 따르면 경연을 주도적으로 이끌어가는 관청은 홍문관(弘文館)이었다. 홍문관이란 왕궁서고에 보관된 도서를 관리하고 문학관계

---

15) 윤국일, 『신편 경국대전』(신서원, 1998), 42면 참조.
16) 다만 영사(領事)와 참찬관(參贊官)은 문관이 아니라도 겸임할 수 있다.『경국대전』,「吏典」經筵條 참조.
17) 그 밖에 경국대전에 따를 경우 시강관(侍講官)(정4품), 시독관(侍讀官)(정5품), 검토관(檢討官)(정6품), 사경(司經)(정7품), 설경(說經)(정8품), 전경(典經)(정9품) 등이 경연에 소속된 관료들의 명칭이다.

의 일을 전담하면서 임금의 물음에 응하는 고문역할을 담당하는 기관이다. 홍문관은 주지하는 바와 같이 세종 때 설치된 집현전(集賢殿)의 후신이다. 집현전은 세종이 경연의 활성화를 위해 설치한 관청이었으나 세조 때 집현전을 중심으로 이른바 6신(六臣)사건이 일어나자 폐지되었고, 이후 성종 때 예문관(藝文館)에 집현전의 직무를 맡겼으나 달가워하지 않자 홍문관이라는 독립기구를 만들었다. 경국대전에 따르면 홍문관의 관원은 모두 경연의 관직을 겸임하도록 되어 있다.

2. 조선 초기 경연의 경과

태조 원년에 문무백관의 제도를 정비하면서 경연도 정비되었는데, 그 모습은 고려 말 공양왕(恭讓王) 때의 모습과 흡사한 것이었다.[18] 그러나 실제로 경연이 이루어지지는 않았다. 경연이 본격적으로 열리게 된 것은 정종(定宗) 때이다.[19] 경연의 내용으로서는 경서강독이 주가 되었지만 군왕의 도에 대한 진언이나 군의 정심(正心)의 문제, 군자와 소인에 대한 논의 등은 물론 비리에 대한 간언이 있기도 하였고 혹은 정치적으로 민감한 척불(斥佛)의 문제 등도 논의대상이 되었다.[20] 정종의 뒤를 이은 태종의 경우, 집권 초에는 경연에 간관(諫官)도 참여시키는 등 관심을 보였으나 점차 열리지 않게 되었다.

경연이 활성화된 것은 세종 때이다. 이때에는 빈번하게 경연이 열렸고, 그에 따라 경연청을 새로이 지었을 뿐만 아니라 세종 2년에는 전담

---

18) ‘經筵官皆兼 掌進經史, 領事一 侍中以上, 知事二 正二品, 同知事二 從二品, (參贊)官五 正三品, 講讀官四 從三品, 檢討官二 正四品, 副檢討官 正五品, 書吏 七品去官’(태조실록 권 1, 태조 원년 7월 정미). 다만 부검토관직이 신설되고 관원의 수에 있어 약간의 가감이 있는 데 불과했다.

19) 정종 대에는 史官도 경연에 참여하였다(정종실록 권 1, 정종 원년 정월 무인: ‘史官始入侍經筵’).

20) 구체적인 내용에 대해서는 남지대, 「조선 초기의 경연제도: 세종·문종 연간을 중심으로」, 『한국사론』 6(1980), 124면 이하 참조.

기구인 집현전을 설치하고 간관이나 사관의 입시도 허용되는 등[21] 경연이 활발하게 열리게 된다. 문종 대에는 지사(知事)·동지사(同知事)의 참여와 간관의 참여가 규례(規例)로 정해지는 등 참여인원의 폭이 증가되기도 하였으나 문종의 재위기간이 짧아 과도적인 데 그쳤다. 단종 때의 경연의 특색은 영사의 참여, 1일 3강제, 사헌부관원의 참여 등으로 경연의 강화가 시도되었다. 세조 때에는 다시 1일 1강제로 환원되었지만, 대간의 경연참여는 여전히 유지되었다. 또한 이때에는 승지가 참여하여 계사하도록 하기도 하였다. 그러나 단종복위사건 이후 집현전은 혁파되고 경연이 중단되는 사태에 이르게 된다.[22] 예종 때에 경연은 다시 부활하게 되지만,[23] 신병으로 인해 경연에 참여하지 못했으며 그 즉위기간 중에 단 3회의 경연이 있었을 뿐이다.

경연이 다시 활성화 된 것은 성종 때이다. 성종은 경연에 대단한 열의를 보여 다시 1일 3강의 예가 수립되었을 뿐만 아니라 집현전의 후신으로 홍문관을 예문관으로부터 분리·독립시켜 경연을 전담하게 하였다. 경국대전에서 볼 수 있는 경연의 직제는 성종 때 운용되었던 경연제도의 법규범화라 할 것이다. 이때에도 대간(臺諫)과 사관의 경연참여가 보장되었다. 특히 성종 대에는 경연에서 대간과 대신이 왕을 사이에 두고 정치적 문제를 토론·결정하였으며, 여기에서 결정되지 않은 문제들에 대해 대간이 다시 차(箚)(간단한 서식의 상소문)나 소(疏)를 올리면 군주가 이를 대신의 수의(收議)에 부쳐 결정하는 것이 일반화 될 정도로 경연은 현실정치에서 중요한 억할을 행하였다.[24]

---

21) 남지대, 위의 글, 128면 이하.
22) 세조 6년 5월에는 이조의 경연이나 집현전 등의 관에 대해 소임이 없는 허함(虛銜)이라는 이유로 직함마저 없애버리게 된다(세조실록 권 20, 세조 6년 5월 정유).
23) 예종 즉위년 10월에 領事 3인, 知事 3인, 同知事 3인, 참찬관 6인, 郞官의 경우 6인만을 두어 侍講官으로 통칭하는 형태로 부활되었다(예종실록 권 1, 예종 원년 10월 壬辰). 남지대, 앞의 글, 134면 참조.
24) 남지대, 앞의 글, 110면 이하 참조.

3. 경연을 통한 언론(특히 간쟁)의 기초제공

(1) 개 관

경연은 조선시대의 가장 중요한 정치제도 중의 하나였으며, 조선의 왕25)들은 매일 경연에 참여하여 경사(經史)강의를 들어야 할 의무가 있었다.26) 원칙적으로 경연은 왕의 면전에서 경서를 강론하는 것을 주목적으로 하는 것이지만 왕이 신하들을 접하고 또 장시간을 함께 보내는 자리가 되는 까닭에 경연은 정치문제 등 정책을 협의하는 장이 되기도 하고 인물에 대한 평가 등이 자연스럽게 논의대상이 되기도 하였다. 나아가 경연에서는 국왕의 실정에 대한 비판까지도 빈번하게 행해졌음을 볼 수 있다. 물론 국왕의 정치에 대한 비판은 절대군주제하에서 결코 쉬운 것은 아니었을 것이다. 이를 가능하게 하기 위해 경연관들은 경연에서 경서의 강독은 물론 사서에 기초한 고사의 학습을 통해 또 고사에 나타난 간쟁사례를 통해 군왕이 덕치에 이를 수 있는 조건들에 대한 지속적인 교육을 행하고 있음을 볼 수 있다. 경연은 절대권력자인 국왕의 자의적 권력행사를 견제하고 순화시키는 장치였으며, 궁극적으로 국왕이 선정을 베풀도록 유도하기 위한 것이었다.

(2) 간쟁의 이론적 기초

간쟁이란 군주에 대한 비판과 충고를 본령으로 하는데, 경연에서 경연관들은 이러한 간쟁을 이른바 간쟁론(諫諍論)으로 체계화하고 있다. 즉 간쟁이란 1) 그 유무에 따라 국가의 존망이 좌우되며, 2) 신하는 군주를 가차 없이 비판할 권리와 의무를 가지며, 3) 군주는 아무리 가혹한 비판이 행해지더라도 수용할 의무가 있으며, 따라서 4) 아첨(阿諂)

---

25) 실제로 세종은 즉위 후 약 20년 동안 거의 매일 경연에 참석하였으며, 성종 또한 하루에 세 번씩(朝講, 晝講, 夕講) 경연에 참석하는 관례를 만들었다고 한다.
26) 권연웅, 「조선 전기 경연의 간쟁론」, 『경북사학』 14(1991), 23면.

을 경계하여야 한다는 것이다.[27] 유가의 경서나 사서에서는 간쟁론을 매우 중시하고 있는데, 예컨대 『효경(孝經)』의 「諫諍」章(제10장)에 나타난 구절에서 그 중요성이 잘 나타나 있다.

증자(曾子)가 묻기를 자식이 아버지의 명령을 따르는 것을 효도라 할 수 있는가 하고 물음에 공자는 이를 부정하면서 다음과 같이 답하고 있다.

옛날에 천자가 쟁신(爭臣) 7인이 있으면 비록 무도(無道)하더라도 천하를 잃지 않았으며, 제후가 쟁신 5인이 있으면 비록 무도하더라도 나라를 잃지 않았으며, 대부가 쟁신 3인이 있으면 집안을 잃지 않았다. …… 그러므로 불의를 당하면 자식은 아버지께 간언하지 않으면 안 되며, 신하는 군주에게 간언하지 않으면 안 된다.

결국 공자는 간쟁을 하는 것은 국가나 가정의 존망에 관계된 것이므로 君父의 잘못에 눈감아서는 아니 되며 간언하여 이를 바로 잡는 것이 忠孝의 길임을 역설하고 있다. 정보에 제한적인 군주가 올바르지 못한 결정을 내릴 가능성은 언제나 존재하였으므로 이를 바로잡기 위해서는 군주의 결정 과정에 비판과 대안을 제시하는 길, 즉 언로(言路)가 열려야 하고 이것은 곧 자유로운 간쟁의 허용을 의미하는 것이었다. 그에 따라 조선의 경연관들 역시 간쟁의 중요성을 지속적으로 강조하였음을 볼 수 있는데, 예컨대 세조 때 시독관(侍讀官) 양성지(梁誠之)는 경연에서 다음과 같이 말하고 있다.

군주의 한 몸은 신민의 위에 있어서, 정치의 잘잘못과 민생의 안부를 말하는 자가 없으면 들을 길이 없습니다. 그러나 대신은 총애를 잃을까 두려워 감히 말하지 않고, 소신은 처벌이 두려워 감히 말하지 못합니다. 청컨대 언로를 널리 여시어 좋은 말을 따르며, 혹시 말이 적절하지 않더라도 처벌해서는 안 됩니다.

---

27) 권연웅, 앞의 글, 24면 이하 참조.

이와 같이 간쟁의 중요성에 대한 논의는 경연에서 빈번하게 화두로 등장하였고, 간쟁의 정당성을 근거지우기 위해 흔히 중국의 고사를 인용하곤 했다.[28] 물론 간쟁 그 자체는 군주의 권위에 대한 도전을 의미하는 것이기도 하므로 말처럼 쉬운 것은 아니었다. 그럼에도 불구하고 경연관들은 고사를 인용해 직간(直諫)·극간(極諫)의 실례를 왕에게 가르치면서 군주에 대한 극단적 비판이 가능하여야 함을 역설하였고, 간관들 역시 "三諫不聽則去"[29] 원칙을 확립함으로써 극간을 몸으로 실천하고자 하였다.

특히 경연관들은 신하가 간쟁하는 방법론과 그에 대응하는 군주의 대응유형을 체계화함으로써 간쟁을 이론적으로 체계화하고 있다. 먼저 신하의 간쟁방식에 대해 현간(顯諫)과 미간(微諫)을 구별하였다. 전자는 군주를 공개적으로 비판하는 것을 말하는데, 예컨대 정쟁(廷爭)과 상소(上疏) 등을 통한 간언이 그것이다. 후자는 은근히 또 남의 눈에 띠지 않게 충고하는 방식을 말한다. 성종 때 경연에서 이승소(李承召)는 현간이 바람직함을 주장하고 있다.[30] 다음으로 간쟁에 대한 군주의 대응방식도 낙간(樂諫), 납간(納諫), 염간(厭諫), 노간(怒諫)으로 세분하고 있다. 낙간이란 군주에게 잘못이 없음에도 신하들의 충고와 비판

---

28) 예컨대 당태종의 정관지치(貞觀之治)를 魏徵의 직간과 태종의 종간에 기한 것으로 설명하는 등이 그것이다. 이에 관한 다양한 실례들에 대해서는 권연웅, 앞의 글, 25면 이하에서 매우 자세하게 다루고 있다.

29) 최희수, 앞의 글, 188면 참조.

30) 성종이 綱目을 공부할 때 동지사 이승소는 北魏의 高允이 황제를 비판할 때면 언제나 좌우를 물리고 간언함으로써 천하에 군주의 허물이 드러나지 않게 하는 미간을 선호한 것에 대해 다음과 같이 비판하고 있다: "이는 高允의 경우에는 옳으나, 魏主의 경우에는 옳지 않습니다. 예로부터 군주가 간쟁이 싫으면 곧음을 판다(賣直)고 하여 듣지 않았습니다. 孟子가 말하기를 '옛날에 군자가 잘못하면 마치 일식·월식처럼 사람들이 모두 보았으며, 이를 고치면 모두 우러러 보았다'고 했습니다. …… 대개 高允처럼 총애를 받는 자는 미간해도 되나 그렇지 않으면 현간을 해야만 합니다."(성종실록 권 57, 15). 권연웅, 앞의 글, 30면에서 재인용).

을 권장하는 것을 말하며, 납간이란 신하가 지적한 잘못을 인정하고 군주가 이를 고치는 것을 말하며, 염간이란 군주가 신하의 비판을 싫어하고 잘못을 고치는 데 인색한 것을 말하며, 노간이란 신하의 간쟁을 듣지 않고 간쟁하는 신하를 죽이거나 처벌하는 것을 말한다. 이를 단순화하면 납간과 거간(拒諫)으로 대별할 수 있는데, 경연관들은 경서와 사서의 강의를 통해 거간을 경계하고 납간·종간(從諫)의 원칙이 지켜지도록 노력하였다. 더 나아가 직간(直諫)·극간(極諫)에 대비되는 첨녕(諂佞), 곧 아첨(阿諂)의 해악과 유혹을 경계하는데도 게을리 하지 않았다. '군자 - 충신 - 간쟁'과 '소인 - 간신 - 아첨'의 이분법을 동원하여, 군자를 등용하면 나라가 흥하고 소인을 용납하면 나라가 위기에 빠진다는 점을 강조하였다.[31] 그리고 아첨의 유혹으로부터 벗어나기 위해 군주로부터 성의(誠意)와 정심(正心), 즉 뜻을 정성스럽게 하고 마음을 바로 할 것을 요구하였다.

(3) 간쟁의 실효성

이상에서 살펴본 바와 같이 조선의 간쟁론은 매우 정연한 이론적 기초 위에 전개되고 있음을 볼 수 있다. 나아가 간쟁이 실효적이기 위해서는 두 가지 점이 전제되어야 했다. 첫째, 경연관의 면책특권(免責特權)의 확립문제, 둘째, 간쟁권 행사에 있어 군주의 재량권의 문제가 그것이다.

먼저, 경연관들은 일관되게 대간의 면책특권을 주장하였다. 설령 대간의 진언이 잘못된 것이라 할지라도 군주는 질대 대간을 처벌해서는

---

31) 가령 성종 대에 좌부승지 孫比長은 경연에서 다음과 같이 말하고 있다: "군자와 소인이 서로 용납하지 않음은 얼음과 숯(불)을 같은 그릇에 담을 수 없는 것과 같습니다. 군자는 군자로 벗을 삼고, 소인은 소인을 벗으로 삼습니다. 군자가 나아가면 여러 군자가 무리지어 나아가고, 소인이 나아가면 여러 소인이 무리지어 나아갑니다. 군자를 朋黨이라고 함은 불가한데도, 소인이 군자를 해치려하면 붕당으로 지목합니다. 만약 군주가 不明하면 邪正이 顚倒되고 是非가 혼효(混淆)되며, 군자는 날로 물러나고 소인이 날로 나아갑니다. 이 때문에 국가가 多難해집니다."(권연웅, 앞의 글, 38-39면 참조).

192

아니 된다는 원칙이 그것이다. 연산군의 면전에서 지사 노공필(盧公弼)은 다음과 같이 대간의 면책특권을 옹호하고 있다.

> 간하는 자가 비록 지나친 말을 하여 마침내 무실(無實)하게 되었더라도, 처음 아뢸 때는 스스로 사실이라고 생각했던 것입니다. 신하 가운데 몸을 아끼는 자가 많고 순국하는 자가 적습니다. 만약 무실하다 하여 비방으로 처벌한다면, 비록 마음에 품은 바가 있어도 죄다 말하지 못합니다. 그러므로 옛날 제왕 중 당태종은 말하지 않음을 그르게 여기고, 안색을 온화하게 하여 개도(開導)했습니다. 진실로 군주는 대간을 우용(優容)해야 합니다.[32]

다음으로, 신하의 간쟁권을 인정한다 할지라도 군주가 간쟁에 어느 정도까지 구속되어야 하는가, 즉 군주에게 재량권이 인정되는가의 문제이다. 경연관들은 왕이 대간의 말을 모두 따를 것을 요구하면서, 그 근거로서 "后從諫則聖"이나 "從諫弗咈"의 원칙을 강조하거나 대간이 공론 내지 여론을 대변한다는 점을 주장하였다. 때론 왕과의 사이에 재량권을 둘러싼 갈등이 초래되기도 하였다.[33]

(4) 경연에서의 언론

경연은 본래 유신을 모아 경사(經史)를 강론하는 곳이므로 학문적 연구와 토론을 주된 목적으로 한다. 그러나 전술한 바와 같이 경연을 통해 언론의 기초가 되는 간쟁의 정당성이 역설되고 그에 대응하여 군주의 도리[34]나 정심[35]을 강조하는 등 명분에 관한 것과 현실적인 문제들에

---

32) 연산군일기 48, 17(연산군 9년 2월 19일).
33) 성종의 경연에서 왕과 신하들 사이에 대간의 간언을 왕이 따라야 하는지에 관해, 성종이 '대간의 말을 모두 따를 수는 없다. 대간에도 어진 자와 불초한 자가 있는데, 말하는 바가 어찌 죄다 지극히 공정한 마음에서 나오겠는가? 사사로이 붕당을 만들어 善人을 몰래 해치는 자도 간혹 있으니 분변하지 않을 수 없다'라고 하자, 우부승지 李世佐는 '성군 아래 어찌 이런 자가 있겠습니까? 대간이 하는 말은 공론에서 나오므로 따르지 않으면 안 됩니다.'라고 반박하였다 (성종실록, 권 177, 성종 16년 4월 12일).

대한 정치적인 측면에서의 논의도 매우 중요한 비중을 차지하고 있다. 물론 정치에 관련된 사안의 경우 당면문제에 대한 구체적인 해결방안의 결정이라는 측면보다는 일반적인 원칙에 대한 논의라는 측면이 보다 강하게 나타난다. 이러한 측면은 특히 세종 재위 시의 경연에서 두드러지는데, 이 당시에는 당면문제의 해결을 위한 기능은 상대적으로 약하였고 주로 일반적인 원칙이나 소관이 명확하지 않은 사항들에 대한 방향제시 또는 사상적 배경을 제공하는 데 중점이 두어지고 있었다.[36]

한편, 경연은 수적으로 제한된(성종 때에는 많아야 13인 또는 14인이었다) 관료들이 입시하여 먼저 경사를 강독하고 논의한 다음에 군주가 비교적 간쟁을 받아들이기 쉬운 상태에서 또 친숙한 경연관들이 있는 자리에서 친계(親啓)하고 그 자리에서 토론을 거쳐 가부를 결정할 수 있는 기회를 제공하므로 언론을 위한 적합한 자리였다. 그에 따라 대간들은 경연을 언론의 장소로 이용하는 경향이 농후해지게 된다. 예컨대 경연이 활발했던 성종 8년 – 13년 사이에 대간에 의한 언론 중 절반에서 2/3까지를 경연에서의 언론이 차지할 정도로 하고 있다.[37]

---

34) 'ㅅ君이 마음이 바르게 된 연후에 백관의 마음이 바르게 되며, 백관이 바르게 된 이후에 만민이 바르게 된다'(세종실록 권 1, 세종 즉위년 10월 戊子).
35) '인군이 먼저 그 마음을 바로 하여야 臣의 간녕(奸佞)을 살필 수 있다'(세종실록 권 2, 세종 즉위년 11월, 乙亥).
36) 남지대, 앞의 글, 153면 참조.
37) 남지대, 「조선 성종 대의 대간언론」, 『한국사론』 12, 130-131면은 성종의 재위 연도별로 대간언론을 통상적인 방법의 언론과 경연에서의 언론으로 나누어 그 횟수를 상세하게 도표로 제시하고 있다. 이 표에 따르면 예컨대 성종 재위 13년의 경우 대간에 의한 언론 중 일반 언론이 148회인 데 비해 경연에서의 대간언론이 176회를 기록하고 있다.

Ⅳ. 언관을 통한 제도언론

1. 언론의 주체: 언관

(1) 언관의 조건

조선에 있어 언관(言官)이란 법제상으로는 원칙적으로 간쟁권을 부여
받고 있는 관원을 의미한다. 전술한 바와 같이 이에 해당하는 기관으로
는 사헌부와 사간원이 있고, 이 두 기관의 관원을 합쳐 대간이라 칭한다.
대간은 군주의 허물을 기탄없이 간쟁하고 장상(將相)의 그릇됨을 규승
(糾繩)하기 위해서는 뛰어난 식견은 물론 강직한 인물이어야 했다.[38]

따라서 일정한 기준 이상의 소양이 요구되었고, 또 청렴한 가문의 출
신이어야 대간이 될 수 있었다. 가령 적리(贓吏)(부패한 관리)의 아들
과 손자에 대해서는 대간직을 제수하지 않았으며, 행실이 바르지 않거
나(失行) 재가한 여자의 소생도 마찬가지였다.[39] 또한 친족관계에 따른
상피(相避)[40] 규정에 있어서도 다른 관직에 비해 훨씬 광범위한 제약
을 받았다.[41] 이상의 요건을 갖춘 자에 대한 임명이 결정되면 최종적으

---

38) 이홍렬, 「언간제도의 법제사적 고찰: 조선 초기를 중심으로」, 『사총』 5(1960),
　　21면.
39) 『經國大典』, 「吏典」, 京(官職)條: 또한 윤국일, 앞의 글, 24면.
40) 상피란 피혐(避嫌)이라고도 하는데, 구체적으로 이런 벼슬자리에 이런 사람이
　　앉았을 때에는 저런 벼슬자리에는 저런 사람이 앉지 못하는 관계를 말한다. 가
　　령 이 벼슬자리가 저 벼슬자리의 지휘를 받거나 혹은 그 역인 경우를 규제하
　　는 것을 말하며, 또한 가까운 친족 사이에 서로 이해관계를 같이 할 수 있는
　　경우에는 상피한다.
41) 경국대전에 따를 경우 대간은 모두 본종으로는 고모부, 조카사위나 손위나 손
　　아래의 4촌 매부, 외가로는 이모부, 아내나 첩의 경우에는 처삼촌, 처고모부,
　　처조카사위, 사촌동서를 피하며 또 이방승지와 이조의 관리 간에 서로 혐의를
　　피해야 할 관계라면 그 자리에 임명하지 아니한다(「吏典」 相避條 참조; 윤국
　　일, 앞의 글, 143면 이하 참조).

로 내외사대(內外四代)[42]와 처가의 사조(四祖) 및 본인에게 흠이 있는지 여부를 검토한 후에 고신(告身)(辭令狀, 職牒)이 발급된다.[43] 다만, 신규임용이 아니라 천관(遷官)의 경우, 구임원(久任員)[44]의 경우라도 강개언사자(慷慨言事者)인 경우라면 임용이 될 수 있었다.[45] 이와 같이 대간임용에 엄격한 요건을 요구한 것은 무엇보다 언관으로서의 대간에게는 자기의 소신을 굽히지 않는 강직성이 생명이라는 점에 근거하고 있다. 실제에 있어서도 언관, 특히 대간은 대체로 20 - 30대의 혈기방장하고 비분강개한 인물들이 많았다.[46]

(2) 언관의 인적 범위

하지만 언관은 대간에 그치는 것은 아니다. 성종 대에 와서 홍문관도

---

42) 內外四代의 의미에 대해서는 학설이 대립하고 있다. ① 아버지·할아버지·증조할아버지 및 외할아버지라는 설, ② 아버지·할아버지·외할아버지·장인으로 해석하는 견해, ③ 아버지 계통의 할아버지와 외할아버지, 어머니 계통의 할아버지와 외할아버지를 의미한다는 견해로 나누어진다. 자세한 내용에 대해서는 윤국일, 앞의 글, 133면 참조.

43) 『經國大典』, 「吏典」, 告身條.

44) 구임제(久任制)란 조선시대 관리의 유임제도인데, 일정한 기술이나 경험 및 자격을 요하는 관직은 임기에 관계없이 유임시키는 제도를 말한다. 조선왕조의 관직제도는 관직마다 일정한 임기가 있으며, 따라서 임기가 다하면 사만(仕滿) 또는 과만(瓜滿)이라 하여 벼슬을 옮기도록 하여 권력이 한 사람의 수중에 오래 머무르는 것을 경계했지만, 숙련이 요구되는 직무나 재정문제의 맡아보는 직책의 경우 구임제를 채택하였다. 호조와 병조의 낭관(郎官)(정5품의 정랑과 정6품의 좌랑), 宣惠郎廳, 判官 등이 久任員官에 해당하며, 경국대전에 따르면 구임관을 둔 관청은 호조·성균관·승문원·봉상시·사옹원 등 26개 관청이 있으며 구임관 수는 55명이다. 윤국일, 앞의 글, 23면 참조.

45) 『經國大典』, 「吏曹」, 京官職條에 따르면 홍문관에 결원이 생긴 경우라도 구임관을 쓸 수는 없으며, 사헌부와 사간원의 경우에는 구임관이더라도 상관하지 않고 강직하게 문제를 제기할 사람이라고 생각되면 추천(注擬)할 수 있었다. 숙종 32년에 경국대전을 보완하기 위해 만들어진 『典錄通考』의 경우에도 동일하다.

46) 가령 金宗直, 趙光祖, 李彦迪, 李滉, 李珥 등은 모두 30대에 대간의 직을 수행한 바 있다(이홍렬, 앞의 글, 23면의 표 참조).

196

언관으로서의 기능을 수행하게 되면서 三司의 하나가 된다. 홍문관의 언관화의 길을 걷게 된 것은 양사(사헌부와 사간원) 중심의 언론활동에 일정한 한계가 노정되었기 때문이다.

첫째, 대간언론 자체의 문제점을 들 수 있다. 즉 횟수는 많지만 판에 박힌 듯한 공식적인 언론, 세쇄(細瑣)한(자질구레한) 언론, 풍문에 의한 언론, 언론을 위한 언론, 의례적인 언론 등 대간언론이 권위 없는 언론이 되는 경우가 많았다는 점이다.[47]

둘째, '세 번 간해서 받아들여지지 않으면 곧 사직(三諫不廳則去)'에 따라 대간직은 사직이 잦았을 뿐만 아니라 군주의 자의적인 책동에 의한 대간의 피죄(被罪)나 좌천, 재상들에 의해 이루어지는 대간인사의 조작 등 외부적인 요인으로 인해 언론행사가 방해받음으로써 양사 중심의 언론활동이 한계를 나타내고 있었다는 점이다.[48]

셋째, 성종 대에 와서 대간의 언론활동이 예전에 비해 비약적으로 증가하는데,[49] 그에 따른 업무량의 과다 및 언론의 대상이 국가적인 업무 전반에 걸치게 됨으로써 대간의 전문지식의 결여에 따른 한계에 직면하게 되었다는 지적도 있다.[50] 경국대전에 의하면 본래 홍문관은 '掌內附經籍 治文翰 備顧問'(吏曹 京官職條)의 임무를 수행한다. 즉 장서각기능, 문한기능 및 고문기능(顧問機能)이 홍문관의 기본기능이다. 이 중 고문기능은 주로 경연과 발책(發策),[51] 수의(收議) 등을 중심으로 이루

---

47) 최승희, 『조선 초기 언관·언론 연구』(한국문화연구소, 1976), 77면; 최이돈, 「성
    종 대 홍문관의 언관화 과정」, 『진단학보』 61(1986), 5면 각주 1에서 재인용.
48) 최이돈, 앞의 글, 5면 이하 참조.
49) 성종 이전의 '태조 - 예종' 간에는 언론의 빈도가 월평균 약 4회에 그친 데
    비해 성종 연간은 월평균 약 20회로 거의 다섯 배에 이른다. 이에 대해서는 남
    지대, 「조선 성종 대의 대간언론」, 『한국사론』 12(1985), 129-134면 참조.
50) 최승희, 앞의 글, 77면 참조.
51) 정치적인 중요 현안을 策題로 제시한 후 홍문관원들의 의견을 구하는 것을 말
    하는데, 발책으로 제시된 의견은 그 적절성에 따라 정부의 시책으로 시행되었
    다. 가령 시폐(時弊)에 관한 時務策이나 의례적인 문제, 또는 지방적인 문제
    (평안도의 輸穀방법) 등이 策題로 제시되었다(최이돈, 앞의 글, 10면 참조).

어지는데, 특히 수의는 정책결정을 앞두고 관료들이 의견을 수렴하는 것으로서 일반 대신들에 의해 이루어지는 것이 보통이었지만 홍문관의 유학적 전문지식을 구하고자 하거나 혹은 홍문관과의 의견대립이 있을 경우 대신들 간의 수의 후 다시 홍문관수의(弘文館收議)를 구하기도 하였다.52) 홍문관 수의의 내용을 살펴보면 홍문관의 전문지식이 동원되는 분야는 주로 의례나 외교에 관한 문제였다. 특기할 것은 인사에 관해서도 홍문관의 수의를 구한 경우가 많은데 이 점은 홍문관의 언관화 과정과 밀접한 관련이 있는 것으로 보인다.53)

홍문관이 언관, 특히 간쟁권한에 이르게 된 것은 경연을 통해 홍문관의 간쟁권 확립을 위한 노력의 결과이기도 하다. 홍문관원들은 경연의 강의를 통해 군주의 잘못을 지적할 뿐만 아니라 홍문관 명의로 상소하여 왕에게 충고하는 것이 관례가 되었는데, 홍문관의 임무가 논사(論思)(論議思慮)이므로 당연히 간쟁할 수 있다는 주장이었고,54) 성종도 이를 인정하게 된다. 홍문관의 간쟁권한에는 후술하는 바와 같이 대간 탄핵권55)도 포함되며, 또 성종 22년부터는 홍문관원의 대간진출이 허용

---

52) 예컨대 최호원(崔灝元)의 처벌을 두고 대신들은 온건한 처리를 주장한 반면, 홍문관은 유교에 입각하여 異端을 배격하고자 강경한 처벌을 주장하자, 大臣收議 후 다시 弘文館收議를 거쳤다(성종실록 권 17, 성종 16년 1월 庚子).

53) 특히 심원(深源)과 임사홍(任士洪)의 治罪문제가 대표적인데, 심원을 용서하고 임사홍을 치죄하자는 홍문관의 입장과 심원을 치죄하고 임사홍을 용서하자는 대신들의 입장이 대립된 바 있다. 이에 대해서는 최이돈, 앞의 글, 12면 참조.

54) 권연웅, 전게논문, 21쪽 이하. 그러나 홍문관의 간쟁권은 경국대전에 따른 법제 상의 권한이 아니었으므로 후일 논란이 있기도 하였다. 연산군 때에 왕이 홍문관의 간쟁을 비난하고 풍속이 不美하다고 비판하자 시독관이 홍문관은 근시(近侍)로서 마땅히 왕의 잘못을 지적해야 한다고 반박한 바 있다. 또한 중종 때에는 홍문관이 차자(箚子)를 올려 간쟁하자 왕이 홍문관의 직책은 文翰을 맡고 顧問에 대비하는 것뿐이고 간쟁은 홍문관의 직책이 아니라고 비난하자, 홍문관은 조종조에도 간쟁했는데 왕이 언로를 막는다고 반발함으로써 결국 중종이 간쟁권을 인정하게 된다. 권연웅, 앞의 글, 22면 참조.

55) 홍문관의 대간탄핵권이 확립된 것은 성종 19년 봉원효(奉元孝)의 상소가 그 발단인데, 임사홍에 대한 처리문제에 대해 홍문관의 대간의 잘잘못을 따지자 이런 문제에 대해 대간의 시비를 논하게 되면 장차 대간은 천해지고 권한이

되었고, 또 이러한 현상이 당연한 것으로 된다.[56]

한편, 군주의 비서기관인 승정원에게도 간쟁권한이 인정되어야 하는가를 두고 경연에서 왕과 신하들의 견해가 대립되기도 하였다. 즉 성종이 왕명의 잘잘못을 따지는 것은 대간의 임무일 뿐이며 승정원은 왕명의 출납에 있을 뿐이라고 하자, 입시했던 신하들(領事와 侍讀官)이 승정원도 간쟁의 권리와 의무를 가진다고 반박한 바 있다. 이들은 승정원이 왕명을 봉행(奉行)하기만 한다면 이속(吏屬) 하나로 충분할 것이라고 하면서 승정원은 근밀한 자리에 있으니 군주의 과실을 보고 그냥 있어서는 아니 되며 마땅히 간쟁하여야 한다고 주장하였다.[57] 근시(近侍)하는 신하에게 마땅히 간쟁의 권한이 부여되어야 한다는 논리였다.

2. 공론으로서의 언론

언관인 대간은 언론과 감찰이라는 기능을 수행함으로 인해 한 가지 맡은 일만 책임지는 일반 관료와는 달리 천하의 일에 관련되고 천하의 책임을 맡는 위치에 있는 것이라 여겨졌다.[58] 언관은 재상과 더불어 국정 전반에 걸쳐 군주와 시비를 다툴 수 있으며, 이와 같은 언관의 기능은 공론정치를 이상으로 하는 유교적 정치이념에 그 근거를 두고 있다.[59]

대간의 직임은 군주의 잘못을 간하고 시정(時政)의 득실을 논하며, 백관을 규찰하고 풍속을 바로잡으며 원억(冤抑)을 펴는 것인데, 이러한

홍문관에 있게 될 것이라고 주장하였으나, 이에 대해 홍문관이 다시 반박하였고 봉원효는 결국 문책을 받았다. 이 사건이 홍문관의 대간탄핵권을 인정하는 선례가 되었다고 한다. 이에 대해서는 최이돈, 앞의 글, 34면 이하 참조.
56) 경우에 따라서는 품계를 낮추면서까지 홍문관원을 대간으로 임명하기도 하였는데, 예컨대 정3품 직제학(金應箕)을 종3품 執義로 임명한 경우도 있다(성종실록 권 254, 성종 22년 6월, 壬戌). 최이돈, 앞의 글, 36면에서 재인용.
57) 권연웅, 앞의 글, 22면 이하 참조.
58) 정도전, 『삼봉집』 권 10, 「經濟文鑑下」 京官條.
59) 남지대, 「조선 성종 대의 대간언론」, 『한국사론』 12, 106면.

역할의 원활한 수행은 언로개방에 대한 요구와 대간에 대한 존중의 사고로 직결되었다. 그리고 이러한 사고는 한걸음 더 나아가 대간언론이 공론에 터 잡은 것임을 강조함으로써 대간언론의 정당성의 기초를 공론에서 구하게 된다. 즉 "臺諫 人主之耳目 公論所在"라는 것이다.[60] 곧 '공론은 국가의 원기(元氣)이며 간쟁이 공론의 근저'라는 것이다.[61] 공론은 공의(公義)[62]라고도 불렀다.

오늘날의 개념에 따를 경우 공론 또는 공의란 다수 국민의 견해 또는 여론을 지칭하는 것이라 할 것이다. 즉 '공론이 있는 곳에 천심이 있다'[63]고 보았으며, 또한 공론은 '대천이물(代天理物) 하는 군주'가 천명의 소재 여부를 판단하는 준거로 인식되었고 따라서 공론의 신(伸)·불신(不伸)과 행(行)·불행(不行)은 국가위란에 관련되는 것으로 이해되었다. 결국 공론을 따르면 치평(治平)하고 공론을 폐하면 위난해진다는 것이다.[64] 그리고 공론을 반영하는 방법은 곧 언로를 열어두는 것으로 인식되었다. 공론과 언로와의 관계는 "公論廢則言路塞"[65]으로 대변되었다.

다만, 조선의 경우에 어느 정도까지 여론의 수렴이 이루어지고 있는지가 문제된다. 간관이 설치된 이상 다른 관리나 일반 백성의 간쟁은 원칙적으로 허용되지 않았으므로[66] '공론'에 참여하는 범위는 제한적일 수밖에 없었다. 물론 상언제도(上言制度)[67]나 구언(求言)[68]과 같은 여

---

60) 정종실록 권 3, 정종 2년 정월 乙丑의 대간상소.
61) 태조실록 권 1, 태조 원년 11월 丙戌.
62) 가령 단종 3년에 사간원이 상소를 통해 간관을 둔 까닭을 들면서 간관이 늘 國家公義를 위주로 公義의 시비에 근거하여 시비를 나타내는데 지금 말하는 것은 곧 일국신민의 공의이므로 이에 따라 언로를 넓히라고 주장하고 있다(단종실록 권 14, 단종 3년 4월 壬辰).
63) 성종실록 권 262, 성종 23년 2월 壬戌: "公論所在則天心之所在".
64) 성종실록 권 272, 성종 23년 12월 甲子(사간원 箚子).
65) 성종실록 권 268, 성종 23년 8월 戊戌(臺諫面對時의 대사헌의 啓).
66) 권연웅, 앞의 글, 24면.
67) 백성이 임금에게 올리는 진정.
68) 자연재해 등이 있을 때 군주가 전국에 교서를 내려 자신에 대한 비판을 구하

론수렴 장치들이 있긴 했지만 예외적인 것에 불과한 것이었다. 따라서 良人 다수의 이해관계가 공론에 반영되었다고는 보기 어렵다. 다만 성종 이전의 공론은 중앙정치에 참여하는 지배계층의 여론, 그중에서도 정치주도층의 여론이었던 것에 반해 성종 때에는 대신수의(大臣收議) 제도가 광범위하게 운용되었던 점, 경연이 정치심의기구로서 기능하게 되었다는 점, 대간이나 홍문관에 의한 언론의 활성화 등으로 인해 점차 공론으로 수렴되는 여론의 범위가 확산되는 추세에 있었다.69) 특히 성종 때에 이르러 공론에 입각해 홍문관이 대간탄핵권을 획득했다는 점70)도 특기할 만한 점이다. 후일 연산군은 "대신의 행위는 대간이 논박하고, 대간의 행위는 홍문관이 논박하니 비록 공론이라 하여도 시기(猜忌)의 풍(風)이 아님이 없다"71)고 비판하기까지 하였다.

  대간·홍문관에 의한 언론활동이 활발했던 성종 대의 경우를 중심으로 언론의 내용을 살펴보자.

  먼저, 대간언론의 경우 인사에 관한 문제,72) 탄핵, 시호(諡號)에 관한 논박이나 청원, 불교와 관련하여 척불이나 금승(禁僧)의 문제, 대간과 관련하여 대간에 제수된 관원에 대한 서경(署經), 대간 내부의 이의조정, 대간에 대한 피핵(被劾) 등의 문제가 공론에 입각한 언론의 주 내용을 형성하고 있다. 특히 탄핵의 경우 원상(院相)73)이나 공신, 훈신

  는 제도. 이때에는 누구든지 군주나 정부를 비판하는 것이 허용되었다. 가령 중종 10년에 박상(朴祥)과 김정(金淨)이 구언에 응해 폐비 辛氏의 복위를 요청하는 상소를 올렸다가 대간의 탄핵으로 처벌되었지만, 홍문관이 구언 후 간언한 자를 처벌하면 언로가 막힌다는 이유로 모두 처벌에 반대하자 결국에는 처벌을 주장한 대간이 파직되기에 이르렀다(권연웅, 앞의 글, 24면 참조).

69) 남지대, 앞의 글, 108-111면 참조.
70) 최이돈, 앞의 글, 36면 참조.
71) 연산군일기 권 41, 연산군 7년 8월 甲戌: "近來大臣所爲臺諫駁之 臺諫所爲弘文館駁之 雖云公論 不無猜忌之風矣"(최이돈, 앞의 글, 36면에서 재인용).
72) 가령 죄로 인하여 免官된 문관을 다시 관직에 임용하는 것(東班敍用)이나 상훈의 남용(濫賞) 등이 그것이다.
73) 원상제에 대한 자세한 내용에 대해서는 최희수, 앞의 글, 202면 이하 참조.

(勳臣), 외척세력을 상대로 그 비리나 불법, 부당축재 등을 이유로 활발한 피론(被論)이 행해졌다.74)

홍문관 역시 성종 대에 활발한 언론활동을 펼치게 되는데, 홍문관의 언론은 시무조(時務條)(정책), 인사나 탄핵, 간쟁, 시정(時政), 척불 등이 그 주된 내용을 이루고 있다.75) 또한 홍문관의 언론활동은 질적으로도 향상되고 있는데, 특히 홍문관이 제주제(提調制)의 폐해를 비판76)한 것은 정치적으로 상당한 의미를 지닌 것으로 평가된다.

또한 성종 연간에 풍문에 의한 탄핵(風聞擧劾)도 공론에 근거한 것으로 간주되어 용인되고 있었음을 주목할 필요가 있다. 원칙적으로 풍문탄핵은 금지되어 있었는데, 수령의 탐오(貪汚)나 학민(虐民) 외에는 미리 보고하여 허락을 받아야만(啓稟) 가능했다. 풍문의 경우 언론의

---

74) 예컨대 韓明澮, 朴元宗, 尹弼商, 梁誠之, 盧思愼 등은 9회 ― 19회까지 피론된 인물들이다. 남지대, 「조선 성종 대 대간언론」, 『한국사론』 12(1985), 116면 이하 참조.

75) 자세한 내용에 대해서는 최이돈, 앞의 글, 36면 이하 참조.

76) 제주제(提調制)란 관제상의 首長이 아닌 고위관원으로 하여금 일정한 관아의 일을 다스리게 하는 제도로서, 정1품의 경우 都提調, 종1품 또는 정2품은 提調, 정3품 堂上官인 경우에는 副提調라 부른다(『고법전용어집』, 법제처, 1979). 본래 제주제는 재상들로 하여금 하위부서까지 직접 관여할 수 있도록 하는 것인데, 결과적으로 재상들에게 권력이 집중됨으로써 많은 폐해를 낳게 되었다. 특히 한 사람이 여러 부서의 제주를 겸임하거나 한 부서를 오랫동안 맡아 보는 경우에 폐해가 컸다. 법제석으로 '多兼'이 보장되었는데, 가령 3公의 경우 승문원·봉상시·사복시 등 15개소의 都提調를 나누어 맡았다고 한다. 또한 전문적 지식이 요구되는 부서의 경우 都提調나 提調를 7 ― 8년 혹은 20여년 久任하는 경우도 있었다. 이와 같이 多兼과 久任에 따른 제주제의 폐해로서는 이른바 '丘史多占'(丘史란 '종친이나 공신에서 내리는 官奴婢'를 말함)과 '政出多門'이 대표적이다. 본래 都提調 등은 實職이 아니라서 丘史가 지급되지 않았으나, 실제로는 都提調 등의 제주가 소관 부서의 노비를 마치 자기 노비처럼 사용하거나(丘史多占), 해당 부서의 人事에 관여하는(政出多門) 폐해가 빈번하였다(3公이 都提調를 맡는 경우 해당 曹의 判書보다 높아 거꾸로 判書가 都提調에게 물어야 할 형편이므로 人事가 都提調에 의해 좌우되는 일이 잦았다). 홍문관 관원들은 이러한 폐단을 지적하고 개선할 것을 요구하였으나, 전자의 경우에는 개선이 있었지만 후자의 개선은 실패하였다. 그 구체적인 실례에 대해서는 최이돈, 앞의 글, 37면 이하에 자세히 설명되어 있다.

공정성을 위해 정보의 출처(言根)를 살펴서 처리하는 것이 원칙이었다. 하지만 성종 7년에 있은 탄핵사건[77]에서 대간들은 만약 言根을 물으면 사람들이 같이 잡힐까 두려워 대간과 말을 하지 않게 되니 군주는 대간의 언론을 판단하되 언근을 물을 필요가 없다고 주장하자 성종은 앞으로 '언근을 묻지 않겠다(不問言根)'고 언질을 주었다.[78] 그 후 풍문거핵의 경우 언근을 추문하지 않는 것이 차츰 굳어져갔다. 불문언근의 원칙은 풍문거핵이 곧 공론에 근거한 것일 뿐만 아니라 만약 언근을 추문(推問)하면 언로가 막히게 된다는 데 그 근거를 두고 있었다.[79] 또한 이것은 대간언론을 활성화시키는 계기가 되었다.

불문언근은 오늘날의 용어로 말하자면 취재원비익권 내지 증언거부권[80]에 해당한다. 현대의 헌법이론에서도 이 권리는 그 허용여부에 대해 찬반이 엇갈리고 있지만 부정설이 다수설이다.[81] 부정설[82]은 재판작용의 이익을 중시하는 견해로서 언론기관의 공공성에도 불구하고 취재원비익권을 특권으로 인정할 수는 없다는 입장이다. 한편 긍정설은 언론기관의 취재의 자유에는 신문의 진실보도라는 측면에서 당연히 취재원비익권이 인정되어야 한다고 본다.[83] 국제적으로 취재원비익권은 인정여부는 나라마다 입장을 달리하고 있다. 독일의 경우 연방헌법재판소는 취재원비익권이 자유신문(freie Presse)제도의 불가결한 요소로 간주[84]하고 있는 반면, 미국이나 일본의 판례는 원칙적으로 인정하지 않

---

77) 도승지(玄石珪)와 동부승지(洪貴達)이 승정원에서 서로 다툰 일이 있어 대간이 이를 탄핵하였는데, 이에 正言(金孟性)에게 言根을 물어 정보를 제공하였던 자(盧公弼)을 소환하여 신문한 사건을 말한다(성종실록 권 82, 성종 8년 7월 丁丑·己卯 經筵條). 남지대, 앞의 글, 155면 이하에서 재인용.

78) 성종실록 권 82, 성종 8년 7월 癸未 經筵條.

79) 남지대, 앞의 글, 158면 참조.

80) 취재원비익권의 현대적 개념과 그 인정여부에 관한 견해대립에 대해서는 계희열, 『헌법학 中(보정판)』(박영사, 2002), 405, 408면 이하 참조.

81) 홍성방, 『헌법학(개정 1판)』(현암사, 2004), 487면.

82) 계희열, 앞의 책, 405면.

83) 허 영, 『한국헌법론』(박영사, 2001), 530면.

는 입장을 취하면서도 최근에는 취재원의 공개와 비공개를 사안에 따라 비교·형량해야 한다는 입장을 보이고 있다.[85] 이와 같이 취재원비익권에 대해서는 국내는 물론 국제적으로 입장이 대립되고 있음에도 불구하고, 조선 초기에 사실상 취재원비익권이 인정되었다는 사실은 그 당시에 이미 언론이 얼마나 활발한 것이었고 그에 따라 언론에 대한 보호의 필요성이 적극적으로 인식되고 있었는지를 잘 보여주고 있다.

3. 언론의 과정

대간의 언론은 그 행사 과정이나 시간, 장소에 있어 제약을 받지 않았다.

대간언론이 행해지는 일반적인 과정식은 살펴보면, 먼저 원의(圓議)라는 자체 합의 과정을 거쳐 합의에 이르고, 이 합의를 그날의 장무관(掌務官)이 승정원에 전달하면 승지가 그 말을 듣고 승전색(承傳色)(내시)에게 전하면 이것이 군주에게 전달되었고, 그 답은 다시 동일한 역순의 과정을 거쳐 대간에게 전달되는 형식이었다. 즉 승정원을 매개로 한 언론이었다. 하지만 말을 주고받은 과정에서 의미가 누락되거나 승정원에 의해 왜곡될 가능성이 배제될 수 없었다. 글로써 의사를 전달하는 疏가 있었으나 격식이 까다로워 모든 문제를 모두 소(疏)로써 한다는 것은 번거롭고 불가능한 것이었다. 그에 따라 간편한 형식의 차자(箚子)가 점차 빈번하게 이용되었다. 보다 효과적인 방법은 군주를 친견할 수 있는 경연의 기회를 이용하는 것이었다.[86]

언관들의 합의에 이르는 방식은 전원합의를 의미하는 원의의 방식을 취한다. 즉 원의란 반대의견이 없게끔 충분한 토의가 이루어지는 것을

---

84) BVerfGE 36, 193(204); 77, 65(74ff., 81ff.).
85) 이들 두 나라의 판례의 구체적 내용은 계희열, 앞의 책, 409면 각주 90 참고.
86) 남지대, 앞의 글, 127-129면 참조.

말한다.[87] 사헌부나 사간원이 각기 원의를 통해 합의에 이르는 회의 과정은 비밀주의가 적용되며 또 모두가 회의에 참가하는 평등회의, 즉 제좌(齊座)[88]의 형식을 따랐다. 또한 회의에서의 발언은 모두의 의견을 수렴하기 위해 품계가 낮은 관원부터 품계를 높여 나가는 방식이었다.[89] 원의는 각 개인의 의사를 제약하거나 대간을 장악하고 있는 주도층에 의해 악용될 가능성이 존재한다는 단점을 지니는 것이지만, 그 반대로 원의를 거친 언론은 '공의' 또는 '공론'으로 간주될 수 있고, 따라서 합의내용이 과격한 것일지라도 함부로 처벌[90]할 수 없도록 함으로써 언관을 보호할 수 있는 순기능을 발휘할 수 있었다는 점에 좀 더 긍정적인 평가가 주어져야 할 것이다.[91]

한편, 언관들은 제도적으로 간쟁을 비롯해 언론활동을 위한 기회를 부여받았다. 먼저, 1395년 태조가 형조로 하여금 언관을 공격하는 것을 금지시킨 이후로 양사는 형조로부터 자유로웠다.[92] 또한 모든 행정 및 공공행사에 있어서 왕은 사헌부와 사간원의 관원 1인씩을 참여시켜야만 했다.[93] 따라서 정책심의 과정에서부터 이미 의견을 제시하거나 비판을 행하는 것이 가능했다. 또한 아문(衙門)으로 돌아간 이후에도 보고 들은 바를 논의·검토하고, 이를 기초로 간쟁 등 언론활동에 나설

---

87) 율곡 이이는 이러한 의미에서 원의를 완의(完議)라고 불렀다.
88) 평등한 자리에 고루 모여 앉는 것을 뜻한다.
89) 손보기, 「조선 전기의 왕권과 언관」, 『세종학연구』 1(1986), 12면 참조.
90) 세조 연간에는 원의를 거쳐 입계하는 장무관에게 합의내용을 조목조목 따져 물어 처벌하거나 先發議者를 캐내 처벌하자, 원의에 참여한 대간들이 같이 처벌되기를 원하는 방법으로 저항하였으나 받아들여지지 않은 경우도 있었다. 성종 초에도 두 번에 걸쳐 入啓者와 先發議者를 좌천시키는 등의 사건이 있었다. 이것은 '원의'를 공론으로 간주하는 것을 부정하는 것에 다름 아니다. 그에 따라 성종 4년에는 사간원이 상소하여 그 부당함을 주장하였고, 이것이 원상의 수의에서 받아들여지게 된다(상세한 내용에 대해서는 남지대, 앞의 글, 148면 참조).
91) 남지대, 앞의 글, 147면 이하 참조.
92) 손보기, 앞의 글, 14면.
93) 손보기, 앞의 글, 13면.

수 있었다. 사헌부나 사간원은 각기 개별적으로 활동하는 것이 원칙이었으나 국가의 중요 정책과 관련하여 필요한 경우에는 양사합계(兩司合啓)를 하기도 하였으며, 때로는 홍문관과 더불어 삼사합계도 서슴지 않았다.94) 나아가 군주가 언관들의 뜻에 따르지 않을 경우 공관을 비우고 동맹파업에 돌입할 뿐만 아니라 사직도 불사하였다.

V. 결 론

이상을 통해 조선 초기(성종 연간까지)의 언론의 모습을 경연과 언관에 의한 언론을 중심으로 살펴보았다. 오늘날에는 국민주권주의와 권력분립 원칙에 따라 국민의 자유로운 언론활동이 기본권으로 보호된다. 모든 국민에 의한 '자유언론'이 보장된다. 하지만 절대군주제하의 조선 초기에 일반 백성에 의한 언론의 비중은 크지 않았다. 그러나 조선은 유학적 이념에 기초하여 절대자인 군주를 덕치(德治)로 이끌기 위한 장치로서 법제상으로 언론의 기능을 전담하는 특별한 기관을 두어 그로 하여금 언론을 담당하게 하였다. 이러한 의미에서 조선의 언론은 '제도언론'이라 부를 수 있을 것이다. 더 나아가 성종 대에 이르러 법제와는 무관하게 홍문관이 언론의 기능을 담당하게 되었을 뿐만 아니라 대간탄핵권까지 획득함으로써 양사에 비해 우위를 점하게 되며, 이로써 삼사가 성립됨으로써 언론의 활성화를 가져오게 된다.

언론의 내용이 있어 언제나 유교적 이념에 지향되고 있었다는 점을 제외한다면 오늘날에 못지않을 정도로 논사(論事)가 활발했음을 볼 수

---

94) 김용욱, 「조선조 정치체계에 관한 연구: 유지와 붕괴를 중심으로」(고려대 박사학위논문, 1981), 135면 이하.

있다. 특히 경연에서 군주를 상대로 간쟁의 정당성을 지속적으로 교육함으로써 간쟁의 이념적 기초와 이론체계를 수립한 것은 절대군주의 자의적 권력행사를 순치시키는 데 상당한 기여를 하였다고 평가해야 할 것이다. 그리고 이것은 선발 과정에서부터 강직성과 도덕성을 갖춘 관료들이 언관에 임명되어 간쟁 등 언론행위를 성실하게 수행한 결과이기도 하다.

　조선 초기의 언론의 모습은 오늘날에도 시사하는 바가 크다. 오늘날의 언론, 특히 정부에 대한 감시활동은 매스미디어나 시민단체에 의한 비판의 형태를 띠거나 혹은 권력분립원리가 실현됨에 따라 정부와 대등한 입장에서 대정부 권력견제의 기능을 수행하는 의회에 의해 국정감사 또는 국정조사의 형식을 통해 이루어지는 것이 일반적이지만 정부 자체 내의 비판시스템은 매우 미약한 수준을 벗어나지 못하고 있다. 후자의 경우와 같이 정부 내의 자체 비판시스템이 문제의 발생을 미연에 방지하는 데 효과적이라는 점에서 볼 때 조선의 관료조직 내부에서 작동했던 효율적 비판시스템은 우리에게 많은 것을 시사하고 있다 할 것이다.

참고문헌

『經國大典』.

『三峰集』.

『典錄通考』.

『율곡집』.

『朝鮮王朝實錄』.

『朝鮮經國典』.

『靜菴文集』.

『퇴계집』.

계희열, 『헌법학(中)』(보정판), 박영사, 2002.

권연웅, 「조선 전기 경연의 간쟁론」, 『경북사학』 14, 1991.

김용욱, 「조선조 정치체계에 관한 연구: 유지와 붕괴를 중심으로」, 고려대 박사
　　　학위논문, 1981.

김운태, 『조선왕조 행정사』, 박영사, 1981.

남지대, 「조선 초기의 경연제도: 세종·문종 연간을 중심으로」, 『한국사론』 6,
　　　1980.

＿＿＿, 「조선 성종 대의 대간언론」, 『한국사론』 12, 1985.

법제처, 『고법전용어집』, 1979.

손보기, 「조선 전기의 왕권과 언관」, 『세종학연구』 1, 1986.

윤국일, 『신편 경국대전』, 신서원, 1998.

이홍렬, 「대간제도의 법제사적 고찰」, 『사총』 5, 1960.

정긍식, 「조선시대의 권력분립과 법치주의」, 『법학』 제42권 제4호, 서울대학교,
　　　2001.

진희권, 「조선조 초기의 유교적 국가이념과 국가질서」, 고려대 박사학위논문,
　　　1998.

최승희, 『조선 초기 언관·언론 연구』, 한국문화연구소, 1976.

최이돈, 「성종 대 홍문관의 언관화 과정」, 『진단학보』 61, 1986.

최희수, 「조선 초기의 권력체계와 권력 상호간의 통제원리에 대한 고찰」, 『Juris
　　　Forum』 3, 충북대 법학연구소, 2003.

허　영, 『한국헌법론』, 박영사, 2001.

홍성방, 『헌법학(개정 1판)』, 현암사, 2004.

조선조의 행정법제 특히 공무원 법제에 관한 소고

김 중 권

Ⅰ. 처음에

오늘날 행정의 개념은 근대국가의 탄생과 그 성립의 시기를 같이 한다. 물론 근대국가의 탄생 이전에도 사회의 질서유지작용과 토목공사 등 행정은 행해졌다. 그러나 근대국가 성립 이전에는 그들 작용이 군주의 통치작용으로써 행해졌을 뿐 국가의 타 작용과 구별되어 행해졌던 것은 아니다. 그러한 점에서 국가의 다른 작용과 구별되는 행정의 개념은 권력분립주의에 따라 행정이 입법이나 사법으로부터 분립되어 행해지게 된 근대국가의 탄생과 그 성립의 시기를 같이 한다고 볼 수 있다. 행정법 역시 근대국가의 소산이다. 행정법이 성립하는 데는 일정한 전제가 필요하다. 즉, 보통법의 지배를 받아 행정법이라는 것을 거의 알지 못했던 영미법계 국가에 비해, 일찍이 프랑스를 중심으로 한 대륙법계 국가에서 행정법이 성립하게 되었던 배경이자 전제로서 바로 법치국가의 사상과 행정제도를 들 수 있다.[1]

비록 서구적 의미의 법치국가사상과는 출발점이 다르지만, 조선조에는 수많은 법전이 편찬되었다. 고려조에 권신들이 사당을 결성하여 국가의 법령·의식을 무시하고 방자하게 농권(弄權)함으로써 백정이 문란하여 종내 왕조가 붕괴되는 과정을 목도한 이태조가 건국에 당하여 즉위의 교에 법치의 선언을 하였고, 그에 따라 법전의 편찬이 본격화되어 그 양과 질에서 전조인 고려조에 비견할 수 없을 정도였다. 즉, 정도전이 주례를 모방하여 찬진(撰進)한 『조선경국전(朝鮮經國典)』[2]을 시발로, 『경제육전(經濟六典)』, 『속육전(續六典)』, 조선왕조 500년을 지배해 온 기본법

---

1) 이러한 점에 관하여는 김남진, 『행정법 Ⅰ』(법문사, 2002), 3, 20면 이하 참조.
2) 조선경국전은 정도전의 사선(私撰)으로 이 태조에게 찬진하여 가납되었으나 국가의 법전으로 시행되지는 않았다. 그렇지만 한국에서 최초로 六典式의 편찬 형식을 지녔다.

212

전인 『경국대전(經國大典)』, 『대전속록(大典續錄)』, 『대전후속록(大典後續錄)』, 『수교집록(受敎輯錄)』, 『전록통고(典錄通告)』, 『신수교집록(新補受敎輯錄)』, 『속대전(續大典)』, 『대전통편(大典通編)』, 『전률통보(典律通補)』, 『대선회통(大典會通)』, 조선시대의 마지막 진통법전인 『육전조례(六典條例)』 등이 선수(撰修)되어 내려왔다. 특히 이러한 여러 법전 가운데 『전률통보』는 각 서의 관계조문을 한 곳으로 종합하고, 법의(法義)의 전후 모순과 중복을 시정하고, 적용한계와 출처 및 법원을 알기 쉽도록 하였다.

일찍이 이희봉 선생은 조선의 법전이 중국의 역대왕조의 그것과 같이 법가의 사상과 유가의 주장이 절충 안배되고 있다고 지적하였다. 즉, 조선의 법전이 전제왕국의 법제로서의 성격과 유가입법의 성격을 지녀서 전자와 관련해선 법가의 주장이 반영되어 어신제민(御臣制民 - 臣僚)의 통제와 인민의 제압 - 에 중점을 두었으며, 후자와 관련해선 유가의 주장이 반영되어 유교의 윤리 및 의식의 강화란 측면에서 사·서중분등급론(士·庶重分等級論)과 남계적(男系的) 가부장제(家父長制)에 따르는 윤리가 골간을 이룬다.3) 그러므로 현행의 행정법학이 서구의 전통에 터 잡아 전개되었기에 우리네 조선조의 법제도를 현재의 관점에서 조명하는 것은 당연히 한계가 있다. 하지만 조선조의 법전이 국가체제를 유지하는 데 기여해 왔고, 행정법(학)이 국가목적을 실현하기 위한 수단으로서 기술성을 특징으로 하는 점을 감안하면, 조선조의 행정법제는 오늘날에도 되새겨볼 만하다. 특히 공무원법을 비롯한 행정조직법적 측면에서 그러하다. 따라서 여기선 2002년 한국학술진흥재단 기초학문연구과제인 "조선조 법제도 분석을 통한 21세기 한국적 법문화에 관한 연구"에서의 행정법 분야의 1차년도 연구과제를 수행하기 위하여, 종합적인 보조법전격인 『전율통보』를 토대로 하여, 당시의 공무원 법제를 소개·정리하고자 한다.

---

3) 이희봉, 「이조시대에 있어서의 행정과 법률과의 관계」, 『법률행정논집』 제9집 (고려대학교, 1966), 18면 이하 참조.

Ⅱ. 조선조 공무원 법제의 주요 내용

1. 중앙관직에 관한 격식[4]

직함(職銜)을 부여함에 있어선 품계[5]를 먼저 하고 그 다음에 관사(官司)를, 그 다음에 직명을 쓰되, 종친·충훈·의빈부의 당하관은 관사를 칭하지 못하고, 영사와 같은 유는 관사의 위에 영자(領字)를 둔다. 또한 품계는 높고 직위가 낮으면 행직(行職)이라 하고, 품계는 낮고 직위가 높으면 수직(守職)이라 칭한다.[6] 지방관의 경우도 이런 직함부여

---

4) 官階상으로 문신인 東班은 정1품으로부터 종4품에 이르기까지는 大夫라 칭하고, 정5품으로부터 종9품에 이르기까지는 郞이라고 칭한다. 외명부(外命婦)에 대한 봉작(封爵)은 그 부군의 관직에 따라 하되, 재가한 자에게는 봉작하지 아니하고 봉작된 후에 개가한 경우에는 이를 추탈한다. 왕비의 어머니와 세자의 딸, 종친으로서 그 품계가 2품 이상인 자의 아내는 읍호를 사용한다. 문무관과 종친으로서 당상관 이상인 자의 아내는 夫人이라 칭하고, 그 이하 3품 이하인 자의 아내는 人이라고 칭한다.

5) 이 시대는 문무백관을 동·서 양반으로 나누고 그 등급을 정1품에서 종9품까지 18계급으로 구분하여 이를 관품 또는 품계라고 하며 이러한 품계에 승진함을 승품 또는 가자라고 한다. 이러한 18개 등급 중에 당상·당하로 대별하고, 또 당하관 중에서 참상과 참하로 구분한다. 정3품 통정대부 이상은 당상관, 같은 정3품 통훈대부 이하는 당하관이라 하며, 그중 6품 이상은 참상, 7품 이하는 참하라고 한다.

6) 관품·관사·관직과 성명의 순서로서 관원의 지위를 표시하는 것이다. 그 예로서 영의정인 경우에는 "대광보국 숭록대부(관품) 의정부(관사) 영의정(관직) 수모(성명)"라고 칭하는 것이며 영자를 관사위에 둔다는 것은 경연 또는 춘추관의 영사를 "경연영사" 또는 "춘추관영사"라고 하는 것이 아니고 영자를 관사위에 두어 "영경연사" 또는 "영춘관사"라고 한다. 그리고 행직 또는 수직인 경우의 직함에는, 각 관사의 장관은 일정한 품계를 가진 자로서 임명함을 원칙으로 하고 있는바, 적임자가 없을 경우에는 품계가 상등하지 아니한 자를 임명하고 이를 행직 또는 수직이라 한다. 그 예로서 종1품 숭정대부인 자가 관제상 정2품관인 이조판서에 임명된다면 이는 "숭정대부 행이조판서"라고 하며, 이와 반대로 종2품 가선대부인 자가 정2품 홍문관 대제학에 임명된다면 이는 "가선

의 원칙은 통용되는데, 다만 7품 이하는 2계급을 초월하지 못하고,[7] 6품 이상은 3계급을 초월하여 수직하지 못한다. 나이가 많아서 관직을 사임하고 물러날 때(致仕)의 직위를 봉조하(奉朝賀)라고 하는데, 무슨 직에서 치사(致仕)한 봉조하라 칭하고, 봉군(封君)된 사람은 무슨 직, 무슨 군이라고 한다.

한편 정1품을 도제조(都提調), 2품을 제조(提調), 그리고 통정(通政)을 부제조(副提調)라 칭한다. 그리고 재상(宰相)[8]이 군무(軍務)로써 왕명을 봉행하는 경우에는 그 품계에 따라 호칭하는데, 의정대신의 경우에는 도체찰사(都體察使)로, 1품 이하에는 도순찰사(都巡察使)로, 종2품에는 순찰사, 3품에는 찰리사(察里使)라 한다.

봉군은 왕비의 아버지와 2품 이상인 종친·공신,[9] 공신을 이어 받은(承襲) 자를 말하는데, 이들 봉군과 3품 이하의 종친은 읍호를 쓰되 이어 받을 자(承襲者)에게는, 그 아버지가 사망하여야 이를 제수(除授)[10]한다. 즉, 아버지가 생존하여 있는 경우 그의 아들은 적장(嫡長)으로 논할 수 없다.

왕비의 부친에게는 돈녕부영사(敦寧府領事)를 제수하는데, 만약 관직이 낮거나 혹은 관직에 취임한 일이 없으면 먼저 돈령부의 도정(都正)을 제수한 후에 돈녕부 영사를 제수한다. 그리고 대원군의 봉사인(奉祀人)[11]은 3대를 지낸 후에 돈령부의 도정을 제수하며, 세자빈의 부친에

대부 수 홍문관대제학"이라고 한다.

7) 경국대전에선 이러하였지만, 전율통보시행 당시에는 수교 등에 의하여 적용하지 아니한다.

8) '재상'이란 국왕을 보필하고 문무백관을 지휘·감독하는 지위에 있는 2품 이상의 관직을 통칭하여 말한다.

9) 공신에는 개국공신·정사공신·좌명공신 등 여러 등급이 있고 이러한 등급 외의 공신을 원종공신이라 하는데, 단순히 공신이라 말한 경우에는 원종공신은 포함되지 아니한다.

10) 이는 본디 왕이 갖고 있는 관직의 한 자리를 덜어 준다는 뜻이다. 다시 말해 관직에 적임자를 추천하는 등의 절차를 거치지 아니하고 왕이 바로 임명하는 것을 의미한다.

게는 6품관을, 세손빈의 부친에게는 7품을, 대군·왕자부인의 부친에게는 9품을 제수한다. 대군의 사위와 공주의 아들에게는 (돈녕부의) 7품을, 공주·왕자군의 사위와 옹주의 아들에게는 종8품을 제수한다. 다만 대군·왕자의 양첩의 사위는 가각 1등을 강하하고 천첩의 사위는 또 1등을 강하한다.

한편 본인을 대신하여 그의 아들·사위·동생·조카들(代加者) 중에 품계를 올려줄 경우에는 정5품 통덕랑(通德郎)까지로 한정한다. 그리고 국가의 경사로 인하여 국왕이 물품을 하사하여 백관에게 품계를 올리라는 재가가 내렸을 때, 이미 최고품계에 달하여 그 이상 올릴 수 없는 사람에게는 그의 아들·사위·동생·조카들 중에 이를 대신하여 품계를 올린다. 그런데 내의원·전의감·혜민서 등 삼의사(三醫司)에 소속된 3품관의 자손은 음관의 계승이 허용되지 아니한다.

능·전(陵·殿)의 참봉(參奉)과 부도사(副都事)·교부(敎傅)·교관(敎官)·세마(洗馬)·생원·진사는 그 나이가 30세 이상인 자를 임명하는데, 다만 문묘(文廟)12)의 동종사(東從祀)13) 또는 서종사(西從祀)14)에 배향(配享)하는 선현(先賢)·공신(功臣)·유현(儒賢)과 전쟁에서 원통하게 사망한 청백리의 적장손은 예외로 한다. 또한 임시 감역관(監役官)에 임명할 학생은 그 나이가 40세 이상인 자를, 돈령부의 참봉·수봉관(守奉官)에 임명할 학생은 그 나이가 30세 이상인 자를 임명한다. 그리고 중국에 왕래하는 공문서에 사용하는 이문학(吏文學)15)과 기상을 관측하는 천문학의 교수는 생원·진사·유학(幼學)16)을 막

---

11) 제사를 받드는 사람. 보통 민가에서는 비속 4대손까지 그 조선의 제사를 모시는 사람을 말함.
12) 공자를 모신 사당.
13) 문묘의 동편의 위치한 사당으로서 동국의 유현을 모신다.
14) 문묘의 서편에 위치한 사당으로서 동국의 유현을 모신다.
15) 당시 중국과 교신하는 문서에 쓰는 특수한 문체로 자문·서계·관문·감·보장·제사 등에 쓰든 문학.
16) 사대부의 자손으로서 벼슬하지 아니한 유생.

론하고 그 나이가 30세 이상인 자를, 노창(臚唱)[17]하는 인의(引儀)는 그 나이가 20세 이상인 자를 임명한다. 나아가 나이가 20세 미만인 자에게는 동반의 관직을 제수하지 못하되, 모든 과거에 합격한 자는 예외로 한다.

대간(臺諫)[18]·승지, 이·병조의 판서와 수령 중에서 3인 이상의 결원이 있거나 서·북 양도감사(兩界監司)의 추천에는 왕의 재가를 얻은 후에 (여쭈어) 의논해 결정(稟定)한다. 의정대신의 후보자 추천과 대제학의 권점(圈點),[19] 규장각의 관원을 새로 임명할 때에도 의논해 결정한다. 본조(이조)의 당상관은 장관이 임명하지 못한다. 참의(參議)의 단독적인 국정수행(獨政)은 오로지 긴급한 임무에 한한다.

경연(經筵)의 추천을 받은 후라야 이조참판에 주의(注擬)[20]하고, 성균관의 추천을 받은 후라야 이조참의에 주의하는데, 묘당(廟堂)[21]에서 추천한 사람은 예외로 한다. 홍문관 당하관의 후보자는 본조(이조)의 낭관(郎官)[22]이 전과 같이 이를 추천하게 하되, 당상관과 낭관이 그 가부를 상의(相議)하는데, 만약 이러한 공무를 집행하는 낭관이 없을 때에는 장관은 다른 당상관과 더불어 상의하여 청환(淸宦)의 후보자를 결정한다.[23]

---

17) 의식에 있어서 그 절차를 통례원의 인의가 소리높이 창하는 것.
18) 사헌부·사간원 관직의 총칭.
19) ○표를 말한다. 홍문관 예문관의 관직을 청환이라 하며, 이러한 청환을 임명함에 있어서는 먼저 문과에 급제한 자들 중에서 적합한 후보자를 선정하고 그 선정된 후보자의 성명에 전임자 3인 이상이 모여서 ○표를 찍는다. 이러한 점수를 많이 얻는 사람을 후보자로 선정하고 만일 이 권점에 착오가 발견될 경우에는 의정대신과 제학이 모여서 다시 권점을 행하며 차점 이상을 왕이 불러서 간단한 시험을 치루며 이를 소시라 하고 이에 합격한 자를 청환에 임명한다. 이 권점제도는 다른 중요 관직에도 적용된다.
20) 관원을 임명할 경우에는 문관은 이조에서, 무관은 병조에서 3인의 후보자를 추천하여 상주하는 것.
21) 대신이 국사를 논의하는 곳 또는 비변사를 말함.
22) 낭관이란 각 관아의 堂下官을 총칭하는 것이다.
23) 이는 銓郎法을 부활하여 관리임명에 관하여 임금에게 상주하여 청원하는 즉,

새로 문과에 급제하여 승문원·성균관 또는 교서관에 분속시켜 권지(權知)[24]라는 명칭으로 실무를 수습하기 전에는, 세자시강원(世子侍講院)의 7품직인 설서(設書)에 상주하여 추천, 즉 주천(奏薦)하지 못한다. 그리고 세자시강원의 관직에는 비록 사헌부·사간원의 관직을 역임한 바 있다 할지라도, 다시 청환(淸宦)의 후보자로 추천절차를 거쳐야 한다. 또 세자시강원의 7품직인 자의(諮議)로서 6품에 승급한 후, 사헌부·사간원의 관원으로 추천을 받은 사람도 다시 이조의 주의절차(注擬節次)를 거쳐야 한다. 특히 사헌부의 관원 즉, 남대(南臺)는 한 사람의 이조 당상관의 의견으로서는 경솔하게 주천하지 못한다. 세자시강원의 자의는 특별추천에 의하여 임용하되 적합한 사람이 없으면 묘당에 문의하여 임명하는데, 유학을 자의로 임명할 경우에는 이에 구애되지 아니한다. 대군과 왕자의 스승인 사부(師傅)는 추천하는 사람이 있어야 임명하되, 유학을 사부로 임용할 경우에는 이에 구애되지 아니한다. 원자·원손의 보양관(輔養官)은 대신에게 문의하여 왕의 재가를 받아 주천한다.

무신으로서 재질, 도량과 기량(局量), 그리고 원대한 포부가 있는 자를 선택하여, 당상관 이상이면 판서·참판·판윤·좌윤·우윤·승지에 주천하고, 당하관 3품인 통훈(通訓) 이하이면 시정(寺正)[25]에 임명하는데, 장관이 아니면 이런 임명 절차를 이행하지 못한다. 무신을 종1품인 의금부 판사(判事)로 임용할 경우에는 병조판서를 지낸 후라야 주천한다.

음관(蔭官)[26]을 각조의 좌이관(佐貳官),[27] 좌·우윤(左右尹), 시정에

주청(奏請)을 허용하는 것이다.

24) 관직명 앞에 이를 붙여서 그 직무를 임시로 맡아 수행함을 뜻하는 말, 문과에 급제하여도 곧 관직을 주지 않고 성균관·교서관·승원원에 분속하여 권지라는 이름으로 사무를 수습하게 하는 것임.

25) 봉상시·예빈시·사복시 등의 수직인 정을 말함.

26) 특정한 관원의 자손이 과거에 급제하지 아니하고 그 부조의 공덕에 의하여 특별히 임용된 관원. 이를 또 음사·음낭이라고도 한다.

27) 6조의 참의·참판의 통칭.

임용할 경우에는 청환을 추천하는 절차에 의하여 주천한다. 다만 음관으로서 참판·좌윤·훈신 및 특별 추천자 외에는 시정을 지낸 자 아니면 주천하지 못하고, 돈령부의 도정(都正)도 이와 같이 한다. 음관은 수령을 역임한 바 없으면 4품에 승급하지 못하는데, 나이가 많은 사람에게는 이에 구애되지 아니한다. 그리고 음관은 품계를 올려서 복직하지 못한다.

6품 이상은 그 승급에 있어서 품계를 초월한 후에는 다른 관직에 통용하지 아니하고, 7품 이하 참외(參外)는 그 승급에 있어서 6품까지를 한하여 통용한다. 만약 수령의 준직(準職)28)에 임명할 자가 5·6품에 있을 경우에는 먼저 4품을 제수한 후에 준직을 제수한다. 대관을 다른 관서의 차석에, 음관을 바로 군수에, 파격임명하지 못한다. 무신인 병사(兵使)의 경우도 마찬가지이다. 삼사아장(三司亞長)29)인 사헌부의 집의(執義), 사간원의 사간(司諫), 홍문관의 전한(典翰)은 그 최고품계에 도달한 경우에는 왕명을 받아 준직에 주천한다. 그리고 품계상으로 당하(堂下) 정3품인 봉상시(奉常寺)·종부시(宗簿寺)의 장인 정(正)과 승문원(承文院)의 판교(判校), 통례원(通禮院)의 좌통례(左通禮)는 재임기간 30개월이 만료되면 당상관으로 승급한다. 그런데 당하관으로서 최고품계에 도달하였으나 준직에 임명되지 아니한 자는 당상관에 승진을 불허하지만, 묘당에서 추천한 사람은 예의로 한다. 그리고 승급하라는 명령을 받은 자가 준직에 있지 아니하고 최고품계에 달하지 아니하면 이를 품주하여 비지(批旨)30)를 받아서 시행한다.

치적이 훌륭하고 빈민과 재민 구호에 특수한 업적이 있는 명관(名官)으로써 당연히 종2품인 가선(嘉善)에 승급되어야 할 사람도 묘당에서 논의한 후에 임금에게 그 결과를 보고한다(覆啓). 종2품인 가선대부

---

28) 정3품 당하관직을 말함. 혹은 이 품계에 상당한 관직을 준직이라 함.
29) 사헌부·사간원·홍문관의 차관을 말한다.
30) 신하의 상주에 대하여 왕이 화답한 뜻.

(嘉善大夫) 이상의 관원은 그 품계를 변경하여 초월하지 못한다. 그리고 정2품 이상의 관직인 의정부의 참찬(參贊), 6조의 판서, 한성부의 판윤 등과 같은 정경(正卿)을 역임한 사람이 아니면 정1품 보국대부로 품계를 높이는 것(加資)을 허용하지 아니한다. 반면 정1품의 관직을 가진 사람에게는 종2품인 관직에 강등하여 임명하도록 주천하지 못한다. 아울러 대사헌인 경우에는 종1품의 작위를 가진 사람 역시 강등하여 임명하도록 주천하지 못한다. 이미 4품의 관직을 역임한 사람에게는 이조와 병조의 낭관에 임명하도록 주천하지 못한다. 그리고 이·호·예·병·형·공조의 6조, 사헌·사간의 양사(兩司)와 의정부에서 우위(右位)의 직에 있었던 사람에게는 보다 하위의 직을 제수할 수 없는데, 다만 다른 관사의 관원의 경우는 그렇지 아니한다. 보극숭록대부의 작위를 가진 관원은 대신과 아문(衙門)을 같이하지 아니한다.

사헌부·사간원·홍문관·세자시강원·성균관의 장을 지방관으로 전임(轉任)시키려 할 경우에는 임금께 그 사유를 품주하여 의견을 청한다. 그리고 참찬을 형·공조의 판서, 한성부 판윤에 임명하도록 주천할 경우에는 그 사유를 품주하여 의견을 청한다.

의금부의 판사, 6조의 판서, 한성부 판윤, 승정원의 승지, 사헌부·사간원·홍문관·세자시강원·강서원·본조의 참판·참의는 구두 전령에 의하여 임명하지 못하며, 각 도의 감사(監司)도 이와 같다. 그리고 이·병·호조의 판서, 훈련도감·금위영·어영청 등 3군문의 대장, 수어사·총융사, 유수, 평안·함경감사, 통제사, 평안병사, 북병사, 강주·의주부윤, 수원·동래부사, 제주목사는 묘당의 추천에 의하여 임명한다. 대장(大將)의 직임(職任)인 장임(將任)과 지방관은 사전에 재가를 얻은 후에 이·병조에서 단일 후보자를 추천하여 임명한다.

의정대신으로 임명되기 이전에 대제학을 겸임한 경우에는 계속 겸임한다. 그리고 의정대신으로 임명되기 전에 두 제조아문의 제조를 겸임한 경우에는 본조에서 임금께 아뢰어 청(啓請)하여 계속 겸임하게 한다. 한편 대제학을 지낸 사람은 비록 제학에 임명된다 할지라도 이를 사임하지 못한다. 부제학·승지가 종2품인 경연의 동지사를 겸무한 경우에는 경연의 동지사를 해임한다. 그리고 부제학·승지가 춘추관의 동지사를 겸무하게 되면 동지사의 바로 아래 직임인 정3품인 수찬관(修撰官)을 해면(解免)하고, 도승지가 종2품인 예문관의 제학을 겸무하게 되면 그가 당연히 겸직한 정3품의 직제학을 해면한다. 부제학을 홍문관 제학으로 임명하면 부제학을 면직하고, 홍문관 제학을 부제학으로 임명하면 홍문관 제학을 면직한다. 성균관의 정3품인 대사성(大司成)도 이와 같이 한다. 의금부의 당상관을 형조의 당상관으로 임명하면 의금부의 당상관을 면직하고, 형조의 당상관을 의금부의 당상관으로 임명하면 형조의 당상관을 면직한다. 將臣(=장군)은 사헌부·하간원의 장관을 겸하지 못한다. 아울러 사헌부·사간원·홍문관의 장관은 의금부와 오위도총부의 총관을 겸하지 못한다. 그리고 승지와 병조의 당상관도 오위도총부의 총관을 겸하지 못하고, 승지로서 약원(藥院)의 관직을 겸무한 경우에도 또한 의금부의 관직을 겸하지 못한다. 한편 現任大臣의 아들이 비변사의 제조로 있는 경우에 그의 면직을 허락하는데, 다만 당연직인 경우에는 그러하지 않다.

정2품인 의금부의 지사(知事)를 한 품계 승급하면 종1품인 판사가 되는데, 이는 사전에 재가를 받아야 한다. 도승지로서 정2품인 자헌대부의 품계에 승급하면 겸직 도승지가 됨으로 이는 사전에 재가를 받는다. 의정대신(議政大臣)의 후보자를 선정할 때에 현임 대신이 없을 경우에는 원임(原任)(前任) 대신이 왕에게 알현하고(入侍하고), 전단(前單)에 수점(受點)31)하는 것과 가복(加卜)32)하는 것에는 현임 대신의 출근을

---

31) 전단의 수점이란 전일에 결정한 추천서에 왕이 결재하는 점을 받는다는 말이다.
32) 가복이란 의정을 천거할 때 임금의 마음에 맞는 사람이 없어 한 두 사람을 더 천거하던 일이다.

기다려야 한다. 대제학의 후보자를 선정함에 있어서는 전임 대제학, 의정대신, 의정부 좌·우참찬, 6조의 장관, 한성부 판윤이 회합하여 여러 추천자의 성명 가운데 적당한 사람을 골라 권점(圈點)을 찍는다. 구체적으로 전임 대제학 – 전임자가 없으면 도당 – 이 그 성명을 기입하여 추천하면, 의정대신 이하 선정할 권한을 갖는 이상의 관원들이 적당한 사람의 성명에 권점을 찍어 품계의 서열을 막론하고 그 점수의 다소에 따라 결정한다.

새로 과거에 급제한 자를 분관(分館)33)함에 있어서는 정7품인 승문원의 상(위)박사(上博士) 이하의 관원이 모여서 권점을 찍고, 그 차점 이상자(次點以上者)를 취하여 승문원에 예속시키고, 권점을 시행한 기록(圈記)을 본조에 이송하면 판서 이하의 관원이 회의하여 성균관과 교서관에도 예속시켜, 3관(승문원·성균관·교서관)에 분속하여 권지(權知)로 한다. 승문원의 도제조와 제조를 3인으로 하여 관직에 적합한 인재를 선택하되, 근무성적이 좋지 못한 자는 강등하여 임명하고, 이러한 조치에 억울한 사람은 그 사정을 들어 진정하면 적절하게 조처한다. 일정한 임기에 구애되지 아니하고 계속 근무하여야 할 관직은 그 관사의 제조와 해당 당상관이 회합하여 이를 마련하고 본조에 이첩하면 본조에서는 이를 글로 상주 즉, 계문하고 관계 공부를 비치한다.

양첩(良妾)과 천첩(賤妾)의 자손은 그 품계를 한정하여 서용한다. 문·무 당하관은 부사에 한하고 당상관은 목사에까지 허용하며, 생원·진사 음관출신은 군수에까지 한하되 치적이 있으면 부사에까지 허용하고, 생원·진사 및 통례원의 인의 출신이 아닌 사람은 현령에 한하되 치적이 있으면 군수에까지 허용한다. 그리고 학식과 행장이 탁월하고 재질과 정치 능력이 현저한 자는 특례로 발탁하여 임용하되 묘당과 이

---

33) 새로 급제한 사람을 관직에 임명하기 전에 성균관·교서관·승문원에 배치하고 권지라는 명칭을 부처 사무를 견습하게 하는 것임.

조에서 품주하여 재가를 받아야 하며 병조에서도 이와 같이 한다.

관직을 제수한 자에게는 해유(解由)[34]를 고찰하여야 하되, 제주목사는 이에 적용을 받지 아니한다. 해유첩(解由牒)이 출급되지 아니한 사람에 대해선 실직(實職)의 임명을 주천하지 못하는데, 겸직인 경우에는 무방하다. 그러나 찰방(察訪)[35]을 겸임할 경우에는 그렇지 아니한다. 그리고 수령이 다른 고을에 전임(轉任)되고 그 전임 고을로부터 해유첩이 제출되지 아니한 때에는 또 다른 고을로 전임하지 못한다. 해유첩의 유무를 불구하고 임명하는 경우는 임금으로부터의 특교(特敎)(特旨)를 막론하고 해당 관직에 계청(啓請)[36]한 외에는 주천하지 못한다. 품계를 초월하여 지방관으로는 임명하지 못하되, 종5품인 도사(都事) 및 급료를 지급하는 변방의 관직의 경우에는 예외로 한다.

한편 의금부에서 심문을 받고 있는 사람(義推人)은 판결을 내리지 않은 상태에서는 관직의 임용을 주천하지 못한다.

장리(贓吏)[37]의 아들과 손자는 의정부, 6조, 한성·사헌·개성부, 사간원, 경연, 시강원, 춘추관 지제교, 종부시, 관찰사, 도사, 수령의 직에 임명하지 못한다. 아울러 행실이 온당하지 아니한 여자 및 재가한 여자의 소생은 동·서반의 일체의 직에 임용하지 못하며, 그 증손에 이르러서는 전술한 각 사(各司) 외에 임용을 허용한다.

2. 관리후보에 관한 천거

---

34) 물품출납에 관한 책임의 면제를 뜻하는 것. 각 지방관은 금전·물품의 수납과 지출을 행함으로 이에 대한 장부를 신임관에게 인계하고 호조에 보고하면, 호조는 이를 조사하여 결점이 없으면 이조에 통지하고 그 책임을 해제시킨다. 이러한 책임해제의 증명서를 해유첩 또는 해유장이라고 한다.

35) 지방관의 하나로서 각 도의 역참을 관장한다.

36) 임금에게 아뢰어 청함.

37) 탐장죄, 즉 수회죄를 범하여 처벌을 받은 관리.

　　매년 정월에 의정부와 6조의 당상관은 각각 관찰사와 절도사의 직무를 감당할 만한 사람을 천거하고, 중앙과 지방관으로서 동반3품 이상, 서반2품 이상의 품계를 가진 사람은 각각 (종3품인) 수령과 만호(萬戶)의 직무를 감당할 만한 사람을 천거하는데, 모두 3인을 초과하지 못한다. 그런데 수령으로서 응당 천거하여야 할 사람을 천거하지 아니한 경우에는 해조(該曹)에서 이를 상세히 조사하여 하고, 만약 부정하게 재물을 취득한 장죄(贓罪)를 범한 사람을 천거한 경우에는 그를 천거한 사람을 파직하되, 사실이 중대한 경우에는 관직을 삭탈한다. 또한 경국대전에는 사헌부와 사간원의 관원도 각각 관찰사·절도사의 후보자를 천거하고, 충훈부(忠勳府)에서는 공신의 자손으로서 이임(吏任)38)을 감당할 만한 사람을 천거할 수 있다는 규정이 있다.

　　또한 각 도에 전직자(前職者)(前銜) 또는 생원·진사·유학으로서 재질과 행장이 훌륭한 사람을 3년마다(每式年)39) 연초에 한 고을 사람들이 책임지고 천거할 경우, 수령은 관찰사에 보고하고, 관찰사는 이를 초록(抄錄)40)하여 추천한다. 그 인원이 충청·전라·경상도의 하삼도(下三道)에선 3인을 초과하지 못하고, 기타 도(上五道)에선 2인을 초과하지 못한다. 그 천거된 사람의 이름 밑에는 재질과 행장에 관한 사실을 기록하되, 생원·진사인 경우는 30세 이상, 유학인 경우는 40세 이상이라야 하는데, 전직(前職)이 있는 사람의 경우에는 연령에 구애되지 아니한다. 그러나 명실(名實)이 부합되지 아니하거나, 연령을 허위로 기록한 경우에는, 그를 책임지고 천거한 사람에 대해서 "재질이 적합하지 아니한 사람을 천거한 율"로써 논하고, 해당 관찰사와 수령은 파직한다. 또한 서울사람이 시골에 왕래하면서 어떤 인연을 찾아 천거하여 주기

---

38) 이속의 임무를 말함.
39) 식년은 태세의 자·오·묘·유가 드는 해를 말하는바 3년마다 한번씩 돌아오는 해임.
40) 관리임용에 적합한 후보자를 뽑아 기록하는 것.

를 청탁한 자 역시 "재질이 적합하지 아니한 사람을 천거한 율"로써 논한다. 그리하여 그 재질이 적합하지 아니한 사람을 천거하거나 천거할 만한 사람을 천거하지 아니한 경우에는 1인당 장 80의 형에 처하되 매 2인에 1등을 가하여 장 1백의 형에 이르면 그친다. 한편 청렴하고 근실한 아전(衙前)의 경우에는 2품 이상의 품계를 가진 관원으로 하여금 각각 아는 대로 천거하여 묘당에 적어 보내고, 묘당에서는 회의를 거처 인재를 뽑아 상주(上奏)한다(抄啓). 한편 『속대전』에 의하면, 경상·평안·함경도와 개성사람을 추천한 명단에는 주를 달아 표시한다.

3. 초임자에 대한 품계(科階)

문관과거의 갑과(甲科)[41]에 급제한 제1인에게는 종6품을, 그 나머지는 정7품을 주고, 을과(乙科)는 정8품을, 병과(丙科)는 정9품을 준다. 한편 원래 품계를 가지고 있던 자가 급제한 경우, 갑과 제1인으로 급제한 사람에게는 4계급을, 그 나머지는 3계급을 올리되, 당하관의 최고품계에 있던 사람은 당상관에 승진하며, 을과에 급제한 사람에게는 2계급을, 병과에 급제한 사람에게는 1계급을 올리되, 당하관의 최고품계에 있던 사람은 준직에, 준직에 있던 사람은 당상관에 승진한다. 한편 원래 품계를 가진 사람으로서 갑과에 급제한 제1인에게 올려주는 품계와, 원래 품계 없이 갑과에 급제한 제1인에게 당연히 주어야 하는 품계(종6품)가 서로 같거나(相等) 이에 미치지 않는(不及) 경우에는 당연히 주어야 하는 품계에 한 계급을 더 올려준다.[42] 그리고 나이가 50세에 달

---

41) 과거에 급제한 사람을 갑·을·병 3과로 구분하여 갑과 3인, 을과 7인, 병과 23인으로 합 33인을 정원으로 하고, 갑과의 제1인은 장원(壯元), 제2인은 방안(榜眼), 제3인은 탐화랑(探花郎)이라고 한다.

42) 품계가 상등하다는 것은 가령 제1인자의 원품계가 종8품인 승사랑(承仕郎)인 경우이고, 품계가 불급이란 것은 원품계가 정9품인 종사랑(從仕郎)인 경우를 의미한다.

한 사람은 분관(分館)한 후에 6품으로 승급하고, 아울러 공신의 적장 (嫡長), 오위(五衛)의 당하 정3품인 상호군(上護軍)으로서 과거에 급제 하였다면, 참외(參外)는 6품으로 승급하고, 참상(參上)은 한 품계를 올 린다. 또한 과거에 급제하기 전부터 이미 오위의 사과(司果)의 체아록 (遞兒綠)43)을 받은 자는 6품으로 승급하고, 과거에 급제하여 10년을 경 과한 자는 연석(筵席)44)에서 품주하여 6품으로 승급한다.

4. 관원임용에 관한 인준

당하관을 처음 임명함에 있어서 왕의 명령이 있으면 이조에서 당자 의 성명과 내외 4조 및 처4조를 기록하고 사헌부·사간원(이를 양사라 함)에 대하여 그 가부에 관한 의견을 묻는다. 양사에서는 임용후보자의 4조와 본인의 하자유무를 조사하고 하자가 없음이 판명되면 양사의 관 원이 공동 서명하여 동의함을 표시하는바 이를 서경(署經)이라 한다. 이조에서는 이러한 동의를 얻어야 비로소 사령서를 발급한다. 일직이 시종관 및 당상관을 지낸 사람은 제외한다. 한편 대관(사헌부·사간원 관원의 통칭)을 서경함에 있어서는 양사에서 3인씩 출석하여야 하고 3 인의 출석을 얻지 못하면 비록 2인씩 출석하더라도 이를 품주하여 거 행하되 양사에서 일제히 회합되어야 이에 서경을 하며, 감찰·도사·수 령을 서경함에 있어서는 양사에서 2인씩 출석하면 거행하되, 비록 양사 에서 일제히 회합되지 못하였다 할지라도 어느 1사에서 인원이 갖추어 졌으면 먼저 거행한다. 구체적으로 정6품인 감찰의 경우 먼저 사헌부에

---

43) 사과의 체아록＝사과는 5위의 한 직명이며, 원래 5위에는 직명만 있고 사무가 없기 때문에 이 직위에 임명된 자는 6개월간 녹봉을 받게 한 후에 교대하고 이를 체아록이라고 한다. 다만, 사과직에 있어도 녹봉을 받지 못하는 사람도 있다.
44) 임금과 신하가 모여 자문주답(諮問奏答)하던 자리를 말한다.

서 심사하여 아무 결함이 없음을 인정하고 등청(登廳)하여 집무하기로 허락된 후에 양사에서 이를 서경하는데, 만약 감찰을 임명할 때에 이미 서경을 거쳤으면 도사·수령의 직에 처음으로 임명된다 하더라도 서경을 요하지 아니하지만, 반대로 수령을 임명할 때에 비록 이미 서경을 거쳤다 할지라도 감찰에 처음으로 임명할 경우에는 다시 서경을 거쳐야 한다.

3차례나 서경을 요구하여도 통과되지 못하면 해임한다. 그런데 임명 사령서(告身, 職牒)가 공무상의 사고 이외의 원인으로서 50일이 경과되도록 서경을 거쳐 나오지 아니한 경우에는 임금에게 품주하여 아뢴다.

5. 근무성적의 고과

각 관사의 관원은 묘시(卯時, 지금의 오전 5시에서 7시 사이)에 출근하여 유시(酉時)(지금의 오후 5시에서 7시 사이)에 퇴근하는데, 낮이 짧은 겨울철에는 진시(辰時)(지금의 오전 7시에서 9시 사이)에 출근하여 신시(申時)(지금의 오후 3시에서 5시 사이)에 퇴근한다. 다만 사무가 긴요하고 절실한 관사에는 근무시간이 지난 후에도 한 사람은 숙직원으로 남아 대기하여야 하는데, 묘사(廟社)45) 및 금전·곡물을 관장하는 각 관사의 숙직원은 어떠한 공식 회합에도 참여하지 못한다.

양사·6조·한성부는 개좌(開座)46)한 일수와 이에 출석 또는 결석한 당상관의 명단을 매 5일에 한번씩 보고하여야 한다. 한편 경국대전에 의하면 매년 연말에는 이조에서 각 관사관원의 실제 근무상황과 여러 가지 일어난 일(사고)을 구체적으로 기록하여 문서로 상주(啓聞)하고, 서리(書吏)의 명부에는 이조에서 인장을 찍어 그 근만(勤慢)과 간위(奸僞)를 고찰한다는 규정이 있다. 그리고 매년 연말에 관찰사는 관하

---

45) 종묘와 사직.
46) 관원들이 한자리에 모여서 사무를 처리하는 것임.

각 수령이 관장하여 다스리고 있는 7개 사항[47)]에 대한 실적을 구체적으로 기록하여 임금에게 문서로 상주(啓聞)하여야 한다.

한편 각 관사의 장기 근무자는 30개월을 한하여 전임(轉任)한다. 다만 사헌부의 감찰, 수령, 품관[48)]에 승진한 사람 및 특별히 선택하여 임명하는 관직에 있어서는 이것의 적용받지 아니한다. 음관으로서 6품 참상관으로 승급한 후에는 사송(詞訟)[49)]을 담당하는 관직에 전임시켜야 한다. 그리고 음관으로서 6품에 승급한 후, 경학(經學)[50)]에 대한 고시를 한 번 치러야 비로소 수령에 추천하는데, 다만 그 사송을 담당하는 직의 재직일수가 만6개월에 달하여야 한다. 그러나 사은하는 배례를 하지 아니한 자(未肅拜者)에게는 이를 허하지 아니한다. 그런데 사송의 직무를 담당하여 6개월에 달하지 아니한 사람을 다른 관직에 이동할 경우에는 다시 사송을 담당하게 하고 전임기간을 통산한다. 한편 중서(中庶) 계급인 사람으로서 찰방·감목관을 역임한 바 있으면 이들도 또한 수령에 후보자로서 추천(注擬)할 수 있다.

한편 형조의 낭관(郞官)은 비록 중요한 인재라 할지라도 취임한 지 6개월에 달하기 전에는 수령으로 전임하지 못하나, 12월 또는 6월에 실시하는 근무성적의 고과에 따라 이동조치 할 때에는 그 임기가 만료되지 아니하여도 이를 임금께 아룈(啓稟) 수 있다. 능령(陵令)[51)]은 그 임기 150일이 만료되기 이전에는 다른 관직에 전임하지 못하고, 수령으로서 당하관은 30개월, 당상관은 20개월, 국경지방의 수령은 1주년을 경과하기 전에는 다른 관직에 전임하지 못한다. 그리고 시종관으로서 15개

---

47) 일곱 가지 일이란 농사일과 누에치기가 잘 되는 것, 호구가 느는 것, 학교를 추켜세우는 것, 군사관계의 정사를 잘 다스리는 것, 부역을 고르게 시키는 것, 송사를 간소하게 하는 것, 아전들의 농간질을 없애는 것이다.
48) 동서반의 품계를 가진 관원.
49) 민사소송을 말한 것. 이 시대에는 민·형사가 법률상 구분된 것은 아니나 범죄관계 즉 형사사건은 형옥이라 하고, 권리관계 즉 민사사건은 사송이라 한다.
50) 중국 고대의 최고 학문인 시전·서전·주역 등 3경을 말함.
51) 각 왕릉을 수호하는 책임자의 관직명을 영이라고 한다.

월 이전에는 다른 관직으로 전임할 수 없으나, 새로 청관(淸官)52)의 후
보자로 추천된 사람이면 이에 구애받지 아니하고 그 사유를 부기하여
야 한다. 현임 수령으로서 전임에 관한 명령을 받은 경우에는 그 재임
기한에 구애되지 아니하고, 전직(前職)에 있을 때 전임 명령을 받은 것
은 그 재임기한이 만료되기를 기다려 전임을 허용한다. 그러나 재임기
한이 만료되지 아니한 수령과 영하관(營下官),53) 그리고 물산이 많고
지역이 광대한 주(州)·목(牧) 외에선 비록 도목정사(都目政事)54) 때
라 할지라도 전임하기를 임금께 아뢰어 청하지(啓請) 못한다.

그리고 음관을 6품으로 승급할 때에 그 재임기한을 계산함에 있어서
일수계산에 관한 규정을 적용한다. 서면을 올려 휴가를 받았거나 의금
부에서 심문을 받고 있는 이외의 날은 모두 근무일로 계산하여 준다.
다만 능참봉은 숙배(肅拜)55)·입직(入直)·분향(焚香) 및 입제(入
齊)·절사(節祀)·기신제(忌辰祭)·고제(告祭)56)하는 날에 한하여 포
폄(褒貶)57) 할 때에 근무일로 계산하여 주고, 같은 관원으로서 (다른
관원이) 서면을 올려 휴가를 받았거나 혹은 공무상의 사고로 인하여
(그 다른 관원에 갈음하여) 대직(代直)한 경우도 또한 별개의 근무일
로 계산하여 준다.

한편 7품 이하의 관원은 재직기한 450일에 달하여야 다른 관직에 전
근하고 또 승급한다. 3차의 고과에서 2차례 우수한 자에게는 승급을 허

---

52) 홍문관의 관원은 문명과 청망이 있는 청백리라는 의미에서 청관이라 한다.
53) 관찰사·통제사 병·수사가 주재하는 관아를 영문이라 하며 이 영문에 소속되
    어 있는 관원을 통칭한 것임.
54) 매년 6월·12월에 각 관원의 성적이 좋고 나쁨에 따라 승진·파면, 영전·좌천
    등을 단행하는 정사. 이를 또 도목·도정 등으로 약칭하기도 한다.
55) 이 경우의 숙배는 서울을 떠나 임지로 향발하는 관원이 임금에게 고별인사를
    드리는 배례.
56) 고신제.
57) 관원의 성적을 고사하여 상등은 전이라 하고 전에 해당한 사람은 승진 또는
    영전에 처하는바 이를 표라 하며, 하등은 취라 하고 이 취에 해당한 사람은 해
    면·좌천에 처하는바 이를 폄이라 한다.

용한다. 종9품인 중앙 각 관사·전의 참봉(參奉)은 재직기한 450일에 달하여야 종8품인 봉사(奉事)에 승진하고, 봉사·참하관인 의금부 도사도 또 450일이 되어야 종7품인 직장(直長)에 승진하고 또 450이 되면 6품으로 승급하며, 능(陵)의 참봉도 이와 같이 하되 다만, 재직 900일에 달하여야 봉사에 승진한다. 참봉·봉사, 참하관인 의금부 도사는 비록 재직기한이 미달된다 하더라도 그 서열에 따라 승진하여 직장에 이르게 되는데, 이 경우 참봉·봉사 재직 시의 부족한 근무일수를 계산하여 이를 제한 후에 450일이 되어야 6품으로 승급한다.

7품 이하의 관원으로서 재직월수가 서로 같은 자를 다른 관사로 전근하게 한 경우에는 그 전직의 근무일수를 통산하고, 참외관(參外官)으로서 상피(相避)하여야 할 사유에 의하여 다른 관사에 전근하게 된 경우에도 전직의 근무일수를 통산한다. 그리고 재직 중에 부모의 상사(喪事)를 당하였거나 아무런 일이 없이 산관(散官)58)이 된 자는 전직의 근무일수를 통산한다. 다만 아무런 일이 없이 사관이 된 자의 재근일수(在勤日數)를 통산함에 있어서는 품주하여 재가를 받아야 한다.

그런데 수령을 수령으로 전근시킨 이외에 다른 관직으로 전임하는 수령에게는 전직의 재근일수를 통산하지 아니한다. 그러나 4관(四官)59)의 참외관은 면신(免新)60)의 선후를 막론하고 실지 근무한 일수를 계산하여 승급하고 전보한다. 따라서 참외로서 비록 상위에 있다 할지라도 근무하지 아니한 자에게는 관직을 주지 아니한다.

음관을 마땅히 6품으로 승급시켜야 하고, 수령에 임명하고자 하는 사람에게는 모두 서경61)의 강독을 고사(考查)한 후에 비로소 재직일수를

---

58) 정한 사무가 없는 벼슬을 말한다. 산반, 산직, 산계가 동일한 의미이다.
59) 예문관·승문원·성균관·교서관을 말한다.
60) 새로 관직에 임명된 허참례를 닦은 후에 구관원을 초청하여 접대하고 이로부터 동석을 허하게 되는 것.
61) 서는 대학·중용·맹자·논어의 4서이며, 경은 시전·서전·주역의 3경인바 이를 합칭한 것임.

계산한다. 그런데 생원·진사 및 경학에 능통하고 덕행이 있기 때문에 추천을 받은 사람(특별추천에 의하여 관공직에 종사한 사람은 예외로 한다)으로서 바로 6품에 승급한 경우에는 모두 6품의 고강(考講)62)을 면제한다. 6품의 고강에는 사서와 삼경 중에 각각 스스로 원하는 일서를 선택하고 이를 보고 읽게 하여 두 책을 모두 통독하지 못하면 파면하고, 한 책을 통독하지 못하면 그 다음의 도목정사 때에 다시 강독하게 한다. 수령의 고강(考講)에는 사서 및 스스로 원하는 일경과 「대명률」·『대전통편』을 읽게 하여 세 책을 통독하지 못하면 파면하는데, 1책을 통독하지 못하고 두 차례나 강독에 응하지 아니한 사람, 2책을 통독하지 못하고 한 차례 강독에 응하지 아니한 사람, 세 차례나 병으로 강독에 응하지 아니한 사람 역시 마찬가지로 파면한다. 그러나 처음 임관할 때에 명령을 받은 사람에게 차차 승급하여 서임하라는 명령이 있으면, 수석 직장(直長)은 비록 6품관에 시행하는 고강을 거치지 아니하였다 할지라도 특별교지에 따라 6품으로 승급하는 예에 의하여 본 규정을 적용받지 아니한다.

한편 중앙관사의 당하관은 재직기한 9백일이 만료되면 수령의 임기 만료에 관한 예에 의하여 전임하는데, 사헌부·사간원·홍문관, 세자시강원의 감찰은 임기를 없이 한다. 경국대전에 의하면, 6품 이상은 재직기한 9백일이 만료되면 전임하고 또 품계를 올려주되 다섯 번 고사에 세 번 上等한 자에 한하여 올리기를 허용한다고 규정되어 있다.

관찰사는 임기는 2주년으로 하고, 지방군직인 절도사, 영장(營將)도 이와 같다. 도사(都事)의 임기는 3백6십일로 하고 모두 배사(拜辭)63)하는

---

62) 서경의 강독을 고사하는 것. 여기는 참하관이 참상관으로 승진할 경우에는 이러한 시험을 치러야 하므로 이를 "6품강"이라 하고, 이와 같은 예로서 수령에 임명하려 하면 수령강을 치러야 한다.
63) 이는 사은숙배의 줄인 말이며 관직의 임명을 받고 왕에게 사은숙배하는 날부터 근무일로 계산하게 되는 것임.

날을 비롯하여 계산한다. 수령은 1천8백일로 하되, 당상관인 수령 및 가족을 인솔하지 아니한 수령과 찰방은 재직 9백일이 만료되면 전임한다.

　수령은 그 고사성적이 일정한 기준에 미달한 경우에는 그 임기가 만료되기를 기다려 면직시키고, 이미 고사성적이 일정한 기준에 도달한 경우에는 비록 그 임기가 만료되지 아니하였다 할지라도 전보할 수 있으되, 산정(散政)[64]에선 전보하지 못한다. 다만 추후의 성적고사에서 일정 기준에 도달된 경우에는 비록 산정에서도 이를 전보할 수 있다. 한편 경국대전에 의하면, 농번기에는 수령을 전임하지 못하고, 춘분 이전에는 (재근일수의) 부족일수가 50일 이하인 경우에는 전임할 수 있는 규정이 있다.

　죄과로 인하여 직첩횟수 및 파직의 처분을 받은 자는 6월과 12월에 그 죄명을 구체적으로 기록하여 上奏한다. 사면에 관한 명령이 있으면 임금께 아뢴 후에 별세초(別歲抄)[65]를 써서 드린다. 파직·파직불서(罷職不敍)·영불서용(永不敍用)의 처분을 받은 자는 1등을 강하하여 서용하고 삭직(削職)·피적몽방(被謫蒙放)[66]·직첩 1등을 회수하는 처분을 받은 자는 2등을 강하하여 서용하되, 2등에서 5등에 이르기까지 차차 가등(加等)한다. 함부로 형벌을 사용하다가 살인한 죄로 영영 관직에 서용하지 아니하는 처분을 받은 사람은 써서 드리지 못한다. 연한을 정한 금고의 처분을 받은 자는 그 연한이 만료되기를 기다려서 그 사유를 부기하여 드린다.

　당상관 및 포폄(褒貶)에 관한 규정을 적용받지 아니하는 관원은 1주년 내에 다섯 차례 부과(附過)[67]된 경우에는 이를 글로 상주하여 좌천시킨다. 다만 사헌부와 사간원은 본 규정을 적용받지 아니한다.

---

64) 매년 정기적으로 실시하는 도목정사 이외에 임시로 전보 임명하는 정사.
65) 사면령이 있을 때에 사면에 해당한 죄인을 골라내어 명단을 만들어 상주하는 것.
66) 유형의 처분을 받았다가 석방된 것.
67) 관리의 공무상 과실이 있을 때에 곧 처벌하지 아니하고, 관리의 명부에 그 사실을 기록하였다가 6·12월 성적고사 때에 이를 참고하는 것임.

　각 관사에서 명령사항에 대한 조사보고 기한을 경과한 경우에는 승정원에서 이를 규찰하여 심문하는데, 중앙관서는 3일을 경과하지 못하고, 지방관사는 30일을 경과하지 못한다. 그리고 돈령부 가선대부(종2품) 이상과 6조·경조(京兆)(한성부)·의금부·성균관의 당상 이상 관으로 임명되어 3일이 지내도록 사은(謝恩)하지 아니하면 승정원에서 이를 규찰하여 심문한다. 지방에 있으면서 관직에 임명된 자가 사은하는 기한68)을 경과한 경우에는 그 임명을 변경한다. 당상관이 휴가를 받고 들어와 고별인사의 배례를 행하지 아니한 자도 또한 규찰하여 심문한다. 또한 서울에 있으면서 30일이 되도록 취임하지 아니한 자는 상주하여 대체하고, 3관의 참외(參外)들은 상주하여 파면한다. 경국대전에 의하면, 서울과 지방의 당하관으로 새로 임명되었거나 그 임지로 떠나는 경우에는 의정부와 이조, 소속 관사를 찾아 인사하여야 하고 10일의 기한을 지내지 못하도록 규정되어 있다.

6. 포 폄

　매년 6월·12월 두 차례 관원의 성적을 고사하여, 그 성적이 우수한 사람은 영전 또는 승급시키는바 이를 "포(襃)"라 하고, 그 성적이 불량한 사람은 좌천 또는 파면시키는바 이를 "폄(貶)"이라 하며, 이러한 사무를 도목정사(都目政事)라고 한다.

　중앙과 지방의 포폄에 관한 서류는 밀봉문서로 하고, 매년 6월과 12월 말의 15일 전에 이를 개봉한다. 중앙관은 그 관사의 당상관·제조 및 소속 조(曹)의 당상관이 그 성적을 심사하여 등급을 결정하는데, 이 심사권을 가진 당상관이 유고하면 추후에 시행하되, 양등의 것을(춘·

---

68) 근도(경기)와 중도(충청·전라·경상·강원·평안·함경남도)는 40일, 함경북도 및 삼수·갑산은 50일, 6진은 60일로 한다.

하 1등, 추·동 1등) 동시에 병행하지 못한다. 그리고 선혜청·준천사 소속관원의 성적심사에 있어서 영의정이 없을 때에는 좌·우의정이 마감한다. 중앙관은 근무한 일수가 30일 이상이라야 성적심사의 대상이 된다. 특히 소송과 전곡을 관장하는 관사에서는 관원의 성적심사에 있어서 그 제목을 명백히 하여야 한다. 반면 사헌부·사간원, 시강원·강서원의 관원에는 성적을 심사하여 등급을 매기지 아니한다. 의금부에서 공무상 범과한 사람을 법에 비추어 즉시 처단하지 아니하고, 관원명부에 그 사실을 기록하고, 본직에 환원시킨 경우에는 그 성적을 고사할 때에 범과사실을 참고하여야 한다.

포폄할 때에 불참한 사람은 그 성적을 중위에 처하는데, 공무상의 사고와 범죄상의 심리로 인하여 불참한 사람은 그 성적을 중위에 두지 아니하고, 사실대로 주를 단다. 아울러 포폄 시의 불참과 관련해서 궐내·궐외에 입직하는 장관은 입직하는 사유를 기록하고, 그 나머지는 입직 또는 대직을 막론하고 반드시 참여하여야(進參) 한다. 그러나 예문·춘추관의 관원과 선발 추천된 문신은 진참하지 아니한다.

지방관의 경우 관찰사가 이를 심사하여 등급을 정하되, 제주 3읍은 제주목사가 이를 심사하여 관찰사·절도사에게 보고한다. 그리고 관찰사와 수령은 모두 임지에 도임하여 만 50일이 되어야 비로소 성적심사를 행하되, 경기도는 만 30일이면 이를 행한다. 비록 관찰사가 이미 교체되어야 할지라도, 포폄문서는 봉하여 올리고, 사임하였다면 후임관찰사가 도임하여 그 기일이 만료되기를 기다린 후에 봉하여 올린다.

육군장교는 병마절도사, 수군장교는 수군절도사가 그 성적을 심사하여 등급을 정하되, 모두 관찰사와 상의한다(우후와 평사는 각기 절도사가 이를 심사하여 등급을 정한다.

4관(성균·예문·교서관, 승문원을 말함)의 7품 이하 관은 그 성적이 중위에 속하면, 그 도목정사에서는 이를 전보하지 아니한다. 홍문관의

현직관원으로서 군무를 띠고 나간 경우에, 사과인 수찬과 사직인 교리
는 본 규정을 적용 받지 아니하고, 보다 상위의 직인 경우에는 계청하
여 그 과오를 깨끗이 씻어준다. 그리고 종부시(宗簿寺)의 정(正)과 판
교(判校)로서 성적이 중위인 경우에, 춘추관의 겸직은 해임한다. 그리고
6조의 낭관은 그 성적이 중위에 속하면 파면한다.

한편 10차 고사에 3차례 중위이거나, 5차 고사에 2차례 중위인 자는,
그 직을 파면하고, 1차례 중위인 자는, 포폄기간(6월·12월 초 10일)
내, 상위의 관직 또는 청현(淸顯)69)의 직에 임명하지 아니하며, 당상관
인 수령은 한 번 중위에 속하여도 파면하고, 끝으로 하위에 속하면 모
든 관직을 파면한다. 한편 성적이 하위에 속함으로 파면된 사람은 2년
을 지내야 이에 서임하고, 공신의 경우엔 그 가간을 1년으로 한다. 그러
나 당상관의 경우엔 이것의 적용을 받지 아니한다. 그리고 고사성적이
하위에 속한 수령은 사면령을 받아 모든 과오가 깨끗이 씻어지면, 중앙
관직에는 임명될 수 있어도 지방관직에는 2년을 지내야 임명될 수 있
다. 한편 성적이 중위에 속하므로 파면된 사람은, 한 도목(都目) - 6월
- 을 지내면 서임할 수 있으되, 먼저 그 과오를 깨끗이 씻게 하는 사
령 및 서용하라는 전지(傳旨)를 받아야 주천한다. 그리고 무관 또는 음
관인 수령은, 그 성적이 하위에 속하는 경우에는, 2년을 지낸 후에 본
품계 이하의 지방관직에 임용하고, 일고(一考)를 치루고 비로소 승급을
허용한다. 또 서반에 속하는 중앙 또는 지방관직으로서, 그 임기가 30개
월에 해당한 관원이, 두 차례 중위에 속하면, 이도 또한 파면한다.

한편 관찰사가 수령을 포폄함에 있어서, 하위의 표시를 없이한 경우
에는 승정원에서 조사하여 심문하는데, 이를 사정한 사람도 또한 청추
(請推)70)한다. 절도사가 변장(邊將)을 포폄함에 있어서도 동일하되, 강

---

69) 사헌부·사간원·홍문관·세자시강원·6조의 낭관을 말한다.
70) 고급관원의 공무상 과오에 대하여, 그 죄상을 조사 상주하여 징계에 회부하기
　　를 청하는 것.

원도는 예외로 한다. 근무성적이 중위에 속하는 수령이, 임기가 만료하기 전에 전직을 도모한 경우에는 논죄하여 파면에 처한다. 10차 고사에 그 성적이 상위에 속하는 수령은 중앙관직에 전임한다.

7. 노 직

조선왕조는 유교 윤리상 연장자를 경대하는 의례를 존중하고, 또 이를 장려하는 견지에서 제도적으로 일정한 연령에 도달하면, 신분의 여하를 막론하고, 제한된 관등의 품계를 제수하고, 이를 노인직 또는 노직(老職)이라 한다.

종반(宗班)71)으로서, 부수(副守) 이상은 나이가 80세에, 봉군한 사람의 부친은 나이가 70세에 달하면, 정3품 통정대부 이상의 품계를 올려준다. 종친부에서는 매년 연초에 해당자를 조사하여 이조에 통보하고, 법으로 당연히 정3품 통정대부 이상의 품계를 올려주어야 할 자는, 비록 입춘 이후에 그 연령에 해당된다 할지라도 이는 생년의 나이를 따라 한다.

조관(朝官)72)은 나이가 80세에, 일반 백성인 사서인(士庶人)은 나이가 90세에 달하면, 정3품 이상의 품계를 올려준다. 따라서 서울의 5부(五部) 및 각 읍(邑)은 한성판윤과 관찰사에 보고하여 새해가 되기 전에 글로 아뢰고(啓聞), 연초에 이들 노직에게 품계를 올려 주도록 품신한다. 그리고 선비나 무인의 집안 즉, 사족(士族)의 부녀는 나이가 90세에 달하면 봉작(封爵)한다. 아울러 그 남편과 어머니는 그 아내로 인하

---

71) 임금의 본성친족을 말한다.
72) 사부(士夫)는 일명(一命) 이상, 중인과 서얼인 중서(中庶)는 동반과 서반의 정직을 역임, 내시인 중관(中官)은 관직에 나아가 녹봉을 받는 자를 말한다. 여기서 일명에서의 명은 관등을 표시한 것이다. 중국 주나라 제도에 1명에서 9명까지의 등급을 정하고 있었음으로 이를 인용하여 처음 관직에 출사함을 일명이라 한다.

여 증직(贈職)[73]할 수 있다. 이 또한 한성부와 각 도에서 새해가 되기 전에 이를 계문한다. 상천(常賤)에게 주는 노직으로서는 종1품 숭정대부는 허락하여 주지 아니한다. 그리고 나이가 80세 이상이면 양인·천인을 막론하고 한 품계를 제수하며, 원래 품계를 갖고 있는 자에게는 한 계급을 올려 준다.

8. 추 증

조선왕조는 국가에 공로가 있고, 학행과 덕망이 있는 사람을 위하여, 귀중한 관직으로서 이를 예우하고, 그 영예를 길이 빛나게 하는 견지에서, 그들의 사후에 일정한 관직을 추서하는바 이를 추증(追贈)이라 하고, 특별한 경우에는 시호(諡號)를 지어서 내려주는데 이를 증시(贈諡)라고 한다. 대왕의 생가 선친에게는 영의정을, 조부에게는 좌찬성을, 증조부에게는 판서를, 대원군의 생가 선친에게는 우의정을, 세자의 생가 부친에게는 좌찬성을 贈職한다. 왕비의 선친에게는 영의정을 추서하고, 그 이상 3대에는, 국구(國舅)[74]에게 품계를 올려주는 예에 의하여 추서한다. 세자빈의 선친에게는 좌의정을, 세손빈의 선친과 대군의 처부에게는 우의정을, 왕자의 처부에게는 좌찬성을 추서한다. 종친 및 문무관의 2품 이상의 실직에 있는 사람의 경우 그 부·조·증조의 3대에 일정한 품계의 관직을 추서하는데, 그 부모는 본인의 품계에 준하고, 조부모와 증조부모는 1등식을 체강(遞降)하며, 처는 부군의 품계에 따라 추서한다.

한편 1등 공신의 부친에게는 순충(純忠)·적덕(積德)·병의(秉義)·보조(補祚) 공신으로 추서하고, 2등 공신은 병의를, 3등 공신은 적덕·병의를 각각 감하여 추서하는데, 모두 군으로 봉한다. 그리고 공신의 부

---

73) 현직 고관의 부·조부·증조부에게, 또는 효자·충신·학행이 있는 사람의 죽은 후에 관직과 품계를 추증하는 것임.
74) 임금의 장인, 즉 왕비의 친정아버지를 말한다.

친으로서 잡직에 있었던 사람에게는 정2품까지 추서하고, 조부 이상은 일반인에게 증직하는 예에 의하여 추서한다. 봉조하(奉朝賀)75)는 승급되었으면, 실직이든 아니든 그 품계에 따라, 3대에 일정한 관직을 추서한다. 봉명사신이 이역에서 사망한 경우에는, 그 관품을 올려서 증직한다. 친공신(親功臣)76)이 사망하면, 그 관품을 올려서 증직하는데, 비록 그 직위가 낮다 할지라도 정2품의 관직을 추서한다.

전지(傳旨)를 받고 아직 관직에 임명되지 아니한 사람과, 과거에 급제하고 아직 분관(分館)77)되지 아니한 사람이 사망한 경우에는, 각각 그에 상당한 관직을 추서한다. 시보기간이 만료하기 전에 사망한 사람도 이와 같다. 학행과 절의가 있는 사람에게, 특별히 증직한 것 이외에는 남대(南臺)78)를 추서하지 못한다.

품계를 올려 받아야 할 사람과 관직의 추증을 받을 사람 중에, 일찍이 이조 또는 홍문관의 실직을 역임한 바 있으면 이조판서에까지 추서한다. 그러나 중·서의 신분으로서 의원·역관인 사람에게 증직할 경우에는, 참판 또는 총관을 허용하지 아니하며, 정원 외의 동지사(同知事)에게 증직할 경우에는, 한성부의 좌·우윤을 허용하지 아니한다. 종친 및 2품 이상 실직에 있었던 문무관에게는 시호79)를 내려준다. 유교에 조예가 깊고 학행이 있는 사람 및 절의를 지키기 위하여 생명을 희생

---

75) 종2품 이상의 관원이 사임한 후에 있어서, 특히 이를 예우하기 위하여 임명하는 관직으로서, 평소에 근무하지 아니하고, 국가의 의식에만 참석하며, 종신토록 녹봉을 받는다.
76) 부·조로부터 승습한 공신이 아니고, 자기의 공으로서 녹훈된 공신.
77) 새로 문과과거에 급제한 사람에게 실무를 익히기 위하여 승문원과 성균관에 분속하는 것. 문벌가 자손은 승문원에 분속하여 이를 괴원분관이라 하고, 향족은 성균관에 분속하여 이를 국자분관이라 한다.
78) 학식과 덕망이 있는 사람을 의병부의 추천에 의하여 임명된 사헌부의 장령 또는 지평을 남대라고 한다.
79) 국가에 공이 있고 정2품 이상의 관직에 있었던 사람에게 그 행적을 더욱 빛내게 하기 위하여, 그의 사후에 국왕이 내려주는 호를 시호라고 하는바, 문순공, 충무공, 문숙공, 충정공 등이 그것이다.

한 사실이 현저한 사람은, 비록 정2품이 아니라 할지라도 시호를 내려 주고, 대제학의 경우 비록 종2품이라도 역시 시호를 내려준다. 시호는 봉상시의 正과 홍문관의 응교·부응교가 의논하여 짓고, 의정부와 사헌부·사간원에서 이를 심사하여 인준한다.

9. 급 가

급가(給暇)는 모든 관원에게 휴가를 준다는 말이다. 휴가를 받을 사유에 있어서는 일정한 규정이 있고, 그 사유의 경중에 따라 휴가일수를 엄격히 제한하였으며, 만약 일정한 기한이 경과하도록 귀임치 아니할 경우에는 소정의 처벌을 받게 된다.

사고가 있는 자에게는, 이를 아뢰어 휴가를 준다. 문무 당상관 이상은 실직 또는 군직을 막론하고, 급가에 관한 상주문을 승정원으로 올리되, 정경(正卿)80)이면 승지를 경유하지 아니하고 직접 올릴 수 있으며, 사헌부·사간원·홍문관·세자시강원·강서원의 감찰도 이와 같이 할 수 있다. 한편 당하관은 부모의 병환 이외에는 이조에 상주문을 올리는데, 무관은 병조에 올린다.

조상의 산소를 보수하기(加土) 위하여 휴가를 얻고자 할 경우에는, 당상관 이상 및 3사의 관원에 한하여 휴가를 준다. 종친으로서 병환이 있을 경우에는 종부시에서, 그 사실을 조사 상주하여, 10일을 한하여 말미(휴가)를 주되(給由), 만약 그 기한을 경과하여도 귀임하지 아니한 경우에는 이를 검거한다. 수령에게는 부모에게 귀성, 병든 부모의 치료. 본처의 사망, 처부모의 장례, 자식의 성혼에 관한 사유 이외에는 말미(휴가)를 주지 아니하는데, 다만 재직 중 승진시험에 응시하기 위한 경

---

80) 정2품 이상의 관직에 있는 의정부의 좌우찬성, 6조의판서, 한성부의 판윤, 홍문관의 대제학 등을 정경이라 한다.

우에는 말미(휴가)를 준다. 하지만 8월부터 12월까지는 부모의 병환 이외에는 말미(휴가)를 주지 아니한다. 또한 특별한 교지로 지방에 보임된 관원과 국경지방의 수령·찰방에게는 말미(휴가)를 주지 아니하며, 빈민 또는 병민을 구호하기 위하여 진휼(賑恤)을 실시하고 있는 고을에도 또한 말미(휴가)를 주지 아니한다. 다만 지방에 부임된 관원으로서, 늙은 부모가 있을 경우에는 말미(휴가)를 준다. 근친(覲親)81)·성묘·영친(榮親)82)·영분(榮墳)83)·분황(焚黃)84)·혼가(婚嫁)에는 7일간의, 처·처부모의 장례에는 15일간의 말미(휴가)를 준다. 부모의 병환을 치료하기 위하여 말미를 주는 경우, 원도(遠道)는 70일, 근도(近道)는 50일, 경기도는 30일로 한다. 한편 시제(時祭) 때이면 주제자(主祭者)와 맏이 이외의 아들(衆子)에게는 2일간, 장손 및 같은 할아버지의 손자로서 아버지가 사망한 모든 장손에게는 1일간 휴가를 주고, 기제사(忌祭祀) 때에는 모두 2일간 휴가를 준다.

말미(휴가)를 받고, 그 기한이 지나도 귀임하지 아니한 사람은 상주하여 해임하는데, 6관(六官)(성균관·예문관·교서관·춘추관·홍문관·승무원)의 7품 이하 참외관의 경우엔 상주하여 파면한다. 지방관의 경우 관찰사가 그 거리를 계산하여 말미를 주고, 기한을 경과하면 이를 교체한다. 아울러 대소관원이 아무 사고 없이 도성 내에 있으면서도 조회에 불참하거나 지방에 있으면서 공무를 집행하지 아니하거나 말미(휴가)를 받고 그 기한에 돌아오지 아니한 경우에는 1일에 태 10의 형에 처하

---

81) 고향으로 돌아가서 부모를 뵙는 것이며, 이를 또 귀성이라고 한다.
82) 지방 사람으로서 서울에 와서 과거에 급제하였거나, 혹은 관직에 임명된 자가, 고향으로 돌아가서 부모에게 그 영예를 가지게 하는 것.
83) 부모가 사망한 후에, 과거에 급제하였거나 또는 임관된 자가 처음 부모의 산소 앞에서 봉고하는 의식, 이를 영분례라고 한다.
84) 국가에서 관직을 추증한 경우에, 그 자손들이 관직의 추증을 받는 조선의 산소 앞에서 그 사유를 고하는 의식, 관직을 추증할 경우에는, 추증에 대한 사령서 이외에, 황지에 쓴 사령서의 부본이 지급됨으로, 자손들이 이를 고한 후에, 그 황지를 묘전에서 불태움을 예로 하였기 때문에 이를 분황이라고 한다.

되, 매 3일에 1등식을 가하여 장 80의 형에 그친다. 그리고 당상관 이하가, 실직 또는 군직을 막론하고, 휴가에 대한 허가를 기다리지 아니하고, 고향으로 내려간 경우에는 의금부에서 이를 소환하여 심문한다.

한편 부모의 나이가 70세 이상이면 한 아들을, 80세 이상이면 두 아들을, 90세 이상이면 모든 아들을 귀성시켜 봉양하게 하는데, 조부모·부모의 나이가 80세 이상이거나 독질에 걸려있으되 봉양할 다음의 장정이 없음에도 불구하고 부모봉양의 임무를 저버린 자는 장 80의 형에 처한다.

10. 상　피

조선왕조는 동일관청의 상하관에 있어서, 일정한 친족관계에 있는 자로서는, 서로 맞서기(상대하기)를 피하게 하는 규정을 상피(相避)라고 하며, 동일한 관청뿐만 아니라, 직무상 상관되는 관계에 있어서도 그러하고 소송관계에 있어서도, 법관과 소송당사자 간의 상피관계를 엄격히 규제하고 있는 것이 특색으로 볼 수 있다.

원칙적으로 동성동본의 일족인 본종(本宗)으로서는 대공(大功)[85] 이상 및 여부(女夫)(女壻)·손녀부(孫女夫)(孫壻)·자부·매부, 외친으로서는 시마(緦麻)[86] 이상, 처친으로서는 부·조부, 형제·자부·매부는 상피하는데 — 이른바 대문상피(大文相避)[87]라고 한다 —, 나아가 본종의 고모부·질녀부(姪女夫)(姪壻)·4촌자·매부, 외친의 이모부, 외친으로서는 동성 3촌 숙모부 처첩친으로서는 3촌 숙질·숙모·질여부·4촌

---

85) 大功이란 從兄弟姉妹·衆子婦·衆孫·衆孫女를 가리킨다.
86) 外親이란 외조부모·외숙부모·외종형제자매 등, 緦麻란 從曾祖父母·三從兄弟·重曾孫·衆玄孫 등을 가리킨다.
87) 대문은 주해가 있는 본문을 말한 것인바, 여기는 상피에 관한 원조문의 규정을 지칭한 것임.

형제가 모두 상피한다 - 이를 소주상피(小註相避)88)라고 한다 - 아울러 혼인관계에 있는 사람도 모두 상피한다. 그런데 출계(出系)한 자는 생가친척에 있어서, 일체 본 규정에 의하여 상피한다.

그리하여 소송담당관(聽訟) 및 시험관으로 임명할 경우에, 응시자와 시험관이 상피할 뿐만 아니라, 대문 및 소주에 규정된 친척관계는 모두 동일관사의 재직을 상피하고, 이를 교대시킬 경우에는 대문의 규정을 적용하되, 지방관 및 의정부, 의금부, 이·병·형조, 도총·한성·사헌부, 5위장, 겸사복(兼司僕), 내금위장, 승정·사간원, 종부시, 부장·사관에게는 소주의 규정까지를 적용한다. 다만 학관(學官)(홍문관, 시강·강서원, 성균관, 4학의 관원)과 군관은 오직 임명할 때에만 상피한다. 그런데 소송담당관은 사제·친우·원수관계는 상피하되, 이는 형전 청리조의 규정을 참조한다.

그리고 이방승지(吏房承旨)와 이조관원은 상피하여야 할 사유가 있을 경우에는 임명하지 아니하는데, 이는 병방승지(兵房承旨)와 병조관원의 경우에도 동일하다. 그러나 여기서 당상관은 예외로 하여, 재직기한이 만료되면 예에 쫓아 전임한다. 한편 예문관의 검열, 승정원의 주서, 특파하는 사신을 수행하는 서장관, 실무시험에 차출되는 경차관(敬差官)89)을 대관에게 겸직으로 임명할 경우에는, 본 규정을 적용받지 아니한다. 또한 가령 서장관은 사신과 상피하고, 5위장·부장은 총관과 상피하고, 병조는 도총부와 상피하고, 내3청(겸사복·우림위·내금위)의 5위장은 병조판서와 상피하고, 병사·수사·영장·우후·평사·도사·수령·찰방 및 변장은 감사와 상피한다. 그러나 당연 겸직인 제조는 도제조와 상피하지 아니한다.

---

88) 소주는 본문에 수반한 구체적 설명을 말한 것인바, 여기는 상피에 관한 원조문의 규정 이외에 더 상세한 규정을 지칭한 것임.

89) 각 지방의 농산물의 손실, 기타 민정의 순찰, 또한 특정의 조사사항을 조사하기 위하여 특파하는 임시관직의 명칭임.

한편 동일 관사에서 마땅히 상피하여야 할 경우에는 하위의 직을 전임한다. 가령 예문관 검열과 춘추관의 관원이 상피하게 되면, 춘추관의 지사 이하 전원을 전임하고, 춘추관의 영사 또는 감사가 전임하면 예문관의 검열도 전임하며, 승정원의 주서(注書)도 이와 같이 한다. 아직 임지에 부임하지 아니한 도사와 수령이 상피하여야 할 경우에는, 도사를 전임하고, 우후(虞侯)와 변장(邊將)에 있어서도 이와 같이 한다. 그리고 6승지는 6조 당상관과 상피하는데, 이 경우 계품하여 승지의 담당하는 부서를 바꾼다. 또한 승정원의 주서와 예문관의 검열이 상피하여야 할 경우에는, 주서를 전임하고, 대관과 겸직 대관이 상피하여야 할 경우에는, 대관을 전임하고, 양도유수(兩都留守)[90]와 경기도 관찰사가 상피하여야 할 경우에는, 유수를 전임한다.

11. 해 유

해유(解由)란 국가공무를 집행하는 관원으로서 그 재임기간 중 모든 책임 사유를 임기만료일에 일정한 검열을 거쳐 해제시켜주는 것을 의미한다. 관원이 교체될 때에, 전관(前官)은 소관서류 및 문서와 장부(文簿)를 후관(後官)에게 인계하고, 문관은 이조의, 무관은 병조의 입회하에 그 임기 중 물품의 출납, 보관상황, 현 재고량 등을 일일이 검열하여 완전하게 결함이 없은 후에, 이·병조에서 책임해제의 증명서인 해유장(解由狀)을 호조에 이송하면 호조에서 이를 원본에서 베껴(등사하여) 본인에게 교부함을 순서로 하였다. 이 해유장을 받지 못하면 다른 관직에 전보될 수 없거니와 만약 특명으로 전보되어 공무를 수행 중이라 할지라도 전직의 해유장이 교부될 때까지 녹봉을 받지 못하게 되어있다. 물품을 대조할 때에는 원장의 현 재고를 별도로 초록하고, 창고의

---

90) 개성·강화의 두 유수를 말한 것임.

현품과 하나씩 대조하여 다음이 없는 것은 X표로 지워버린다. 처음부터 끝까지 다 지워버리면 완전무결한 표시가 되는 것이며, 이를 효주(爻周)라 하고, 마소의 의미를 지닌 이 효주를 필하여야 해유장을 교부하게 되어있다. 그리고 관원의 감봉조치를 월록(越祿)·월봉(越俸)·월등(越等)이라 하는데, 월록과 월봉은 동의어로서 일반적 감봉에 쓰이는 말이나, 월등은 녹봉의 등급을 감한다는 것이다.

가령 중앙에 상납하여야 할 미·포를 일정한 수량대로 상납하지 아니하였거나, 군정(軍丁)을 정수대로 충원하지 못한 경우, 그 부족분이 많으면 해유에 지장을 받고, 적으면 감봉조치 한다. 다만 전세(田稅)와 대동미의 미수(未收)에 있어서는 비록 1석이라 할지라도 해유에 지장이 있으며, 구년도에 미수한 전세는 그 해의 조례에 의하여 처리하되, 대동미에 있어서는 쌀 20석, 포목 1동 미수에 1등을 감봉하고, 이 이상인 경우에는 이를 체가(遞加)하되 3등 감봉을 최대한으로 한다.

이 감봉조치는 7등을 초과하지 못하며 첩범자(疊犯者)인 경우에는 중죄에 따라 처단하는데, 감봉의 등수는 월수로서 계산한다. 다만 여러 관사(官司)의 범행을 합계하여 거듭(疊犯) 3조를 범한 경우에는 1등을 가하고, 4조를 범한 경우에는 또 1등을 가하되 8등을 넘지 못한다. 이 감등조치는 당해 해유장이 호조에 도착한 날로부터 계산하되 녹패를 교부한 후 녹봉창고를 봉인하기 전에 도착하였으면, 그 분기의 녹봉을 계산하여 감하고, 상중에 있거나, 하위직에 있거나, 아직 보직을 부하지 아니한 사람은 그 서임하는 달로부터 계산하고, 임지에 있거나 상중에 있는 사람은 2등을 감한다. 다만 지방관의 계청에 의하여 외직군관이 매분기에 삭포(朔布)91) 3필씩을 납부하면 감등조치를 취소하고, 중앙군문의 장관(將官) 역시 납료(納料)하면 감등조치를 취소한다. 한편 해유장 발급에 관한 수수료를 관에 납부하되 차등을 둔다. 가령 3개월 이상

---

91) 각 관용으로 매월 납부하는 포목을 말함.

관직에 있었던 사람(무관)은 모두 병조에 납부하여야 하되 부·목·도
호부는 16냥, 군·현은 11냥, 첨사·만호는 6냥, 찰방은 5냥으로 하고,
이 밖에 또 계사청(計士廳)에 지급하는 수수료가 있으며 3개월 이하인
사람은 다만 후전(後錢) 1냥을 병조에 납부하여야 한다.

Ⅲ. 맺으면서

우리는 종종 우리네 역사와 전통은 제도 중심적으로 형성되어 온 것
이 아니라, 사람 중심적으로 형성되어 왔다고 여긴다. 그러나 하나의 왕
조가 유례없이 근 500년을 지탱해 온 점에도 불구하고 그간 우리네 선
조의 삶과 제도에 대해 근거 없는 부지와 오해가 인식의 저변에 깔려
있지 않았을까 궁금하다. 이상에서 본 내용을 통해서, 조선왕조를 500년
동안 존속하도록 지탱케 한 그 골간은 바로 정교한 관료체제였음을 확
인할 수 있었다. 관리후보에 관한 천거, 상피 그리고 해유 등에서 보듯
이, 군주제의 근간으로 하되 그것의 전횡을 사전에 막기 위한 여러 법
제도가 매우 정교하게 형성되어 있었다. 이상에선 당시의 제도를 그대
로 소개하기 위하여, 지금의 편제나 주지하는 방식보다는 글감인 「전율
통보」상의 그것에 쫓아서 서술하는 데 그쳤다. 그런데 이상의 내용은
현재의 행정법학에 접목가능한지 여부와 어떤 영역에서 그것이 가능한
지를 검토하는 데 초점이 모아져야 한다. 즉, 그것에 관류하는 중심사상
을 지금에 가능한 통용되게 만드는 데 있다는 것이다.

그간 전통에 관한 연구가 많이 이루어졌음에도 불구하고, 그들이 현
재의 우리 인식과 제도 밖에서 여전히 맴돌 뿐인 사실은 우려할 만하
다. 물론 여기에는 오늘날 행정의 관념, 행정의 임무, 행정에 관한 국민

적 인식 등에서 진행되었거나 진행 중인 변화의 흐름 또한 간과해선 곤란하다. 문제는 전통적인 법제도의 도입에 따른 현 제도와의 체계정합성의 유지이다. 오늘날 공무원에 관한 '국민의 공복적' 인식은 여전하면서도, 한편으론 '공무원의 영리활동'에 관한 논란이 보여주듯이, IMF 이후 공직을 비롯한 모든 직업활동의 변화에 따라 직업공무원 제도 자체도 근본적인 변화에 놓여있다. 따라서 간략히 '공익'과 '사익'의 교차 상황으로 봄직한 이런 상황 속에서 양자를 조화롭게 정립하는 것이 행정조직법, 나아가 공무원법의 현하의 화두이다. 그리하여 차후엔 이런 조화를 가져다 줄 수 있는 착안점은 물론, 이를 바탕으로 현재의 행정법학과의 교차점을 발견하여 선조들의 지혜를 되살리고자 한다.

참고문헌

『經國大典』.

『高麗史』.

『大典續錄』.

『大典會通』.

『牧民心書』.

『續大典』.

『受敎輯錄・詞訟類聚』.

『審理錄』.

『六典條例(戶典)』.

『典錄通考(吏典・戶典・工典)』.

『典律通補』.

『朝鮮王朝實錄』.

『秋官志』.

『欽欽新書』.

김남진, 『행정법 Ⅰ』, 법문사, 2003.

류지태, 『행정법신론』, 신영사, 2003.

박병호, 『한국법제사고』, 법문사, 1974.

연정열, 『한국법제사』, 학문사, 1996.

우병창, 『조선시대에 있어서 재산법연구: 왕조실록기사의 분석을 중심으로』, 고려대학교 박사학위논문, 1996.

윤국일, 『신편 경국대전』, 신서원, 1998.

이정규, 『한국법제사』, 국학자료원, 1996.

이희봉, 「이조시대에 있어서의 행정과 법률과의 관계」, 『법률행정논집』 제9집, 고려대학교 법학연구소, 1966.

조규창, 「구한말 서구법계수의 역사적 의의」, 『판례월보』 제187호, 판례월보사, 1986.

조윤선, 『조선 후기 소송연구』, 국학자료원, 2002.

한국법사학논총, 박병호 교수 환갑기념논문집, 박영사, 1991.

한국역사연구회, 『수교집록』, 청년사, 2001., 『신보 수교집록』, 청년사, 2001.

조선조 공무원(관리) 임용제에 관한 행정법적(공무원법적) 고찰

김 중 권

Ⅰ. 처음에

2002년 한국학술진흥재단의 지원에 따른 "조선조 법제도 분석을 통한 21세기 한국적 법문화에 관한 연구"를 수행하기 위하여 2003년에 조선조의 공무원 법제에 관한 연구를 수행하였다. 그 연구에선 당시의 제도를 그대로 소개하기 위하여, 지금의 편제나 주지하는 방식보다는 글감인 『전률통보(典律通補)』상의 그것에 좇아서 서술하는 데 그쳤다.1) 이제는 조선조의 법제상의 내용들 가운데 무엇이 현재의 행정법학에 어떤 영역에서 접목가능한지 여부를 검토하는 데 초점이 모아져야 한다. 즉, 그것에 관류하는 중심사상을 지금에도 가능한 통용되게 만드는 데 있다. 이런 시도의 바탕은, 현행의 공무원 법제와 조선조의 관련 법제를 세심하게 비교한 다음에 양자간에 공유하는 틀을 발견하는 것이다. 그런데 비교를 통해 공통분모를 발견하지 못한다면 그 비교는 단순 병렬적 차원에 그쳐서, 양자간의 접점 없는 차이만을 노정할 뿐이다. 대상제도들 간에 성찰적 조응이 이루어질 수 있는 기본토대를 공유하고 있는지 여부가 관건이다. 중심사상을 기저로 한 기본토대의 존재가 일종의 '잃어버린 연결고리'인 셈이다. 따라서 2차년도의 연구수행에서의 첫 단추는 이 '잃어버린 연결고리'를 찾는 것이다. 그런데 유의해야 할 점은 이 같은 모색에서 통시적 관점이 요구되는데, 여기에는 현재로부터의 관점뿐만 아니라, 그 당시로부터의 관점 역시 고려해야 한다는 점이다. 물론 후자와 관련해선, 그 당시의 제도를 어떻게 해석하는지가 문제된다.

---

1) 이에 관해선 김중권, 「조선조의 행정법제 특히 공무원 법제에 관한 소고」, 『토지공법연구』 제19집(한국토지공법학회, 2003), 556면 이하 참조.

Ⅱ. 현재의 공무원 법제와 조선조의 공무원 법제
간에 공유하는 기본틀이 존재하는가?

　현재의 공무원 제도는 민주적·직업적 공무원제를 근간으로 하고 있다. 그리하여 우리나라 공무원 제도의 기본 원칙과 관련해서, 민주적 공무원제의 측면에선 국민에 대한 봉사, 국민에 대한 책임, 공무담임의 기회균등이, 직업공무원제의 측면에선 신분보장, 정치적 중립성, 성적주의가 제시된다.[2] 분명 이런 내용의 상당부분은 후술하는 조선조의 공무원(관리)법제[3]에서 충분히 확인될 수 있긴 하나, 현재의 공무원 법제와 조선조의 공무원 법제 양자간의 기본틀의 공유 여부를 검토하지 않고서는 양자간의 교차점의 의미는 국소적, 단편적, 비체계적 차원에 머물 수밖에 없다. 따라서 양자간의 기본틀의 공유여부를 판단하는 첫 단추로서 민주적 법치국가원리의 존재가능성과 조선조 관료제의 성격에

---

2)　김남진·김연태, 『행정법 Ⅱ』(법문사, 2004), 196면 이하. 김중양 박사 등은 국가공무원법의 일반 원칙으로, 민주적 공무원 제도, 직업공무원 제도, 실적주의 제도를 들면서, 특히 처음과 관련해선 국민 전체에 대한 봉사자, 국민에 대한 책임, 공무원 임용의 민주성 및 공무담임의 기회균등 보장 및 공무원에 관한 기본적 사항의 법률주의를 제시한다(김중양·김명식, 『공무원법』(박영사, 2000), 23면 이하).

3)　공무원은 행정조직의 구성원(공무의 담임자)이라는 지위 외에 국민 또는 사회의 구성원으로서의 지위, 근로자의 한 사람으로서의 지위까지 누리고 있다. 헌법 제7조 제1항은 「공무원은 국민 전체에 대한 봉사자이며, 국민에 대하여 책임을 진다」고 규정하고 있다. 여기서의 공무원은 국가 또는 공공단체의 공무를 담당하는 일체의 자(이른바 광의의 공무원)를 의미하지만, 통상 각종 공무원법에서 규율하는 공무원은 국가 또는 지방자치단체와 공법상의 근무관계에 있는 모든 자(이른바 협의의 공무원)를 의미한다. 조선조의 관리를 오늘날의 공무원 개념에 바로 환치(換置)하는 것은 자칫 존재의 지평이 다름을 간과할 수 있다. 따라서 여기선 양자간의 정당한 차이점을 전제하면서 사용한다는 점을 밝혀두는데, 나아가 전자에서 후자에 근사한 측면을 애써 발견하고 강조하기 위한 뜻도 있다.

관한 물음을 검토하고자 한다. 그런데 여기서 유의해야 할 점은, 어느 일방의 것을 다른 일방에 가감 없이 그 자체를 대입시키는 것은 지양되어야 한다는 것이다. 무릇 시공이 다르게 존재하는 것들을 일정 시점과 공간에서의 관점으로 봄은, 이미 그 자체에 상호 조응하지 못함을 원천적으로 배태한 것이다. 세심한 고려를 하지 않은 채, 보편성을 일반화하려는 시도는 지양되어야 한다.

1. 조선조의 공무원 법제와 민주적 법치국가원리

행정법을 비롯한 모든 공법질서의 기본 패러다임은 민주적 법치국가원리이다. 법치국가원리의 목적은, 권력남용을 막고 개개인의 자유가 보장되도록 공권력을 법적으로 구속하는 것이다. 그리고 민주주의원리는 생활영역의 모든 질서가 국민에 의해 선출된 입법기관의 의사결정에 기인할 수 있게 한다. 핵심적인 여러 원칙[4]을 담고 있는 고전적 행정법[5]은 법치국가원리의 구체화로서 생겨났다. 법치국가원리는 다른 한 편으로는 그것이 합리성과 심사에 관한 근거로서 질서를 보장한다는 식으로 객관적 측면을 지닌다.[6] 그러나 행정법의 이념이 계몽주의시대에 만들어졌듯이,[7] 법규정에 의거한 행위는 이미 그 이념에서 목적 그 자체로서 여겨지지 않는다. 법규정에 의거한 행위는 대신에 국가권력의

---

4) 권력분립원리에서 기인한 행정의 법률구속의 원칙, 법률유보의 원칙, 사법심사의 원칙, 행위형식론의 원칙.
5) 보통 다섯 가지 징표가 기본요소이다: 권력분립, 법원의 독립성, 행정의 법률적합성, 행정조치에 대한 사법구제, 국가책임법의 여러 원칙.
6) 브렉만(Bleckmann)은 법치국가원리가 공법을 구성하는 객관적 측면을 지님을 강조한다. Ders., "Vom subjektiven zum objektiven Rechtsstaatsprinzip", JöR Bd. 36(1987), S. 1 ff.
7) 법치국가원리의 역사에 대해서 vgl. Schmidt-Aßmann, "Der Rechtsstaat", in: Isensee/Kirchhof(Hrsg.), *Handbuch des Staatsrechts*, Bd. I, 1987, § 24 Rn. 10 ff.; Forsthoff, *Rechtsstaat im Wandel*, 2. Aufl., 1976.

252

제한이어서 간접적으로 자유보장적으로 영향을 미치는 행정법의 기능에서 추구된다.[8]

법치국가원리는 순전히 헌법상의 원리로서는, 쿠니히(Kunig)가 동 원리를 분석하면서 입증하려한 것처럼,[9] 사실상 공허할지 모른다. 그러나 법치국가원리는 행정법상의 근원에서 보아선 여전히 살아있다.[10] 법률유보 원칙, 적법성 원칙, 신뢰·존속보호 원칙, 사법구제와 같은 공리상으로는 물론, 명료한 행위형식과 관련해서도, 법치국가원리의 여러 요소를 합성한 것이 체계로서의 행정법이다. 그런데 법치국가원리의 내용은 재산권보장을 참조할 수 있듯이, 헌법과 행정법의 상관관계에서만 정해질 수 있다.

고려조에 권신들이 사당을 결성하여 국가의 법령·의식을 무시하고 방자하게 농권(弄權)함으로써 백정이 문란하여 종내 왕조가 붕괴되는 과정을 목도한 이태조가 건국에 당하여 즉위의 교에 법치의 선언을 하였고, 그에 따라 법전의 편찬이 본격화되어 그 양과 질에서 전조인 고려조에 비견할 수 없을 정도였다. 즉, 비록 서구적 의미의 법치국가사상과는 출발점이 다르지만, 조선조에는 수많은 법전이 편찬되었다.[11] 일단 형식

---

8) Di Fabio, *Risikoentscheidungen im Rechtsstaat*, 1994, §2 A.

9) Kunig, Das *Rechtsstaatsprinzip*, 1986, S. 455.

10) Vgl. Schmidt-Aßmann, "Der Rechtsstaat", in : *HStR*, Bd. Ⅰ, 1987, §24 Rn. 2.

11) 즉, 정도전이 주례를 모방하여 찬진(撰進)한 『조선경국전』(1394, 태조 3년)을 시발로, 『경제육전』(1397, 태조6년), 『속육전』(1407, 태종 7년), 조선왕조 500년을 지배해 온 기본법전인 『경국대전』(1469, 예종 원년), 『대전속록』(1492, 성종 23년), 『대전후속록』(1543, 중종 38년), 『수교집록』(1698, 숙종 24년), 『전록통고』(1706, 숙종 32년), 『신보수교집록』(1743, 영조 19년), 『속대전』(1744, 영조 20년), 『대전통편』(1785, 정조 9년), 『전율통보』(1787, 정조 11년), 『대전회통』(1865, 고종 2년), 조선시대의 마지막 전통법전인 『육전조례』(1867, 고종 4년) 등이 찬수되어 내려왔다. 특히 이러한 여러 법전 가운데 『전율통보』(1787, 정조 11년)는 각 서의 관계조문을 한 곳으로 종합하고, 법의(法義)의 전후 모순과 중복을 시정하고, 적용한계와 출처 및 법원을 알기 쉽도록 하였다. 조선조의 법의 정비에 관해선 특히 박병호, 『근세의 법과 법사상』, 1996, 75면 이하; 정긍식, 「조선시대의 권력분립과 법치주의」, 『법학』 제43권 제4호(서울대 법학

적 차원에서 보자면, 조선조 역시 '법치국가원리(법치주의)'를 손색없이 구현하였다 할 수 있다. 이 점에서 조선조를 지배한 예주법종(禮主法從)과 덕치주의(德治主義)를 법치주의의 폄하로 연결시키는 것은 시정되어야 한다.[12] 오히려 전자는 법치주의의 방향추이자 내재적 한계로서의 의미를 내포하고 있다고 볼 수 있다. 다시 말해 무릇 조선조의 법치주의를 실질적으로 자리매김하는 근거가 된다는 점에서, 조심스럽게 표현하자면 조선조의 법치주의는 오늘날 보편적인 실질적 법치국가원리에 상응한다고 봄직하다.

그런데 "법(률)에 의한 지배"가 법치국가원리의 전부가 되지 않기 위해선 그곳에 민주주의원리가 더해져야 한다. 사실 민주주의원리와 법치국가원리, 양자는 국민대표자의 의회활동에서 함께 작용하는데, 그러한 활동에서 규율의 인적·물적·권력분립적·법치국가적 정당성이 기대된다. 따라서 권력분립적 토대가 기본전제이다. 권력의 집중이 두드러진 조선조의 국가체제에서 지금과 같은 권력분립적 토대를 요구한다면, 그 답은 명백히 부정적이다. 하지만 자유와 권리를 보장하기 위한 전제이자 수단으로서의 권력분립제도의 본질[13]을 염두에 두면 사정은 다르다. 나아가 권력분립제도의 구현이 오로지 지금과 같이 입법, 행정, 사법의 3축에서만 이루어져야 하는지도 의문스럽다. 기실 권력분립의 원리는 서구의 근대 입헌주의사상의 산물인데, 그 전제란 국가작용을 기능적 관점에서 입법작용, 집행(행정)작용 및 사법작용으로 구분한 것이다.[14] 그러나 조선조의 국가작용은 집중이 특성이기에 지금의 권력분립

연구소, 2001), 42면 이하 참조.

12) 정긍식 교수는 법치주의와 덕치주의를 배척관계로 보는 통념에 대한 의문점을 출발점으로 삼아, 조선조에 법치주의가 어떻게 구현되었는지를 논구하였다. 정긍식, 앞의 글, 28면 이하 참조. 이 글에서 많은 시사점을 발견하였음을 밝혀둔다.

13) 홍성방, 『헌법학』(현암사, 2003), 147면.

14) 장영수 교수는 현대적 헌법원리로서의 권력분립은 자연법적·초실정적 도그마가 아니라 하나의 역사적 원리로서 이해되어야 한다고 하면서, 이젠 종래의 관념으로 벗어나 현대의 민주국가의 현실에 부합되는 권력분립체계를 생각하여

원리가 구현될 조건이 전혀 구비되지 않았다 하겠다. 반면 임금의 나라인지가 의문스러울 정도로 임금의 권한행사에 견제가 가능하고, 임금에게는 고양된 책임의식을 요구하며, 국가기관 상호간에 광범한 견제가 가해진 점은 권력분립의 참뜻이 ― 그 당시의 관점에서 보자면 ― 구현되었다고 봄직하다.15) 국가로서의 조선의 존재이유는 다름 아닌 그것의 지향점인 "위민(爲民)"임을 되새겨볼 필요가 있다.

2. 조선조 관료제의 성격

조선조의 관료제의 성격을 둘러싸고 활발한 논의가 진행되고 있다. 전통적인 입장, 중앙집권적 양반관료제론과 가산관료제론에 대한 논의가 그것이다. 전자와 관련해선 신분설정을 두고서 양천제설을 주장하는 입장16) 내지 음관을 고양시키는 입장17) 등에서 비판되고 있고, 후자와 관련해선 조선 관료제의 근대성을 모색하려는 입장에서 비판되고 있다. 조선조의 공무원 법제에 관한 논의에서 후자의 문제는 매우 중요하다. 사고의 기본 방향성은 물론 그 관점마저 필연적으로 직접적 영향을 받는다. 역사학에서는 조선조 관료체제의 성격에 관해 대체로 조선조를

야 한다고 강조한다. 그리하여 권력분립이란 「국민의 관점에서 ― 한편으로는 권력을 남용을 방지하기 위하여, 그러나 다른 한편으로는 국민을 위해 존재하는 국가권력의 능률성을 고려하면서 ― ① 국가권력을 창설 내지 구성하고, ② 그 권한범위를 확정·한정하고, ③ 국가권력 상호간의(상호협력 및 상호통제의) 관계를 규율하는 것이며, 이를 통하여 국가권력의 적정성과 통일성을 동시에 확보하기 위한 것으로 이해되어야 한다」고 기술하고 있다(장영수, 『헌법총론』[홍문사, 2004], 286면).

15) 이 점에서 손문호 교수가 조선과 같은 유교국가는 절대군주국가 아니라, 개명군주국가 내지 입헌군주국가에 가깝다고 지적한 점은 의미심장하다. 손문호, 「고려말 신흥사대부들의 정치사상연구: 유교적 국가주의를 중심으로」(서울대 박사학위논문, 1990), 29면.

16) 대표적으로 한영우, 「조선 초기의 상급서리 成衆官」, 『동아문화』 제10집, 1971.

17) 임민혁, 「조선시대 양반관료제 사회론의 재검토」, 『동서사학』 제9집(2003. 3), 67면 이하.

가산국가로 보아 베버의 이른바 '가산관료제론'을 수용하고 있다. 주요 논거로 천하의 토지가 모두 왕토 아닌 것이 없다는 왕토사상과 공·사 구별의 모호함을 제시한다.[18]

행정학에서도 조선조가 '가산국가'의 성격을 지녔으며 가산적 관료제가 조선조 관료제도와 매우 유사한 것으로 일반적으로 받아들이고 있다. 박동서 교수는 첫째, 가산적 관료제가 존재하는 가산국가(家産國家)(Patrimonialstaat)란 국가가 왕의 세습재산으로 간주되며, 따라서 공법과 사법의 구별 또는 통치권과 소유권의 구별이 없는 국가를 의미하므로 우리 조선시대와 유사한 것으로 생각한다. 또한 이러한 국가의 관료제의 주요특징으로 다음과 같은 점을 지적한다. ① 관료의 행동을 좌우하는 것은 법령이 아니라 전통이 되며 또한 부하는 상관에 전인격적인 헌신을 하는 것이 요청되므로 왕의 자의에 따르게 된다는 것, ② 권한의 배분이 기능적 분업에 의하는 것이 아니라 왕의 자의에 의하므로 이것이 지속되면 지권은 사권화 되고 세습화되면서 왕의 권한은 약화되는데, 이러한 예를 우리는 조선시대의 신임세도정치에서 볼 수 있으며, ③ 상하관 간의 관계가 직무상의 것에 그치지 않고 신분상의 상하관계도 내포되어 부하에 대한 전인격지배가 가능하고, ④ 관료에게 필요한 지식은 전문적인 것이 아니라 일반 교양적인 것을 요청하는데, 우리의 경우에는 조선의 과거시험이 이에 해당되고, ⑤ 전통에 없는 문제에 당면했을 때에 근대적 관료제는 법령에 따라 처리함으로써 형식적 합리성을 지니는 결점은 있으나 예측이 가능한 데 반하여, 가산적 관료제는 이러한 법령의 구속 없이 결정자의 자의에 따라 결정함으로써 실질적 합리성을 지니는 수도 있기는 하나 예측이 어렵다는 것이다.[19]

종래 통설화된 가산관료제론은 1980년대 후반부터 강력한 비판에 직

---

18) 한우근, 「중앙집권체제의 특성」, 『한국사』 10(국사편찬위원회, 1977), 199면.
19) 박동서, 『한국행정론』(법문사, 2001), 313면. 同旨: 김규정, 『행정학원론』(법문사, 2000), 321면 이하.

256

면하고 있다.[20] 군주를 정점으로 하는 관료제 국가를 유교국가로 보는 손문호 교수는 유교국가(儒敎國家)를 전제군주국가로 보는 것은 무엇보다도 유교적 관료제에 대한 오해의 소산이라고 전제하고선, "헤겔, 마르크스, 베버는 유교국가에서 관료제가 중요한 의미를 지닌다는 것은 알았지만, 외관상 막강한 군주의 권력에 초점을 둠으로써 관료제를 군주에게 예속된 것으로 규정하고 말았다. 즉, 헤겔은 군주의 수족으로, 마르크스는 착취의 장치로, 그리고 베버는 군주의 가산적 국가를 관리하는 부속물로 보았다. 그러나 유교국가의 실제에서 관료제는 국가권력의 합리적 효율적 행사를 위한 제도였다. 군주권력을 강화하기 위한 제도가 아니라, 국가권력과 군주권력을 분리시키기 위한 제도였던 것이다. 관료들은 독자적인 신분이었고, 군주는 관료신분과 구조적 대립관계에 있었다"고 주장한다.[21]

그리고 박병련 교수는 종전 베버의 분석틀에 따른 가산관료제론에는, 유교라는 이념적 요소의 영향을 배제함으로써 유교적 요인에 대한 정당한 평가가 결여되었다는 치명적이고도 본질적인 약점이 존재한다고 지적한다. 아울러 가산관료제론은 자칫 조선사회정체론의 타당성을 뒷받침하는 결과를 초래한다고 지적한다. 그리하여 그는 조선조 관료제를 일종의 유도가설인 "유교관료제"로 보고서, 민본주의적 지향점을 갖는 유교이념이 관료와 구조, 정책결정 과정에서 구체적으로 어떻게 관련되고 있는지를 규명한다. 그리하여 이 유교관료제의 성격과 특성은 이념차원에서 보

---

20) 본문에서 거론한 문헌 이외에 남지대는 조선조의 역사적 사실에 대한 구체적 인식을 토대로 간략한 비판과 함께 가산관료제론 수용의 효용성에 대해 의문을 제기하고 있고, 이옥선도 가산관료제의 이념형과 조선조의 역사적 현실이 잘 부합하지 않는다는 측면에서 일단 이의를 제기한다. 남지대, 「조선 후기 정치제도사 연구현황」, 『한국 중세사회 해체기의 제 문제(상)』(근대사연구회편, 1987), 68-70면. 이옥선, 『조선조 사회기의 권력구조에 관한 연구』(이화여대 박사학위논문, 1990), 168-170면.
21) 손문호, 앞의 논문, 26면.

자면 '이념관료제'의 범주 안에 있으되, 그 내용인 정치행정적 지향성의 측면에선 '군본'이나 '관본'의 수탈관료제(收奪官僚制)가 아니라, '민본적'인 교화관료제(敎化官僚制)를 기본틀로 한다고 주장한다.[22]

한편 이병량 박사는 인사제도의 영역에서 조선 관료제의 운영과 기능방식이 보여준 특성[23]에 착안하여 조선조의 관료제가 막스 베버가 합리적 지배의 유형으로 제시한 근대적 관료제의 성격을 지니고 있었던 것으로 이해할 수 있다고 한다. 나아가 베버가 주장하는 근대적 관료제는 자본주의의 발달을 전제로 하는데, 자본주의라는 경제적 전제 없이 그에 근사하는 관료제가 성립하였다는 점에서 조선조 관료제가 그 한계에서 지닐 수 있는 가장 발전된 합리적 지배의 한 형식이라고 호평한다.[24]

3. 소 결

공무원 제도로부터 지배자의 사복(私僕)이 아닌 국민에 대한 봉사자로서의 공무원 제도가 탄생된 것은 서구 시민혁명의 성과로서의 근대국가의 탄생과 그 때를 같이 한다. 서구적 근대적 공무원 제도의 특징으로 ① 공무원이 개인의 고용원이 아니라 국가 등 행정주체의 기관인 점, ② 공무원의 사생활과 공생활이 명확히 구분되는 점, ③ 공무원직이 세습되지 않는 점 등이 제시된다. 한편 시민혁명의 전후에 국가의 발전형태가 곧바로 공화정으로 가지 않고, 절대군주국가에서 입헌군주국가에로의 변천을 거쳤다.

---

22) 박병련, 『조선조 유교관료제의 성격에 관한 연구』(서울대 박사학위논문, 1991).

23) 관료의 충원과 평가, 승급 그리고 그들에 대한 경제적 보상에 있어서 조선조의 관료제가 지니고 있었던 전문성의 강조, 충원에 있어서의 개방성, 연한과 업적에 의한 평가, 정규적인 보상의 지급.

24) 이병량, 「조선 초 관료제의 근대성에 관한 연구」, 『정부학연구』 제8권 제1호 (2002), 239면 이하.

그런데 그 근대적 공무원제 역시 애초에는 법치주의가 배제되는 차원에서 비롯되었다. 바로 지금까지도 행정법의 영역에서 자리를 차지하고 있는 이른바 "특별 권력관계이론"이다. (전통적인) 특별 권력관계에는 일반 권력관계와 구별되는 다음과 같은 특색을 지닌다고 주장되었다.[25] ⅰ) 특별 권력관계에는 '행정의 법률적합성의 원칙', 그중에서도 특히 법률유보(Vorbehalt des Gesetzes)의 원칙이 적용되지 않는다. ⅱ) 특별 권력관계를 유지하는 데 필요한 범위 내에서는 그 구성원인 공무원이나 학생들의 기본권을 법률의 수권 없이 제한할 수 있다. ⅲ) 특별 권력관계에서 발해지는 일반·추상적 규율(명령)은 법규(Rechtssatz)의 성질을 가지지 않는다고 하여 보통 행정규칙(Verwaltungsvorschriften)이라고 부르고, 개별적 명령(하명)은 행정행위와 구분하기 위하여 지시(Anweisung) 등으로 불렸다. ⅳ) 특별 권력관계에는 법치주의가 타당하지 않으며, 특별 권력관계에서 발한 명령 등의 법적 성질이 부인된 당연한 결과로서, 특별 권력관계 내의 사항은 원칙으로 사법심사의 대상이 되지 않는다고 하였다. 이런 내용의 전통적 특별 권력관계이론은 특히 제2차대전 후 비판의 십자포화를 받게 되었다.[26] 즉, 전통적 특별 권력관계이론은 19세기 후반 독일의 입헌군주정을 시대적 배경으로 하여 생성된 것이므로 오늘날의 민주국가에서는 그 타당의 기반을 상실하였다는 점과, 오늘날에는 '국가 대 공무원', '영조물주체(학교 등) 대 학생'과의 관계도 인격주체 상호간의 관계임을 부인할 수 없게 되었다는 점이 주된 요지이다. 당연한 결과이지만, 법치주의를 배격한 셈인 전통적 특별 권력관계이론은 오늘날 그 자체로선 더 이상 용인되지 않고,

---

25) 특별 권력관계이론의 창시자로 볼 수 있는 오토 마이어(Otto Mayer)는 특별 권력관계의 하나로서 '영조물의 이용관계'를 들면서, 「영조물 이용관계의 질서는 법치국가의 특징을 단호히 배격한다. 그것은 법규와 행정행위를 회피한다」라고 기술하였다. Ders., *Deutsches Verwaltugsrecht*, Bd. Ⅱ, 1924, S. 284.

26) 이에 대한 상세는 김남진, 『행정법의 기본문제』(법문사, 1994), 121면 이하; 정하중, 「민주적 법치국가에서의 특별 권력관계」, 『고시계』(1994. 9) 참조.

수정된 형태로 유지하고 있다. 공무원의 근무관계가 특별 권력관계(혹은 특별행정법관계)의 대표적 예에 해당한다는 사실은, 현재의 공무원법제를 조선조의 그것에 투영함에 있어서 적어도 양자를 전혀 불상용한 것으로 보는 것은 피할 수 있는 단초가 된다. 이 점에서 손문호 교수가 유교국가로서의 조선이 절대군주국가가 아니라, 개명군주국가 내지 입헌군주국가에 가깝다고 지적한 점[27]은 많은 함의(含意)를 담고 있다 하겠다.

Ⅲ. 조선조 공무원(관리) 임용제[28]에 관한 행정법적 고찰의 구체적 내용[29]

1. 조선조 관직체계에 관한 개관

조선조에서 관직은 문반(文班)(東班)과 무반(武班)(西班), 조관(朝官)[30]과 토관(土官),[31] 유품직(流品職)[32]과 유외잡직(流外雜職) 등으

---

27) 손문호, 앞의 글, 29면.
28) 여기서의 임용은 지금의 용어사용례에 쫓아서 임용은 보다 넓은 의미, 즉 신규임용·승진임용·전직·전보·겸임·파견·강임·휴직·직위해제·정직·복직·면직·행임 및 파면을 포괄하는 의미로 사용한다.
29) 지난 번 연구의 연장에서 이 글의 조선조 법제의 근거 역시 조선조 대표적 종합법률인 『전률통보』로 삼는다. 그리하여 조선조의 법전이 지닌 특성 즉, 개개의 조문화의 결여를 감안하여 법제처가 1971년에 출간한 해설서상의 해당 부분을 정리한 것임을 밝혀둔다. 한편 지면관계상 조선조의 관료제 전반까지 논의를 전개하지 못하였다. 조선조 관리의 근무상황, 근무평정 등은 오늘날의 제도에도 충분히 수용할 만하다. 이를 포함한 전반적인 논의는 김중권, 제18회 JURIS FORUM(충북대 법학연구소, 2004. 5. 14), 발표문 참조.
30) 토관과는 대비되는 것으로, 조정에 출사하는 관원을 말하며, 조신이라고도 한다.
31) 토관직이란 평안도와 함경도의 부(府), 목(牧), 도호부(都護府)에 따로 둔 벼슬인데, 그 道의 사람만을 시킨다. 이는 통치자가 일부 지방의 토호를 자기의

로 구별되었고, 이들은 각각 관계(官階)를 기준으로 편제되어 정직(正
職)33)과 체아직(遞兒職),34) 녹관(祿官)35)과 무녹관(無祿官)36)으로 구
분되어 실제 운영되었다. 조관은 정1품에서 종9품까지, 토관은 정5품에
서 종9품까지, 잡직은 정5품에서 종9품까지 두어졌고, 아울러 문반 관직
은 정1품에서 종9품까지, 무반 관직은 정3품에서 종9품까지, 체아직은
정3품에서 종9품까지, 무녹관은 주로 참상(參上)37)에 두어졌다. 특이한
점은 관계체계에서 문반의 관계가 정1품에서 종9품까지인 반면에, 무반
의 관계는 정3품에서 종9품까지여서 무반에는 2품 이상의 관계가 없었
다. 그리하여 2품 이상의 관계로 승품하자면 반드시 문반의 관계를 받
아야 한다. 그리하여 문반과 무반 사이의 관계상의 차등은 대체로 2품

편으로 끌어 들여 통치를 강화할 목적으로 설치한 벼슬자리이다. 이 제도는 고
려조부터 실시되어 온 것인데, 조선조에 와서 그 범위가 점차 늘어났다.

32) 본디 유품(流品)이란 상류사회에 지위를 차지한 사람 또는 학문과 도덕이 있
는 사람을 이르는 말인데, 한마디로 관리의 품계를 의미한다. 다시 말해 고려
조나 조선조 때의 정1품에서 종9품까지 18품계를 통틀어 이른다. 이 품계에 안
에 들어가는 것을 정류(正流) 또는 유내(流內)라 하고, 이에 들어가지 못한 것
을 잡류(雜流), 또는 유외(流外)라 한다.

33) 이는 문관과 무관의 실직(實職)이 있는 관직을 말하는데, 통상 잡직에 상대하
여 일컫는다.

34) 이는 원록체아직(原祿遞兒職)과 군함체아직(軍銜遞兒職)을 합하여 일컫는 것
인데, 현직을 떠난 문관과 무관을 예우하여 계속 녹봉을 지급하기 위한 조치로
서 만든 벼슬자리이다. 이 제도는 재정의 뒷받침이 고려되어야 하기에, 오위의
군제를 폐지하고 그 군직에 책정되어 있는 재원을 전용하여 그 일부는 실무
없는 각급 문무관을 해당 품계의 군직에 부하여 일정한 녹봉을 받도록 하거나
(원록체아직), 다른 일부는 각 관청에 정원은 적고 사무는 많은 경우에 이를
정리하기 위하여 임시로 증원된 사람을 각급 군직에 부하여 그 녹봉을 받으면
서 소속관청의 사무를 정리하게 한다(군함체아직). 전자가 유보수명예직이라
면, 후자는 유보수임시직이라 하겠다.

35) 이는 무녹관과는 달리 녹봉을 받는 관리를 의미한다.

36) 이는 조선조 때 녹봉이 없던 벼슬자리인데 통상 일반 관직 이외의 특별 관직
이다.

37) 이는 문관과 무관 당하관인 정3품에서 6품에 이르기까지의 관원에게 붙이는
호칭인데, 참내(參內)라고도 한다. 이에 반해 문무 7품 이하의 관원에게는 참
하 또는 참외란 호칭을 붙였다.

의 차이가 났으며, 관직의 운영 면에서도 문반은 정직 위주인 반면에 무반은 체아직 위주였다.

이런 관직체계에 따른 차대(差待)에 관해서, 남지대 교수는 이런 차대는 사회계층을 편제하기 위한 것이며, 그 내용은 신분계층에 따른 差待라고 지적하였다. 남 교수는 신분계층에 대한 차대가 관계의 차등으로 구조화됨으로써, 차대가 정당한 것으로 받아들여졌고, 또한 체아직·영직(遞兒職·影職)과 아전·토관·잡직 등이 여러 신분계층을 포섭·편제하는 기능을 수행할 수 있었다고 지적하였다.[38]

2. 임용[39]상의 연령

교부

(1) 조선조의 법제

능·전의 참봉과 부도사(副都事)·교부·교관·세마·생원·진사는 그 나이가 30세 이상인 자를 임명하는데, 다만 문묘(文廟)[40]의 동종사[41] 또는 서종사[42]에 배향(配享)하는 선현(先賢)·공신(功臣)·유현(儒賢)과 전쟁에서 원통하게 사망한 청백리의 적장손은 예외로 한다.

---

38) 이에 관해선 남지대, 『조선 초기 중앙정치제도연구』(서울대 박사학위논문, 1993), 188면 이하 참조.

39) 임명이란 특정인에게 공무원으로서의 신분을 부여하며, 공법상의 근무관계를 설정하는 행위를 말한다. 이런 의미의 임명은 실정법상으로 '임용'으로 표시되기도 하나(국가공무원법 제26조 등), 임용은 임명을 포함한 넓은 개념이다. 그리하여 공무원 임용령 제2조 1호는 「"임용"이라 함은 신규채용·승진임용·전직·전보·겸임·파견·강임·휴직·직위해제·정직·복직·면직·해임 및 파면을 말한다」고 규정하고 있다.

40) 공자를 모신 사당.

41) 문묘의 동편의 위치한 사당으로서 동국의 유현을 모신다.

42) 문묘의 서편에 위치한 사당으로서 동국의 유현을 모신다.

262

또한 임시 감역관(監役官)에 임명할 학생은 그 나이가 40세 이상인 자를, 돈령부의 참봉·수봉관(守奉官)에 임명할 학생은 그 나이가 30세 이상인 자를 임명한다. 그리고 중국에 왕래하는 공문서에 사용하는 이문학(吏文學)43)과 기상을 관측하는 천문학의 교수는 생원·진사·유학(幼學)44)을 막론하고 그 나이가 30세 이상인 자를, 노창(臚唱)45)하는 인의(引儀)는 그 나이가 20세 이상인 자를 임명한다. 나아가 나이가 20세 미만인 자에게는 동반의 관직을 제수하지 못하되, 모든 과거에 합격한 자는 예외로 한다.

나이가 65세 이상인 자는 지방관직에 서임하지 못한다. 당상관은 67세로 한정하고 당하관에게는 3년을 가산하며 다른 관직도 이와 같이 한다. 나이가 70세에 달한 자는 찰방으로 임명하지 못한다. 수령으로서 연만한 사람은 다른 고을의 수령으로 전임(轉任)하도록 주의(注擬)하지 못한다.

(2) 검토점

공무원 임용에서의 연령물음에서 조선조의 법제와 지금의 법제는 전혀 다른 방향에서 접근하고 있다. 조선조와 오늘의 법제에서 엿볼 수 있는 뚜렷한 차이점은 바로 전자에선 기본적으로 하한을 바탕으로 한 반면, 후자에선 기본적으로 하한보다는 상한에 초점을 맞추고 있다는 점이다. 유교적 성리학을 국가철학의 근본으로 하는 조선조가 장유유서를 바탕으로 하여 국가관료제도를 구축하였음을 잘 보여준다. 조선조 때 동반의 제수의 하한연령을 20세로 삼은 것은 오늘날의 성년하한의 예와 비슷한데, 과거에 합격한 자에겐 장유유서의 기본틀마저 배제시킬

---

43) 당시 중국과 교신하는 문서에 쓰는 특수한 문체로 자문·서계·관문·감·보장·제사 등에 쓰든 문학.
44) 사대부의 자손으로서 벼슬하지 아니한 유생.
45) 의식에 있어서 그 절차를 통례원의 인의가 소리높이 창하는 것.

수 있게 한 점은 조선조가 비록 한정적이지만 신분제적 능력본위사회였음을 느끼게 한다.

한편 중앙관직에선 보이지 않은 연령상한이 지방관직에선 규정된 것이 특이한데, 아마도 지방관직이 한직이기에 그 임명이 남용되는 것을 막기 위함일 수도 있다. 한편 경국대전은 집안 식구를 데리고 가지 않는 자에게는 연령상한 규정이 적용되지 않는다고 규정하였다. 그리고 경국대전은 당사자의 연령뿐만 아니라, 그의 부모의 나이까지 지방관직의 임명에서 고려하도록 하였다. 즉, 부모의 나이가 70세 이상에 달한 경우에는 중앙에서 3백리 떨어진 고을의 수령으로는 임명하지 못하게 하였다.

3. 임용상의 결격사유

(1) 조선조의 법제

의금부에서 심문을 받고 있는 사람(義推人)은 판결을 내리지 않은 상태에서는 관직의 임용을 주천하지 못한다. 장리(贓吏)[46]의 아들과 손자는 의정부, 6조, 한성·사헌·개성부, 사간원, 경연, 시강원, 춘추관 지제교, 종부시, 관찰사, 도사, 수령의 직에 임명하지 못한다. 아울러 행실이 온당하지 아니한 여자 및 재가한 여자의 소생은 동·서반의 일체의 직에 임용하지 못하며, 그 증손에 이르러서는 전술한 각 사(各司) 외에 임용을 허용한다. 관리로서 형벌을 함부로 적용하였을 때에는 장형 100대, 도형 3년에 처하며 치사하게 한 자는 영구히 임용하지 아니 한다.

---

46) 장죄(贓罪)를 범한 관리를 말한다. 장죄란 관리가 부정하게 뇌물을 받거나 직권으로 재물을 탐한 죄를 말한다.

(2) 검토점

국가공무원법 제33조 등 오늘날의 임용결격사유와 비교한 즉, 임용상의 연좌제적, 신분제적 운용이 여기서도 그대로 통용됨을 알 수 있다. 그리고 조선조의 관리는 행정권과 더불어 형벌권을 함께 보유하는데, 후자의 남용에 대한 강력한 제재를 두고 있음은 매우 이채롭다. 오늘날에도 사정기관 및 사법기관의 권한남용이 문제되기에 이 같은 제도는 참조할 만하다.

그런데 경국대전 등에 의하면, 업적평정에서 하등의 평정을 받거나 사적인 범죄(私罪)로 파직된 경우에는 2년을 경과해야 채용한다. 다만 특별히 고려될 임금의 친척이나 공신으로서 하등의 평정을 받은 사람은 1년이 지나야 채용하되 당상관의 경우 이런 예외규정을 적용시키지 않는다. 한편 현행 국가공무원법 제33조 제1항에 의하면, 징계에 의하여 파면의 처분을 받은 때로부터 5년을 경과한 자와 징계에 의하여 해임의 처분을 받은 때로부터 3년을 경과한 자는 채용될 수 있다.

한편 이상에서 본 임용결격사유는 그 자체 절대적 성격을 지닌다. 나아가 조선조의 법은 일종의 상대적 결격사유에 해당한다고 봄직 한 것까지 규정하고 있다. 즉, 일찍이 관찰사·절도사를 지낸 사람은 그 도내의 수령으로는 임명할 수 없다는 것이다. 동일관청의 상·하관에 있어서, 일정한 친족관계에 있는 자로서는, 서로 맞서기(상대하기)를 피하게끔 한 상피(相避)제도 역시 임용의 상대적 결격사유로 봄직하다. 조선조에선 동일한 관청뿐만 아니라, 직무상 상관되는 관계에서도 상피제도가 통용되었으며, 나아가 소송관계에 있어서도, 법관과 소송당사자 간의 상피관계가 엄격히 규율되었다.

4. 임용에서의 연좌

(1) 조선조의 법제

왕비의 부친에게는 돈녕부영사(敦寧府領事)를 제수하는데, 만약 관직이 낮거나 혹은 관직에 취임한 일이 없으면 먼저 돈령부의 도정(都正)을 제수한 후에 돈녕부 영사를 제수한다. 그리고 대원군의 봉사인(奉祀人)[47]은 3대를 지낸 후에 돈령부의 도정을 제수하며, 세자빈의 부친에게는 6품관을, 세손빈의 부친에게는 7품을, 대군·왕자부인의 부친에게는 9품을 제수한다. 대군의 사위와 공주의 아들에게는 (돈녕부의) 7품을, 공주·왕자군의 사위와 옹주의 아들에게는 종8품을 제수한다. 다만 대군·왕자의 양첩의 사위는 가각 1등을 강하하고 천첩의 사위는 또 1등을 강하한다.

한편 본인을 대신하여 그의 아들·사위·동생·조카들(代加者) 중에 품계를 올려줄 경우에는 정5품 통덕랑(通德郎)까지로 한정한다. 그리고 국가의 경사로 인하여 국왕이 물품을 하사하여 백관에게 품계를 올리라는 재가가 내렸을 때, 이미 최고품계에 달하여 그 이상 올릴 수 없는 사람에게는 그의 아들·사위·동생·조카들 중에 이를 대신하여 품계를 올린다. 그런데 내의원·전의감·혜민서 등 三醫司에 소속된 3품관의 자손은 음관의 계승이 허용되지 아니한다.

(2) 검토점

조선조 공무원 임용상의 특징은 그 임용의 효과가 대상자 한 사람에 국한하는 것이 아니라, 그 가문이나 일족에까지 미친다는 점이다. 음서제도(蔭敍制度)가 그 결정판이나, 다른 측면에서 보면 형벌상의 연좌제를 낳는 출발점이 되기도 한다. 특히 품계에 오를 사람에 대신하여 그

---

47) 제사를 받드는 사람. 보통 민가에서는 비속 4대손까지 그 조선의 제사를 모시는 사람을 말함.

의 아들·사위·동생·조카들 중에 품계를 올려주는 대가제(代加制) 역시 임명상의 연좌제를 구현한다고 하겠다. 당하관의 신규임용에서 치러지는 서경(署經)에서 당사자 이외에 내외 4조와 처 4조까지 신원조사를 행하는 것은 임용상의 연좌와도 상관관계가 있다.

5. 중앙관직상의 일반적인 임용절차: 광범한 추천절차

(1) 고급관료의 경우

의금부의 판사(判事), 6조의 판서, 한성부 판윤, 승정원의 승지, 사헌부·사간원·홍문관·세자시강원·강서원·본조의 참판·참의는 구두(口頭) 전령에 의하여 임명하지 못하며, 각 도의 감사(監司)도 이와 같다. 그리고 이·병·호조의 판서, 훈련도감·금위영·어영청 등 3군문의 대장, 수어사·총융사, 유수, 평안·함경감사, 통제사, 평안병사, 북병사, 강주·의주부윤, 수원·동래부사, 제주목사는 묘당의 추천에 의하여 임명한다. 대장(大將)의 직임(職任)인 장임(將任)과 지방관은 사전에 재가를 얻은 후에 이·병조에서 단일 후보자를 추천하여 임명한다.

의정대신(議政大臣)의 후보자를 선정할 때에 현임 대신이 없을 경우에는 원인(原任)(前任) 대신이 왕에게 알현하고(入侍하고), 전단(前單)에 수점(受點)48)하는 것과 가복(加卜)49)하는 것에는 현임 대신의 출근을 기다려야 한다. 대제학의 후보자를 선정함에 있어서는 전임 대제학, 의정대신, 의정부 좌·우참찬, 6조의 장관, 한성부 판윤이 회합하여 여러 추천자의 성명 가운데 적당한 사람을 골라 권점(圈點)을 찍는다. 구체적으로 전임 대제학 – 전임자가 없으면 도당이 – 이 그 성명을 기입하여 추천하면, 의정대신 이하 선정할 권한을 갖는 이상의 관원들

---

48) 전단의 수점이란 전일에 결정한 추천서에 왕이 결재하는 점을 받는다는 말이다.
49) 가복이란 의정을 천거할 때 임금의 마음에 맞는 사람이 없어 한 두 사람을 더 천거하던 일이다.

이 적당한 사람의 성명에 권점을 찍어 품계의 서열을 막론하고 그 점수의 다소에 따라 정한다.

대간[50]·승지, 이·병조의 판서와 수령 중에서 3인 이상의 결원이 있거나 서·북 양도감사의 추천에는 왕의 재가를 얻은 후에 (여쭈어) 의논해 결정(稟定)한다. 의정대신의 후보자 추천과 대제학의 권점,[51] 규장각의 관원을 새로 임명할 때에도 의논해 결정한다. 본조(이조)의 당상관은 장관이 임명하지 못한다. 참의의 단독적인 국정수행(獨政)은 오로지 긴급한 임무에 한한다.

경연의 추천을 받은 후라야 이조참판에 주의(注擬)[52]하고, 성균관의 추천을 받은 후라야 이조참의에 주의하는데, 묘당(廟堂)[53]에서 추천한 사람은 예외로 한다.

한편 사헌부·사간원·홍문관·세자시강원·성균관의 장을 지방관으로 전임시키려 할 경우에는 임금께 그 사유를 품주하여 의견을 청한다. 그리고 참찬(參贊)을 형·공조의 판서, 한성부 판윤에 임명하도록 주천할 경우에는 그 사유를 품주하여 의견을 청한다.

(2) 중견관료의 경우

홍문관 당하관의 후보자는 본조(이조)의 낭관(郞官)[54]이 전과 같이

---

50) 사헌부·사간원 관직의 총칭.
51) ○표를 말한다. 홍문관 예문관의 관직을 청환이라 하며, 이러한 청환을 임명함에 있어서는 먼저 문과에 급제한 자들 중에서 적합한 후보자를 선정하고 그 선정된 후보자의 성명에 전임자 3인 이상이 모여서 ○표를 찍는다. 이러한 점수를 많이 얻는 사람을 후보자로 선정하고 만일 이 권점에 착오가 발견될 경우에는 의정대신과 제학이 모여서 다시 권점을 행하며 차점 이상을 왕이 불러서 간단한 시험을 치루며 이를 소시라 하고 이에 합격한 자를 청환에 임명한다. 이 권점제도는 다른 중요 관직에도 적용된다.
52) 관원을 임명할 경우에는 문관은 이조에서, 무관은 병조에서 3인의 후보자를 추천하여 상주하는 것.
53) 대신이 국사를 논의하는 곳 또는 비변사를 말함.
54) 낭관이란 각 관아의 당하관을 총칭하는 것이다.

이를 추천하게 하되, 당상관과 낭관이 그 가부를 상의하는데, 만약 이러한 공무를 집행하는 낭관이 없을 때에는 장관은 다른 당상관과 더불어 상의하여 청환(淸宦)의 후보자를 결정한다.[55]

세자시강원의 관직에는 비록 사헌부·사간원의 관직을 역임한 바 있다 할지라도, 다시 청환의 후보자로 추천절차를 거처야 한다. 또 세자시강원의 7품직인 자의(諮議)로서 6품에 승급한 후, 사헌부·사간원의 관원으로 추천을 받은 사람도 다시 이조의 주의절차(注擬節次)를 거처야 한다. 특히 사헌부의 관원 즉, 남대(南臺)는 한사람의 이조 당상관의 의견으로서는 경솔하게 주천하지 못한다. 세자시강원의 자의는 특별추천에 의하여 임용하되 적합한 사람이 없으면 묘당에 문의하여 임명하는데, 유학(幼學)을 자의로 임명할 경우에는 이에 구애되지 아니한다. 대군과 왕자의 스승인 사부(師傅)는 추천하는 사람이 있어야 임명하되, 유학을 사부로 임용할 경우에는 이에 구애되지 아니한다. 원자·원손의 보양관(輔養官)은 대신에게 문의하여 왕의 재가를 받아 주천한다.

(3) 무신의 경우

무신으로서 재질, 도량과 기량(局量), 그리고 원대한 포부가 있는 자를 선택하여, 당상관 이상이면 판서·참판·판윤·좌윤·우윤·승지에 주천하고, 당하관 3품인 통훈(通訓) 이하이면 시정(寺正)[56]에 임명하는데, 장관이 아니면 이런 임명 절차를 이행하지 못한다. 무신을 종1품인 의금부 판사로 임용할 경우에는 병조판서를 지낸 후라야 주천한다.

(4) 검토점

조선조에서 동반과 서반을 불문하고 3품 이상의 관원(擧主라 한다)은

---

55) 이는 전랑법을 부활하여 관리임명에 관하여 임금에게 상주하여 청원하는 즉, 주청을 허용하는 것이다.
56) 봉상시·예빈시·사복시 등의 수직인 정을 말함.

3년마다 봄 정월(春孟月)에 3품으로부터 무직까지의 관원 후보자 3인을 추천할 수 있었다. 지방관리후보의 경우에도 마찬가지이다. 이런 천거제도로 말미암아 음관은 물론 무릇 천하의 인재에게 출사의 길이 열려져 있다. 천거에 따른 연대책임적 추궁장치를 마련해 놓았기에 무자격자의 무분별한 천거가 제어될 수 있었다. 나아가 피천(披薦) 적격자에 대한 천거를 해태함에 대한 책임까지 물을 수 있게 한 것은 특이하다.

과거 1963년부터 1973년까지 적용하던 3배수 추천방법(가령 행정자치부의 전신인 총무처장관이 3배수 이내의 후보자를 추천하면 임용제청권자가 그중에서 임용예정자 1인을 결정하는 방식)이 정실인사의 폐단으로 중앙인사관장기관의 장이 결원 수만큼 추천하는 제도로 전환됨에 따라, 우수인력을 최대한 많이 임용하도록 하기 위한 보완조치로서, 합격자의 채용후보자명부 유효기간의 5년 연장하였다.[57] 즉, 국가공무원법 제38조에 따라 채용시험에 합격한 자는 시험실시기관의 장에 의해서 대통령령이나 국회규칙 등이 정하는 바에 따라 채용후보자명부에 등재되는데, 그 채용후보자명부의 유효기간은 가령 5급 공무원 공개경쟁채용시험에 합격한 자의 경우에 5년으로 하되 기타 시험의 경우엔 2년의 범위 내에서 대통령령 등으로 정해진다(동조 제1항, 제2항).

그런데 지방관을 그 고을 사람들이 직접 보증·천거할 수 있음을 허용한 것은 본시 『경국대전』에선 보이지 않는 것인데, 『속대전』 등 후대에 규정된 것이다. 지방에 대한 중앙의 구심력이 전대보다 약화된 배경에서 도입했다고 여겨지는 이 보증천거제도는, 오늘날의 관점에서 보자면 주민자치의 발현으로 봄직하다. 부적절한 천거 및 불천거에 대한 제재와 더불어 천거청탁자에 대한 처벌까지 규정함으로써 이런 보증천거제를 악용하려는 시도는 방지하고자 하였음은 주목을 끈다.

---

57) 김중양·김명식, 앞의 책, 198면.

6. 특별임용절차

(1) 조선조의 법제

음관(蔭官)[58]을 각조의 좌이관(佐貳官),[59] 좌·우윤(左右尹), 시정에 임용할 경우에는 청환을 추천하는 절차에 의하여 주천한다. 다만 음관으로서 참판·좌윤·훈신 및 특별 추천자 외에는 시정을 지낸 자 아니면 주천하지 못하고, 돈령부의 도정(都正)도 이와 같이 한다. 음관은 수령을 역임한 바 없으면 4품에 승급하지 못하는데, 나이가 많은 사람에게는 이에 구애되지 아니한다. 그리고 음관은 품계를 올려서 복직하지 못한다. 음관으로서 6품 참상관으로 승급한 후에는 사송(詞訟)[60]을 담당하는 관직에 전임시켜야 한다. 그리고 음관으로서 6품에 승급한 후, 경학(經學)[61]에 대한 고시를 한 번 치러야 비로소 수령에 추천하는데, 다만 그 사송을 담당하는 직의 재직일수가 만 6개월에 달하여야 한다. 음관을 6품으로 승급할 때에 그 재임기한을 계산함에 있어서 일수계산에 관한 규정을 적용한다. 서면을 올려 휴가를 받았거나 의금부에서 심문을 받고 있는 이외의 날은 모두 근무일로 계산하여 준다.

(2) 검토점

조선시대 과거제 이외의 임용제도를 통한 출사로는 문음취재, 종친음(宗親蔭), 공음(公蔭), 대가(代加), 특수시위군 입속, 천거 등이 있었다. 천거를 제외하고는 모두 음서(제)와 관련이 있다.[62] 경국대전에 의하

---

58) 특정한 관원의 자손이 과거에 급제하지 아니하고 그 부조의 공덕에 의하여 특별히 임용된 관원. 이를 또 음사·음낭이라고도 한다.
59) 6조의 참의·참판의 통칭.
60) 민사소송을 말한 것. 이 시대에는 민·형사가 법률상 구분된 것은 아니지만, 범죄관계, 즉 형사사건은 형옥이라 하고, 권리관계, 즉 민사사건은 사송이라 한다.
61) 중국 고대의 최고 학문인 시전·서전·주역 등 3경을 말함.
62) 통상 음서를 문음과 공음으로 한정하나, 임민혁 박사는 문무과거 이외의 모든

면, 공신 및 2품 이상의 아들·손자·사위·아우·조카[원조공신이면 아들과 손자]와 실직에 있는 3품 관리의 아들·손자와 일찍이 이조·병조·도총부·사헌부·사간원·홍문관·부장·선전관을 지낸 사람의 아들(蔭子弟)로서 나이 20살 이상이면 시험을 쳐서 등용하였다. 이것이 문음취재(門蔭取才)이다. 과거시험보다 낮은 급의 임용선발시험인 취재는 경서 중의 하나, 사서에서 하나를 자원에 따라 강론하여 선발하였는데, 16세기 이후론 이조에서 담당하던 취재시험은 자연히 없어져 버림으로써 천거(추천)에 의한 임용방식만이 존재하였다.

과거 고려시대에는 5품 이상의 관직만 지내면 그 자손들을 문음으로 진출시킬 수 있었다. 이와 병행하여 대가제(代加制)가 시행되었다. 그러나 조선조에는 2품 이상의 고관을 지낸 자 또는 언론삼사(사헌부, 사간원, 홍문관)에 재직했거나, 선전관·부장 등의 무관 청요직 등을 거친 경우로 축소한 점에서 고려조의 귀족제보다는 다소 완화된 관료제를 취하였다. 비록 조선중기부터 공신의 대량배출과 문벌의 성립으로 인하여 음관이 문신을 압도할 정도로 많이 배출되었지만, 문신(과거출신자)에 비하면 크게 우대를 받지 못하였을 뿐만 아니라, 실제 주요 요직이 문신에만 허용되었기에 능력발휘에서도 불리하였다. 대체로 정3품 당상관 이상을 승진시켜주지 않았다. 그리하여 문음출신들은 비록 초입사 이후 승진에 있어서(청요직을 제외하고선) 별다른 제한 없이 고위관료로 진출할 수 있음에도 불구하고, 애써 과거를 응시하고자 하였다.[63] 다른 한편으론 조선의 과거합격자의 평균 나이가 대개 35~40세 정도였기에 문음제도는 양반자제들을 위한 빠른 승진의 길이기도 하였다.

관료선발방법을 과거제와 대비되는 음서제로 포착하고자 한다. 임민혁, 「조선시대 양반관료제 사회론의 재검토」, 『동서사학』 제9집(2003), 94면 이하 참조.

63) 임민혁 박사는 자료(김창현, 『조선 초기 문과급제자연구』[일조각, 2001], 27-28면)에 의거하여 태조 - 성종 대에 필요한 인원이 8029명인데, 문과합격자는 1,799명밖에 안되어 동반실직 점유율이 22.4% 정도이어서 적어도 70% 이상은 음관이 차지하였다고 추단한다: 임민혁, 앞의 글, 102면.

요건데 조선조는 기본적으로 신분과 가문을 바탕으로 하지만, 그것을 뒷받침하는 능력의 증명(과거)이 요구되었다. 반면 국가공무원법 제28조 제2항에 따른 특별임용절차는 통상 시험과목의 일부 면제를 내용으로 하는 특별채용시험에 해당한다.

7. 신규임용자의 견습절차

(1) 조선조의 법제

새로 과거에 급제한 자를 분관(分館)64)함에 있어서는 정7품인 승문원의 상(위)박사(上博士) 이하의 관원이 모여서 권점을 찍고, 그 차점 이상자(次點以上者)를 취하여 승문원에 예속시키고, 권점을 시행한 기록(圈記)을 본조에 이송하면 판서 이하의 관원이 회의하여 성균관과 교서관에도 예속시켜, 3관(승문원·성균관·교서관)에 분속하여 권지(權知)65)로 한다. 승문원의 도제조와 제조를 3인으로 하여 관직에 적합한 인재를 선택하되, 근무성적이 좋지 못한 자는 강등하여 임명하고, 이러한 조치에 억울한 사람은 그 사정을 들어 진정하면 적절하게 조처한다. 일정한 임기에 구애되지 아니하고 계속 근무하여야 할 관직은 그 관사의 제조(提調)와 해당 당상관이 회합하여 이를 마련하고 본조에 이첩하면 본조에서는 이를 글로 상주 즉, 계문(啓聞)하고 관계 공부(公簿)를 비치한다. 한편 권지(權知)라는 명칭으로 실무를 수습하기 전에는, 세자시강원(世子侍講院)의 7품직인 설서(設書)에 상주하여 추천 즉, 주천하지 못한다.

---

64) 조선조 때 새로 문과에 급제한 사람을 승문원, 성균관, 교서관의 삼관에 배치시켜 권지라는 이름으로 실무를 익히게 하는 일.
65) 관직명 앞에 이를 붙여서 그 직무를 임시로 맡아 수행함을 뜻하는 말. 문과에 급제하여도 곧 관직을 주지 않고 성균관·교서관·승원원에 분속하여 권지라는 이름으로 사무를 수습하게 한다.

(2) 검토점

조선조의 법은 새로 급제한 사람을 관직에 임명하기 전에 성균관·교서관·승문원에 배치하고 권지라는 명칭을 부쳐 사무를 견습하게 하는 제도를 두었다. 음관의 경우에도 초직제수(초임임용)에서 문과합격자와 동등한 대우를 받아서 권무직과 권지직을 받았다. 권지 과정을 거치지 아니한 자는 원칙적으로 정식의 관직부여를 거쳐 직을 수행하지 못한다. 견습기관의 선정에 있어서 우수자를 기본적으로 승문원에 배속하면서 그 나머지를 성균관 등에 배속하였다.[66] 승문원이 조선조 때 외교에 관계되는 문서를 맡아보는 관청이기에 조선조 관료의 시발을 외교 분야에서 할 수 있게 한 점이 특이하다. 사실 일류반벌은 승문원, 그 다음이 성균관, 그리고 중인·서자 및 시골의 무력한 사람들은 교서관의 건지로 배치되는 것이 통례였다고 한다.

권지(의 지위)는 확정된 정식의 관직을 받기 위한 사전적 절차로서 임시적 성격을 갖는다. 그런데 권지의 지위를 지금의 시보의 지위에 바로 대입하기에는 주저된다. 왜냐하면 국가공무원법 제29조상의 시보임용에 따른 시보공무원은 정규공무원과는 분명히 대비되기 때문이다.[67] 즉, 정규공무원의 선발 과정의 일환으로서 시보임용이 행해지기 때문에, 일종의 임시(예비)공무원으로서의 시보는 비록 신분상 불리한 처분에 대해 소청심사를 청구할 수 있긴 하나, 정규공무원에 대한 신분보장규정이 그대로 적용되지 않는다.[68] 동조 제3항은 이를 분명히 확인하고 있다. 반면 권지는 그 지위가 임시적이긴 하나, 이는 보직차원에서 그렇다는 것이지 그 관리로서의 신분이 그런 것은 아니다. 즉, 그는 품계를 부여받은 정식의 관리이긴 하되, 정식의 벼슬자리(관직, 보직)로 나아가

---

66) 시대에 따라선 예문관까지 포함하여 4관을 분관에 넣는다.

67) 한편 일본의 경우 시보제도를 두지 않고 6개월간의 조건부 임용제도를 운영하면서, 동 기간 중에는 신분보장 및 불이익심사청구권도 인정하지 않는다. 일본국 국가공무원법 제59조, 제81조 참조.

68) 김중양·김명식, 앞의 책, 204면 이하 참조.

기 전의 수습에 머문 것이라 하겠다. 그런데 국가공무원법 제29조가 예정하고 있는 시보임용을 비교해 본 즉, 승문원 등과 같은 특정 부서에서 관료로서 출발하기 위한 견습을 갖는 점이 특이하다. 한편 근무성적이 불량한 자에게 일정한 불이익한 조치를 취할 수 있는 제도적 장치를 마련 한 점은 국가공무원법 제29조 제3항에 비견할 수 있다.

한편 처음 과거에 급제하거나 새로이 관직에 나아간 자를 신래(新來)라고 하는데, 이들은 분관의 선배들에 의한 일종의 통과의례절차(免新禮)를 밟지 않으면 아니 되었다고 한다. 오늘날 가끔 신입생이나 신입사원에 대한 혹독한 신고식이 뉴스거리가 되곤 하는데, 조선조의 그것도 이에 못지않았다고 한다.[69] 그리고 과거에서 같은 해 같은 과에 합격한 동기생들은 동방급제(同榜及第)라 하여 유대를 돈독히 하였는데, 장유유서의 기본질서 아래에서도 나이를 불문하고 동기생들은 친구가 되었다고 한다.

8. 당하관의 신규임용에 관한 인준절차: 서경

(1) 조선조의 법제

사헌부의 감찰, 각 도의 도사, 각 지방의 수령을 처음 임명할 경우에는 비록, 4품 이상이라 할지라도 모두 서경하여야 한다. 내외4조·처4조 및 당자에 대한 전과유무를 조사한다. 일찍이 시종관 및 당상관을 지낸 사람은 제외한다. 5품 이하의 대관 및 종부시의 관원도 또한 서경을 한다.

대관(사헌부·사간원 관원의 통칭)을 서경함에 있어서는 양사에서 3인씩 출석하여야 하고 3인의 출석을 얻지 못하면 비록 2인씩 출석하더라도 이를 품주하여 거행하되 양사에서 일제히 회합되어야 이에 서경을 하며, 감찰·도사·수령을 서경함에 있어서는 양사에서 2인씩 출석

---

69) 이에 관해선 박홍갑, 앞의 책, 164면 이하 참조.

하면 거행하되, 비록 양사에서 일제히 회합되지 못하였다 할지라도 어느 1사에서 인원이 갖추어졌으면 먼저 거행한다. 구체적으로 정6품인 감찰의 경우 먼저 사헌부에서 심사하여 아무 결함이 없음을 인정하고 등청(登廳)하여 집무하기로 허락된 후에 양사에서 이를 서경하는데, 만약 감찰을 임명할 때에 이미 서경을 거쳤으면 도사·수령의 직에 처음으로 임명된다 하더라도 서경을 요하지 아니하지만, 반대로 수령을 임명할 때에 비록 이미 서경을 거쳤다 할지라도 감찰에 처음으로 임명할 경우에는 다시 서경을 거쳐야 한다.

3차례나 서경을 요구하여도 통과되지 못하면 해임한다. 그런데 임명사령서(告身, 職牒)가 공무상의 사고 이외의 원인으로서 50일이 경과되도록 서경을 거쳐 나오지 아니한 경우에는 임금에게 품주하여 아뢴다.

(2) 검토점

당하관을 처음 임명함에 있어서 왕의 명령이 있으면 이조에서 당자의 성명과 내외 4조 및 처4조를 기록하고 사헌부·사간원(이를 양사라 함)에 대하여 그 가부에 관한 의견을 묻는다. 양사에서는 임용후보자의 4조와 본인의 하자(흔(痕))70)유무를 조사하고 하자가 없음이 판명되면 양사의 관원이 공동 서명하여 동의함을 표시하는바 이를 서경(署經)이라 한다. 고려조에는 1품부터 9품까지의 모든 관리들을 대간에서 서경하였으나, 조선조에선 대부분 5품 이하의 관리에 대해서만 서경하였다.71) 이조에서는 이러한 동의를 얻어야 비로소 사령서를 발급한다. 이 서경은 당하관의 처음 임명 시 행해지는 일종의 신원조사절차에 해당한다. 그러나 서경은 동시에 신원조사절차의 의미를 넘어서서 임명동의를 통한 일종의 권력견제기능을 수행한다. 왜냐하면 그것을 담당하는

---

70) 이는 허물을 의미하는데, 가계상의 결함 즉, 문벌과 혈통상의 그것을 일컫는다.
71) 태종 세종 대에 한 차례씩 1품 9품의 모든 관원을 서경하도록 바뀐 때가 있었다.

276

기관은 양사(사헌부와 사간원)로, 제도적으로 권력견제권한을 행사하는 기관이기 때문이다. 다시 말해 서경은 관리의 주된 임용기관인 이조의 임명권행사에 대한 필요적 사전절차인 동시에 이조 및 정승의 권력행사견제의 출발점이기도 하다. 요건데 서경제도는 인사에서 왕권을 강화하는 촉매제이다. 왜냐하면 이를 통해서 당상관의 인사를 왕이 장악함과 아울러 인사권이 왕에게로 집중되었기 때문이다.

서경은 양사 간에 충분한 협의를 통한 의사결정으로 행해지는 점이 특이하다. 나아가 사헌부의 정6품 감찰의 경우에도 양사의 서경을 필요로 하되, '만약 감찰을 임명할 때에 이미 서경을 거쳤으면 도사·수령의 직에 처음으로 임명된다 하더라도 서경을 요하지 아니하지만, 반대로 수령을 임명할 때에 비록 이미 서경을 거쳤다 할지라도 감찰에 처음으로 임명할 경우에는 다시 서경을 거쳐야 한다'는 점에서 다른 직에 비하면 서경의 의미가 가중적이다. 한편 서경을 거친 뒤에 임명사령서(고신, 직첩)가 교부되기에, 서경을 관리임명의 성립요건인지 아니면 그것의 사후승인인지가 논란이 될 수 있다. 관리임명권이 이조를 통한 왕에게 있다는 점을 감안한다면 서경의 의의는 후자에 있다. 세 차례의 서경요구가 무위로 돌아가면 해임하도록 규정하고 있는 점이 이를 확인한다. 다만 지금의 임용장에 해당하는 사령서의 교부를 임명의 요식행위이자 유효요건으로 본다면,72) 서경의 의의는 최종 임명의 성립요건에 해당할 수 있다.

국가공무원법 제19조 제1항에 의해서 국가 각 기관의 장은 그 소속 공무원의 인사기록을 작성·유지·보관하여야 한다. 그리고 '공무원 인사기록 및 인사사무처리규칙'73) 제6조 제1항에 의하면, "임용권자는 소속공무원에 대한 제4조 및 제5조에 의한 인사기록을 작성·유지·보관

---

72) 행정법의 통설은 임명은 요식행위가 아니므로 임용장의 교부는 유효요건이 아니라고 본다. 이에 관해선 김남진·김연태, 앞의 책, 203면.
73) 일부 개정 1993. 11. 15 총리령 제439호.

(보존을 포함한다. 이하 같다)하여야 한다"고 규정되어 있다. 조선조 때도 지금의 인사기록과 비슷한 정안(政案)을 두었는데, 이는 현직 관원과 전직 관원의 성명, 경력 등을 상세히 기록한 대장으로서 문관은 이조에, 무관은 병조에 비치하였다. 이 정안은 관리들의 가계, 이력, 자질, 업적 등에 대하여 개인별로 우열함을 적어 놓은 문건으로서, 문무관리들에 대한 도목정사(都目政事)를 진행할 때 참고로 이용된다.

9. 임용상의 품계부여: 과계

(1) 과거급제자에 대한 품계

문관과거(문과)의 갑과(甲科)74)에 급제한 제1인(1등)에게는 종6품을, 그 나머지는 정7품을 주고, 을과(乙科)는 정8품을, 병과(丙科)는 정9품을 준다. 한편 원래 품계를 가지고 있던 자가 급제한 경우, 갑과 제1인으로 급제한 사람에게는 4계급을, 그 나머지는 3계급을 올리되, 당하관의 최고품계에 있던 사람(階窮)75)은 당상관에 승진하며, 을과에 급제한 사람에게는 2계급을, 병과에 급제한 사람에게는 1계급을 올리되, 당하관의 최고품계에 있던 사람은 준직에, 준직에 있던 사람은 당상관에 승진한다. 한편 원래 품계를 가진 사람으로서 갑과에 급제한 제1인에게 올려주는 품계와, 원래 품계 없이 갑과에 급제한 제1인에게 당연히 주어야 하는 품계(종6품)가 서로 같거나(相等) 이에 미치지 않는(不及) 경우에는 당연히 주어야 하는 품계에 한 계급을 더 올려준다.76) 그리고

---

74) 과거에 급제한 사람을 갑·을·병 3과로 구분하여 갑과 3인, 을과 7인, 병과 23인 등 합 33인을 정원으로 하고, 갑과의 제1인은 장원(壯元), 제2인은 방안(榜眼), 제3인은 탐화랑(探花郎)이라고 한다.
75) 당하 정3품 통훈대부(通訓大夫)를 일컫는다.
76) 품계가 상등하다는 것은 가령 제1인자의 원품계가 종8품인 승사랑(承仕郎)인 경우이고, 품계가 불급이란 것은 원품계가 정9품인 종사랑(從仕郎)인 경우를 의미한다.

나이가 50세에 달한 사람은 분관(分館)한 후에 6품으로 승급하고, 아울러 공신의 적장(嫡長), 오위(五衛)의 당하 정3품인 상호군(上護軍)으로서 과거에 급제하였다면, 참외(參外)는 6품으로 승급하고, 참상(參上)은 한 품계를 올린다. 또한 과거에 급제하기 전부터 이미 오위의 사과(司果)의 체아록(遞兒綠)77)을 받은 자는 6품으로 승급하고, 과거에 급제하여 10년을 경과한 자는 연석(筵席)78)에서 품주하여 6품으로 승급한다.

한편 무과합격자는 문과의 규례대로 벼슬을 시키되 별시위 및 훈련원 권지로 나누어 임명한다. 그리고 역과에서 1등으로 합격한 사람은 종7품을 주고, 2등은 종8품, 3등은 종9품을 준다. 음양과·의과·율과(陰陽科·醫科·律科)에서 1등으로 합격한 사람은 모두 종8품을, 2등은 정9품, 3등은 종9품을 준다.

(2) 신분에 따른 최고품계

양첩(良妾)과 천첩(賤妾)의 자손은 그 품계를 한정하여 서용(敍用)한다. 문관이면 교서관에 예속하고 무관이면 부장·수령의 후보자로 할 수 있음은 전례에 따라 개정되지 아니하였으나 능·전·묘·사·종부시·오상사의 낭관과 감찰, 의금부. 오부의 도사, 도총부의 훈련부정에는 문관참상으로 허용되지 아니하고 호·형·공 3조에만 허용되며, 당해관사의 판관 이하에는 비록 무관 또는 음관이라도 관계없고, 문관참상의 직강과 무관참상의 중추부의 배속 및 우후의 임용에도 또한 허용되나 오위장에는 문관·무관·음관 모두 구애되지 아니하며, 문무당하관은 부사에 한하고 당상관은 목사에까지 허용하며, 생원·진사·음관 출신은 군수에까지 한하되% 치적이 있으면 부사에까지 허용하고 생

---

77) 사과의 체아록: 사과는 5위의 한 직명이며, 원래 5위에는 직명만 있고 사무가 없기 때문에 이 직위에 임명된 자는 6개월간 녹봉을 받게 한 후에 교대하고 이를 체아록이라고 한다. 다만, 사과직에 있어도 녹봉을 받지 못하는 사람도 있다.
78) 임금과 신하가 모여 자문주답(諮問奏答)하던 자리를 말한다.

원·진사 및 통례원의 인의 출신이 아닌 사람은 현령에 한하되 치적이 있으면 군수에까지 허용한다. 학식과 행장이 탁월하고 재질과 정치 능력이 현저한 자는 특례로 발탁하여 임용하되 묘당과 이조에서 품주하여 재가를 받아야 하며 병조에서도 이와 같이 한다.

(3) 노인특별품계승진절차: 노직

종반(宗班)[79]으로서, 부수(副守) 이상은 나이가 80세에, 봉군한 사람의 부친은 나이가 70세에 달하면, 정3품 통정대부 이상의 품계를 올려준다. 종친부에서는 매년 연초에 해당자를 조사하여 이조에 통보하고, 법으로 당연히 정3품 통정대부 이상의 품계를 올려주어야 할 자는, 비록 입춘 이후에 그 연령에 해당된다 할지라도 이는 생년의 나이를 따라 한다.

조관(朝官)[80]은 나이가 80세에, 일반 백성인 사서인(士庶人)은 나이가 90세에 달하면, 정3품 이상의 품계를 올려준다. 따라서 서울의 5부(五部) 및 각 읍은 한성판윤과 관찰사에 보고하여 새해가 되기 전에 글로 아뢰고(啓聞), 연초에 이들 노직(老職)에게 품계를 올려 주도록 품신한다. 그리고 선비나 무인의 집안 즉, 사족(士族)의 부녀는 나이가 90세에 달하면 봉작(封爵)한다. 아울러 그 남편과 어머니는 그 아내로 인하여 증직(贈職)[81]할 수 있다. 이 또한 한성부와 각 도에서 새해가 되기 전에 이를 계문한다. 상천(常賤)에게 주는 노직으로서는 종1품 숭정대부는 허락하여 주지 아니한다. 그리고 나이가 80세 이상이면 양

---

79) 임금의 본성친족을 말한다.
80) 사부(士夫)는 일명(一命) 이상, 중인과 서얼인 중서(中庶)는 동반과 서반의 정직을 역임, 내시인 중관(中官)은 관직에 나아가 녹봉을 받는 자를 말한다. 여기서 일명에서의 명은 관등을 표시한 것이다. 중국 주나라 제도에 1명에서 9명까지의 등급을 정하고 있었음으로 이를 인용하여 처음 관직에 출사함을 일명이라 한다.
81) 현직 고관의 부·조부·증조부에게, 또는 효자·충신·학행이 있는 사람이 죽은 후에 관직과 품계를 추증하는 것임.

인·천인을 막론하고 한 품계를 제수하며, 원래 품계를 갖고 있는 자에게는 한 계급을 올려 준다.

(4) 검토점

조선조의 품계(관계)와 관직은 오늘날의 무엇에 해당하는가? 오늘날 '임명'과 '보직'은 구별된다. 전자가 특정인에게 공무원으로서의 신분을 부여하며, 공법상의 근무관계를 설정하는 행위라면, 후자는 공무원의 신분을 취득한 자에게 일정한 직위를 부여하는 행위이다. 임명에 당연히 보직이 수반되지는 않는다. 일반직 공무원의 계급구분을 보자면, 계급은 1급 내지 9급으로 구분되어 있으되, 그 직명은 행정직의 경우 1급을 관리관, 2급을 이사관, 3급을 부이사관, 4급을 서기관, 5급을 행정사무관, 6급을 행정주사, 7급을 행정주사보, 8급을 행정서기, 9급을 행정서기보로 규정하고 있다.[82] 조선조에선 직함(職銜)을 부여함에 있어선 품계[83]를 먼저 하고 그 다음에 관사(官司)를 그 다음에 직명(職名)을 쓰되, 종친·충훈·의빈부의 당하관은 관사를 칭하지 못하고, 영사와 같은 유는 관사의 위에 영자(領字)를 둔다. 또한 품계는 높고 직위가 낮으면 행직(行職)이라 하고, 품계는 낮고 직위가 높으면 수직(守職)이라 칭한다.[84] 여기선 품계의 본질 및 그것과 관직과의 관계를 살펴볼 필요가

---

82) 공무원 임용령 제3조 제1항 별표 1.

83) 이 시대는 문무백관을 동·서 양반으로 나누고 그 등급을 정1품에서 종9품까지 18계급으로 구분하여 이를 관품 또는 품계라고 하며 이러한 품계에 승진함을 승품 또는 가자라고 한다. 이러한 18개 등급 중에 당상·당하로 대별하고, 또 당하관 중에서 참상과 참하로 구분한다. 정3품 통정대부 이상은 당상관, 같은 정3품 통훈대부 이하는 당하관이라 하며, 그중 6품 이상은 참상, 7품 이하는 참하라고 한다.

84) 관품·관사·관직과 성명의 순서로서 관원의 지위를 표시하는 것이다. 그 예로서 영의정인 경우에는 "대광보국 숭록대부(관품) 의정부(관사) 영의정(관직) 수모(성명)라고" 칭하는 것이며 영자를 관사위에 둔다는 것은 경연 또는 춘추관의 영사를 "경연영사" 또는 "춘추관영사"라고 하는 것이 아니고 영자를 관사위에 두어 "영경연사" 또는 "영춘관사"라고 한다. 그리고 행직 또는 수직인

있다. 조선왕조의 개창과 더불어 지배층의 규모가 확대되었지만, 관직의 수는 그만큼 늘지 않았다고 한다. 그리하여 제한된 수의 실직(實職)으로는 지배층 전체를 포괄할 수 없는 실정이어서 새로운 사회편제의 기준을 확립하기 위한 노력으로, 관계를 관직에서 분리 독립시켜 이를 관서, 관직, 관원을 편제하는 기준으로 삼았다.[85] 가령 당상관 여부의 기준이 관직(官職)에서 관계(官階)로 바뀌었다. 물론 실직의 비중이 그로 인해 낮아진 것은 결코 아니다. 그리고 행수법(行守法)의 시행은 관원의 관계와 관직의 관계가 같아야 한다는 통념의 반증하는 것인 동시에 양자의 구분을 전제로 하는 것이다. 이런 사정을 고려한 즉, 조선조의 관계(품계)는 관리로서의 신분과 관련 있는 반면에 관직은 담당업무를 처리하기 위한 직위와 관련 있다고 봄직하다. 다시 말해 전자의 부여를 오늘날의 공무원의 '임명(임용)'에, 후자의 부여를 '보직'에 비견할 수 있다.

한편 과거급제자에게 품계를 수여함에 있어서 나타난 뚜렷한 사실은 문과에 비하면 잡과출신에 대해선 매우 품계가 낮았다는 점이다. 이들 과거는 양반 이외의 신분까지도 응시할 수 있기에 당연한 제도적 마련이다. 조선조 때 통상의 승급절차는 일정한 재직기간의 경과, 일정한 추천절차 및 '6품강'과 같은 일정한 시험절차를 거친다. 그런데 과거급제자에게 여러 단계의 승진을 부여한다는 점에서 과거제도는 그저 관료의 신규임명의 차원에서만 머문 것이 아니라, 특별승진임명의 통로로서도 기능한다. 즉, 관리로서 이미 재직하고 있는 자는 과거를 통해 부단

경우의 직함에는, 각 관사의 장관은 일정한 품계를 가진 자로서 임명함을 원칙으로 하고 있는바, 적임자가 없을 경우에는 품계가 상등하지 아니한 자를 임명하고 이를 행직 또는 수직이라 한다. 그 예로서 종1품 숭정대부인 자가 관제상 정2품관인 이조판서에 임명된다면 이는 "숭정대부 행이조판서"라고 하며, 이와 반대로 종2품 가선대부인 자가 정2품 홍문관 대제학에 임명된다면 이는 "가선대부 수 홍문관대제학"이라고 한다.

85) 이런 사정에 관해선 남지대, 앞의 글, 145면 이하 참조.

히 자기를 승격시킬 수가 있다. '6품강'을 제외하고선 지금과 같은 승진 시험을 따로 규정하지 않은 조선조 땐, 과거제도가 일종의 승진시험의 역할을 하였다고 하겠다. 대가제의 시행으로 이미 품계가 상당한 지경에 이른 음관으로선 어떻게 하든 홍패(紅牌)[86]를 획득함으로써 기왕의 품계에서 월등하게 승급할 수 있었다. 과거제의 이런 비약승진 시험적 성격으로 말미암아 당연히 그것의 역기능, 마치 지금의 사법시험 열풍처럼 관리들의 과거몰입이 지적될 수 있다. 하지만 반대로 이것이 조선조 전반을 숭문주의(崇文主義)의 지배하에 둔 결정적인 계기가 된다 하겠다. 아울러 관료제에 따른 위계질서를 고수하기 위하여 먼저 관직에 들어선 선진자(先進者)를 만나면 반드시 뜻을 굽혀 예를 갖추고 그의 지시를 따르도록 하였다고 한다.

한품서용(限品敍用)이란 일정한 품계까지 제한하여 그 이상의 품계로는 더 이상 승급시키지 않는 제도이다. 이 한품제도는 과거 신라 때의 골품제에서 보듯이 삼국시대부터 시작하여 고려조를 거쳐 조선조까지 이어 내려와 경국대전 역시 이를 제도화하였다. 그런데 『경국대전』의 한품서용은 한품제도 일반에 대한 것이 아니라 관료계층 내부의 서자에 국한된 것이다. 그리하여 이 한품규정은 관료계층의 서자를 억압하기 위한 것이 아니라, 반대로 그들에게 벼슬길을 열어주기 위한 것이라고 한다.[87] 이 점은 고려조와는 달리 모계가 천인인 경우에 비록 품계의 상한은 있을지라도 출사의 길이 원천 봉쇄되진 않았기 때문이다. 한편 경국대전에 2품 이상이 관직을 가진 사람의 첩자손은 사역원, 관상감·전의감, 내수사, 혜민·도화서의 주학·율학에만 허용하여 그 재질에 따라 서용하도록 되었으나, 『대전통편』에 따라서 이들도 과거를 거쳐 벼슬할 수 있는 길이 열리게 됨으로부터는 사역원 이하의 관서에

---

86) 문과의 회시(會試)에 급제한 사람에게 내어 주는 붉은 종이에 쓴 교지인데, 다음 아닌 문과합격증이다.
87) 윤국일, 『신판 경국대전』(신서원, 1998), 132면 참조.

만 서용하든 법이 폐지되었으되, 오직 관상감에는 아직도 사족의 서자
손을 서용하고 있었다. 다만 예외적으로 한품서용을 배제할 수 있는 가
능성도 열어 두고 있으되, 묘당과 이조에서의 품주를 거치도록 함으로
써 협의적 의사결정 과정을 여전히 견지한다. 한편 기본성격은 다르지
만 오늘날의 기능직 공무원의 경우 5급이 최고계급인 것도 이런 관점
에서 파악할 수 있다.

조선왕조는 유교 윤리상 연장자를 경대하는 의례를 존중하고, 또 이
를 장려하는 견지에서 제도적으로 일정한 연령에 도달하면, 신분의 여
하를 막론하고, 제한된 관등의 품계를 제수하고, 이를 노인직 또는 노직
(老職)이라 한다. 고려조에 없던 노인직제도가 조선조에 경국대전에 법
조문의 형식으로 제도화된 데는 조선조의 정치체제의 근간인 유교에서
비롯된 바 크다 할 것인데, 한편에선 이른바 '어진' 정사를 표방하면서
백성들에게 통치에 대한 환상을 조성하기 위함이라는 지적도 있다.[88]
최근 논란이 되는 이른바 『효도특별법』의 출발점으로서 노인직의 존재
를 삼을 만하다.

10. 참상관 이상의 승진과 강임절차

(1) 조선조의 법제

6품 이상은 그 승급에 있어서 품계를 초월한 후에는 다른 관직에 통
용(임명)하지 아니하고, 7품 이하 참외(參外) - 참하(參下) - 는 그
승급에 있어서 6품까지를 한하여 통용한다. 만약 수령의 준직(準職)[89]
에 임명할 자가 5·6품에 있을 경우에는 먼저 4품을 제수한 후에 준직
을 제수한다. 대관을 다른 관서의 차석에, 음관을 바로 군수에, 파격임
명하지 못한다. 무신인 병사(兵使)의 경우도 마찬가지이다. 삼사아장(三

---

88) 윤국일, 앞의 책, 141면 참조.
89) 정3품 당하관직을 말함. 혹은 이 품계에 상당한 관직을 준직이라 함.

司亞長)90)인 사헌부의 집의(執義), 사간원의 사간(司諫), 홍문관의 전한(典翰)은 그 최고품계(종3품)에 도달한 경우에는 왕명을 받아 준직에 주천한다. 그리고 품계상으로 당하 정3품인 봉상시(奉常寺)·종부시(宗簿寺)의 장(長)인 정(正)과 승문원(承文院)의 판교(判校), 통례원(通禮院)의 좌통례(左通禮)는 재임기간 30개월이 만료되면 당상관으로 승급한다. 그런데 당하관으로서 최고품계에 도달하였으나 준직에 임명되지 아니한 자는 당상관에 승진을 불허하지만, 묘당에서 추천한 사람은 예의로 한다. 그리고 승급하라는 명령을 받은 자가 준직에 있지 아니하고 최고품계에 달하지 아니하면 이를 품주하여 비지(批旨)91)를 받아서 시행한다.

치적이 훌륭하고 빈민과 재민 구호에 특수한 업적이 있는 명관(名官)으로써 당연히 종2품인 가선(嘉善)에 승급되어야 할 사람도 묘당에서 논의한 후에 임금에게 그 결과를 보고한다(覆啓). 종2품인 가선대부(嘉善大夫) 이상의 관원은 그 품계를 변경하여 초월하지 못한다. 그리고 정2품 이상의 관직인 의정부의 참찬(參贊), 6조의 판서, 한성부의 판윤 등과 같은 정경(正卿)을 역임한 사람이 아니면 정1품 보국대부로 품계를 높이는 것(가자(加資))을 허용하지 아니한다. 반면 정1품의 관직을 가진 사람에게는 종2품인 관직에 강등하여 임명하도록 주천하지 못한다. 아울러 대사헌인 경우에는 종1품의 작위를 가진 사람 역시 강등하여 임명하도록 주천하지 못한다. 이미 4품의 관직을 역임한 사람에게는 이조와 병조의 낭관에 임명하도록 주천하지 못한다. 그리고 이·호·예·병·형·공조의 6조, 사헌·사간의 양사(兩司)와 의정부에서 우위(右位)의 직에 있었던 사람에게는 보다 하위의 직을 제수할 수 없는데, 다만 다른 관사의 관원의 경우는 그렇지 아니한다. (정1품에 해당

---

90) 사헌부·사간원·홍문관의 차관을 말한다.
91) 신하의 상주에 대하여 왕이 화답한 뜻.

하는) 보국숭록대부의 작위를 가진 관원은 대신과 아문(衙門)을 같이 하지 아니한다.

정2품인 의금부의 지사(知事)를 한 품계 승급하면 종1품인 판사가 되는데, 이는 사전에 재가를 받아야 한다. 도승지로서 정2품인 자헌대부 의 품계에 승급하면 겸직 도승지가 됨으로 이는 사전에 재가를 받는다.

(2) 검토점

조선조의 관리의 승진절차에서 두드러진 특징은 위계질서를 존중하 였다는 점이다. 6품 이상의 참상관과 7품 이하의 참하관을, 당상관과 그 이하인 당하관을 엄격히 구분하여 논하였다. 따라서 6품 이상의 참상관 의 경우, 중간관리로서 그 직의 전문성을 유지하기 위해서 다른 부서에 서의 승급자가 바로 올 수 없게 함과 동시에, 후술하듯이 참상관에로의 승진은 특별한 절차를 거치도록 하였다. 그리고 몇 품을 바로 뛰어 넘 는 식의 파격승진이란 원천적으로 배제되지만, 차상의 품계를 거치는 식의 (파격)승진은 허용된다. 원래 경국대전에 의하면 7품 이하는 2계 급을 초월하지 못하였지만,『전율통보』시행 당시에는 수교(受敎) 등에 의하여 적용하지 아니하였다. 다만 6품 이상은 3계급을 초월하여 수직 하지 못하였다.

그리고 정식의 품계에는 없지만 준직제도를 두어서 최고의 당하관인 정3품의 당하관 이외에도 3품의 당하관을 두었다. 이 준직제도는 소수 의 특권적 관료계층의 관직독점을 보장하기 위한 당상관과 당하관의 차등을 엄격히 설정하고, 당상관인 정3품의 관직을 한정한 데 따른 소 산이다. 심지어 정3품의 품계에서도 위로 통정대부, 아래로 통훈대부의 두 품계가 있어서 전자부터 당상관을, 후자까지 당하관으로 보하였으며, 당상관과 당하관 양자간에는 현저한 위계상 엄청난 차이를 두었다. 가 령 전자의 경우엔 망건에 옥관자를 붙이고 '영감'이란 존칭을 받지만,

후자의 경우엔 까막관자를 붙이고 '나으리'라고 밖에 불릴 수 없다고 한다. 준직은 양자간의 일종의 중간점에 해당한다. 『속대전』에서는 준직을 거치지 않고선 당상관으로 승급될 수 없다고 하였지만, 경국대전은 이미 정3품의 당하관에 보하는 봉상시의 최고 수장인 정(正) 등의 경우에는 준직 없이도 당상관으로 승급하는 것을 허용하였다. 그리고 당상관의 경우에도 함부로 품계를 변경 승급시키지 못하도록 하였다. 한편 조선조의 유교관료제는 위계질서가 강조되기에 몇 단계를 초월하여 승급한다는 것은 애초에 기대될 수 없는데, 다만 10년에 한번 씩 당하관 이하의 문신과 무신들을 대상으로 승진시험에 해당하는 중시(重試)를 실시한다. 이 시험에 합격한 자는 당상 정3품의 품계로 올려 주었다.

한편 조선조의 공무원관계에서 주목할 사항은 고위관직을 가진 자로 하여금 하위의 관직을 맡게 하는 강임(降任)이란 원칙적으로 허용되지 않았다는 점이다.

그런데 조선조 관리의 승진에서 주목을 끄는 것은 품계승진과 동시에 다른 관직에 임명할 수 없게 만든 점이다. 반면 현행 공무원법은 1급으로의 승진임용의 경우엔 2급 공무원의 직군·직렬에 무관하게 적격자를 임용·임용제청할 수 있는 반면에, 2급과 3급으로의 승진임용의 경우엔 동일 직군 내의 바로 하급 공무원 중에서 임용·임용제청할 수 있다. 그리고 이 밖의 승진임용의 경우엔 동일 직렬의 바로 하급공무원 중에서 임용한다.

11. 참상관으로의 승진절차

(1) 조선조의 법제

6품의 고강에는 사서와 삼경 중에 각각 스스로 원하는 1서를 선택하고 이를 보고 읽게 하여 두 책을 모두 통독하지 못하면 파면하고, 한

책을 통독하지 못하면 그 다음의 도목정사 때에 다시 강독하게 한다. 수령의 고강(考講)에는 4서 및 스스로 원하는 1경과 『대명률』·『대전통편』을 읽게 하여 세 책을 통독하지 못하면 파면하는데, 1책을 통독하지 못하고 두 차례나 강독에 응하지 아니한 사람, 2책을 통독하지 못하고 한 차례 강독에 응하지 아니한 사람, 세 차례나 병으로 강독에 응하지 아니한 사람 역시 마찬가지로 파면한다. 그러나 처음 임관할 때에 명령을 받은 사람에게 차차 승급하여 서임하라는 명령이 있으면, 수석 직장(直長)은 비록 6품관에 시행하는 고강을 거치지 아니하였다 할지라도 특별 교지에 따라 6품으로 승급하는 예에 의하여 본 규정을 적용받지 아니한다.

음관을 마땅히 6품으로 승급시켜야 하고, 수령에 임명하고자 하는 사람에게는 모두 서경[92]의 강독을 고사(考査)한 후에 비로소 재직일수를 계산한다. 그런데 생원·진사 및 경학에 능통하고 덕행이 있기 때문에 추천을 받은 사람(특별추천에 의하여 관공직에 종사한 사람은 예외로 한다)으로서 바로 6품에 승급한 경우에는 모두 6품의 고강을 면제한다.

(2) 검토점

"6품의 고강"이란 서경의 강독을 고사하는 것인데, 이는 참하관이 참상관으로 승진할 경우에는 치를 시험이다. 수령에 임명할 경우에도 6품강과 마찬가지인 "수령강"을 치러야 한다. 조선조 때 매년 6월과 12월 두 차례 관원의 성적을 고사하여 근무평정을 하는데(포폄(褒貶)), 이와 병행해서 참하관이 참상관으로 승진함에 있어선 특별한 시험절차인 6품강을 두고 있다. 이 같은 6품강은 관리승진에서 일종의 중간 고비점에 해당한다고 하겠는데, 지금 공무원 법제에서 6급인 행정주사에서 일종의 관리직인 5급 사무관으로의 승진절차를 여기에 대입시킬 만하다.

---

92) 서는 대학·중용·맹자·논어의 4서이며, 경은 시전·서전·주역의 3경인바, 이를 합칭한 것임.

288

종전 국가공무원법은 5급 공무원으로의 승진에 대해서 승진임용의 일
반기준과 원칙을 충족함과 더불어 반드시 승진시험을 거치도록 하였는
데, 5급 승진에서 이런 승진시험강제는 '6품강'에 비견될 수 있다.[93] 반
면 6급 내지 8급으로의 승진임용에선 일부가 승진시험을 적용하고 대
부분 심사승진을 택하고 있다. 1급 내지 3급으로의 승진임용이 심사승
진으로 행해지는 점을 감안한다면, 관리직의 출발인 5급 사무관에로의
승진마저 심사승진의 길을 열어 준 것이 과연 바람직스러운지 검토가
필요하다. 오히려 조선조의 6품강의 체제를 본받는 것이 요망된다. 승진
방법상의 차이점이 직책상의 구분을 위한 착안점이 된다.

12. 면직·전임(절차)의 완성절차이자 직무상의 책임소멸절차 로서의 해유

(1) 조선조의 법제

관직을 제수한 자에게는 해유(解由)[94]를 고찰하여야 하되, 제주목사
는 이에 적용을 받지 아니한다. 해유첩(解由牒)이 출급되지 아니한 사
람에 대해선 실직(實職)의 임명을 주천하지 못하는데, 겸직인 경우에는
무방하다. 그러나 찰방(察訪)[95]을 겸임할 경우에는 그렇지 아니한다.

---

93) 그러나 승진시험의 준비에 따른 공무원의 심리적 부담, 업무효율의 저하, 대민
   서비스의 소홀 등의 부정적 측면으로 인하여 1994. 12. 22. 국가공무원법을 개
   정하여 필요시에 승진심사위원회의 심사에 의한 승진임용의 길을 열어 두었다.
   반면 외무공무원의 경우 1997. 7. 21. 개정된 외무공무원 임용령 제15조 제2항
   은 5급으로의 승진임용을 심사승진의 방법으로만 행할 수 있게 규정하였으나,
   2001. 6. 30. 전문개정을 통해 관련규정을 삭제함으로써 이제는 일반 국가공무
   원법의 관련 규정이 적용될 수 있게 되었다. 외무공무원법 제30조 참조.
94) 물품출납에 관한 책임의 면제를 뜻하는 것. 각 지방관은 금전·물품의 수납과
   지출을 행함으로 이에 대한 장부를 신임관에게 인계하고 호조에 보고하면, 호
   조는 이를 조사하여 결점이 없으면 이조에 통지하고 그 책임을 해제시킨다. 이
   러한 책임해제의 증명서를 해유첩 또는 해유장이라고 한다.
95) 지방관의 하나로서 각 도의 역참을 관장한다.

그리고 수령이 다른 고을에 전임(轉任)되고, 그 전임 고을로부터 해유첩이 제출되지 아니한 때에는 또 다른 고을로 전임하지 못한다. 해유첩의 유무를 불구하고 임명하는 경우는 임금으로부터의 특교(特敎)(特旨)를 막론하고 해당 관직에 계청(啓請)96)한 외에는 주천하지 못한다. 품계를 초월하여 지방관으로는 임명하지 못하되, 종5품인 도사(都事) 및 급료를 지급하는 변방의 관직의 경우에는 예외로 한다.

(2) 검토점

해유란 국가공무를 집행하는 관원으로서 그 재임기간 중 모든 책임사유를 임기만료일에 일정한 검열을 거쳐 해제시켜주는 것을 의미한다. 관원이 교체될 때에, 전관(前官)은 소관서류 및 문서와 장부(文簿)를 후관(後官)에게 인계하고, 문관은 이조의, 무관은 병조의 입회하에 그 임기 중 물품의 출납, 보관상황, 현 재고량 등을 일일이 검열하여 완전하게 결함이 없는 다음에, 이·병조에서 책임해제의 증명서인 해유장(解由狀)을 호조에 이송하면 호조에서 이를 원본에서 베껴(등사하여) 본인에게 교부함을 순서로 하였다. 이 해유장을 받지 못하면 다른 관직에 전보될 수 없거니와 만약 특명으로 전보되어 공무를 수행 중이라 할지라도 전직의 해유장이 교부될 때까지 녹봉을 받지 못하게 되어있다. 물품을 대조함에 있어서 원장의 현 재고를 별도로 초록하고, 창고의 현품과 하나씩 대조하여 다름이 없는 것은 X표로 지워버린다. 처음부터 끝까지 다 지워버리면 완전무결한 표시가 되는 것이며, 이를 효주(爻周)라 하고, 마소의 의미를 지닌 이 효주를 필하여야 해유장이 교부된다. 그리하여 중앙에 상납하여야 할 미·포를 일정한 수량대로 상납하지 아니하였거나, 군정(軍丁)을 정수대로 충원하지 못한 경우, 그 부족분이 많으면 해유에 지장을 받고, 적으면 감봉조치를 한다.

---

96) 임금에게 아뢰어 청함.

조선조의 관리의 임명에서 고신(직첩)의 의의는 단순한 사령장으로서의 의미에 그치는 것이 아니라, 그 임명의 성립요건에 해당한다. 해유장의 의의 역시 동일하다. 전임절차의 완결이자 전임명령의 성립요건으로 보아야 한다. 이 점은 해유장이 교부되지 않은 이상 대상자는 여전히 신분상의 불완전한 지위에 놓여있기 때문이다. 조선조에서 관리임명 그 자체는 지금과 비교할 수 없을 정도로 결정적인 의미를 지녔다. 해유절차의 존재는 역설적으로 이런 점을 웅변한다. 조선조의 해유절차에 비하면, 오늘날의 '공무원근무사항규칙'에 따르는 업무인수인계절차는 매우 단출하여 제도적 보완이 요구된다.

Ⅳ. 맺으면서

지금으로부터 몇백 년 아니 몇십 년 전에 과연 한반도에 지금의 우리와 비슷한 사람이 살고 있었을까? 전제국가나 절대군주국가, 전근대와 근대 등과 같은 이질적인 서구사적 유형으로 인해 우리는 우리의 조상과는 전혀 다른 세계에서 살고 있다고 여긴다. 조선처럼 하나의 왕조가 근 500년을 지탱해 온 예는 세계사적으로 매우 드물다. 한 왕조가 그런 장기간 존속하였음에도 불구하고 조선조의 많은 제도들은 그저 기억의 저편에 머물 뿐이다. 조선조에 세계에서 유례가 없을 정도로 법전의 편찬이 빈번하였음에도 불구하고 그간 이들에 대해 (오늘날의) 법학적 조명을 비추지 않았음은 분명 문제이다. 그들을 단지 마치 편년사를 기술하듯이 나열한 데 그친 것을 탓하기에 앞서, 이제까지 그럴 수밖에 없었던 소이가 무엇인지 곱씹어 보아야 한다.

더 이상 조선조의 법제도가 역사상으로 멸망한 한 왕조의 잔흔(殘

痕)으로 소개되어선 아니 된다. 다시 말해 조선조의 것과 오늘의 것을 단순 병렬적으로 나열하는 데서 벗어나야 한다. 이들이 상호간에 조응되기 위해선, 이들이 공유하는 공통의 기본틀이 존재하는지 여부를 검토하는 것이 우선적으로 강구되어야 한다. 이런 선행 작업을 하지 않은 채 조선조의 법제와 지금의 법제를 비교한다는 것은, 마치 상호간의 존재확인에 그치는 것에 다름 아니다. 우리 조상들은 이런 것을 만들었다는 - 물론 비록 사문화된 것일망정 - 지적은 남지만, 이는 너무 공허하다. 시간의 흐름을 거슬러 보건데, 조선조의 법제도가 분명 당시 세계사적으로 매우 선진적이었다. 비록 지금과 같은 개개의 조문화는 결여되어 있지만, 이제는 조선조의 법제도를 오늘날의 법제도의 기본틀에서 고찰할 수 있을뿐더러 그렇게 나아가야 한다. 서구에서 부르주아인 시민과 왕 간에 맺어진 타협의 소산인 (민주적) 법치국가원리는 오늘날 국가체제는 물론 우리의 일상까지 지배하고 있다. 민주적 법치국가원리는 그 자체 목적으로서의 의의도 갖지만, 동시에 자유와 권리를 보장하기 위한 도구이자 수단으로서의 의의도 갖는다. 권력분립주의 역시 그러하다. 조선조의 관료제를 종래의 家産制的 성격으로부터 벗어나서 자리매김하여야 한다. 이런 선행작업을 통해서, 조선조의 법제도와 지금의 그것 간에는 - 비록 시공간적 다름에 따른 다소간의 수정가능성과 수정필요성은 유보되지만 - 분명 민주적 법치국가원리와 근대적 관료제의 본질이 공유될 수 있음을 확인할 수 있었으며, 조선조의 공무원법제에 관한 행정법적 고찰에서 실지로 양자간의 교차점과 공통점을 찾고자 하였다. 가령 조선조의 관리에 대한 엄격한 근무평정(포폄)과 해유절차는 오늘날에도 적극적으로 도입할 만하다. 서구열강에 의해 마지못해 나라의 문을 연 이래로 우리는 앞만 보고 (서구사적 의미에서의) 근대성(화)을 추구하여 왔다. 과연 근대란 무엇인가? 조선조의 법제도에 스며있는, 오늘날에도 능히 통용될 수 있는 함의를 논구함에 있어서 견지되어야 할 전제는 바로, 서구사적 의미에서 근대성에서 벗어나는 것이다. 이제 조선조의 법제도를 오늘에 되살리는 첫 단추를 끼운 셈이다. 조선조의 수교나 법전의 규정은 대부분이 국가행정기구와 그 운용에 관한 행정법이며, 여러 관청과 관리에 대한 직무상의 준칙이었다는 지적[97]은, 조선조의 법제도에 관한 행정법적 고찰이 가일층 요구됨을 웅변한다.

참고문헌

『經國大典』.

『高麗史』.

『大典續錄』.

『大典會通』.

『牧民心書』.

『續大典』.

『受敎輯錄・詞訟類聚』.

『審理錄』.

『六典條例(戶典)』.

『典錄通考(吏典・戶典・工典)』.

『典律通補』.

『朝鮮王朝實錄』.

『秋官志』.

『欽欽新書』.

---

97) 박병호, 『한국법제사고』(법문사, 1974), 407면.

김규정, 『행정학원론』, 법문사, 2000.

김남진, 『행정법의 기본문제』, 법문사, 1994.

정하중, 「민주적 법치국가에서의 특별 권력관계」, 『고시계』, 1994. 9.

김남진·김연태, 『행정법 II』, 법문사, 2004.

김중권, 「조선조의 행정법제, 특히 공무원 법제에 관한 소고」, 『토지공법연구』 제 19집, 한국토지공법학회, 2003.

김중양·김명식, 『공무원법』, 박영사, 2000.

김창현, 『조선 초기 문과급제자연구』, 일조각, 2001.

남지대, 「조선 후기 정치제도사 연구현황」, 『한국 중세사회 해체기의 제 문제 (상)』, 근대사연구회편, 1987.

남지대, 「조선 초기 중앙정치제도연구」, 서울대 박사학위논문, 1993.

박동서, 『한국행정론』, 법문사, 2001.

박병련, 「조선조 유교관료제의 성격에 관한 연구」, 서울대 박사학위논문, 1991.

박병호, 『한국법제사고』, 법문사, 1974.

손문호, 「고려 말 신흥사대부들의 정치사상연구: 유교적 국가주의를 중심으로」, 서울대 박사학위논문, 1990.

윤국일, 『신판 경국대전』, 신서원, 1998.

이병량, 「조선 초 관료제의 근대성에 관한 연구」, 『정부학연구』 제8권 제1호, 2002.

이옥선, 「조선조 사회기의 권력구조에 관한 연구」, 이화여대 박사학위논문, 1990.

임민혁, 「조선시대 양반관료제 사회론의 재검토」, 『동서사학』 제9집, 2003.

장영수, 『헌법총론』, 홍문사, 2004.

정긍식, 「조선시대의 권력분립과 법치주의」, 『법학』 제43권 제4호(서울대 법학연 구소, 2001.

한영우, 「조선 초기의 상급서리 성중관」, 『동아문화』 제10집, 1971.

한우근, 「중앙집권체제의 특성」, 『한국사』 10, 국사편찬위원회, 1977.

홍성방, 『헌법학』, 현암사, 2003.

Bleckmann, "Vom subjektiven zum objektiven Rechtsstaatsprinzip", *JöR*, Bd. 36, 1987.

Di Fabio, *Risikoentscheidungen im Rechtsstaat*, 1994.

Forsthoff, *Rechtsstaat im Wandel*, 2. Aufl. 1976.

Kunig, *Das Rechtsstaatsprinzip*, 1986.

Mayer, Otto, *Deutsches Verwaltugsrecht*, Bd. II, 1924.

Schmidt-Aßmann, "Der Rechtsstaat", in: Isensee/Kirchhof(Hrsg.), *Handbuch des Staatsrechts*, Bd. I, 1987.

형사법이론

덕을 밝히고, 형벌을 신중하게

조선조 대명률직해의 형법총칙적 조항의 분석

박 강 우

Ⅰ. 머리말

　우리가 현재 시행하고 있는 형사법과 그 관련 제도는 서구의 대륙법을 계수한 것이다. 안타깝게도 우리 민족이 자주적 근대화에 성공하지 못하고 일제에 의하여 타율적 근대화를 감수할 수밖에 없었던 결과 우리는 전통적 법제도와 단절하고 이를 과거의 유물로 박물관에 보내야 했다. 이러한 사정은 법제도에만 국한되지 않았으며 전통적인 사회제도 대부분이 비슷한 운명을 겪어야 했다. 그 결과 자기가 아닌 타자에게서 지향모델을 찾아야 했던 것이 지금의 법학을 비롯한 우리 학문의 슬픈 시작이었고 이러한 자기부정과 타자화로 인한 자기소외를 운명처럼 받아들였던 결과 서구의 제도나 학문은 무비판적 맹종이나 답습의 대상이 되었지만 우리 전통적 법제나 사회제도는 무조건적 비판과 폐기의 대상이 될 수밖에 없었다.

　하지만, 서구식의 법제도의 전면적 계수와 수용에도 불구하고 우리 민족의 전통적 법의식이나 관습은 아직도 그 끈질긴 생명력을 굳건히 유지하고 있으며, 그 결과 서구식의 개인주의적·자유주의적 법문화와 끊임없는 마찰과 갈등을 겪고 있다. 예컨대 아직도 우리 가운데에는 '법대로 하자'는 말에 대해서 야박하거나 인정머리 없다는 부정적 의식이 있고 '법 없이도 살 사람'을 이상적 인간형으로 여기는 의식이 남아있다. 이것은 한 나라의 법제도가 그 민족의 문화전통의 소산임을 고려한다면 당연한 귀결로서, 독일의 '사비니(Savigny)' 같은 학자는 한 민족의 법제도를 마치 그 민족의 언어와 같이 그 민족만이 가질 수 있는 '민족의 정신'이라고 지적한 바 있다.

　다시 말해서, 오늘날 한국 법체계의 외적 골격은 일본식으로 변용된 독일의 법체계를 모델로 한 것임에 반하여, 한국의 법문화는 기본적으로 전통사회의 그것에서 별로 탈피하지 못하고 있다는 것이다. 예컨대, 한국인은 법을 분쟁해결 내지 권리구제의 도구로 보기보다는 질서유지 내지 범죄예방의 수단으로 인식하고 있고, 평등한 개인 간의 사적 자치를 목적으로 하는 민법적 법관념보다는 국가를 통한 범죄자에 대한 형벌부과를 문제 삼는 형법적 법관념에 더욱 익숙해져 있으며, 분쟁이 발생하였을 때 소송보다는 당사자끼리의 타협에 의한 해결을 선호한다는 것이 1970-80년대의 몇 차례의 법의식조사에서 나타나고 있다.[1]

이것이 서구식의 법제가 관련 세계적 보편성을 획득한 지금에도 전통 법제나 법의식에 대한 연구가 필요한 이유이다. 오늘날 서양식 법제도가 우리 사회에 뿌리내리지 못하고 야기하는 갖가지 모순과 문제점의 해결은 이러한 전통적 법제나 법의식에 대한 깊이 있는 분석과 비판을 통하지 않고는 불가능하다. 우리 법학자가 서구 법제도에 대해서는 본국학자 못지않은 상세한 지식을 갖고 있음을 자랑하면서도 우리의 전통 법제와 동양의 법제도에 대해서 무지함을 대수롭지 않게 생각하는 것은 서구 법제도의 비판적 수용을 위해서도 결코 바람직하지 못하다. 우리 민족이 근대화에 몰두하기 시작한 지 100여 년이 지난 지금 한국의 법학자들은 이제 외래 법사상, 법개념, 법이론을 습득·이해하고 소화하기에 급급하던 단계에서 벗어났으며, 우리 민족의 고유한 법전통, 법의식, 법사상을 규명하는 데 매진해야 될 시기가 되었다고 생각한다.

---

1) 한국법제연구원, 『국민법의식조사연구』, 1991; 양승두, 「우리나라 전통적 법의식과 그 변화에 관한 연구」, 『법률연구 2집』, (연세대학교 법학연구소, 1982); 임희섭, 「한국인의 법의식에 관한 사회적 연구」, 『법학』 15권 1호(서울대학교 법학연구소, 1974) 등이 있다. 하지만 1990년대 이후 사회의 전반적 민주화와 권리의식의 신장 등으로 인하여 나타난 고소·고발사건의 급격한 증가는 한국인의 법의식도 산업자본주의사회에 걸 맞는 개인주의적이고 합리적인 것으로 이행하고 있지 않는가라는 추측을 낳게 한다. 최근에는 조선 후기에도 상민이나 노비들이 자기재산이나 권리를 찾기 위하여 활발히 소송을 제기하였다는 법사학적 연구가 나오고 있다. 대표적인 것은 조윤선, 『조선 후기 소송연구』(국학자료원, 2002) 참조.

그리고 그동안 법사학적 측면에서 우리 전통 법제에 대한 연구는 상당히 축적되었지만,[2] 이러한 법사학적 연구를 토대로 현대법의 시각에서 비교분석하는 작업들은 그리 많지 않았던 것 같다.

이러한 문제의식을 가지고 이 연구에서는 우선 조선시대 형사제도에 관한 근거 없는 억측과 폄하를 극복하기 위하여 조선시대 형사법원인 대명률 중에서 형법총칙적 내용을 주로 소개하고 분석하려고 한다. 조선시대 형사법과 형사제도에 대한 올바른 규범적 평가는 그에 대한 정확한 사실인식을 전제로 하기 때문이다. 서구식의 법치주의 전반에 대한 회의와 반성이 대두하고 있는 지금, 우리 전통규범문화를 맹목적으로 청산의 대상으로만 삼을 것이 아니라 현대사회의 법치주의제도가 갖는 문제점을 보완하는 데 도움을 받을 수 있도록 신중히 검토할 필요가 있는 것이다.

이 논문에서는 특히 조선조 형사법원으로 중요하게 기능했던 대명률 직해 중에서 형법총칙적 조항을 대상으로 형법교과서의 범죄체계론의 편제인 범죄구성요건, 위법성, 책임, 미수론, 공범론의 순서에 따라 조선시대 형사법제를 소개하고 분석하려고 한다. 다음의 고찰을 통해서 우리는 조선의 형사법제가 현대의 것과 동떨어진 미개적인 것이 아니라 현대형사법의 모습과 유사한 부분을 상당부분 발견할 수 있을 것이다. 아울러 조선도 비록 오늘날과 같이 자신들만의 고유한 법률을 창안하고 발전시키지 못했지만 『대명률』의 계수 과정에서 발생하는 전통 법제와의 충돌을 해소하고 그것을 조선의 실정에 맞게 조정하려는 선조들의 창의적 노력이 있었음을 엿볼 수 있을 것이다.

---

2) 그 성과에 대한 일별은 정긍식, 『한국법사학논저목록』(한국법제연구원, 1992) 참조.

II. 조선조 형사법원으로서의 대명률[3]의 계수

   조선은 중국 명나라의 법을 받아 들여 우리 실정에 맞게 고쳐서 적용하려고 노력하였다.[4] 즉, 대명률의 수용은 서양법의 수용과 달리 외세의 압력에 의한 것이 아니라 주체적으로 이루어졌다는 데 그 특징이 있다. 고려가 주로 당(唐)·송율(宋律)을 계수하되 개별적인 왕법(王法)[5]과 관습법을 기반으로 집권체제를 유지한 반면, 조선은 명나라의 대명률을 포괄적으로 계수하되 자국의 실정에 맞추어 꾸준히 보완하고 중앙집권체제의 완성을 위한 통일법전편찬을 위하여 지속적으로 노력하였다. 이 점은 고려 말 이래 형벌을 집행함에 있어 그 적용에 관한 기준이 없어 혹형(酷刑)이 난무하고 동일범죄에 대한 형벌이 관청이나

---

3) 대명률은 크게 4차에 걸쳐 편찬되었는바, 최초의 명률은 명태조 주원장이 아직 吳王이었던 吳 원년(1394년)에 제1차 명률이 완성되었다. 이 명률은 당률을 정리하고 조문을 줄인 것으로서 미비한 점이 많아 주원장이 국호를 명으로 고친 후 洪武 원년(1397년)부터 개정작업에 들어가 홍무 7년(1374년)에 완성되었다. 이 2차 명률부터 〈대명률〉이라는 명칭을 사용하였으며, 2차 반포한 대명률은 종래 육분직장에 따라 육분하였던 것을 당률의 체제에 따라 12편으로 나누었다. 이어 홍무 22년(1389년)에 다시 3차 편찬작업이 이루어지고 이것은 이제까지 편찬된 대명률이 지나치게 여러 번 첨삭을 하여 통일되어 있지 않은데다가 類別로 편찬하지 않아 刑官이 이를 보고 제대로 활용할 수 없었던 점을 시정하기 위한 것이다. 이에 따라 홍무 22년 다시 육부분장에 따라 유별로 엮으면서 명례 편을 編首로 한 7편의 대명률이 만들어진다. 이후 다시 홍무 30년(1397년)에 대명률을 개정하는데, 이는 홍무 22년의 율에다가 다만 大誥를 추가한 것이다. 조지만,『조선 초기 대명률의 수용 과정에 관한 연구』(서울대 석사학위논문, 1998), 8면 참조.
4) 김기춘,『조선시대형전』(박영사, 1990), 19쪽 이하.
5) 구체적 사건과 관련된 왕의 판결과 명령을 집적한 것으로서 구체적 타당성이 주로 고려되기 때문에 법적 안전성과 보편적 적용성을 기하는 데에는 기본적으로 한계가 있었다. 고려에 독자적인 律이 있었느냐에 대해서는 논란이 많은데 이에 대해서는 임상혁,『고려의 재판에 관한 고찰』(서울대 석사학위논문, 1993), 43면 참조.

관리에 따라 경중의 차이가 심하여6) 백성들의 원성이 높아지자 태조가 즉위교서에서 "自今 京外刑決官 凡公私罪犯必該大明律"이라 하여 서울과 지방의 판관들이 공사의 죄를 범한 사람에게 반드시 대명률을 적용할 것을 지시하였던 점에서 입증된다.7) 태조가 이렇게 대명률의 적용을 명했던 것은 대명률이 조선의 건국이념인 유교이념과 합치되고 고려 말의 총체적 형사사법의 붕괴현상을 극복할 수 있을 정도로 합리적이고 체계적이었던 점이 고려되었을 것이다. 대명률은 당률과 같은 역대 중국법의 성과들을 종합하여 편찬된 법률로서 그 체제가 매우 체계적이었다. 가령 당률에서는 살인죄가 도적, 투송, 잡률에 흩어져 있었던 반면 대명률에서는 이를 한데 모아 형률 인명편을 구성하였다. 또한 고금의 손익을 절충하면서도 송형통(宋刑統)의 수정증보형 체제를 따르지 않고 실효성 있는 조항들을 일관된 체계를 가지고 배치하였던 점에도 획기적인 면이 있었다.8)

하지만, 대명률은 한문과 이상한 문체로 구성되어 대명률을 조선의 관리(아전)들이 이해하기 쉽도록 하기 위해 번역작업이 시작되었는바, 태조 4년(1395년)에 우리의 이두문으로 축조 작업한 대명율서 백여 권이 인쇄되어 나왔는데 이것이 대명률직해이다. 이 대명률직해는 대명률의 모든 조문을 직해한 것은 아니고, 적용을 보류하려는 의도나9) 뜻이

---

6) 고려 말 형사법 상황을 잘 나타내어 주는 대표적 자료로서 高麗史 刑法志 서문을 보면 "…… 그 폐단은 법망이 널리 미치지 못해 형벌이 느슨하고 사면이 잦아서 간사하고 흉악한 무리들이 법망을 벗어나 제멋대로 놀아도 제지하지 못하였고 말기에 가서는 그 폐단이 극도에 달하였다 ……"는 기록이 있다.
7) 고려도 선진법인 唐律을 수용하였지만 고려는 이들 법령을 수용하면서도 일관되고 통일적인 형률을 지속적으로 발전시키지 못하였다. 무신란 이후 전개된 혼란한 정국과 사회상, 그리고 원의 통치와 같은 정치사회적 조건이 그 이유가 될 수 있을 것이다. 최종고, 『한국법사상사』(서울대 출판부, 1989), 57-8면 참조.
8) 조지만, 앞의 논문, 9면 참조.
9) 예컨대 〈大明律直解〉 戶律 倉庫 收糧違限條는 수세할 때 기한을 어긴 관리를 처벌하는 조항인데 "若違限 一年之上 不足者 人戶里長杖一百"까지만 직해하고 이에 바로 이어지는 "遷徒堤調部糧官吏典處絞"는 직해하지 않았다. 여기서 人

명백하여 직해의 필요가 없다거나 이해가 용이하지 않을 경우 직해하지 않은 부분들이 적지 않다. 또한 대명률은 우리 실정에 맞지 않는 부분이 많이 있었는데 대명률직해에서는 우리 실정에 맞도록 원문과는 상이하게 증감취사한 부분이 많았다. 예컨대, 대명률에서는 오형(五刑)에 대한 속전(贖錢)을 일정한 수량의 동전으로 정하고 있었는데(가령 유(流) 3천리와 장(杖) 100에 대한 속전을 동전(銅錢) 36관(貫)으로 하는 등), 이것은 당시 조선의 경제사정과 맞지 않았기 때문에 대명률직해에서는 동전을 오승포(五升布)로 환산 대납할 수 있는 규정을 신설하였다. 뿐만 아니라 명의 관제나 관서명, 직명을 우리 관서명 등으로 대체하고 조선의 풍속이나 관습에 맞게 적절한 가감작업이 첨가되었다. 이렇게 볼 때, 전체적으로 대명률직해는 남의 것을 계수한 것이기는 하지만 우리 실정에 맞게 개작한 우리의 법이라 말할 수 있다.

아울러 여기서 우리는 대명률이 조선에 정착되는 과정에서 조선의 고유법과의 갈등을 어떤 방식으로 해결해 가면서 정착하였는가를 살펴볼 필요가 있다. 조선 초에는 대명률 이외에도 당률, 원의 법률인 지정조격(至正條格), 의형이람(議刑易覽), 당시의 처벌관행 등 다양한 법원들이 공존하고 있어 나름대로 적용법규로서 운용되고 있었으며,10) 경국대전 형전 용률조와 같은 지위를 갖는 교서가 포고된 적이 없었다. 즉 대명률이 태조의 즉위교서에 의해 바로 조선에 전면적으로 적용된 것이 아니라 국왕의 교서와 수교가 집적되어11) 대명률로서 형사법원이

戶와 里長을 장 100으로만 처벌하고 천도시키지 않겠다는 것과 제조부량관과 이전은 교형에 처하지 않겠다는 뜻을 읽을 수 있다.

10) 박병호,『세종시대의 법률』(세종대왕기념사업회, 1986), 42-6면 참조.

11) 대명률과 같은 성문법전 이외에도 조선시대는 군주제사회로서 왕명이 곧 법률이 되고 행정지시가 되고 판결이 되기도 하였다. 즉 모든 법률은 왕명으로 이루어졌는바, 이러한 왕의 명령을 敎·判·制라 하고 그 내용이나 문서는 王旨·上旨·判知·敎旨라 하였고, 하달된 왕명을 받들어 시행하는 것은 受敎 또는 受判이라 하였다. 敎旨를 만들어 전달하는 것을 傳旨, 왕지나 교지를 아래 시달하는 것을 下旨 또는 下敎라 하였다.

통일되는 과정으로 이해해야 할 것이다.12) 따라서 우리가 대명률의 수용 과정과 관련하여 좀 더 주목하여야 할 것은 당시 내려진 각종 판결과 해석이고, 이를 통해『대명률직해』뿐만 아니라 당시의 형사법원들을 좀 더 전체적으로 조망할 수 있을 것이다.

이후 세조 대에 이르러 우리나라 최초의 완비된 법전인 경국대전이 편찬되면서, 그 안의 형전 중 제일 첫머리 용률조에 '용대명률'이라 규정함으로써 형식과 실질에서 모두 우리 형사법으로서의 지위를 획득하였다.

Ⅲ. 대명률직해상의 형법총칙적 규정

1. 대명률직해의 구성 및 체계

『대명률직해(大明律直解)』는 대명률에 대한 모두 30권의 방대한 주석서로서 총칙적 규정인 명례률(名例律)(권 1)과 이율(吏律)(권 2-권 3), 호율(戶律)(권 4-권 10), 예율(禮律)(권 11-권 12), 병률(兵律)(권 13-권 17), 형률(刑律)(권 18-권 28), 공률(工律)(권 29-권 30)의 각 편으로 구성되어 있다. 그중 형률 편에는 도적(盜賊), 인명(人命), 투구(鬪毆), 매이(罵詈), 소송(訴訟), 수장(受贓), 사위(詐僞), 범간(犯奸), 잡범(雜犯), 포망(捕亡), 단옥(斷獄) 등의 죄가 규정되어 있어서 오늘날의 개인적 법익에 관한 형법각칙의 주요 범죄를 규정하고 있었고, 명례률 편13)에는 십악, 관리범죄, 군인범죄, 문무관의 공범죄, 문무관의 사

---

12) 예컨대, 태종 11년에 태종은 元律을 섞어 쓰지 말도록 敎를 내린다. 태종 11년 12월 2일 戊子(제1권 612-b).

범죄 등 국가적 법익에 관한 주요 범죄를 규정하였던 것으로 보인다. 물론 이율이나 호율 등에도 형법각칙의 범죄를 규정한 조항이 산재하여 있다. 이러한 대명률직해의 체제는 오늘날의 형법전과 같이 죄에 관한 규정과 형에 관한 규정으로 정비된 것은 아니며, 주로 범죄자의 신분을 중심으로 규정된 형벌을 규정한 것이 특색이다.

조선은 잘 발달된 관료조직을 근간으로 한 계급적인 사회질서와 유교적인 도덕질서를 기반으로 한 사회였기 때문에 이러한 계급적 사회질서와 유교적 도덕질서를 침해하는 범죄의 위법성이 가장 큰 것으로 인정되었으며, 이를 중죄로써 처단하였다. 이러한 중죄를 10종류로 유형화하여 이를 십악14)이라 하였고, 이러한 범죄에 대해서는 일체의 유서(宥恕)나 형의 감경을 배제하였고, 행위자의 신분이나 과거의 공적을 고려하지 아니하였으며, 또한 형의 집행에서도 「중죄부대추분(重罪不待秋分)」이라 하여 추분이 오기를 기다리지 않고 즉시 집행토록 하였다.

오늘날 범죄는 형식적으로 '구성요건에 해당하고 위법하며 유책한 인

---

13) 名은 五刑의 죄명, 例는 五刑을 적용하는 法例라는 뜻이다.

14) 『大明律直解』 卷 第一 各例律 十惡條.

「一曰 謀反(謂 謀危社稷).

二曰 謀大逆(謂 謀毀宗廟 山陵及宮闕).

三曰 謀叛(謂 謀背本國 潛從佗國).

四曰 惡逆(謂 毆及謀殺祖父母父母夫之祖父母父母 殺伯叔父母 姑兄弟外祖父母及夫者).

五曰 不道(謂 殺一家 非死罪三人 及 支解人 若採生 造畜蠱毒魘魅).

六曰 大不敬 (謂 盜大祀神御之物 乘輿服御物 盜及僞造御寶 和合御藥 誤不依本方及封制錯誤 若造御膳 誤犯食禁 御幸舟船 誤不堅固).

七曰 不孝(謂 告言呪罵祖父母父母夫之祖父母父母 及 祖父母父母在 別籍異財 若奉養有闕 居父母喪 身自嫁娶 若作樂 釋服從吉 聞祖父母父母喪 若不擧哀 詐稱祖父母父母死).

八曰 不睦(謂 謀殺及賣緦麻已上親 毆告夫及大功已上尊長 小功尊屬).

九曰 不義(謂 部民殺本屬知府知州知縣 軍士殺本管指揮千戶百戶 吏卒殺本部五品已上長官 若殺見受業師 及 聞夫喪 若不擧哀 若作樂釋服從吉及改嫁).

十曰 內亂(謂 奸小功已上親父祖妾及與和者)」.

간의 행위'로 정의되지만 조선시대에는 범죄의 개념이 아주 광범위하여 위법성에 관한 판단의 기준을 객관적으로 명확히 규정지울 수 없었다.15) 그렇지만 조선에서도 형식적으로 도덕과 법률은 구분되어 경국대전을 정점으로 한 실정 법질서가 형성되어 있었고 형법에서도 죄형법정주의 원칙이 확립되어 죄인을 처단할 때에는 반드시 율령의 조문을 구체적으로 인용하도록 하였다. 아울러 조선시대에는 오늘날과 같이 민사책임과 형사책임이 명확히 분리되지 않았기 때문에 오늘날 물론 조선에서도 매매(賣買)·징채(徵債)·봉사(奉祀)·양천(良賤) 등과 같이 명백히 오늘날 민사사건에 속하는 것으로 볼 수 있는 재판들이 있으나 이러한 재판도 사권의 보호라는 민사재판이 가지는 본래의 취지나 법칙에서 파악된 것이 아니고 처벌가치가 미약한 사건, 다시 말하면 국가적으로 보아 형사사건으로서의 의의가 적고 가벌성이 미약한 사안이란 관점에서 처리되었을 뿐이다.

한편 위법성조각에 관하여 현재 형법과 같이 일반적인 통칙규정은 없었으며 다음에서 보듯이 법령에 의한 행위, 긴급행위 등에 대해서는 특정한 조건하에서 개개 행위에 관한 위법성조각을 인정하고 있다.

2. 위법성 관련 규정

(1) 야무고입인가(夜無故入人家)

야간에 무단히 남의 집에 침입한 경우에 집주인이 현장에서 침입자를 살해하여도 처벌하지 아니한다. 그러나 이미 붙잡혀 있는 자를 함부로 살해하거나 상해한 자는 투구살상조(鬪毆殺傷罪)로 처단하되 2등을 감경하며, 상해치사한 자는 장 100·도 3년의 형에 처한다.16)

---

15) 서일교, 『조선왕조 형사제도의 연구(재판)』, (박영사, 1974), 89면 참조.
16) 『大明律直解』 卷 第18 刑律 盜賊 夜無故入人家條.

(2) 부조피구(父祖被毆)

조부모나 부모가 남에게 구타를 당하는 것을 자손이 즉시 구호하고 도리어 가해자를 구타한 경우에 그 구타로 인한 상해가 절상(折傷) 이상의 상해가 아니면 불문에 부치고, 절상의 이상의 중상해에 이른 경우에는 일반 구타죄로 처단하되 3등을 감경하며, 치사하게 한 자는 일반 구타치사의 예에 의한다. 만약 조부모·부모가 남에게 피살된 것을 그 자손이 가해자를 임의로 살해한 경우에는 장 60의 형에 처하며, 피해현장에서 범인을 살해한 때에는 불문에 부친다.[17]

(3) 살사간부(殺死奸夫)

처나 첩이 외인과 간통하는 것을 그 현장에서 간부(奸夫)·부(婦)를 본부(本夫)가 몸소 포착(捕捉)하여 현장에서 살해한 때에는 불문에 부친다.[18] 본부와 그 외의 자가 협력하여 간부를 타살한 경우에는 본부의 죄는 논하지 아니하고 그 외의 자는 정상을 참작하여 정배한다.[19]

3. 책임 관련 규정

(1) 형사책임연령

조선시대에도 형사책임에 관하여 행위자 연령에 단계를 두어 절대적 책임무능력자와 한정책임무능력자로 구분한다. 구도자(耈悼者)는 전자에 속하고 노소자(老小者)와 노질자(老疾者)는 후자에 속한다. 구도자는 90세 이상, 7세 이하의 자로서 절대적 책임무능력자이고 비록 사형에 해당한 죄를 범하여도 과죄하지 않으며, 단지 반역죄에 연좌되어 속공 복역시켜야 할 자에게는 이 규정을 적용하지 않는다.

---

17) 『大明律直解』 卷 第20 刑律 鬪毆 父祖被毆條.
18) 『大明律直解』 卷 第19 刑律 人命 殺死奸夫條.
19) 『新受教集錄』 刑典 殺獄條 1306號.

노질자는 70세 이상, 15세 이하의 자로서 이들의 범죄에 대하여는 유죄 이하인 경우에만 속(贖)을 징수하지만, 그러한 노질자라도 사죄를 범하였거나 모반·반역의 죄에 연좌되어 유형에 해당하거나 또는 고독(蠱毒)을 조축하였거나 채생절할인(採生折割人) 또는 살일가삼인(殺一家三人)하여 사령(赦令)을 만나도 오히려 사면되지 아니하고 유형시켜야 할 자에게는 이 규정을 적용하지 아니하였다.

(2) 고의와 과실

조선의 형사법제에서는 책임조건으로서 고의·과실을 명료히 구분하여 규율하고 있었고 착오와 과실에 관해서도 이를 구분하였다. 그러나 다른 일면에서는 연좌 등에 관한 규정을 두어 특정한 죄를 범한 자와 일정한 친족관계·신분관계에 있을 경우 직접 책임조건이 없는 자라 할지라도 이를 처벌할 수 있는 집단적 연대책임규정을 인정하고 있었다.

조선왕조에서 고의와 과실을 가장 분명히 구분하고 있는 범죄로서는 실화와 방화의 경우이며, 실화는 '실화'조에, 방화는 '放火故燒人房室'조에 각각 규정하고 있다.[20]

살인의 경우에는 모살(謀殺)·고살(故殺)·오살(誤殺)·희살(戱殺)·과실살(過失殺) 등으로 구분하여 이에 대한 처벌을 달리 하였다. 모살의 경우 처음에 발의수창(發意首唱)한 자는 참형, 부종자로서 하수에 가담한 자는 교형, 가담하지 아니한 자는 장 100·유 3000리에 처한다. 오살·희살의 경우에는 "무릇 희롱하다가 사람을 살해하거나 상해한 자와 구타하며 싸움하다가 잘못하여 옆의 사람을 살해하거나 상해한 자는 각각 싸움하다가 사람을 살해하거나 살상한 예로써 논죄하며, 사람을 모살하거나 고살하려다가 잘못하여 옆의 사람을 살해한 자는 고의폭행의 예로써 논죄한다"[21]고 규정하고 있다.

---

20) 『大明律直解』 권 제26 刑律 雜犯 失火條 및 放火故燒人房室條.

한편, 과실의 개념에 관해서는 대명률직해에 "과실이라 함은 사람의 이목이 닿지 아니하는 것과 사려가 미치지 못하는 것으로서 가령 금수를 쏘거나 어떤 사유에서 벽돌이나 기와장을 던지다가 의외로 살인하게 된 것, 또는 고험(高險)한 곳에 오르다가 발이 미끄러지면서 동반자에게 피해를 주게 된 것, 혹은 탄 배가 바람에 몰리거나 탄 말이 놀래어 내닫거나 차를 몰아 언덕을 내려가다가 내리미는 힘을 저지할 수 없는 형세에 놓인 것, 또는 함께 무거운 물건을 들다가 힘이 그것을 제어할 수 없어서 함께 들던 사람에게 손상을 미치게 한 것 등, 무릇 처음부터 사람을 해칠 의사가 없으면서 우연히 사람을 살해하거나 상해한 경우를 말한다"[22]고 주석하고 있다. 예컨대, 과실살상은 상해치사죄에 준하여 속을 받아 피해자에게 급여하도록 하고 있다.[23]

결과적 가중범인 상해치사죄에 대해서는 「凡鬪毆殺人者 不問手足他物金刃 並絞」에서 보듯이 수족으로 쳤거나 칼날 또는 기타 물건을 사용하였거나를 불문하고 교형에 처한다. 만약 투구의 결과 피해자가 고한 내(辜限內)[24]에 상해로 인하여 사망하면 투구살인죄로서 논한다.[25]

(3) 객체와 방법의 착오

방법의 착오에 관하여는 위 戲殺誤殺過失殺傷人條에서 보듯이 살상의 의사가 있는 한, 방법의 착오로 인하여 고의가 조각되지 아니하는 것으로 보았다.

객체의 착오에 대하여는 「…… 基本應罪重而犯時不知者 依凡人論」의

---

21) 『大明律直解』刑律 戲殺誤殺過失殺傷人條 「凡因戲而殺傷人及因鬪毆而誤殺傷傍人者 各以鬪殺傷論 基謨殺故殺人而誤殺傍人者 以故殺論」.
22) 『大明律直解』권 제19 刑律 人命 戲殺誤殺過失傷人條의 註.
23) 『大明律直解』권 19 刑律 人命 謀殺人條.
24) 保辜期限內. 保辜라 함은 상해죄의 경우에 피살자의 상해의 경중이 정하여질 때까지 상해자를 유치하여 두는 일. 이 보고기한은 경우에 따라 일정하지 않다.
25) 『大明律直解』권 제20 刑律 鬪毆 保辜期限條.

규정에 관한 설명에서 보듯이 「가령 숙(叔)과 질(姪)이 서로 딴 곳에서 생장하여 처음부터 서로 알지 못하였는데, 질이 숙을 구타하여 상해를 입히고 관사의 신문에서 비로소 그 사람이 범인의 숙부인 것을 알게 되었을 때에는, 보통 일반인끼리의 폭행상해죄의 예에 의하여 처단하고 숙부를 구타한 중죄로써 논하지 아니한다」라고 말하면서도, 다음 항에는 이와 반대로 「本應輕者 聽從本法」이라 하여 이에 대한 설명으로 "가령 부가 종전에 자를 알지 못하였다가, 구타한 뒤에야 처음으로 그 자가 자기의 아들인 줄 알게 된 경우에는, 다만 부가 자를 구타한 경우의 가벼운 법에 의거하여 처벌하고, 일반폭행상해죄로서 논하지 못한다는 것을 말한다"고 주석하고 있다.[26]

위와 같은 착오규정은 현재의 형법 제15조의 "특별히 중한 죄가 되는 사실을 인식하지 못한 행위는 중한 죄로 벌하지 아니한다"라는 규정과 다르지 않다는 점에서 주목할 만한 것이라 생각된다.

4. 미수범 관련 규정

이상의 여러 규정에서 드러난 바와 같이 조선조의 형률에서는 행위자의 주관적 요소보다는 객관적으로 드러난 범행의 방법, 대상의 성질, 실해의 유무, 그 정도 등에 중점을 두어 과형의 기준으로 삼았다.

미수범처벌법에서도 이러한 객관주의적 경향이 드러나는바, 어떤 경우에는 예비·음모를 처벌하고, 다른 한편으로 어떤 종류의 범죄에서는 다시 중한 일정한 결과가 발생한 경우 그 형을 가중하도록 하고 있다. 예컨대 모살죄의 규정을 앞에서도 보았듯이 처음에 발의수창한 자는 참형, 부종자로서 하수에 가담한 자는 교형, 가담하지 아니한 자는 장 100·유 3천리에 처한다. 오살·희살의 경우에는 "무릇 희롱하다가 사

---

26) 『大明律直解』 권 제1 名例律 本條別有罪名條의 註.

312

람을 살해하거나 상해한 자와 구타하며 싸움하다가 잘못하여 옆의 사람을 살해하거나 상해한 자는 각각 싸움하다가 사람을 살해하거나 살상한 예로써 논죄하며, 사람을 모살하거나 고살하려다가 잘못하여 옆의 사람을 살해한 자는 고의 폭행의 예로써 논죄한다"[27]고 되어 예비·음모·미수·기수 등 범죄의 발전단계, 피해의 유무 및 그 정도를 명확히 구분하여 이에 대한 형벌을 구별하였다.

한편, 재물의 취득시기에 관하여 『대명률』 公取竊取皆爲盜條에는 "器物錢帛之類는 절취한 곳에서 딴 곳으로 옮겨 놓은 것이라야 절취가 성립하고, 珠玉寶貨之類는 손에 넣어 감췄으면 비록 아직 가져가지 아니하였더라도 또한 절도가 성립된다. 목석(木石)·중기(重器)로서 사람의 힘으로는 이겨낼 수 없는 것은 비록 있던 곳에서 옮겼더라도 아직 차마 등에 견재(駄載)하기 전에는 절도가 성립되지 아니하며, 馬牛駝騾之類는 우리나 외양간에서 끌어낸 것이라야 하고, 鷹犬之類는 자기의 마음대로 할 수 있도록 자기가 잡고 있어야 절도가 성립된다"[28]고 규정하고 있다. 이과 같이 기수시기를 재물의 종류에 따라 구분한 것은 절도범의 재물에 대한 사실상의 지배시기를 재물의 종류에 따라 다르게 본 것으로 현행형법의 통설인 취득설과도 일맥상통하는 논리라고 생각된다.

(1) 예비·음모

조선조 형법에서도 몇 가지 중죄에서는 예비·음모의 가벌성을 인정하였다. 예컨대, 국가나 왕실의 안위에 관한 모든 범죄의 예비·음모는 모두 사형으로 하였다.[29] 모살의 경우 음모를 행동으로 옮겼으나 사람

---

27) 『大明律直解』 刑律 戱殺誤殺過失殺傷人條 「凡因戱而殺傷人及因鬪毆而誤殺傷傍
　　人者 各以鬪殺傷論 基謨殺故殺人而誤殺傍人者 以故殺論」.
28) 『大明律直解』 권 제18 刑律 盜賊 公取竊取皆爲盜條.
29) 『大明律直解』 권 제18 刑律 盜賊 謀反大逆條, 謀叛條 참조.

을 상해하지 아니한 자는 장 100, 도 3년의 형에 처하도록 하였다.[30] 조부모·부모에 대한 살해를 음모하여 행동에 옮긴 자는 모두 참형에 처하고 이미 살해한 자는 능지처사에 처하도록 하였다.[31] 음모를 행동으로 옮긴 것에는 흉기·독약 등의 구득(求得)과 같은 예비행위도 포함하는 것으로 해석할 것인가에 의문이 있으나 오늘날과 같은 예비와 실행의 착수의 엄격한 구별이 당시에는 존재하지 않았으므로 이를 포함하는 것으로 보는 것이 타당할 것이다.[32]

(2) 미 수

중죄에서는 미수를 처벌하지만 그 규정방법에는 다음과 같이 여러 가지 경우가 있다.

첫째, 음모만을 규정하고, 미수·기수에 관한 규정은 두지 아니한 경우이다. 미수·기수가 음모의 발전된 단계이며, 음모에 대하여 이미 극형을 과하는 만큼, 그 발전단계에 관하여 따로 규정하지 않더라도 미수·기수를 충분히 처벌할 수 있는 것으로 본 까닭이다. 예컨대 모반·대역을 공모한 자는 수종을 가리지 않고 모두 능지처사한다[33]고 하고, 모반을 공모한 자는 수종을 구분하지 아니하고 모두 참한다[34]고 하였음은 그 예이다.

둘째, 기수와 미수를 동일형으로 처벌하는 경우가 있다. 예컨대 부랑도가 도적을 작당하여 인가에 침입한 경우에는 비록 재물을 얻지 못하고 인명을 살해하지 아니하였다 하더라도 주범과 종범을 막론하고 모두 참형에 처한다.[35]

---

30) 『大明律直解』 권 제19 刑律 人命 謀殺人條.
31) 『大明律直解』 권 제19 刑律 人命 謀殺祖父母父母條.
32) 서일교, 앞의 책, 121면 참조.
33) 『大明律直解』 권 제18 刑律 盜賊 謀反大逆條.
34) 『大明律直解』 권 제18 刑律 盜賊 謀叛條.
35) 『新補受教集錄』 刑典 賊盜條 938호.

셋째, 대명률의 謀殺祖父母父母條의 규정과 같이 기수와 미수를 구분하여 처벌을 하되 미수 이전의 단계 즉 예비·착수미수의 경우에도 실해의 유무 등을 불문하고 동일하게 처벌한다. 이는 참형과 능지처사와의 중간단계의 형이 없었던 까닭으로 보인다.

넷째, 통상 미수의 처벌에서는 실해의 유무를 구분하여 형벌에 차등을 둔다. 예컨대 모살인에 대해서 기수에서는 조의자(造意者)는 참형에, 종범으로 가공한 자는 교형에, 불가공한 자는 장 100·유 3000리의 형에 처하는 데 대하여, 미수에서는 실행에 착수하여 미수로 된 때에도 상해에 이르게 한 경우는 조의자는 교형, 가공자는 장 100·유 3000리, 불가공자는 장 100·도 3년에 처하고, 상해에까지 이르지 않은 경우에는 주모자는 장 100·도 3년 그 가담자는 장 100에 처하도록 하고 있다.36) 여기서 불가공자는 단순한 종범으로서의 역할에 그친 자를 의미하는 것으로 보인다.

미수와 관련하여 이론상 불능범(미신범)이 고려될 수 있는데, 조선시대는 과학이 아직 발달하지 아니하여 저주(咀呪)도 그 결과발생의 가능성이 있다고 믿어졌던 때이므로 불능범이라는 관념이 존재할 수 없었다. 따라서 염매(魘魅)를 부도(不道)라 하여 중죄인 십악의 하나로 규정하고 있다.37) 염매는 당율소의(唐律疏議) 명례(名例)에 의하면 "염(魘)은 사람의 형상을 그리거나 새겨서 심장을 지르고 눈에 못을 박고 수족을 결박하는 유를 말하며, 매(魅)는 귀신에 가탁(假託)하거나 함부로 좌도(左道) 즉 바르지 못한 짓을 행하는 것을 말하는 것으로 결국 사람을 죽게 하거나 병에 걸리도록 방자하는 일을 말한다".38)

살인의 경우 염매·부서(符書)·저주로써 살인을 목적으로 한 경우와 질약(疾若)을 목적으로 한 경우를 구분하여 사람을 죽이려 한 자를

---

36) 『大明律直解』 권 제19 刑律 人命 謀殺人條.
37) 『大明律直解』 권 제1 名例律 十惡條.
38) 『唐律疏議』 제1책 권 제1 名例 十惡條 不道 疏議.

살인음모로 논죄하고 그로 인하여 사람을 죽게 한 자는 각각 살인본죄로서 논하였던 것[39])으로 보아 염매·부서·저주와 사망 사이에 인과관계의 성립을 인정하고 있음이 분명하다.

5. 공범 관련 규정

조선시대에도 통상 수인이 공동으로 죄를 범한 경우 주범과 종범으로 구분하여 처형하였다.

(1) 공 범
1) 일반 공범

일반의 공범에서는 「凡共犯罪者 以造意爲首 隨從者 減一等」으로서 발의·주모한 자는 주범으로 처벌하고 그에 수종한 자는 종범으로 하여 주모자의 죄에서 일등을 감경한다.[40]) 그러나 이 규정이 모든 죄에 일률적으로 적용되었던 것은 아니고 죄에 따라 수종의 구별 없이 모두 정범으로 처벌하는 경우가 있었다. 즉 본 조문의 규정에 「개(皆)」라고 쓴 것은 죄에 정범·종범의 구별 없이 과죄하고, 「개(皆)」라고 쓰지 아니한 것은 주모자와 수종자를 구분하여 처벌한다. 궁성이나 궁전 등의 문을 함부로 들어가거나 사월관(私越關)·사도관(私渡關)하거나 또는 신역을 피하여 도망한 자와 간음자는 그 죄에 정범·종범을 구분하지 않고 과죄한다.[41]) 이러한 범죄들은 현대형법에서 이른바 자수범으로서 타인을 교사하거나 이용하는 범죄가 불가능한 범죄들이라고 볼 수 있다.

---

39) 『大明律直解』 권 제19 刑律 人命 造畜蠱毒殺人條.
40) 『大明律直解』 권 제1 名例律 共犯罪分首從條.
41) 『大明律直解』 권 제1 名例律 共犯罪分首從條.

2) 가인공범

가인(家人)이 공범일 경우에는 대가족주의에 입각하여 특례가 인정되었는데, 만약 한집안 사람들이 공동으로 범죄를 행한 때에는 다만 그 가장만을 처벌하되, 가장이 80세 이상의 노인이거나 독질자(篤疾者)이면 공범자들 중에서 그 다음의 존장(尊長)에게 과죄한다.42)

3) 침손공범

타인을 침(侵)·손(損)한 자는 비록 가족이 공동으로 행한 경우라도 일반범죄인의 주모자와 수종자의 예에 따라 처벌한다. 침은 남의 재물을 절취한 것을 말하고 손은 구타·살인·상해의 유를 말한다. 가령 부자 또는 전 가족이 공동하여 남을 침해하는 죄를 범하면 모두 일반인범죄에 대한 주모자와 수종자를 처벌하는 규정에 의거하고, 가장만을 처벌하는 가인공범에 관한 규정을 적용하지 아니한다. 이것은 남에게 손상을 주었기 때문에 존장만을 처벌하는 데 그치지 아니하는 것이다.43)

(2) 공범과 신분

만약 공동으로 죄를 범하였으나, 주모자와 수종자의 본죄가 각각 다를 때에는 각각 그 본률의 수종례에 따라서 논죄한다. 예컨대 갑이 타인을 끌어들여 함께 친형을 구타하였으면 갑은 동생이 형을 구타한 죄에 의하여 장 90·도 2년 반의 형에, 타인은 일반인간의 구타례에 의하여 태 이십의 형에 처하며, 또 비속인 연소자가 외부인을 끌어 들여 함께 자기 집의 재물 이십 관을 도취하였으면, 비속인 연소자는 사천용재(私擅用財)의 죄보다 2등을 가중하여 태 사십의 형에, 외부인은 일반절도의 수종례에 의하여 장 70의 형에 처하는 유를 말한다.44) 현재의 친

---

42) 『大明律直解』 권 제1 名例律 共犯罪分首從條.
43) 『大明律直解』 권 제1 名例律 共犯罪分首從條.
44) 『大明律直解』 권 제1 名例律 共犯罪分首從條.

족상도례와는 반대로 오히려 형을 가중하는 점이 특이하다. 하지만 신분에 의하여 형이 경중이 있을 경우 신분 없는 자에게 통상의 형을 과하는 점은 현대형법과 같다.

(3) 공범재도(共犯在逃) 및 수고(首告)

수인이 공동으로 죄를 범하고 그중 일부만이 체포된 경우에 범죄자의 수종을 결정하는 데 관하여는 犯罪事發在逃의 규정이 있다. 예컨대 2명이 공동으로 죄를 범하고 그중 1인이 도망하였을 경우에 체포된 1명이 도망한 자가 주범이라고 말하고 그 밖에 다른 반증이 없으면, 그 체포된 자를 일단 수종으로 결정한다. 그러나 그 뒤에 도망한 자가 체포되어 먼저 사람이 주범이라고 주장할 때에는 먼저의 범인을 다시 국문하되 그가 주범이라는 것이 사실이면, 다시 주범으로 논죄한다. 이 경우에는 전에 결정한 형을 통산하여 뒤에 결정하는 형량에 충당한다.[45] 이것은 조선조에서 재판이 확정되어 형이 일단 집행된 후에도 새로운 사실이 발견되면 언제든지 다시 재판하여 형을 보완할 수 있었음을 알 수 있다.

(4) 공범의 공도(共逃)

공범에 있어서는 범죄공도(犯罪共逃)의 특별규정이 있었다. 즉 무릇 죄를 범하고 함께 도망하였다가 그중 경죄의 범인이 중죄의 범인을 포획하여 관에 자수(首告)한 경우와, 죄의 경중이 상등한 자가 함께 도망한 자의 반수 이상을 포획하여 수고한 경우에는 그 본죄와 중지한 죄를 모두 면제한다. 현대형법에서 중지미수자에게 형을 감면하는 규정과 일맥상통함을 알 수 있다.

남의 범죄에 연루되어 득죄한 자(범인을 은닉하거나 범인의 도망을 방조하거나 식량을 공급한 것과 부실한 증언을 하거나 감시·방지·단

---

45) 『大明律直解』 권 제1 名例律 犯罪事發在逃條.

318

속 등을 잘하지 못하거나 그의 지휘를 받아 심부름을 한 유)는 정범이 자사(自死)하면 연루자는 그 죄를 2등 감경한다.

만약 죄인이 자수하거나 사령(赦令)에 의하여 사면되거나 또는 특별한 은전을 입어 감죄되거나 속죄하게 되면, 그 연루자도 정범에 준하여 사면·감경·속죄의 규정을 적용한다.[46]

한편, 위에서 설명한 바와 같이 공범을 조의자와 수종자로 구분하여 수종에 대하여는 일등을 감경한다는 원칙은 간통죄·증수뢰죄와 같은 필요적 공범에 관하여는 적용하지 아니한다. 즉 간통죄에서는 「其和刁奸者 男女同罪」[47]라 하여 간통한 남녀를 동죄로 처벌한다. 또한 극히 중대한 범죄에 대해서도 수종을 구분하지 아니하는데, 모반대역에서 「但共謀者 不分首從 皆凌遲處死」,[48] 또한 모반에서 「但共謀者 不分首從 皆斬」,[49] 강도에서 「但得財 不分首從 皆斬」,[50] 또는 모살인에서 「若因而得財者 同 强盜 不分首從皆斬」[51]라고 규정하고 있는 바와 같이 중죄에서는 수종을 가리지 않고 동일한 형으로 처벌한다.

(5) 교사범

교사범에 관한 규정은 우선 造蓄蠱毒堪而殺人에서 「凡造畜蠱毒堪而 殺人及敎令者斬」[52]이라 하여 행위자와 이를 교령(교사)한 자는 다같이 참형에 처하게 되어 있어, 행위자와 교사자를 똑같이 처벌하는 현행 규정과 다르지 않다. 그러나 도모지인(悼耄之人)에 대한 교사는 교사자만을 처벌하는 것이 특이하다. 즉 「九十以上 七歲以下 雖有死罪 不加刑」, 「其有人敎令 坐其敎令者 若有贓應償 受贓者償之」[53]의 규정에서 보는

---

46) 『大明律直解』 권 제1 名例律 犯罪共逃條.
47) 『大明律直解』 권 제25 刑律 犯奸 犯奸條.
48) 『大明律直解』 권 제18 刑律 盜賊 謀反大逆條.
49) 『大明律直解』 권 제18 刑律 盜賊 謀叛條.
50) 『大明律直解』 권 제18 刑律 盜賊 强盜條.
51) 『大明律直解』 권 제19 刑律 人命 謀殺人條.
52) 『大明律直解』 권 제19 刑律 人命 造畜蠱毒殺人條.

바와 같이 90세 이상이나 칠세 이하의 자를 교사하여 죄를 범하게 한 때에는 그 교사자만을 처벌한다. 그 이유는 「禮云九十曰耄　七歲曰悼 (悼耄之人)皆少智力　若有敎令之者　唯坐敎令之人」[54]이라고 하여, 90세 이상, 7세 이하의 자는 사물의 판단력이 박약하여 그 실행행위가 책임 조건을 다 갖추었다고 볼 수 없고 교사자는 피교령자를 단순한 도구로 사용한 데 불과하며, 오늘날의 간접정범인 교사자만을 처벌한 것이다.

(6) 장물분배 등에 의한 형의 구분

공범에 관하여 위에서 보았듯이 조의와 수종으로 구분하여 처벌하고 공범이 가인일 경우 존장만을 처벌하는 특례가 있었으나 이외에 공범 에서는 장물분배나 실행행위에의 참여여부에 따라 형을 구분하는 것이 있다.

실행행위에의 참여여부로 형을 구별하는 예로는 살인에서 「造意者 身雖不行　仍爲首論　從者不行　堪行者一等」[55]이라 하여 조의자(首犯)는 실행에의 참여여부를 막론하고 주범으로 처벌하지만, 종범이 실행에 참 여하지 아니하였으면, 참여한 종범의 죄에서 일등을 감경한다.

장물의 분배에의 참여여부 즉 분장·불분장에 따라 과형을 달리하는 경우로는 「凡强盜窩主造意　身雖不行　但分贓者斬　若不行又不分贓者杖一 百流三千里　共謀者　行而不分贓者及分贓而不行者皆斬　若不行又不分贓者 杖一百」,[56) 또는 「……　共謀者分贓　造意者爲竊盜首　餘人竝爲竊盜從　若 不分贓造意者　爲竊盜從　餘人竝笞五十　……」,[57)의 규정에서 보는 바와 같이, 분장·불분장의 구별에 따라 과형에 현저한 차이가 있어서 조선 조 형률의 객관주의적 성격을 엿볼 수 있다.

---

53)『大明律直解』권 제1 名例律　老小廢疾收贖條.
54)『唐律疏議』제2책 권 제4 名例律　老小廢疾條　疏議.
55)『大明律直解』권 제19 刑律　人命　謀殺人條.
56)『大明律直解』권 제18 刑律　盜賊　盜賊窩主條.
57)『大明律直解』권 제18 刑律　盜賊　共謀爲盜條.

장물취득 여부는 공범과 마찬가지로 단독범에서도 과형의 중요한 요
소인데, 「凡竊盜已行而不得財者笞五十　免勅　但得財者　以一主爲重　倂贓
論罪　爲從者　各減一等」[58)에서 보는 바와 같이 득재·불득재의 따라 형
이 다르다.

6. 누 범

조선조에서도 누범에 대해서는 형을 가중하였는데 그 이유는 「行盜
之人　實爲巨蠹　屢犯明憲　罔有悛心　前後三入刑科　便是怙終其事　峻之以
法　用懲其罪」[59)에서 보는 바와 같이 개전의 정이 없는 자에 대하여 준
법(峻法)으로 처벌함으로써 일반예방의 목적을 달성하려는 데 있다. 절
도의 예를 보건대, "모두 초범은 오른팔에 '절도(竊盜)' 두 자를 칙자
(勅字)하고, 재범은 왼팔에 '절도'라고 칙자하며, 3범자는 교형에 처하되
'起除勅字條'의 규정에 의하여 일찍이 칙자의 형을 받은 전과자로서 처
리한다"[60)라고 하였으며, 소매치기도 절도범과 동일하게 처벌하였다.

이 밖의 누범가중의 예로는 군병이 도망하면 초범은 곤장 50의 형에,
재범이면 곤장 80의 형에, 삼범이면 효수형에 처하기로 하였으며,[61) 또
숙종 17년 신미(1691년) 왕명에 의하여 "금제(禁制)를 범하고 월경하
여 채벌을 한 사람은 주종을 막론하고 처벌하며 재범을 한 경우 효수
형에 처한다"[62)라고 하였다.

7. 경합범

---

58) 『大明律直解』 권 제18 刑律　盜賊　竊盜條.
59) 『唐律疏議』 제3책 권 제20 賊盜　盜經斷後三犯條　疏議.
60) 『大明律直解』 권 제18 刑律　盜賊　竊盜條.
61) 『續大典』, 『大典通編』 및 『大典會通』 권지 4 兵典　用刑條의 註.
62) 『受敎集錄』 권지 5 刑典　禁制條 751호.

경합범에서는 二罪俱發以重論으로 병과주의에 의하지 않고 흡수주의를 취하였다. 즉 무릇 2죄 이상이 한꺼번에 발각되면, 그중에서 중한 죄로서 논죄하고 이죄가 서로 상등하면 그중의 한 죄에 좇아 처벌한다. 만약 한 건의 죄가 먼저 발각되어 이미 논결(論決)한 뒤에 다른 죄가 발각되면, 그 죄가 이미 논결된 죄보다 경하거나 상등한 것은 불문에 붙이고, 먼저 죄보다 중한 것은 다시 논죄하되, 전죄에서 선고된 형을 통산하여 후죄의 형량에 충당한다.[63]

그러나 몰수·배상 등에 대하여는 이러한 흡수주의를 적용하지 아니하였다. 즉 당연히 관에 몰수하여야 할 것, 칙자의 형을 받아야 할 것, 파직하여야 할 것, 죄를 어느 형에 그쳐야 할 것을 규정한 것은 각각 그 본법대로 처단한다. 즉 일인이 여러 죄를 범한 경우에 왕법장(枉法贓)이나 불왕법장(不枉法贓)을 받았으면 관에 몰수하여야 하고, 기물을 파손하였으면 배상하여야 하고, 절도하였으면 칙자형을 받아야 하고, 현직관원이 사죄(私罪)를 범하여 장 100 이상의 형에 해당하면 파면하여야 하고, 불왕법장 120관 이상을 받았으면 죄가 장 100·유 3000리의 형에 그쳐야 하는 바,[64] 이런 경우에는 이 여러 죄를 각각 그 본법에 규정한 대로 모두 과죄한다.[65] 이미 도형이나 유형을 받고 있는 자가 또 죄를 범한 경우에는 다시 뒤에 범한 죄에 형을 과하되, 그 복역연한은 4년을 넘지 못한다.[66]

이상과 같이 조선조 형률에서는 실체적 경합에 관한 규정은 존재하지만 하나의 행위로써 수개의 죄에 해당하는 상상적 경합에 관한 규정은 보이지 아니한다.

---

63) 『大明律直解』 권 제1 名例律 二罪俱發以重論條.
64) 어느 죄를 처벌할 때 그 형의 한도를 정하여 죄가 그 한도 이상의 형에 해당하더라도 형을 일정한 한도에 그치게 한 점이 특이하다(罪止者).
65) 『大明律直解』 권 제1 名例律 二罪俱發以重論條.
66) 『典律通考』 권지 5 刑典 推斷條.

Ⅳ. 대명률과 전통법의 충돌 및 예외규정의 생성

중국의 법률인 대명률은 직해의 과정을 거쳐 조선의 기본적 형사법원으로 자리 잡았지만, 기본적 형사법원으로 자리 잡는 과정에서 당시의 사회현실을 고려하여 새로운 규정이 생성되기도 하였다. 대명률을 일반법이라 한다면 이러한 수정규정은 특별법적 지위에 있게 된다. 다음의 사례들은 대명률의 규정을 보충하기도 하고 수정하기도 하면서 최종적으로 경국대전에 실리기도 하지만 대부분은 수교의 형태로 남는다. 두 가지 사례만 살펴본다.

1. 처제와 형부의 간통

대명률에 의하면 간통은 화간일 경우 장 80에 처하여지는데 친속상간일 경우에는 친속의 원근에 따라 형이 가중되었지만67) 체제와 형부는 친족상간조에는 포섭되지 않는다.

그런데 사헌부에서는 우리나라가 솔서혼속(率壻婚俗)을 취하고 있으므로 형부와 처제는 의리가 골육과 같아 범간조에 의하여 장 80에 처하는 것은 부당하므로 친속상간조에서 아내의 전 남편의 딸을 간음한 것을 유추하여 장 100, 도 3년형에 처하자는 의견을 제시하였다. 이에 세종은 대명률에 따르는 것이 합당하다고 하면서 이를 의정부에서 토의할 것을 지시하였다. 의정부에서는 율문에 의해서만 처벌하는 것은 '물의(物議)'에 맞지 않는다고 하여 절충안으로서 율문대로 과죄하여 장 80에 처하되 변원충군(邊遠充軍)을 가죄하자고 제시하였고 이것이 확정되었다.68)

---

67) 대명률 형률 범간 친속상간조에 의하면 최하 장 100이다.

이것은 조선에서 중국과 달리 형부와 처제를 솔서혼속의 영향상 가족관계로 보는 경향이 있었던 반면에 대명률에서는 이들을 일반인과 마찬가지로 취급하였기 때문에 빚어진 현상이었다.

2. 서형의 적제살인

성종 9년(1478)에 서형인 황효산이 적제인 황이경을 살인한 사건이 일어났다. 대명률에 의하면 적서의 구별이 없지만 조선에서는 적서의 차별이 심하였으므로 이를 어떻게 처리할 것인가가 문제되었다. 원래 『대명률』,「형률」 투구 毆其親尊長條에 의하면 장 100, 도 3년이나 장 100, 유 2천리에 처해질 것이었다. 그러나 적서의 차별이 엄연한 조선에서는 이 규정을 그대로 적용할 수 없어 논의가 되었는데, 제1설은 중국에서는 첩의 자식도 과거에 나아가 벼슬을 할 수 있으므로 율문에 적서구별이 없어 장유로서 논단하여야 하며 이를 법례로 새로 세울 것을 주장하였고 제2설은 제1설과 마찬가지이지만 이 사건에서 처리한 것이 준례(遵例)로 될 것이므로 따로 과조(科條)를 세우지 않아도 된다고 주장하였다. 제3설은 위의 "구기친존장조"를 적용하여 서형을 비(卑)로 하여 처벌할 것을 주장하였고, 제4설은 적자우선의 원칙에 의하여 서얼이 적자를 능멸한 자는 양천상구율(良賤相毆律)에 따라 시행할 것을 주장하였다.69) 제5설은 율문에 구애되지 말고 범인이 사람을 죽인 율에 의거하여 시행할 것을 청하였다. 이 논의들은 제5설에서만 적제와 서형의 관계를 보통 사람 간의 관계로 논하자는 것이고 나머지는 모두 서형의 적제 살인을 장유로서 논하지 아니하고 존비로서 논한 데 공통점이 있다. 따라서 어떤 견해에 의하든 서형인 황효산은 사형에 처해지게 된다.

---

68) 세종 18년 4월 20일[內辰](제3권 671-abc).
69) 이에 따르면 서형이 적제를 구타살인 한 경우 참형에 처해지나 적제가 서형을 살인한 경우에는 사형을 면하거나 교형에 처해진다.

그런데 성종은 적제가 서형을 살해하는 경우에도 이를 사형에 처할 수 있는 이론을 원하였고 이에 다시 논의가 시작되어 A설은 서형이 적제를 죽인 것은 비로소 존을 죽인 것이고, 적제가 서형을 죽인 것은 유로서 장을 죽인 것이어서 서로가 존비와 장유의 분별만 있을 뿐이므로 다 사형으로 처단할 것을 주장한다. 이에 대하여 B설은 적제가 서형을 죽인 것은 법에 의거하여 존장이 비유를 구살한 것을 유추할 것을 주장한다(위의 제3설과 같다). C설은 서형이 비록 연장자이기는 하나 존속이 아니고, 적제가 비록 존속이기는 하나 연장자가 아니므로 율문 중의 존비, 장유와는 다르므로 새로 천살규정(擅殺規定)을 두어 장유와 존비의 분별을 엄격히 할 것을 주장한다(제1설과 같은 취지이다). 결국 성종은 자신의 의도를 반영한 A설을 취하게 된다.[70] 이후 형조에서 이 경우를 처리할 과조를 세우게 되는데 서형과 적제의 경우는 구기친존장조에 의거하여 상등한 예로 처리하여 어떤 경우나 사형에 처하도록 하고, 적질(嫡姪)과 서백숙부모(庶伯叔父母) 등과의 구타·살상에는 "毆大功以下尊長條"에 의거하여 처벌하기로 하였다.[71]

우리는 이 사안에서 대명률의 규정과 조선의 사정을 절충한 모습을 엿볼 수 있다. 형이 아우를 살해하거나 아우가 형을 살해하는 경우는 대명률상에 명확히 규정되어 있지만 이러한 혈연관계가 적서라는 신분관계와 결합하는 경우를 예정하고 있지 않으므로 조정의 논의에서 혈연관계와 신분관계를 모두 아우를 수 있는 결론을 도출해 낸 것이다.

---

70) 성종 9년 7월 20일[乙卯](제9권 630-cd, 631-a).
71) 성종 9년 8월 9일[戊戌](제9권 639-b).

V. 맺음말

이상에서 우리는 조선조의 형사법원으로서 대명률의 구성, 체계 및 형법총칙적 규정 전반을 살펴보았다. 조선조의 형사법원으로서 대명률직해는 오늘날의 형법과 비교할 때 구성요건이 상당히 구체적이고 개별적인 점이 특징적이다. 이와 같이 각 범죄의 구성요건을 구체화·세목화한 것은 법률의 해석과 적용과정에서 전문적 지식이나 훈련을 받지 아니한 행정 관료에게 적용하기 편리하게 하기 위한 점과 과형의 형평성을 기하려는 데 목적이 있었던 것으로 보인다.

기본적으로 조선의 형사법제는 계급 간 차별적 적용을 인정하는 신분형법으로서 개인책임이 아닌 집단책임으로서 연좌제를 인정하는 등 자유롭고 평등한 개인을 주체로 보는 근대형법과 상충하는 면이 없지 않지만, 나름대로 죄형법정주의 원칙을 고수하고 형사사건들에 대해 적정한 형벌을 부과하려고 노력하는 등 합리성을 갖추려고 노력하였음을 엿볼 수 있었다. 또한 긴급행위에 대한 위법성조각, 연령이나 건강상태로 인한 형사책임의 제한이나 면제, 고의·과실의 구분, 미수·기수의 구분, 환형, 자수자에 대한 형의 감면, 사면 등 오늘날의 형법규정에 비하여 그다지 손색이 없을 정도로 정비된 법리를 가지고 있었다. 그리고 실제로 군주를 정점으로 한 위정자들은 재판을 함에 있어서도 백성들에 대한 애휼정신(愛恤精神)을 가지고 실제 사건을 다루려고 노력했음을 확인할 수 있었다.[72]

한편, 오늘날 우리의 형사법제는 어떠한가? 현대사회는 법만능사회이며 형벌만능사회이다. 사회적 문제가 발생할 때마다 정치가나 입법자들

---

[72] 그 실제사례에 대한 고찰은 임재표, 『조선시대 행형제도에 관한 연구: 휼형을 중심으로』(한국형사정책연구원, 2000) 참조.

326

은 특별입법의 제정과 형벌의 상향조정을 약속하지만 그러한 조치들이 현실적으로 어느 정도 성과를 거두고 있는가는 과연 의문이다. 여기서 우리는 국가의 형벌권발동에서도 국민에 대한 교화가 먼저 선행되지 않고 법에 의하여 금지되는 행위를 하였다고 해서 무조건 형벌에 처하는 것은 그다지 효과가 없음을 알아야 한다. 맹자는 "잘 다스리는 것은 좋은 교화로 백성의 마음을 얻는 것만 못하다. 잘 다스려지면 백성은 두려움을 갖고 대하게 되지만, 좋은 교화에는 백성들이 애정을 느낀다. 따라서 잘 다스려지면 백성들의 재산을 얻게 되지만, 좋은 교화는 백성의 마음을 얻는다"73)고 하였다.

인간행위를 통제하는 객관적 규범이란 점에서 예와 법의 기능은 동일하지만 예규범에는 강제가 수반되어 있지 않은 점이 법규범과 다를 뿐이며 예규범에는 정치적 강제 대신 사회적 비난이 제재의 형식으로 따른다.74) 강제성이 없는 예규범의 규범력을 의심하는 사람도 있지만, 강제성이 있는 법규범의 규범력도 제대로 확보되고 있지 않은 것이 작금의 현실이다. 현대의 법만능사회에서도 권력남용이 사라지지 않고 범죄행위가 좀처럼 줄어들고 있지 않은 것이 현실이라면 우리는 법의 강제적 규범력의 한계를 솔직히 인정하여야 할 것이다. 따라서 사회윤리규범으로서의 예와 강제규범으로서의 법은 서로 배타적인 관계로 놓일 것이 아니라 상호보완적 관계에 놓이는 것이 바람직하며, 특히 법은 '윤리의 최소한'에 머물러야 할 것이다.

사회생활의 모든 영역을 전부 법으로써 통제하는 것은 불가능할 뿐만 아니라 불필요하다. 이것이 조선시대의 유가적 법사상의 핵심인 주례종법인 것이다. 주례종법에서 예와 법과의 비율이 어느 정도인지는

---

73) 孟子 盡心 上: 善政不如善教之得民也. 善政民畏之, 善教民愛之. 善政得民財, 善教得民心.
74) 심재우, 「동양의 자연법사상」, 『법학논집』 제33집 (고려대학교 법학연구소, 1997), 388면.

확인할 길이 없으나 유가의 3철(공·맹·순)의 하나인 순자는 법이 지배하는 영역을 좁히고 있다. 그는 「성상(成相)」편에서 다음과 같이 말한다. "치평을 가져오는 길은 예의와 형벌의 두 가지이다. 군자가 그것으로써 몸을 닦으면 백성은 편안하게 된다. 덕을 밝히고 형벌을 신중히 하여 삼가면, 나라는 잘 다스려져서 온 천하가 태평해질 것이다."75) 이같은 주례종법의 사상에 따라 조선에서는 양반과 관리에게 형벌적용에서 많은 특혜를 부여하였는데, 이 같은 특혜의 배후에는 조선의 관리들이 법 이외에 예라는 기준에 의해 폭넓게 사회적으로 통제받았음을 간과하지 말아야 한다. 관리가 신분에서 벗어나는 일을 하면 누구나 상소로 고발할 수 있었고, 관리들의 뇌물수수에 대해서는 죄의 경중을 가리지 않고 엄격하게 처벌함으로써 조선조가 오백년을 지탱하여 올 수 있었던 밑거름이 되었던 것이다.

이상에서 우리는 조선조의 형사법원으로 기능했던 대명률이 조선에 계수되는 과정과 대명률 중에서 형법총칙적 내용들을 살펴보았다. 현행법제와의 자세한 비교·분석을 통한 조선형사법제에 대한 규범적 평가는 다음의 연구과제로 미루고 싶다.

---

75) 治之經, 禮與刑, 君子以修, 百姓寧, 明德愼罰, 國家旣治, 四海平.

참고문헌

『經國大典』.

『古法典用語集』.

『唐律疏議(名例編, 衛禁編)』.

『大典通編』.

『大典會通』.

『續大典』.

『受敎輯錄』.

『典錄通考』.

『朝鮮王朝實錄』.

『秋官志』.

『欽欽新書』.

김구진, 「대명률의 편찬과 전래」, 『백산학보』 29, 1984.

김기춘, 『조선시대형전』, 삼영사, 1990.

김용희, 「조선시대 형법상의 인률비부에 관한 소고」, 『법학논집』 16권 1호, 청주
　　　대학교 법학연구소, 1999.

서일교, 『조선왕조 형사제도의 연구(再版)』, 박영사, 1974.

심재우, 「동양의 자연법사상」, 『법학논집』 제33집, 고려대학교 법학연구소, 1997.

심희기, 『한국법제사강의』, 삼영사, 1997.

오도기, 「경국대전 형전의 성격」, 『국사연구』, 조선대학교 국사연구소, 1978.

유기준, 「조선 초기 형률연구: 율문과 율학을 중심으로」, 충남대학교 박사학위논
　　　문, 1996.

윤국일, 『신편 경국대전』, 신서원, 1998.

윤백남, 『조선형정사』, 문예서림, 1948.

이승환, 『유가사상의 사회철학적 재조명』, 고려대학교 출판부, 1998.

이재룡, 『조선 예의사상에서 법의 통치까지』, 예문서원, 1995.

이종길, 「조선 초 지배층의 형벌관」, 『박병호 교수 환갑기념(Ⅱ)』, 박병호 교수 환갑기념논총발간위원회, 1991.

임재표, 『조선시대 행형제도에 관한 연구』, 한국형사정책연구원, 2000.

전병재, 「예의 사회적 기능: 예와 법의 차이를 중심으로」, 『인문과학』 43집, 1980.

정긍식, 『한국법사학논저목록(1945-199)』, 한국법제연구원, 1992.

조윤선, 『조선 후기 소송연구』, 국학자료원, 2002.

지철호, 「조선 전기의 유형」, 『법사학연구』, 한국법사학회, 1985.

진희권, 『조선조 초기의 유교적 국가이념과 국가질서』, 고려대학교 박사학위논문, 1998.

최종고, 『한국법사상사』, 서울대학교 출판부, 1989.

한국역사연구회, 『신보 수교집록』, 청년사, 2001.

황운룡, 「다산 형정사상 연구」, 『아세아학보』 8, 아세아학술연구회, 1970.

조선조 형사절차에 있어서 증거재판주의와 공정한 재판

박 강 우

Ⅰ. 머리말

조선조의 형사사법모델은 유교적 가치의 실현을 목적으로 하는 '유교적 형사사법모델'이었다.[1] 유교적 형사사법모델에서는 법관이 피고인을 마치 자신의 가족이나 자녀인 것처럼 생각하여 (일종의 국친사상) 피고인을 애긍하는 입장에서 심리하고 재판해야 하고 피고인에게 유리한 정상(情狀)을 찾아내는 데 심혈을 기울였다는 데 그 특징을 가지고 있었다.[2] 이에 대하여 서구 중세의 형사사법모델은 조선조와 같은 규문주의적 소송구조를 취하고 있었지만 조선조와 같은 민중들에 대한 애긍정신은 없었다는 점에서 차이가 있다.

독일법을 계수한 일본법의 영향이 아직도 상당히 남아있는 현행 형사절차법에서도 이러한 유교적 형사사법모델의 영향이 공식적·비공식적으로 잔존하고 있음을 우리는 쉽게 찾아볼 수 있다. 예컨대 범죄사건을 형사절차에 편입시켜 공식적으로 입건하지 않고 경찰단계에서 훈계

---

1) 유교적 형사사법모델은 우선 유가에서 말하는 예치·덕치·인치를 기반으로 하는 예주종법(主禮從法)의 형사사법모델을 의미하지만, 꼭 여기에 한정되는 것이 아니라 법가에서 중시하는 중형과 엄벌을 중시했던 법가의 형사사법모델도 아우르는 개념이다. 오늘날 우리에게는 일반적으로 유교적 형사사법모델이 법치에 반대하였으며, 유가가 내세운 예치·덕치·인치의 통치이념을 법치와는 양립 불가능한 배타적인 개념으로 이해하는 경향이 있다. 하지만 우리가 비강제적 도덕규범으로 알고 있는 예도 단순한 도덕규범이 아니라 행위규범과 강제규범의 성격을 동시에 지니는 법규범으로서의 성격을 동시에 가지고 있었다는 최근의 연구가 있다. 이런 점에서 유가에서 주장하는 예에 의한 통치는 법치와 양립 불가능하거나 배타적인 통치방법이 아니라 법치의 범주를 이미 그 안에 포함하고 있었다고 할 수 있다. 자세한 것은 이승환, 『유가사상의 사회철학적 재조명』(고려대 출판부,1999), 171면 이하, 191면.
2) 심희기, 「한국문화와 형사사법제도: 신유교적 형사사법제도의 공과와 그 장래에 대한 전망」, 『형사정책연구』 제7권 제4호(한국형사정책연구원, 1996), 65-66면 참조.

하여 보내는 훈방조치라든지, 검찰에서 범죄소년에 대해 선도조건부로 기소유예를 하는 관행, 법무부가 '범죄 없는 마을'을 지정하여 표창하는 점 등은 우리의 전통적 형사사법모델의 현대적 변용이라 볼 수 있다.

우리가 유교적 형사사법모델을 비판하는데 가장 대표적으로 거론하는 고문(拷問)이나 고신(拷訊)도 다음과 같은 엄격한 제한하에서 허용되었다. 다시 말해서 당시 고신은 그 대상이 도형(徒刑)·유형(流刑) 이상의 중죄를 범한 의심이 있고(범죄의 중대성), 그 신장(訊仗)과 도수(度數)가 법제화되었으며3)(제재의 명확성), 증거가 명백함에도 자백하지 않을 때에만 사용할 수 있었다(보충성). 그럼에도 불구하고 조사관이 죄의 경중을 묻지 않고 고신을 남용한 경우 장(杖) 100·도(徒) 3년의 형에 처하고 남형으로 사람을 죽인 자는 장 100의 형에 처하고 영구히 임용하지 아니하였다.4) 이렇게 조선조의 고신제도에서도 오늘날 형사법의 기본지도이념으로서 비례성 원칙의 일단을 발견할 수 있다. 이 밖에 조선조에서 고신이 법적으로 허용될 수밖에 없었던 사정에는 오늘날과 같은 과학적 수사방법이 확보되지 않았던 당시로서는 자백이 가장 결정적인 증거가 될 수밖에 없었다는 점, 그리고 어느 정도 물증이 확보되고 피고인의 죄상에 대한 심증이 형성된 이후 자백을 얻기 위하여 고신이 행하여졌었다는 점이 고려되어야 하고, 이것은 흠휼(欽恤)이라는 유교적 형사사법모델의 기본적인 틀을 벗어나지는 않았다고 평가된다. 그 다음, 많은 비판의 대상이 되는 연좌제 역시 유교적 형사사법모델에서는 가족구성원이 법망에 걸리는 사건이 발생할 경우 그 본인만 책임을 지는 것이 아니라 그를 도덕과 예절로 인도하지 못하고 잘못되도록 방치한 주변의 가장과 가족, 이웃, 지방관 등이 책임을 분담하다는 취지에서 이해할 수 있다.

---

3) 『經國大典』, 「刑典」 推斷條.
4) 『經國大典』, 「刑典」 濫刑條.

전통법의 연구에서 우리는 무엇을 목표로 해야 하는가? 흔히 전통법제나 전통사상에 대한 연구에서 가장 많이 제기되는 질문은 "그래서 어떻다는 말이냐"라는 물음이다.5) 대명률이 어떠하고, 무슨 왕이 어떠어떠한 수교를 내리고 그래서 과연 그것이 현재의 법제도나 법생활과 어떤 관련을 갖느냐라는 물음이다. 우선, 조선조의 법제도와 현재의 법제도는 전통과 현대라는 대비만큼이나 커다란 질적 차이를 가지고 있기 때문에 섣부른 비교나 평가는 오히려 금물이라는 염두에 두어야 할 것이다. 전통 형사법과 현대 형사법이 서로 추구하는 실체적 가치의 차이는 서로 다른 시대정신과 사회가치를 반영하는 것으로서 평면적 비교가 불가능한 영역이기 때문이다. 예컨대 가부장적 사회질서를 바탕으로 왕과 신하, 부모와 자식, 양반과 상민, 주인과 노비, 적자와 서자라는 신분상의 차이를 중요하게 여겼던 조선조 사회의 가치질서에 대하여 현대의 자유주의적이고 개인주의적 가치관을 가지고 비판하는 것은 별로 생산적인 작업이 될 수 없다. 여기서 우리는 기존의 전통사상이나 전통 법제에 대한 연구에서 드러난 몇 가지 오류를 주의해야 한다. 첫째는 유가사상과 유가의 법제도가 시대와 역사를 넘어서는 초역사적 진리를 담지하고 있다는 '근본주의' 입장이고, 둘째는 유가사상이 현대 사회의 모든 병폐를 치유할 수 있는 '만병통치약'이라는 입장이다.6) 물론, 우리는 유가사상이 미개와 야만으로 점철된 전 문명적 주술체계라고 여기는 제국주의적인 '서구중심주의'를 거부하며, 동양사회의 발전을 위해서 동양은 서구화되지 않으면 안 된다는 '종속주의'적 입장에도 반대한다. 이 연구에서는 인류의 역사와 문화를 이성과 비이성, 진보와 정체, 문명과 야만, 계몽과 미개라는 이분법적 도식으로 나누고 양자 중 하나를 택일해야 한다고 보는 '단선적 진보사관'이 이러한 서구중심주의

---

5) 이승환, 앞의 책, 서문 i) 면.
6) 이승환, 앞의 책, 서문 vi) 면.

를 배태한 근본사상이라 여긴다. 과연 진보는 서구적 모델의 수용을 통해서만 가능한 것인가라는 진지한 고민과 성찰이 필요하다고 생각된다. 인간의 행복은 도구적 합리성과 물질문명의 증진을 통해서만 성취될 수 있는 것은 아닐 것이기 때문이다. 도구적 이성을 중요시하는 서구의 사상과 제도가 현대의 풍요로운 물질문명을 가능케 한 하나의 조건인 점은 인정되지만, 이러한 물질문명의 지나친 강조로 인한 인명의 경시와 핵무기로 인한 인류의 절멸가능성 또한 서구적 발전모델로부터 초래된 것임을 부정할 수 없다고 할 것이다.

예로부터 동서고금을 막론하고 법의 궁극적 이념 내지 목적이 정의라는 것에 대해서는 별다른 이견이 없었던 것으로 보인다. 그리고 사회적 정의를 구현하는 중요한 사회제도 가운데 하나가 바로 형사재판제도라고 할 수 있다. 여기서 우리는 다시 한번 조선조의 형사재판제도가 추구했던 목표나 가치가 현대 형사재판의 그것과 다르지 않았음을 발견할 수 있다. 재판의 공정성확보와 수인(囚人)의 보호가 그것이다. 본고에서는 바로 공정한 재판을 위하여 조선조 형사재판제도에서 마련되었던 구체적인 법규정과 제도의 고찰을 통해서 전통과 현대가 맞닿을 수 있는 접점과 오늘에 되새겨야할 전통의 증거법제나 수인보호제도를 찾아보고자 한다.

II. 조선조 형사법상의 증거재판주의

1. 의 의

'재판은 증거에 의하여야 한다'는 증거재판주의는 근대 형사절차 내지 형사소송의 핵심적 원칙 내지 가치의 하나라고 할 수 있다. 그렇다고 하여 현대 형사소송법은 이러한 증거재판주의를 구체화한 우수한 법률이고 조선의 형사소송법규는 증거나 아닌 피고인의 자백을 우선시하는 전근대적인 법률이라 말할 수 있을까? 그러나 우리는 아래에서 조선조에서도 형사재판, 즉 옥송(獄訟)에서 증거주의를 관철하려는 치밀한 노력과 법제도들이 있었음을 확인할 수 있다.

조선조 형사법에서 범죄사실의 존부를 입증하는 증거방법으로서는 사증(詞證)과 물증(物證)이 있었는데 그중에서도 사증이 중시되었다. 사증이란 오늘날 인증 내지 진술증거에 해당하는 개념으로서, 피해자와 시친(屍親)·간증(看證)·우연(于連)·체린(切隣)의 초사(招辭)와 피옥인(被獄人)의 자복(自服)이 이에 속한다.7) 물증의 대표적인 것으로는 상장(喪杖)·봉(棒)·환도(還刀)·석(石)과 같은 범행도구로 사용된 기장(器仗)이나 검시의 결과 확인된 상처의 형태 등이 있다. 서증(書證)이 결정적 증거력을 가졌던 사송(詞訟), 즉 민사소송과 달리 옥송, 즉 형사소송에서는 사증 중에서도 특히 자복에 의존하는 바가 컸다. 따라서 순전히 자복을 얻기 위한 절차로서 중앙에서 회추(會推) 및 지방에서 동추(同推)가 중요한 형사절차의 하나였으며, 피해자·시친 등의 초사를 채택하는 절차가 검험(檢驗)의 내용 중 중요한 하나가 되었다.

그러나 자백도 항상 절대적인 증명력을 가졌던 것은 아니며, 오늘날의 형사소송법과 같이 자백이 유일한 범죄의 증거일 때에는 보강증거를 필요로 한다는 명문의 규정은 없었지만, 자백을 얻기 위한 고신에 대해서 엄격한 제한을 두고 있었다. 이러한 제한에도 불구하고 허위자백의 가능성이 있는 경우에는 자백만으로 처벌하지 못하도록 하였다.8)

---

7) 심희기, 『조선 후기 형사제도운영에 대한 일고찰』(서울대 석사학위논문, 1980), 76면.

8) 『秋官志』 詳覆部 審理 獄案 今上 4년 瑞興 朱臥達獄에서는 피옥인이 자백하였음에도 불구하고 疑案으로 처리하고 있는데 이는 그 간접적 예의 하나이다. 즉 주

예컨대 성종 2년(1471년) 정월에 「형조에 전지하기를, 도적의 진위는 장물의 유무에 있는 것이다. 이제 제도(諸道)에서 추국(推鞫)한 문안을 보면 장물의 형(形)과 표(標)가 모두 상실(詳悉)하지 아니하므로 이를 가지고 질문하다가는 거짓으로 꾸며대어 도적을 만들 우려가 있으니 금후로는 도적을 국문할 때에 먼저 물주에게 소실물에 대한 색·형·표를 물어 취초한 후에 장물을 내어 보여 질문하고, 또 피도(被盜)한 자를 시켜 물의 색·형·표를 비록(備錄)하여 고발하여야 관이 그를 받아 입안하게 되고 후일의 고험(考驗)도 되는 것이니 이것으로 정식을 만들라 하였다」9) 한 것으로 보아, 증거물의 비록을 중요시하고 자백만에 의한 처벌을 경계했음을 짐작할 수 있다.

이 밖에 인명에 관계되는 범죄의 경우 그 수사절차가 매우 까다로웠고 인도적인 이유나 기타 증거의 증명력의 부족을 이유로 한 증인적격의 제한, 전문증거의 증거능력의 제한 및 서증의 금지, 공초의 원칙과 대질신문제도 등 당시의 증거법의 수준에서 볼 때 상당히 정비된 증거재판주의 원칙이 조선조에서도 지켜졌음을 볼 수 있다. 이하에서 나누어 살펴본다.

2. 공초의 원칙

조선조 형사법에서 증거재판주의가 가장 분명히 드러나는 부분이 공

와달이 신장돌을 칼로 찔러 치사케 한 사안에서 주와달은 초복의 자백을 번복하면서 30년간이나 감옥에서 죄를 부인하였다. 당시 형조판서 서호수는 죽은 장돌이의 아비 귀일이가 초검의 초사에서는 "칼날에 찔렸다는 소식을 듣고 달려갔다"고 했으나 보검의 초사에서 "칼날을 맞아 절명했다"고 말을 바꾼 것에서 문안이 소루하다고 지적하면서 당시 목격자(看證)를 확보하지 않은 잘못을 지적하였다. 결국 임금은 減死·定配를 명하였다. 자세한 것은 법제처, 『추관지』(2), 1975, 83면 이하 참조.

9) 실록 8, 성종 권 9, 2년 정월 辛巳(8일).

초(供招)의 원칙이다. 『속대전』의 「罪人原情 口傳取招 勿許文字書納」[10]이라는 규정에서 드러나듯이 죄인의 원정(原情)을 구전으로 문초취조한 경우에는 문자로 서납함을 허용하지 않았던 것이다. 『추관지(秋官志)』 고율부(考律部) 죄수(罪囚) 죄인행형조(罪人行刑條)에서도 이 원칙이 구례로 전하여져 온 것임을 다시 한번 확인하고 문자서납을 금지하는 이유로 마롱수식(魔聾修飾)된 문구로 씌어진 서증은 추관의 눈을 어지럽게 하여 실체적 진실을 호도하려는 경향이 있기 때문에 이러한 폐단을 미리 방지하기 위하여 예외 없이 문자서납을 금지한다는 것이다. 이와 더불어 대질제도를 통하여 좀 더 생생한 현장의 정보를 수집하려고 노력하였다. 이 점에서 우리는 오늘날 점점 심화되고 있는 서면 중심의 재판을 반성하고 구두변론주의에 충실한 재판의 활성화를 고민해야 할 것이다.

하지만 공초의 원칙에 배치되는 규정을 찾아 볼 수 있는데, 『대명률(大明律)』, 「명례률(名例律)」 "범죄사발재도조(犯罪事發在逃條)" 제2항에는 범죄가 발각되어 범인이 도피하였다 하더라도 일반대중 사이에 그의 범죄사실이 「공지의 사실」임이 증명되는 경우에는 이를 궐석재판으로써 재옥성죄(在獄成罪)(범죄사실이 심리결과 확인되고 또 판결이 확정되는 것)의 예에 따라서 판결이 확정된 것으로 간주한다는 규정이 있다.[11]

---

10) 『續大典』, 「刑典」 推斷條.

11) 여기서 말하는 공지의 사실이란 오늘날 형사소송법에서 별도의 증명이 필요 없는 불요증사실로서의 공지의 사실과는 의미가 다르다고 생각된다. 오늘날 소송법상의 공지의 사실이란 주로 보통의 지식과 경험이 있는 사람이면 누구나 의심하지 않고 알고 있는 사실로서, 예컨대 역사상 명백한 사실이나 신뢰할 수 있는 정보원(여러 일간지의 일치된 보도사실)으로부터 언제든지 알 수 있는 사실이나 경험법칙 등이 여기에 해당된다. 오늘날 형사소송에서는 공지의 사실이라 하여도 법원의 진실발견의무가 배제되는 것은 아니며 '진실에 대한 강력한 징표의 의미'만을 갖는다고 한다. 따라서 불요증사실의 진실성에 대하여 '합리적인 의문'이 들게 되면 법원은 증거를 조사해야 해며 그 의문을 해소하기 위한 증거신청을 기각해서도 안 되는 것이다. 즉, 불요증사실에 대한 증거조사는 불필요한 것일 뿐, 금지되는 것은 아니며 반증이 허용되는 것이다. 배종대/

3. 전문법칙

'전문증거는 증거가 아니다(Heresay is no evidence)'라는 전문법칙은 일반적으로 영미법계에서 유래한 증거법칙으로 알려져 있으나 놀랍게도 조선조의 형사법규에서도 그 유사규정을 찾아볼 수 있다.

전문법칙의 증거능력의 제한과 관련하여 의미 있는 조선조의 형사법 규정은 『대전회통(大典會通)』, 「형전(刑典)」 금제조(禁製條)에 있는 「…… 外官所犯 貪虐民外 勿許風聞擧劾」이라는 것으로 지방관청의 탐관오리들의 학민사건(虐民事件)을 제외하고는 풍문에 의거하여 논죄하는 것을 금지하였다. 이 규정은 증거법 자체의 규정이 아니라 풍문에 의한 탄핵의 개시 즉 수사·심리의 착수를 금지하는 조항이지만 증거 채택에서도 적용되는 규정이라 볼 수 있다.

이 밖에 판결집인 『심리록(審理錄)』의 한 사건에서는 "판지에 …… 이 사건의 정범은 당연히 강득손과 신장명 두 사람 중에서 결정해야 할 것인데 강득손을 진범이라고 하는 증인은 많기가 8인이나 되나 모두가 전해 들었다는 것이고, 신장명을 진범이라고 하는 증인은 한 사람에 불과하나 문득 제 눈으로 보았다고 하였다. 여러 입에서 같은 말이 나오니 소수가 다수에 맞서기 힘드나 귀한 사람의 눈 하나가 천한 사람의 귀 여덟을 복종시킬 수 있다 ……"12)고 하여 전문증거의 증거로서의 가치가 직접 목격한 경우의 증명력과 비교되지 않는 것이라 평하고 있다.

이상의 여러 규정이나 판례를 통해서 우리는 조선조 형사법의 증거법 상 전문증거가 오늘날 증거법과 같이 증거능력을 완전히 배제하는 것은 아니라는 것, 즉 전문증거는 체험증거보다 증명력이 약화된다는 정도의

___

이상돈, 『형사소송법(제5판)』(홍문사, 2004), 103/22.
12) 법제처, 『審理錄』 卷 15 (법제자료 제31집), 永柔 康得孫의 獄事, 447면.

의미를 가질 뿐이기는 하지만, 형식적으로는 일체의 서증을 금지하는 규정 등은 오늘날의 전문법칙과도 일치하는 규정이라 볼 수 있다.

4. 대질제도

조선조 형사재판에서 증거법상의 또 하나의 원칙으로서 실체적 진실 발견에 크게 기여한 제도로서 이른바 대질제도를 들 수 있다. 대질은 피고인이 수인인 경우에 그들 상호간이나, 피고인과 증인사이, 혹은 증인들 상호간의 공술이 상위할 경우에 상호 대면시켜 질문하는 제도이다.

이 대질제도는 당시의 증거법상 인증(人證)이 중시되고 그중에서도 피고인의 자백이 필수적인 증거로 인정되던 당시의 제도상 재판관의 심증형성에 있어서 실체적 진실의 발견을 위해 매우 중요한 역할을 한 것으로 평가된다. 당시의 구두심리주의, 즉 공초의 원칙과 오청(五聽)에 의한 재판관의 심증형성에 중요한 역할을 하였던 것이다.

대질에 관한 명문의 규정으로는 『명률(明律)』, 「형률(刑律)」 단옥(斷獄) 鞫獄停囚待對條를 보면 소속관사가 동일하지 않더라도 각 관사는 기내인(起內人)(共犯)의 이송을 의뢰하는 공문이 접수되면 그 의뢰공문 도달 후 3일 내에 그를 이송하여야 하며 이에 위배한 경우에는 피의뢰관사가 처벌을 받았다. 그러나 만약 기내인이 각 주현관사에 산발적으로 있는 경우에는 경수(輕囚)를 중수관사로(重囚官司)로 또 소수 수인을 다수 수인의 현재지로 이송하고 동수인 경우에는 뒤에 발각된 수인을 앞서 발각된 관사로 이송하여 병합심리케 하였다.

이상은 공범 간의 대질에 관한 규정이고 원피고 간에 대질은 「原告人事畢不放回條」에 보면 대질을 위해 원고인(原告人)을 계류(稽留)시킨 경우 피고가 이미 죄를 초복(招服)하여 대질할 일이 없는 경우에는 즉시 석방하여야 하며 3일 내에 석방하지 않으면 처벌한다는 규정이

342

있다. 이 밖에도 검험(檢驗)에 관한 절차에서도 시친·정범·우연·간증 사이의 공초에 위단(違端)이 있을 경우에는 대질을 의무화하고 있는 규정이 있음을 볼 수 있다.[13)]

이러한 대질신문제도는 오늘날의 수사나 재판 과정에서도 활용되고 있다는 점에서 오늘날 계승되고 있는 전통 형사법제의 하나로 평가할 수 있으며, 구두심리주의에 의하여 재판관의 심증형성에 중요한 역할을 하였음을 지적하고 싶다.

5. 증인적격의 제한

조선은 유교이념을 국가경영의 지도원리로 삼았기 때문에 충효나 장유유서, 부부유별과 같은 가치를 중시하였고 이것은 형사절차에서도 다음과 같이 관철되었다.

『수교집록(受敎輯錄)』,「형전(刑典)」 추단조(推斷條) 642호에 의하면 "국가가 유지되는 기본은 명분에 있는데 노(奴)가 주(主)를 고발하거나 자(子)가 부(父)를 고소한다면 풍기를 상하게 하고 양속을 퇴패(退敗)하게 하는 것이 이에 더 심할 수 없을 것이니 금후에는 자를 부의 사건에 노를 주인의 사건에 제를 그 형의 사건에 처를 그 부의 사건에 관하여는 설혹 질문할 것이 있다 하여도 증(證)하거나 질(質)하지 말 것이며 풍속을 돈독히 하고 교화를 밝게 할지니라"고 하여 자·노·제·처가 부·주·형·부에 대한 증인이 되지 못하도록 하는 수교를 내렸다.[14)] 조선조가 유교적인 강상윤리를 얼마나 존중하였는가를 보여주는 극명한 실례로서 숙종 11년(1685)의 "대흥산성 별장이 고은(庫銀) 수백 냥을 도실(盜失)하고 그 고은이 투출(偸出)한 것으로 의심하여

---

13) 『秋官志』 詳覆部 啓覆 檢驗 京司檢驗新定事目.
14) 『續大典』,「刑典」 推斷에도 같은 규정이 있다.

먼저 그의 12세 된 아자(兒子)에게 물어 취복한 후 이로써 입증하고 또 그 부를 고복한 후 포청으로 이송하여 초사를 받아 입계하였던바, 형조에 하부하여 처단하는 율로써 시행하였다. 남구만의 차(箚)에, 자로서 부를 증하게 하였음은 강상에 대관한 일이니, 산성별장·포장·형조 당상은 책파하기를 청하였다. 왕이 말하기를, 그간에 먼저 경중의 별(別)을 따라야 하니, 별장은 파직하고 포장과 형상은 종중추고(從重推考)하라고 명하였다"15)는 『증보문헌비고』의 기록이 있다. 이러한 조선조의 강상윤리 중시사상은 오늘날 형사소송법 제148조의 자기 또는 근친자의 형사책임과 관련한 증언거부권으로 그 명맥을 이어 오고 있는 것으로 생각된다.

한편, 증인금지에 관한 일반적 규정은 『명률』에 의하면 법률상 서로 은닉할 수 있는 사람과 80세 이상, 10세 이하의 자 또는 독질(篤疾)에 걸린 자는 모두 증인이 되지 못하게 하고 있다.16) 여기서 말하는 상위용은자(相爲容隱者)의 범위는 동거하는 친족, 대공(大功) 이상의 친족과 외조부모 외손, 처의 부모, 사위 또는 손부, 부(夫)의 형제, 형제의 처 및 노비·고공인 등으로 규정되어 있다.17) 『속대전』에는 증인이 되지 못하는 미성년아동의 연령을 『명률』의 10세 이하에서 15세 이하로 그 범위를 넓히고 있다.18)

위와 같은 조선조 형사법상의 증인능력의 제한은 앞서 본 『수교집록』의 기록에서 보듯이 명분을 중시하는 유교이념상 상기와 같은 인적 관계에 있는 자들의 증언은 강상에 위배될 뿐만 아니라 증언의 진실성이나 신빙성을 보장하기 힘들다는 현실적 이유도 있을 것이라 생각된다. 한편 명률에서 노인(老人)·유자(幼者)·독질자(篤疾者)의 증언을 금지

---

15) 『增補文獻備考』 권지 128 刑考 2 刑制 2.
16) 『明律』, 「刑律」 斷獄 老幼不拷訊條.
17) 『明律』, 「名例律」 親屬相爲容隱條.
18) 『續大典』, 「刑典」 殺獄條.

한 것은 인도적인 이유에서 이러한 자들에 대해서는 채증을 위한 신문을 하는 고통을 가할 수 없다는 휼수사상(恤囚思想)의 표현이라고 할 수 있다.

Ⅲ. 공정한 재판의 실현을 위한 조선조의 형사재판제도

1. 상피제도

(1) 의 의

조선조에서 상피제도(相避制度)는 『경국대전』 이전 상피조에 나와 있듯이 일정한 친족, 연고관계가 있는 자가 관직에 취임하는 것을 금지하는 관리임용에 관한 원칙이었으나 동조 주에서 청송(聽訟)의 경우까지 그 적용을 확대하고 있다. 이것이 행정과 사법이 동일한 관리에 귀속되었던 조선조 정치제도의 당연한 논리로서 오늘날 형사소송법상 제척 내지 회피·기피에 해당하는 것으로 재판의 공정성을 보장하는 데 기여하였음을 알 수 있다.

(2) 상피의 범위

경국대전에 규정된 상피의 범위는 본종(本宗)의 대공(大功)[19] 이상의 친속(親屬), 여서(女壻)·손서(孫壻)·자매(姉妹)의 부(夫), 외척 시마(緦麻)[20] 이상의 친척, 처의 친부·조부·형제자매의 부(夫)를 그 대

---

19) 從兄弟姉妹·衆孫·衆孫女 및 姪婦와 남편의 祖父母 또는 伯叔父母 및 姪婦들의 겨레붙이.

20) 상복의 하나, 가는 베로 만들어 從曾祖·三從兄弟·衆曾孫·衆玄孫의 상사에 석 달 동안 입는 복.

상으로 하고 있는데,[21] 이는 명률의 聽訟回避條에서 유복친속(有服親屬)이나 혼인지가, 스승이나 원수(怨讐)관계까지 그 범위를 넓힌 것과 비교가 된다. 그런데 이후 상피를 요하는 친족·인척관계의 범위가 더욱 확대되는데,『속대전』에 의하면 양자로 간 자를 생가의 친족관계에까지 동일하게 상피하였으며 혼인한 양가는 서로 상피의 대상이 되고,『대전회통』에 이르러서는 본종의 조종손 및 당숙질도 상피하는 것으로 하였으나 다만 처의 친가·고모부 및 질서(姪壻)는 상피하지 아니하는 것으로 규정하고 있다.[22] 다음은 실제 재판 과정에서 상피제도가 어떻게 운용되었는가를 살펴보자.

(3) 상피제도의 운용

상피제도는 그 본래의 목적이 관리의 임용에 있어서 일정한 범위의 친족 내지는 혼인관계가 있는 자들이 일정한 관사에 모여 그 관사의 업무처리에 있어서 편파적 처리를 하지 못하도록 하는 데 있었다. 그런데 조선조에서는 행정관이 재판관을 겸하는 경우가 많았던 까닭에 소송에서도 상피제도가 많이 적용되었다. 소송에서는 옥송보다 사송에서 상피제도가 더 많이 활용되었는데, 이것은 상피에 관한 규정이 경국대전에서는 주로 이전 가운데 규정되어있지만 다른 보충법전에서는 주로 민사소송 관계규정 가운데 규정되어 있음을 통해서 알 수 있다.

『사송유취(詞訟類聚)』에 나오는 명종 때의 상피제도의 운용에 관한 실례를 보면, 명종 5년의 수교[23] 가운데에는 상피제도가 청송의 경우뿐만 아니라 결옥, 즉 형사소송에서도 적용되는 제도임을 밝히고 있는데, 상피제도의 원래의 목적인 사건에 이해관계를 가지거나 그릇된 예단을 할 수 있는 자를 미리 배제하여 재판이 공정성을 확보한다는 취지와

---

21) 『經國大典』,「吏典」相避.
22) 『續大典』,「吏典」相避.
23) 『詞訟類聚』相避 明宗 5년 受敎.

어긋나게 법률상 상피할 수 없는 사건임에도 상피제도를 악용하여 자기에게 불리한 송사의 재판을 지연시키는 폐습을 경고하고 있다. 아울러 동 8년의 수교[24]에서는 상피의 남용으로 5-60년간이나 체송되는 경우가 종종 있음을 지적하고 상피의 남용이 있는 관리를 일정한 징계에 처하고 있으며,[25] 동 9년에 이르러서는 이를 다시 한번 확인하고 위반자에 대한 벌칙을 강화하고 있다.[26] 그래서 이러한 재판지연을 막기 위하여 상피에 해당하는 사건은 타 부나 타 사나 타 고을에 이송하여 처리하게 하기도 하였다.

이상의 살펴본 조선조의 상피제도는 오늘날 형사법원의 구성에 있어서 제척제도와 유사한 측면을 가지고 있다. 오늘날 형사소송법 제17조에서도 법관이 피고인 또는 피해자의 친족·호주·가족인 경우(2호), 법관이 당해사건에 대한 증인·감정인이 되거나(동조 4호 전단), 사건에 관하여 검사 또는 사법경찰관의 직무를 행한 때(동조 6호) 직무집행에서 자동적으로 배제되도록 규정하고 있다. 조선조의 형사재판은 소추관과 재판관이 동일한 규문주의적 소송구조를 가지고 있었으므로 형사소추를 담당한 소추관이 동시에 재판관이 되는 경우로서 상기와 같은 상피제도의 남용은 어쩌면 제도의 허점이 바로 드러난 것이라 할 수 있다.

2. 검험제도

(1) 의 의

검험제도(檢驗制度)는 살인 등의 인명에 관한 범죄가 발생한 경우,

---

24) 『詞訟類聚』 相避 明宗 8년 受教.
25) 『受教輯錄』 刑典 聽理 918호.
26) 『詞訟類聚』 相避 明宗 9년의 受教; 受教輯錄 刑典 청리 921호.

관계관리가 시체가 있는 현장에 가서 시체를 검열하는 제도로서 오늘날 임검(臨檢) 또는 현장검증에 해당하는 제도이다.[27] 조선조에도 증거재판주의의 이념은 분명히 존재하였으며 살인과 같은 중대한 범죄가 발생한 경우 실체적 진실을 발견하기 위해서는 먼저 사건의 결정적 단서가 되는 사체를 시발점으로 수사가 전개되었고 이것을 제도화한 것이 이른바 검험제도인 것이다.

검험제도의 실질적 목적은 정확한 사인을 밝혀내는 것이었지만 단순히 사체의 상태를 검안하는 데 그치지 아니하고 시친·간증·우연·체린의 초사 등 기타 정황증거의 수집도 검험 시에 이루어졌다. 다시 말해서 조선조의 검험제도는 단순히 사체의 검안에서 벗어나 범죄사실의 원인이 되는 실인(實因)을 밝히기 위한 일체의 절차였던 것이다.[28]

검험의 중요성은 역대국왕이 수차에 걸쳐 하교로 강조하였다. 예컨대, 숙종 19년(1693)에는 受敎에 "殺獄에서 가장 중요한 것은 검험보다 더한 것이 없다. 하나라도 분명치 않은 점이 있으면 생사가 거기 달린 것인데 어찌 소상히 살피지 아니할 수 있겠는가? 간혹 지방의 수령 가운데 직접 조사하는 것이 싫어서 하리들을 시키니 이를 기화로 해서 부정을 저지르고 죄상을 증감하는 수가 있다. 옥사는 여기에 끌려서 심지어 수십 년씩이나 완결되지 못하여 수사(瘦死)(여위어 죽음)하는 경우도 있다. 여기서 억울한 일이 생기는 것이다. …… 당해 조(刑曹)로 하여금 각 도에 지위(知委)하여 지금부터는 당해 관원이 반드시 직접 검험을 행하되, 모두 무원록에 따라 실인을 밝히지 못하다든가 철저히 하지 못한다든가 하는 일이 없도록 하라"[29]라고 기록이 있다.

인조 6년(1628)에는 고성의 전 현령 이유종이 살인한 죄인 서무생이 도망을 하였기 때문에 그 죄를 면하고자 다른 시체로서 대신 검험을

---

27) 서일교, 『조선왕조 형사제도의 연구』(박영사, 1974), 375면.
28) 이창호, 『조선조 형사절차법에 관한 일고찰』(서울대 석사학위논문, 1982), 42면.
29) 『秋官志』 詳覆部 檢驗 檢驗雜式 숙종 19년.

하였다. 의금부는 계사(啓辭)에서 "무릇 살인한 죄인이 도망하였으면, 그 수령은 파직될 뿐이지만 파직의 처벌을 면하고자 타인의 분묘를 발굴하여 꺼내서 검험하였으니 당해율[30]로써 엄중히 처단할 것을 청합니다"[31] 하였다. 이에 인조가 윤허하였다.

이처럼 검험은 실제로 살옥사건에서 중대한 의미를 가진 것이었으므로 그 방법 및 절차 도한 매우 엄격하였다. 『경국대전』에는 검험에 관한 규정이 없으나 『명률』에서는 이미 그 형률 斷獄檢驗屍傷不以實條에서 검험의 적법한 수행을 하지 못한 경우에 대한 처벌규정이 있는 것으로 그 이전부터 검험제도가 실시된 것으로 보이며, 『속대전』에서는 「검험(檢驗)」이란 항목을 신설하여 그 절차 등을 규율하고 있다.

(2) 검험의 절차와 내용

위에서 살펴보았듯이 검험의 절차에 관해서는 경국대전에 규정이 없었고 속대전에 이르러 비로소 규정되기에 이르렀으나 보충법전인 수교집록에 검험에 관한 수교가 몇 가지 재록(載錄)되어 있다. 즉 수교집록에는 합혈검험에 관한 규정, 수령의 치사시의 영구불서용(永久不敍用), 삼검과 오검에 관한 수령의 직검(直檢)에 관한 규정이 있다. 이러한 산발적인 수교를 바탕으로 편찬 시에는 어느 정도 정비된 절차규정이 마련되었고 대전통편·대전회통에서는 더욱 완비되었음을 볼 수 있다.

이들 검험은 중형의 선고와 직결되므로 반드시 2회 이상 검험을 거쳐야 하고 초검과 복검의 양검관은 반드시 다른 사람이어야 하고 만약 초복검을 대조하여 보아 만약 의단(疑端)이나 상위가 있을 경우에는 삼검(三檢)을 하도록 하였다. 정조 3년(1779)의 기록에 의하면 포천현의 최효대의 옥사로 이룬 옥안(獄案)에서 영의정 상철이, 초검에서는

---

30) 『대명률』, 「형률」 도적편의 發塚조항으로, 그 형량은 교형임.
31) 『秋官志』 詳覆部 檢驗 檢驗雜式 인조 6년.

실인을 "먼저 병들고 나중에 구타당한 것"이라고 현록(懸錄)되어 있고, 복검에서는 "어쩔 수 없이 구타당하여 치사된 것"이라고 현록되어 있으며, 삼검에서는 "상처를 입어 치사된 것"이라고 현록되어 있었다. 이러한 검장(檢狀)은 모두 격식에 어긋나는 것이며, 검험의 사체(事體)를 중히 여기고, 후일의 폐단을 징계하는 의미에서 …… 그 고을의 검관 3인을 모두 장문(拿問)하여 처벌하고 당시의 관찰사를 파직하도록 하는 것이 어떠하겠습니까 하고 아뢰니 정조가 "윤허한다"고 전교하였다.[32]

검험의 개시는 시친이나 동임(同任) 등의 소지(所志)나 자활(自活)의 형식으로 발고가 있는 경우 경(京)에서는 형조의 지시에 의해 지체 없이 거행하며 이때 초검의 개시를 지시하는 문서가 초검감결(初檢甘結)이며 그 규식(規式)이 『추관지』에 나와 있다.[33]

초검은 경에서는 당상관이 율관·의관과 함께 한성부의 이예(吏隸)와 건작인(件作人)들을 인솔하고 정시처(停屍處)로 간다. 정시처에 도착하여 먼저 공초를 받은 뒤에 검시를 한다. 이때 공초는 먼저 시친에게 문초하고 다음에 정범(正犯)·유증(有證)·우연(于連) 및 오가장(五家長)을 문초하여 투홍위절(鬪鬨委折), 혐원(嫌怨)의 유무, 생시의 흉터, 기장(器仗)의 대소·습득여부를 하나하나 파악한다. 이렇게 하여 일차 공초가 끝난 후에 검시한다.[34]

검시의 방법은 근대의 과학적 검시방법에는 이르지 못하지만 당시의 과학수준으로서는 상당히 합리적이고 경험적인 방법이 사용되었으며, 구체적 방법은 『백헌총요(白憲總要)』에 일부가 나와 있으며 『무원록』에 상세한 지침이 나와 있다.[35] 예컨대 "시체를 검시할 때에는 먼저 시체의 형상과 시체가 있는 위치의 사지(동서남북의 사방)를 적은 뒤에

---

32) 『秋官志』 詳覆部 檢驗 檢驗雜式 정조 3년(1779).
33) 『秋官志』 詳覆部 檢驗 初檢甘結規式 참조.
34) 『審理錄』 권 1 應行格式.
35) 법제처, 『百憲總要』(법제자료 제108집), 284면 이하; 법제처, 『增補無冤錄』(법제자료 제78집 추관지(4) 부록) 참조.

시체를 마주 떠받혀 들어다가 평편하고 깨끗한 땅위에 내려놓고, 먼저 그 시체의 몸에 있는 의복을 머리에서부터 버선·신발에 이르기까지 하나하나 기록하고 몸에 딸린 행장도구가 있으면 또한 이름과 건수를 기록한다. …… 시체의 머리는 상해 입은 흔적이 없고 다만 낯에 푸른 점이 있거나 혹은 한쪽 가에 부스럼 같은 것이 많으면, 이것은 입·코를 물건으로 막거나 찜질하듯 싸서 죽였거나, 혹은 수건·포대 따위로 교살한 것이다. 흔적이 보이지 아니하면 다시 살펴보아서 이마 위에 살이 단단하여진 것이 있고, 혀끝에 깨물어 터진 흔적이 있거나 하고 대소변을 따로 다른 데 쌌으면 이것은 질식시켜 죽였거나 교살한 것이다. …… 억지로 죽임을 당한 시체는 입을 벌리고 눈은 똑바로 뜨며 목 위의 늑흔(勒痕)은 흑색이고 둘레의 원이 몇이 되고, 깊이와 넓이가 몇 분쯤 되며, 식기가 있고 이마가 낮게 숙여지며, 목의 흔적은 여러 겹으로 교착한다. 이러면 이것은 억지로 남에게 억지로 목 졸려 죽은 것이다. 죽은 뒤에 목 졸림을 당한 것은 늑흔에 피가 멍든 검은 흔적이 없고, 다만 흰 빛 뿐인 것이다. 생전에 물에 빠져 죽은 시체는 남자는 엎어져 있고, 여자는 반드시 누워있고 머리의 향도 위를 반드시 향한다. 두 손과 두 다리는 모두 앞을 향하며 입은 다물고 …… 배는 팽창하여 두드리면 소리가 나고, 두 다리 밑바닥의 쭈글쭈글한 흰 부분은 팽창하지 아니 한다"와 같이 상당히 상세하게 검험지침이 기재되어 있다.[36]

검시가 끝난 후에는 다시 공초를 받는다. 이를 경초(更招)라 하는데 그 절차와 방법은 초초(初招)의 경우와 같다. 이 경초의 결과가 초초와 일치하지 않을 때에는 일치할 때까지 삼·사초도 하고 대질도 해본다. 이렇게 취초가 끝나면 실인을 감안하여 현록(懸錄)하고 시장(屍帳)을 주첩지면(周貼紙面)으로 만들어 교회처(交會處)에다 자호를 쓰고 인(印)을 찍고 현록한 실인과 모반(某般)의 치사(致死)에 대한 것은 반

---

36) 좀 더 자세한 것은 서일교, 앞의 책, 376면 이하 참조.

행(伴行)씩 나누어 빙언에 대비한다. 검관의 의견과 논리를 구신(具伸)한 발사(跋辭)로 형조에 보고하고 한성부에 이첩하여 복검을 청한다.

복검은 형조의 지휘를 기다리지 아니하고 초검관이 직접 한성부에 이문(移文)한다. 그러면 한성부의 낭관이 형조의 해방집리(該房執吏)를 인솔하여 초검의 경우와 마찬가지로 행검하고 문안을 수정하여 한성부에 진정(進呈)한다. 한성부의 수석관원이 실인을 현록한 뒤에 형조에 이첩한다.37)

형조에서는 초·복검을 대조하여 만약 의단이나 상위가 있을 경우에는 초기(草記)로 국왕에게 계문(啓聞)한 뒤에 삼검함이 원칙이나 계하(啓下)를 기다려 거행할 경우 지체될 염려가 많으므로 일변은 초기하면서 일변은 거행한다. 삼검을 한 뒤에 초복검시에 성실하게 하지 못한 관원·율생·하리 등은 회추(會推)한 뒤에 처벌하게 하고 있다. 한편, 초복검장을 형조에서 심리하여 의단이 없으면 형조판서가 논리제사(論理題辭)함으로써 검험의 절차는 종료된다.

이상 검험의 절차를 통해서 엿볼 수 있는 것은 검험이라는 엄격한 요식절차를 통하여 실인, 즉 사인을 명확히 밝히고자 하는 것이며 이를 위하여 검험의 주요 내용도 검시와 우연·간증·시친·정범·체린 등의 초사를 받도록 한 것이다. 그런데 여기서 특기할 점은 각인의 초사를 받을 때에 일체의 고신(拷訊)을 금지하고 있다는 사실이다. 『추관지』, 「상복부」 계복 검험잡식(檢驗雜式) 금상(今上) 11년에 의하면 검험 시 공초를 받을 때에는 정범이라 하더라도 장(杖)을 치지 못한다고 강조하고 있다. 이것은 일체의 강압이나 위하 없는 자유로운 분위기 아래에서 임의성 있는 공술을 취초함으로써 보다 실체적 진실에 가까이 접근하고자 하는 목적이 있었음을 알 수 있다.38)

---

37) 『六典條例』, 「刑典」 掌隷司 檢驗.
38) 이창호, 앞의 논문, 47면.

3. 삼복제도

(1) 의의와 연혁

삼복제도(三覆制度)란 사죄의 혐의를 받고 있는 수인에 대하여 그 심리를 신중히 하기 위하여 초복·재복·삼복으로 심리하는 것을 말하며 이는 사죄의 혐의를 받고 있는 수인에게만 적용되므로 사수삼복(死囚三覆)이라 한다. 일반적으로 사수에 대해서는 회추(會推) 내지 동추(同推)의 절차를 거쳐 다시 차사원(差使員)이 고려하고 관찰사가 친문(親問)한 다음 형조에 올리면 형조에서는 의정부에 보고하고 나서 국왕에게 초복·재복·삼복으로 세 번이나 계문하게 되어 있으니 실로 놀라울 정도로 사수에 대하여 절차적 보장을 하고 있는 것이다.

이러한 삼복제도는 오늘날의 삼심제도와는 여러 가지 점에서 다르지만 그 취지에서는 공통된 점이 적지 않다. 오늘날 삼심제도가 서로 심급이 다른 지방법원, 고등법원(또는 지방법원 합의부), 대법원의 삼단계의 계단별 심리를 경유함으로써 재판의 공정을 기하기 위한 제도라고 한다면 삼복제도는 수령·관찰사·형조의 계층적 관료에 의해 사건의 수사·심리를 단계적으로 거친 사실에 대하여 국왕이 최종적으로 심리·재판함에 있어서 3회나 반복적으로 심리판단하게 하는 제도이다. 오늘날 항소심이 제1심에 대한 사후심이나 속심으로 이해되면서 복심의 성격이 약화되고 소송의 경제성이 중시되고 있지만 조선조의 삼복제도는 혹시 있을지 모르는 오판을 막기 위하여 철저히 복심으로 이해되었던 것이다. 사죄 이외의 경우에는 가장 중한 유죄(流罪)라 할지라도 언제든지 사면의 대상이 될 뿐만 아니라 재심의 사유가 발견되면 소원(訴冤) 등의 방법으로 회복이 가능하였다.

삼복제도의 기원은 중국에서는 당 이전까지 소급되는데 당태종 시에 이미 중앙에서는 오복진(五覆奏), 지방에서는 삼복진(三覆奏)의 법을 실시했다는 기록이 있고 조선왕조실록에서도 이러한 사실을 확인하고 있다.[39] 한편 『명률』에는 사수삼복에 해당하는 규정은 없으나, 「형률」 단옥 死囚覆奏待報條에서 "무릇 사수에 대하여 복진(覆奏)의 회답을 기다리지 아니하고 바로 형을 집행한 자는 장(杖) 80의 형에 처한다" 고 하여 사수삼복을 전제로 하고 있다.

이러한 연혁을 지닌 삼복제도가 조선조에서는 건국 초부터 시행되었음이 태조실록의 기록[40]을 통해서 알 수 있고, 이것이 경제육전에 재록되었고 나중에 경국대전에 규정되기에 이른 것이다.

(2) 삼복의 절차

『경국대전』, 「형전」 추단조에 「京外死罪 本曹報議政府詳覆 死罪三覆啓」라는 규정에 의하여 삼복을 하기 전에 형조에서 의정부에 보고하여 상복을 하도록 하고 있다. 이러한 사무는 형조의 상복사(詳覆司)에서 담당하였다.

『육전조례』에 나오는 상복에 관한 절차를 보면 "중앙 또는 지방의 사죄에 해당하는 수인에 대하여 사형으로 결단할 경우에는 3개월 이전에 상복하여야 한다. 일율(一律)에 해당하는 죄인이 지만(遲晩)을 봉입(捧入)한 경우에는 계하(啓下) 후에 제당상(諸堂郞)이 합좌하여 그 죄명에 관하여 문목(問目)을 발하고 결안과 근각을 봉상한 뒤에 계하를 기다려야 하며 이렇게 함으로써 상복의 의의가 있는 것이므로 다시 계하하여 원인과 더불어 조율하고 수본(手本)을 의정부에 보고하여야 한다. 의정부에서는 우의정이 개좌(開坐)하여 문안을 작성한 상황을 보고하고 이 보고된 바에 의하여 적용할 율을 초계(抄啓)하고 제송(題送)한 후에 계복(啓覆)을 거행한다"[41]고 하여 계복을 하기 전 상복에 관

---

39) 태조실록 원년 12월(2권 21목): "……古者大辟之罪必三覆奏五覆奏然後決之."
40) 태조실록 원년 12월 2권 21목.
41) 『六典條例』 刑典 詳覆司 詳覆大辟.

한 절차를 거치도록 하고 있다.

계복의 방식에 관해서는 『추관지』 제2편 상복부 계복 啓覆啓目規式 條에서 그 형식을 예시하고 있다. 계복의 시기에 관해서는 추분이 지난 후에 승전원에서 계품(啓稟)하여 9월·10월 중에 택일하여 거행하고 있는바, 이것은 부대시형(不待時刑)을 제외한 모든 사죄를 추분 이후, 입춘 이전에 집행하도록 한 것과 맥락을 같이 한다.

삼복의 절차는 전율통보에 의하면 초복과 삼복은 전좌한 가운데 현임과 원임대신, 의정부의 서벽(西壁), 육조 및 경조(京兆)의 장관이 참여한 가운데 거행하며 장관이 유고하면 차당(次堂)이 참여한다. 원칙적으로는 형조의 3당상이 다 참여해야 하나 참여하지 않을 수도 있다. 재복의 경우에는 제상사와 의빈삼사(儀賓三司)가 참여한 가운데 형조에서 거행하도록 하고 있다.[42] 이 밖에 상세한 조항은 『육전조례』와 『추관지』에 나와 있는데, 『육전조례』에 의하면 "초복과 삼복은 입시로 하며 왕이 전좌하는 처소는 승정원에서 취품(取稟)한다. 응참할 관원은 동서반의 차례에 있어서 가자(加資)와 차례의 순서대로 예방승지가 도면을 그려 입계한다. 현임대신, 육방승지, 형조의 참판, 참의 등이 각각 죄인의 문안 1건씩을 가지고 입시하여 논단하되 의단이 없는 경우에는 즉일로 처분하고 의단이 있는 경우에는 재복일을 기다려 다시 입계한다"[43]고 되어 있다.

한편 사죄에 대한 계복은 반드시 국왕 자신이 참여한 가운데 행해져야 한다. 연산군은 한때 삼복의 권한을 스스로 행사하지 않고 승지 등에 위임하려 했으나 뜻을 이루지 못한 적이 있다.[44]

---

42) 『典律通補』 刑典 推斷.
43) 『六典條例』 刑典 詳覆司 詳覆大辟.
44) 연산군일기 3년 6월 乙酉.

(3) 삼복의 적용범위

삼복은 사수에 대해서만 적용되었다는 데 의문이 없지만, 의금부에서 처리하는 죄인과 부대시형(不待時刑)에 처하는 죄인의 경우 의문이 제기된다.

의금부죄인에 대하여 『증보문헌비고』에는 "義禁府啓　官人盜御庫財 律當斬　上從之　知(司諫)高若海曰　殺人不可輕　古之聖人雖左右諸大夫國人皆曰可殺必審其可殺而後殺之　後世中主以一時私怨藉此爲口實　便下詔獄輕行誅戮非所以示法也　上嘉納之　命立義禁府三覆之法"[45]이라 되어 있다. 여기서는 의금부의 사수에 대해서는 삼복법이 적용되지 않았으나 이후에는 의금부에서도 삼복법을 시행할 것을 명하고 있으며, 동일한 내용이 추관지의 기록에도 있는 것을 보면[46] 그 이후 의금부삼복지법이 시행되어왔음을 알 수 있다.

다음 부대시수(不待時囚)와 삼복제도와의 관계가 문제된다. 부대시수, 예컨대 강도에 관하여 세조 원년의 기록[47] 중에는 영의정 정인지가 강도의 창궐을 방지하기 위하여 일시적으로 강도에 한해서 삼복지법을 제한할 것을 건의한 데 대하여 "삼복지법은 구생도(求生道)요 대시지법은 천시를 따르는 것이라" 하여 불허하였음을 볼 때 삼복제도는 부대시수의 경우에도 적용되었음이 분명하다. 그러나 의정부서사법이 폐지된 이후 한때 삼복지법이 시행되지 않은 적이 있었음을 수교정례 제36항에서 찾아볼 수 있다.[48] 그러나 이후 정조 2년에 다시 수교가 내려

---

45) 『增補文獻備考』 권 133 刑考七 世宗元年.
46) 『秋官志』 詳覆部 啓覆 啓覆啓目規式 世宗元年. 궁녀가 어고의 재물을 훔친 것에 대해 법률로 참한 것에 대하여 (知司諫院事) 高若海가 "사람을 죽이는 것은 가벼이 할 수 없는 일이니, 무릇 사형수는 반드시 삼복을 해야 합니다. 지금 궁인이 재물을 훔친 데 대하여, 이를 覆奏하지 아니하고 下吏가 참한 것은 후세에 보일 법이 아닙니다"라고 간하여 임금이 이를 받아들이고 의금부에 삼복의 법을 제정하도록 명하였다.
47) 『增補文獻備考』 권 133 刑考七 詳讞 世祖元年.
48) 법제처, 『수교정례』(법제자료 제38집), 35-37면.

부대시수의 경우에도 삼복을 시행하고 적용할 것을 정례로 규정하였음을 알 수 있다.

　이러한 조선조의 사례는 소송의 촉진을 위해 집중심리제도(특정강력범죄처벌에 관한 법률 제10조)와 간이공판절차, 약식절차를 확대하는 오늘날의 경제성 지향의 소송정책과 비교할 때 많은 교훈을 준다. 신속한 재판의 원칙을 도모하더라도 그 취지는 어디까지나 피고인보호에 있는 것이지 피고인보호를 위한 적정절차를 무너뜨리면서까지 재판을 신속화 하는 데 있는 것이 아님을 오늘의 입법자들은 유념해야 할 것이다.

4. 소원제도

(1) 소원제도의 의의와 조선의 심급제도

　소원(訴冤)이란 억울한 일을 소고(訴告)하는 것을 말하는데 오늘날 형사소송법의 용어로는 상소, 고소(고발), 항고뿐만 아니라 재심에도 해당하는 개념이며, 행정법적인 측면에서는 소원·청원에 해당하는 개념이라고 생각된다.[49]

　조선조 소원제도의 본질적 측면은 위법부당한 판결에 대하여 상급재판기관에 불복을 신청하는 상소제도라는 점이다. 경국대전에 있는 소원에 관한 규정을 보면 "訴冤抑者　京則呈主掌官外則呈觀察使　猶有冤抑告司憲府　又有冤抑則擊申聞鼓"라고 하여 차상급 재판기관에 대한 상소의 의미로 사용하고 있다.

　이러한 소원제도는 민사소송, 즉 사송에서 적용되었던 경소(更訴)제도와 구별되어야 할 것인데 경소제도는 재판을 심판한 관리가 체천(遞遷)(면관·휴직·전관 등)되는 것을 기다렸다가 신임관리가 착임하면 그 2년 이내에 재소할 수 있는 제도였는바, 당시 민사소송과 형사소송

---

49) 서일교, 앞의 책, 401면.

이 엄격히 분화되지 않았던 점을 감안하면 형사재판과도 관련이 있는 제도이다.50)

한편, 명률에 나오는 소원제도와 유사한 규정을 살펴보면 『명률』, 「형률」 斷獄 獄囚取服弁條에서 비교적 중죄에 해당하는 도(徒)·유(流)·사죄(死罪)를 선고함에는 수인 본인과 그 가속이 일좌에 합석한 가운데 선고하게 하고 이때 수인이 그 판결에 대하여 불복하는 문장(文狀)이 제출되면 다시금 상세히 심리할 것을 규정하고 있는바, 이것은 동일한 심급기관에 의한 재심의 일종이라 할 수 있다. 또한 명률에는 유사결수조(有司決囚條)에 범인이 처음에 공술한 바를 번복하고 또 그 가속이 원억(冤抑)을 호소하는 때에는 이를 즉시 추문(推問)하고 사실이 위왕(違枉)한 것으로 확인되면 그 추문관원 및 심문관리의 처사를 전체적으로 구명하여 시정케 하고, 또 기록을 심리하여 보아 의심되는 점이 없음에도 불구하고 고의로 그 판결을 지연시키는 자와 원억을 소고한 것이 명백함에도 재심치 않는 자를 일정한 형벌에 처함으로써 재심제도의 정상적 적용을 보장하고 있다.

경소나 명률의 재심규정은 원심재판기관 자체에 의해서 행해진 반복심리라는 한계를 가지고 있기 때문에 조선은 건국 초부터 경국대전에서 소원에 관한 규정을 재정비하여 우리 실정에 맞는 제도로 확립시켜 나갔다. 우선 『경국대전』, 「형전」 推斷條에는 "本曹·開城府·觀察使 流以下直斷 各(衙門)笞以下直斷 …… 死罪三覆啓"라는 규정함으로써 경에서는 각 아문, 지방에서는 제 수령에게 태 이하의 범죄에 대하여 직단할 수 있는 권한을 부여하였으며, 중앙의 형조와 지방의 제도관찰사 및 개성부·강화부·수원부·광주부에서는 장죄 이상, 유죄 이하의 범죄에 대한 직단권을 가졌으며51) 사죄의 경우에는 일체의 예외 없이 국

---

50) 이창호, 앞의 논문, 57면.
51) 개성부·강화부 등이 관찰사와 동일한 심급관할을 가졌던 이유는 이들 제부의
    수령인 留守가 정이품의 관직으로 각 도 관찰사와 동격이며, 각 도에서와 마찬

왕에게 그 재판권이 귀속되었던 것이다.

이러한 조선의 심급제도와 소원과의 관계를 살펴보면 특이한 점이 발견되는데 그것은 앞의『경국대전』訴冤條의「訴冤抑者 京則呈主掌官 外則呈觀察使 猶有冤抑告司憲府 又有冤抑則擊申聞鼓」라는 규정에서 알 수 있듯이 심급 중에 형사재판이라고 볼 수 없는 사헌부에의 소고가 포함되어 있다는 것이다. 이것은 당시에 형사재판이 행정처분의 성격도 아울러 가지고 있었기 때문에 그러한 처분이 위법부당한 경우에 백관을 규찰하고 시정을 논의하며 풍속을 교정하고 원억지사(冤抑之事)를 상신하고 남위(濫僞)를 금지하는 등의 일을 관장했던 사헌부에 대한 소고가 당연한 절차였던 것이다. 이렇게 사헌부에의 소고를 인정함으로써 조선조의 재판제도는 사심제도가 되는 것이다.

이상 조선조 형사재판의 심급을 정리하여 보면, 중앙에서의 형사재판의 심급은 각 아문→형조 또는 의금부→사헌부→국왕의 사심제가 되고 지방에서는 수령→관찰사→사헌부→국왕의 사심제가 되는 것이다.

(2) 소원의 절차

조선조에서 소원의 방법은 문서뿐만 아니라 구두에 의해서도 가능했으며 문서에 의한 방법이 일반적이었다고 생각된다.

문서에 의해 소원을 제기하는 경우 그 정소장(呈訴狀)의 형식은 민원에 관한 일반문서의 형식인 소지(所志), 등장(等狀), 단자(單子), 원정(原情), 상서(上書), 의송(議送) 등의 형식이 있었다.[52]

소원의 절차에 관해서는 일반적인 규정으로『명률』월소조(越所條)에 "무릇 소송을 할 때에는 반드시 하급관사로부터 상급관사로 순서를

가지로 이들 제부에 형률을 전담하는 檢律이 있었기 때문이라고 보인다(이창호, 앞의 논문, 60면).

52) 所志 등의 문서형식에 관해서는 최승희,『한국고문서연구』(한국정신문화연구원, 1981), 241-265면 참조.

따라 제소하여야 하며 만일 소속된 본관관사를 거치지 아니하고 순서를 뛰어넘어 바로 상급관사에 제소한 자는 태 50의 형에 처한다"고 하고 있을 뿐만 아니라 동조 제2항 후단에서는 "소속관이 정소장을 접수하지 아니하여 상관에게 진고(陳告)하면 그 관원은 모두 논죄한다"53)고 되어 있고 고장불수리조(告狀不受理條)에서는 "…… 이미 소소관사를 경유하여 소고한 것을 접수처리 하지 않은 것과 소고공사(訴告公事)를 이미 처결하였으나 오결(誤決)이 있어서 원왕(冤枉)하다고 소고하는 것은 각 관사의 관원을 즉시 환문한다. 만약 구실을 만들어 수리하지 아니하거나 타관에 전위(專委)하거나 또는 처음에 담당하였던 그 관사에 환송하여 추문하게 한 자는 고장불수리율에 의거 논죄한다……"고 규정되어 있는바, 이상의 규정들을 종합하여 보면 명률에서는 소원의 제기는 원심재판기관을 경유하였던 것이 명백하나 조선에서는 전술한 소원조의 규정으로 보아 명률과 달리 차상급 재판기관에 직접 제소하였다는 것을 알 수 있다.

(3) 격고(擊鼓)와 격쟁(擊錚)

사헌부에의 소고에 의해서도 소기의 목적으로 달성하지 못하고 원억한 사정이 해결되지 않을 경우에는 국왕에 대해 직접 상소하는 방법이 있었는데 이것이 신문고등문(申聞鼓登聞)과 격쟁(擊錚)이다.

신문고가 처음 설치된 것은 태종 원년 7월이며 그 설치동기는 "……신문고를 치게 함으로써 관리들이 백성의 소송을 처결함에 있어서 그 결과가 상총(上聰)에 들리게 됨을 두려워하여 진심으로 정찰(精察)하게 되고 백성들이 그 복을 받게 되는 것이니 ……"54)라고 한 기록 등에 미루어 보건대 일면으로는 시정의 득실을 살피고 원억미신자(冤抑

---

53) 이 규정은 명률의 원문에는 없으나 『대명률직해』에서 추가된 부분이다.
54) 태종실록 원년 11월 庚子.

未伸者)로 하여금 소원의 길을 열어주면서 타면으로는 모든 원억이 국왕에게 직소될 수 있다는 것을 관리들에게 알림으로써 불공정한 재판을 미연에 방지하는 예방책으로서의 역할을 기대했던 것으로 보인다. 이러한 신문고제도는 형옥에 관하여 실제로 많이 활용되었던 것을 기록을 통해서 알 수 있는바, 태종실록에 기록된 총 35건의 격고사건 중 8건이 형옥관계사건인데 모두 일정한 조치를 취하였음을 알 수 있다.[55]

이후 신문고는 세조 때 일시 폐지되었다가 성종 2년에 부활하였고,[56] 그 후 존속되어 오다가 『속대전』에 의하여 일시 폐지되었고,[57] 그 후 영조 47년에 다시 부활하는 등[58] 우여곡절을 겪었다.

이러한 소원제도의 변천 과정은 태종조에 설치되었던 신문고가 특정 신분·특정지역에 한정되어 민의상달의 기능을 제대로 수행하지 못했던 데에 기인한다. 즉, 신문고제도의 한계를 극복하기 위해 상언·격쟁이란 방법이 새로 대두하였고, 이에 따라 상언·격쟁의 허용범위도 16세기의 사건사(四件事)(형육급신(刑戮及身)), 부자분간(父子分揀), 적첩분간(嫡妾分揀), 양천분간(良賤分揀)에서 숙종 대인 18세기 초에 이르러 자손이 부조(父祖)를 위한 일(子孫爲父祖), 부인이 남편을 위한 일(妻爲夫), 동생이 형을 위한 일(弟爲兄), 노가 상전을 위한 일(奴爲主) 등 새로운 신사건사가 확립되었다. 이러한 신사건사는 소원의 주체를 확대시켰다는 점에서 중요한 의미를 지니며, 자기 원억에 한해 소원할 수 있도록 한 경국대전의 규정과 달리 강상의 관계에 있는 이들이 대리로 신소(申訴)할 수 있도록 허락한 것이다. 이러한 신사건사의 확립으로 상언·격쟁이 격화되었고 영조 대에는 상언·격쟁의 남발과 비사건사의 범람을 통어할 목적으로 복설(復設)되기에 이른다.[59] 즉 정조는

---

55) 이창호, 앞의 논문, 65면.
56) 성종실록 2년 12월 壬午.
57) 『續大典』 刑典 訴冤 "申聞鼓 今無之 訴冤者 許擊金于差備門外, 謂之 擊錚."
58) 『增補文獻備考』 권 128 刑考二.
59) 이에 대한 상세한 분석은 한상권, 『조선 후기 사회문제와 소원제도의 발달: 정

상언·격쟁의 남발에 대항 '위외격쟁(衛外擊錚)'을 허용하고, 비사건사의 범람에 대하여 '민은(民隱)에 대한 상언·격쟁을 허용'하는 조치를 취함으로써 전향적 해결을 시도하였다.

상언과 격쟁은 국왕에 직소하는 합법적 청원수단이란 점에서 공통점도 있었지만, 상언은 호소하는 방식이 문자로 서납하는 것이어서 주로 문자에 익숙한 상층민들이 선호하였으며 그 내용도 청원적인 성격이 강한 반면, 격쟁의 경우에는 형조가 격쟁인을 집착(執捉)한 후 구전으로 취초하였으므로 문자에 익숙하지 못한 기층민도 참여할 수 있었다.

당시 民隱(백성의 괴로움)에 관한 주요 내용을 보면 부세수탈(賦稅收奪)·상공업이익의 침탈·토지침탈·壓良爲賤·남형탐장(濫刑貪贓)의 순인데, 이것은 조선 후기 민중들의 권리의식이 상당하였으며, 이들이 자신들의 사회·경제적인 이익을 자각하고 이를 군현단위를 넘어 중앙에 직접 호소하여 해결하려는 능동성이 있었음을 보여준다.

이러한 조선 후기 기층민들의 의식은 근대적인 민권의식의 맹아적 형태였다고 생각되며, 국왕을 비롯한 지배층은 어사파견을 통한 수령비리에 대한 감찰과 통제를 강화함으로써 대응하였던 것으로 파악된다.[60]

Ⅳ. 조선조의 형사절차규범과 현대적
형사절차규범의 연속성

막스 베버는 근대법의 핵심을 그 형식적 합리성에서 찾았던바, 이것은 곧 추상적·형식적 법규범의 제정과 이를 통한 공평무사한 법의 적

조 대 상언·격쟁의 분석을 중심으로』(서울대 박사학위논문, 1993) 참조.
60) 자세한 것은 한상권, 앞의 논문, 264면 이하 참조.

용이 가능하다는 믿음에 근거한다. 따라서 서구법학자 들 뿐만 아니라 1960년대와 1970년대 전통사회에 관하여 비교적 많은 연구업적을 낸 함병춘과 같은 한국의 법학자도 한국의 전통사회를 비법적이라고 특징 지은 후 "우리의 정치적·법적 전통 가운데 우리의 현대적 정치생활에 긍정적으로 기여할 수 있는 것은 아무 것도 없다"[61]고 단정하였으며 이후의 많은 학자들도 이에 동조하고 있는 듯하다. 그러나 서구인들의 이러한 아시아법관은 동양적 전제주의(oriental despotism)론을 전제로 한 것으로 군주의 자의에 의한 지배와 통치가 이루어지는 정치경제적 풍토를 총체적으로 가리키는 서구인들의 용어법에 영향 받은 것이다. 다시 말해서, 막스 베버는 동양적 전제주의론을 더욱 발전시켜 아시아 의 법체계를 '실체적 비합리성'을 추구하는 법체계라고 규정하였으며, 이를 받아들인 함병춘 역시 한국인의 정의관은 철저히 '실질지향적이고 비합리적'이며, 이것을 서구 자본주의사회에서의 형식적 합리성과 정반 대되는 것이라고 보았다.[62]

하지만, 이러한 동양적 전제주의론의 허구성 내지 비논리성은 이미 학계에서 거의 극복된 것으로서,[63] 한국의 전통법이 베버적 맥락에서 비합리적이었다고 일률적으로 이야기하는 것은 대단히 위험한 것이며 자신의 전통법에 대한 지식이 피상적임을 반증하는 것에 지나지 않는 다. 서양 법학자인 윌리엄 쇼도 지적했듯이 "한국의 전통법이 한국법이 단편적이고 즉자적인 면이 많았고, 법이 공동체와 다수의사에 의하여 정립되는 것이 아니라 일인의 왕에 의하여 정립되고 그 권위가 왕의 인격에 기초한다는 것이 비합리적 요소로 지적될 수 있으나, 즉자적

---

61) 양건, 「한국에서의 법과 사회연구」, 『법과 사회』 창간호 (법과사회이론연구회, 1989), 75면; Hahm, Pyong-choon, *The Korean Political Tradition and Law*, (Hollym, 1967), pp.83-84.
62) 양건, 앞의 글, 71면; 심희기, 「현행법제에서 전통 법제의 수용과 그 과제」, 『법제연구』 제3호 (한국법제연구원, 1992), 107면.
63) 자세한 것은 심희기, 앞의 글, 108-113면 참조.

(ad-hoc)인 입법이 법의 전부가 아니었으며 즉자적 법상태에서도 가능한 한 법적 안정성을 확보하려고 노력하였고 왕법이라는 용어가 함축하고 있는 이데올로기의 의미는 국왕 자신과 그 관료의 자의를 배제하려는 데 있으며, 왕이 1차적인 입법자이기는 하나 유일한 입법자가 아니었고(예컨대 사목(事目)과 절목(節目), 왕도 법에 구속되었다"[64]는 지적을 한다.

이상과 같은 조선조 형사절차연구는 일종의 법사학적 연구라 할 수 있을 것인바, 이러한 법사학연구의 목적은 일종의 역사적 교훈을 찾는 작업에 그치는 것이 아니라 근대 이후 법인식과도 매우 밀접한 관련을 갖는다. 즉, 한국사회는 구한말 이후 자주적 근대화에 성공하지 못하고 서구열강과 일본제국주의에 의하여 타율적 근대화가 강제되어 전통법이나 제도에서는 오늘날 되살릴 것이 없다는 인식의 극복이 이러한 법사학연구의 목적이 아닌가 한다. 그리고 이러한 인식의 타파야말로 우리가 향후에 주체적인 법학연구방법론의 정립하는 데 있어 가장 우선되는 과제가 될 것이다.

조선조의 소유권을 비롯한 사법 분야의 법사학연구에서는 조선조의 토지소유권에 관한 연구가 박병호 교수를 선구자로 하여 상당히 진척되어 있다. 박 교수는 사적 소유권의식과 소유권 침탈 시 이를 회복하려는 조선민중들의 권리의식이 강렬하여, 서구의 근대법 도입 이후에도 서구의 사적 소유제도와 법제도가 크게 낯선 것이 아니었을 것이라고 진단하고 있다. 그러나 아직도 형사사법 분야에서는 조선조의 형사제도가 전근대적이고 규문주의적 형사절차의 대명사인 양 언급되고 있는 실정이다. 이러한 진단은 그동안 서구법의 개념에 익숙한 우리에게는 틀리지 않은 것이라고 할 수도 있다.

---

64) Shaw, William, *Legal Norms in a Confucian State*(Institute of East Asian Studies, University of California Berkely, Center for Korean Studies, 1981), pp.32-38: 심희기, 앞의 글, 114면.

예컨대, 함병춘 교수는 서구 형사소송법의 '무죄추정 원칙'과 달리 우리 전통법에서는 '유죄추정 원칙'이 지배했었다고 지적한다. 범죄인으로 수사 받는 사람은 무죄로 증명될 때까지는 유죄였으며, '아니 땐 굴뚝에 연기 날까'라는 속담에서 알 수 있듯이 수사를 받게 된 사람은 뭔가 잘못이 있음에 틀림없다는 것이다. 공자는 배 밭에서 갓 끈을 고치지 말며 참외밭에서 신발 끈을 조이지 말라고 가르쳤다. 서구로부터 근대적 형사소송법을 도입한 지 일 세기가 흐른 지금에도 이와 같은 전통적 사고방식은 사라지지 않고 있으며, 범죄피의자에게 구속이 원칙이고 보석이 좀처럼 허용되지 않은 이유도 모두 이러한 전통적 법사상에 연원하는 것일지 모른다. 그러나 전통법을 이런 식으로 파악하는 것은 핵심을 외면하고 주변적 결과만을 강조한 것이다. 전통사회에서 논의의 중점은 유죄추정이나 무죄추정이냐 하는 점에 있었던 것이 아니라 오해를 받을 가능성과 법익침해의 가능성을 사전에 제거해야 한다는 예방적 관점에 있었던 것이다.[65]

여기서 우리는 유교적 사법모델이나 정치모델이 기초하고 있는 인간관이나 관료관의 차이에 주목하고자 한다. 즉 유교적 사법모델은 서구법과 같이 불변의 규칙에 의한 관료적·조직적 행정이 아니라 유교적 교양을 익힌 학자들의 가부장제적 행정이다.[66] 따라서 법의 제정은 원리적으로 억제되었고 불가피한 경우에만 행하여졌으며, 법이나 규범에 의한 통제보다는 현명한 국왕이나 관리에 의한 통제를 신뢰하였다고 할 수 있다. 이 점에서 근대적 법치주의가 싹트지 못한 한계가 있었던 것은 사실이다. 그러나 서구식 법치주의의 궁극적 목적도 법에 의한 기본적 인권의 보장에 있음을 염두에 둔다면, 조선조의 사법모델의 궁극적 이념인 흠휼(欽恤)정신도 서구의 사법모델의 그것과 결코 다르지

---

65) 심희기, 앞의 글, 121면 참조.
66) 심희기, 앞의 글, 115면 참조.

않았음을 지적하고 싶다.

　기본적으로 조선조의 형사절차는 오늘날과 같이 피고인을 소송의 당사자나 주체로 설정하지 않고 단순히 수사의 재판의 객체로만 인정하였다는 점에서 규문주의적 형사절차의 한계를 벗어날 수 없었다. 따라서 피의자나 피고인에게 진술거부권을 인정하지 않았고, 증거방법으로서의 지위만을 인정하였다. 하지만, 이상과 같은 기본적 한계에도 불구하고 검험제도, 공초의 원칙(구두심리주의), 대질제도, 전문증거의 증거능력의 제한처럼 오늘날의 증거법의 규정내용과 맥락을 같이 하는 제규정 및 제도가 있었음을 알 수 있었다. 특히 사죄에 해당하는 죄수에 대하여 심리를 신중히 기하고자 반복적으로 심리하는 제도로서 삼복제도야말로 당시의 형사절차의 이념인 흠휼정신이 가장 분명히 반영된 것임을 알 수 있다. 이 밖에 조선 후기에 활발해진 상언·격쟁 등의 소원제도의 활성화를 통해서 근대적 민권의식의 맹아적 형태를 엿볼 수 있었으며, 이것이 오늘날 각종 고소·고발의 격증현상과 무관하지 않을 것으로 생각된다.

V. 맺음말

　이상에서 우리는 조선조에서 증거재판주의와 공정한 재판을 구현하기 위해 운용되었던 상피, 검험, 삼복, 소원 등의 제반 형사법제도를 살펴보았다. 이를 통해서, 현행 형사소송법과 같이 체계화되고 세밀한 법규정이라고 볼 수는 없지만 조선조에서도 오늘날과 같은 증거재판주의나 재판의 공정성이란 가치가 당시로서는 상당히 정비된 형태로 추구되고 있었음을 알 수 있었다.

이러한 전통법규범은 현대의 한국사회의 실정법전에서는 거의 사라졌지만 전통적인 법개념과 법의식은 현대 한국인의 생활과 의식 속에 용해되어 은폐된 채로 움직이고 있으며, 쉽게 사라지지는 않을 것으로 보인다. 예컨대, 현재의 형사사법에 있어서도 유교적 형사사법모델의 영향력은 지속되고 있는 것으로 보인다. 서문에서 언급한 예들 이외에도 형사사법의 최우선 목표로서 도의적 책임에 입각한 응보형주의를 취하고 형사절차의 진행 도중 피의자를 형사절차로부터 배제시킬 것인가 여부를 심사할 때 자백여부와 행위자의 인격적 악성의 발현여부 (이른바 원심정죄(原心定罪))를 중시하는 사고방식이 그것이다. 즉 검사들이 피의자들에 대하여 기소유예처분을 할 때 참작한 사유들 중 가장 많은 빈도를 차지하는 것이 피의자의 자백여부이며, 그 다음이 인격적 악성의 발현여부를 나타내는 초범여부, 동종죄질의 전과유무, 범죄의 우발성 여부 등이다.67) 즉 우리의 형사사법관계자들은 행위자가 자신의 죄를 시인(자백)하고 뉘우침(인격적 악성의 소멸 또는 부존재)으로써 다시는 그러한 죄를 짓지 않겠다고 하고 재범의 가능성이 보이지 않을 때에는 비교적 중대한 죄일지라도 기소유예 등의 관대한 처분을 내리는 경향이 있다. 한편 기소 이후 형사재판 과정, 양형 과정에서도 피고인의 자백여부와 뉘우침여부는 제일 중요한 책임요소이자 양형요소로 기능한다. 즉 우리 법원은 같은 피고인의 자백이라도 피고인으로 진정으로 범죄사실을 후회하고 양심의 가책을 받아 자백하는 것과 범죄사실에 대한 충분한 증거가 확보되어 있어 부인하는 것이 무의미하여 어쩔 수 없이 한 자백을 구별하고 있다.68) 따라서 헌법과 형사소송법에 의하여 피고인에게는 자기거부권 등이 인정되지만 실무에서 이러한 권리가 제대로 보장받지 못하고 있으며, 진술거부권을 행사하는 피의자는 오히려 괘씸죄가

---

67) 이재상/박미숙, 『검사의 기소재량에 관한 연구』(한국형사정책연구원, 1993), 84
   면 참조.
68) 법원행정처, 『양형실무』(법무자료, 1999), 86-87면.

추가로 적용되어 양형상 불이익을 받고 있는 것이 한국형사사법의 부인할 수 없는 현실이라 할 것이다. 앞으로 우리 형사소송법을 비롯한 형사절차법의 개정방향을 모색할 때 이러한 요소들을 적절히 고려함으로써 좀 더 한국적인 형사사법모델에 다가갈 수 있을 것이라고 생각된다.

참고문헌

『經國大典』.

『古法典用語集』.

『唐律疏議(名例編, 衛禁編)』.

『大典通編』.

『大典會通』.

『續大典』.

『受敎輯錄』.

『典錄通考』.

『朝鮮王朝實錄』.

『秋官志』.

『欽欽新書』.

법원행정처, 『양형실무』, 1999.

배종대/이상돈, 『형사소송법(제5판)』, 홍문사, 2004.

서일교, 『조선왕조 형사제도의 연구』, 박영사, 1974.

심희기, 「한국문화와 형사사법제도: 신유교적 형사사법제도의 공과와 그 장래에 대한 전망」, 『형사정책연구』 제7권 제4호, 한국형사정책연구원, 1996.

＿＿＿＿, 『조선 후기 형사제도운영에 대한 일고찰』, 서울대 석사학위논문, 1980.

368

______, 「현행법제에서 전통 법제의 수용과 그 과제」, 『법제연구』 제3호, 한국법
　　　제연구원, 1992.

양　건, 「한국에서의 법과사회연구」, 『법과 사회』 창간호 (법과사회이론연구회,
　　　1989).

윤국일, 『신편 경국대전』, 신서원, 1998.

이승환, 『유가사상의 사회철학적 재조명』, 고려대학교 출판부, 1999.

이재상/박미숙, 『검사의 기소재량에 관한 연구』, 한국형사정책연구원, 1993.

이창호, 『조선조 형사절차법에 관한 일고찰』, 서울대 석사학위논문, 1982.

최승희, 『한국고문서연구』, 한국정신문화연구원, 1981.

한상권, 『조선 후기 사회문제와 소원제도의 발달: 정조 대 상언·격쟁의 분석을
　　　중심으로』, 서울대 박사학위논문, 1993.

한국역사연구회, 『신보 수교집록』, 청년사, 2001.

Hahm, Pyong-choon, *The Korean Political Tradition and Law*, Hollym, 1967.

Shaw, William, *Legal Norms in a Confucian State*, Institute of East Asian
　　　Studies, University of California Berkely, Center for Korean Studies,
　　　1981.

조선시대 형벌제도 및 형집행에 관한 연구

정 희 철

Ⅰ. 머리말

　현행 우리 법률은 일본 식민지지배를 통해 이식된 서구 법체계를 근간으로 하는 법제로 전통법과는 단절된 구조를 지니고 있다. 다시 말해 내재적 법발전의 과정의 하나인 계수(繼受)(Rezeption)가 아닌 강제적 이식 과정(Implementation)을 거쳐 정착된 법제도의 특색을 띠고 있다. 그럼 우리 역사상 법전의 계수는 없었을까.

　고려 말 이래 형벌집행과 적용에 혹형(酷刑)이 난무하고 형벌의 경중의 차이가 심하여 조선건국 초기부터 형률의 정비는 최우선의 과제로 대두된다. 이 당시 『대명률(大明律)』은 조선의 양반관료사회가 집권체제를 확립하여 본격적인 법전착수작업에 착수하기도 전에 이미 조선의 법전으로 포괄적으로 계수되어 일반적으로 통용되었다. 대명률은 우리 역사상 법전 자체가 계수된 최초의 사례라 볼 수 있을 것이다. 그 이후 대명률을 일반 관리들이 쉽게 이해하도록 풀어쓴 것을 보통 『대명률직해(大明律直解)』라고 부르게 된다. 더군다나 대명률직해는 우리 실정에 맞도록 원문에 증감취사한 부분이 적지 않게 존재하여 조선시대에 이르러 법계수가 실제로 일어났음을 보여주고 있다. 우리나라 최초의 완비된 성문법전인 『경국대전』은 「刑典」 첫머리에서 "用大明律"이라고 규정하고 있지만 실무적으로 『대명률직해』가 배포되었으므로 대명률직해가 『경국대전』의 근간을 형성하고 있다고 보아도 무방하겠다. 다만 경국대전의 형전에서는 대명률에 대한 특별규정을 두고 있었다.

　조선조 시기 여러 법전 편찬작업을 거쳐 형법의 발전 과정이 전개되고, 조선 말기에 이르러 갑오개혁을 분수령으로 전통사회에서 근대사회로 전환하는 과정을 겪게 되면서 행형 분야 역시 많은 변화를 겪게 된다. 그러나 1905년 일본의 식민지 지배가 시작되면서 자주적 행형근대화 노력이 좌절되고 식민지 행형이 시작되면서 전통적 형법과는 단절의 길을 걷게 된다. 더군다나 일제 감옥은 식민통치를 위한 수단으로 권위주의와 엄형주의에 근거하여 응보와 위하, 구금과 격리가 우선되는 행형의 악화일로를 겪게 된다.

현행 우리 행형법은 1950년 3월 법률 제105호로 제정, 공포된 법률을 기초로 한 7차 개정 법률이지만, 근대 행형이 1912년 제정된 『조선감옥령』을 그대로 의용하고 서구 선진국의 행형제도를 미 군정청이 일부 도입한 왜곡과 단절의 역사를 걸었다는 점을 고려해본다면 조선이 자주적으로 걸어왔던 전통 법제의 계수 및 발전 과정과 그 체계를 객관적으로 정확히 기술해내고 평가하는 것이 중요하다는 점은 말할 나위가 없을 것이다. 이러한 작업은 왜곡된 이식 과정을 거쳐 지금까지도 뿌리 깊게 남아있는 행형이데올로기를 비판적으로 극복하여 새로운 제도적 기반을 만드는 출발점이 될 것이라고 생각한다.

서구 행형제도의 발전사[1]를 보아도 그러하듯이, 조선시대의 대표적 법전인 경국대전에는 환형기준, 수금(囚禁),[2] 금형일(禁刑日)에 관한 규정을 제외한다면, 오늘날의 자유박탈을 수반하는 형사제재조치의 집행을 의미하는 행형(Strafvollzug)[3]에 부합하는 독립적이고도 세부적 규율이 존재하지 않는다. 주로 구금과 관련된 규정들이 전체 수사 및 심리절차에 함께 규정되어 있다. 따라서 이하에서는 대명률직해와 경국대전에 규정되어 있는 형벌제도를 설명하면서 행집행에 관련된 부분을 함께 설명하고(Ⅱ), 행집행기관 및 구금에 사용되었던 형구(刑具) 및

---

1) 이 점에 대한 개관은 배종대/정승환, 『행형학』(홍문사, 2002), 32면 이하 참조.
2) 수금은 미결구금에 해당하는 것으로 오늘날 체포 및 구금에 해당하는 것이다. 따라서 오늘날 판결을 통해 선고한 형사제재조치의 내용을 실현하는 형집행과는 거리가 있다.
3) 물론 오늘날의 형집행과 행형의 개념구별을 조선시대의 법전에 그대로 적용한다는 것은 다소 무리가 따를 수 있다. 따라서 여기서는 편의상 모든 종류의 형벌의 집행을 의미하는 넓은 의미의 행형 또는 형집행이라는 말을 사용하도록 한다.

옥구(獄具)에 한정해 살펴보기로 한다(Ⅲ).

Ⅱ. 공형벌주의의 원칙과 사적 형벌의 예외적 허용

조선은 태형(笞刑), 장형(杖刑), 도형(徒刑), 유형(流刑), 사형(死刑)의 오형(五刑)을 공식적 형벌로 하는 공형벌주의(公刑罰主義)를 원칙으로 하고 있었으나, 예외적으로 극히 제한된 경우 사형(私刑)도 허용되었다. 더불어 죄인의 일정한 신분(관리, 승려 등)에 따라 본래 형벌에 대신하여 일정한 신분상 제재를 가하게 하는 명예형의 성격을 띤 윤형(閏刑)도 인정하고 있었다. 또한 법정형은 아니었지만 실제 성행했던 법외형(法外刑)도 적지 않게 존재하였다.[4]

1. 사 형

사형(私刑)은 가해자에 대한 피해자 자손의 보복, 자손이나 처에 대한 조부모·부모·부(夫)의 징계, 노비에 대한 노주(奴主)의 징계에 한하여 예외적으로 허용되었다. 이는 당시의 존비속 또는 부부의 신분관계, 노비와 주인의 주종관계를 반영하는 것이라 볼 수 있다.

(1) 가해자에 대한 피해자 자손의 보복

---

4) 이에 대한 체계적 설명은 특히 김기춘, 『조선시대 형전』(삼영사, 1990), 84면 이하; 박강우, 「조선시대 형사법제와 형벌사상」, 『JURIS FORUM』 제3호(충북대학교 법학연구소, 2003), 252면 이하; 서일교, 『조선왕조 형사법제의 연구』, 박영사, 1974, 135면 이하; 정갑섭, 『최신교정학』, 경기도서, 1997, 121면 이하 참조.

374

조부모나 부모가 남에게 구타를 당하는 것을 자손이 즉시 구호하고 도로 가해자를 구타한 것은 절상(折傷) 이상의 상해가 아니면 불문에 붙이고, 절상 이상의 중상해에 이른 것은 일반 구타죄에서 3등을 감경하며, 치사케 한 자는 일반 구타치사의 예에 따랐다. 만약 조부모나 부모가 남에게 피살된 것을 알고 그 자손이 가해자를 임의로 살해한 때에는 장 60대의 형에 처한다. 그러나 피살현장에서 범인을 살해한 자는 불문에 붙였다.5)

(2) 자손이나 처에 대한 조부모·부모·夫의 징계

자손이 조부모, 부모를 구타매리(毆打罵詈)6)한 것과 처첩이 남편의 조부모, 부모를 구타매리한 자와 조부모, 부모, 부(夫)의 조부모, 부모의 명령을 위범(違犯)한 자를 그 조부모, 부모나 夫의 조부모, 부모가 법대로 처벌하다가 우연히 치사케 한 것과 과실치사한 때에는 각각 그 죄를 묻지 않았다.7)

남편이 아내를 구타한 경우는 그 죄를 묻지 않았으며, 다만 이로 인해 아내가 절상 이상의 중상해를 입었으면 일반인을 구타한 경우의 처벌례에서 2등을 감하여 처벌하도록 규정하고 있었다. 반면 아내가 남편을 구타하면 장 100의 형에 처하고, 남편이 이혼하기를 원하면 청허(聽許)하도록 하였다. 또한 아내가 남편을 구타하여 절상 이상의 상해를 가한 경우 각각 일반 투구(鬪毆)로 인한 상해죄보다 각각 3등을 가중하도록 하여 남편과 아내의 경우 형의 경중에서 차이를 보이고 있었다.8)9)

---

5) 『大明律直解』 卷 第20 刑律 鬪毆編 父祖被毆條.
6) 罵詈(매리)는 욕하며 꾸짖는 것을 말함.
7) 『大明律直解』 卷 第20 刑律 鬪毆編 毆祖父母·父母條. 이를 (조)부모의 정당행위의 일종인 징계행위로 파악하는 견해(김기춘, 앞의 책, 86면)도 있지만, 오늘날의 형법 제20조 정당행위에 해당하는 징계권의 행사로 보기에는 무리가 따른다.
8) 『大明律直解』 卷 第20 刑律 鬪毆編 妻妾毆夫條. 다만 이 경우 남편이나 아내의 親告가 있어야 처벌하는(須夫[妻]自告乃坐) 규정을 두고 있었다.

(3) 노비에 대한 노주(奴主)의 징계

가장 및 가장의 기복친(朞服親)10)이나 외조부모가 고용인을 구타한 때에는 절상 이상의 중상해가 아니면 죄를 묻지 않았고, 절상 이상이면 일반인의 예에서 죄 3등을 감경하며, 그로 인하여 치사케 한 경우는 杖 100, 徒 3년의 형에, 고의로 살해한 경우에는 교형에 처하도록 하였다.

반면 노비가 가장을 구타한 경우는 모두 참형에 처하고, 살해한 자는 모두 능지처사의 형에, 과실로 치사한 자는 교형에, 구타하여 치상케 한 경우 장 100, 유 3,000리의 형에 처하였다. 또한 가장의 기복친 및 외조부모를 노비가 구타한 때에도 교형에 처하고, 치상케 한 자는 모두 참형에 처하도록 하였다.11) 주종관계라는 봉건적 질서유지를 위한 전형적 가중처벌규정이다.

2. 윤 형

윤형(閏刑)은 관리나 승려 등 일정한 신분을 가진 사람이 범법행위를 하는 경우 그의 관작(官爵)을 박탈하는 명예형을 말하며, 완전히 명예형으로 대체하는 경우와 병과하는 경우 두 경우가 있었다.

(1) 문무관의 공범죄와 사범죄

문무관(文武官)이 공무를 수행하는 과정에서 범죄행위를 한 경우 태형에 해당하는 때에는 관원은 속죄(贖罪)하고, 아전은 매 계절의 마지

---

9) 반면 자손이 그의 조부모나 부모를 구타하거나 처첩이 그의 시조부모나 시부모를 구타하면 모두 斬刑에 처했고, 살해하면 陵遲處死의 형에 처하였다. 더불어 그 부모 등을 과실로 치사케 하면 장 100대에 처한 후, 流 3,000리의 형에 처하였고, 과실로 치상케 하면 장 100대를 때린 후 徒 3년의 형에 처하였다(『大明律直解』卷 第20 刑律 鬪毆編 毆祖父母·父母條, 妻妾毆夫條 참조).
10) 가장이 사망한 때에 1년간 상복을 입는 범위 내의 친족.
11) 『大明律直解』卷 第20 刑律 鬪毆編 奴婢毆家長條.

막 달에 그때까지의 죄상을 아울러 논하되 그 명부에 죄명을 적지는 않았다. 다만 장형 이상에 해당하는 경우에는 명백히 입안(立案)하였다가 매년 1회씩 고과하여 죄명을 기록하고 9년 만에 1회씩 소범(所犯)의 경중과 횟수를 통고(通考)하여 파면 또는 승진의 자료로 하였다.[12]

문무관이 사적으로 죄를 범한 경우에는 문관과 무관에 따라 다르게 규정을 두었다.[13] 먼저, 문관이 사죄를 범하여 태 이하의 형에 해당하면 죄명을 기록하여 두고 다시 본직에 돌려보내며, 태 50의 형에 해당하면 현직을 해임시키고 다른 관직에 이임하며, 장 60의 형에 해당하면 관직 1등을, 장 70의 형에 해당하면 2등을, 장 80의 형에 해당하면 3등을, 장 90의 형에 해당하면 4등을 강등시키고, 모두 현직을 해임하여 정관(正官)인 자는 잡직에 서용하고, 잡직인 자는 변방의 먼 곳의 잡직에 서용(敍用)하며, 장 100에 해당하는 자는 관직을 파면하고 서용하지 아니하였다.

만약 무관, 즉 군관이 사적으로 죄를 범하여 태형에 해당하면 명부에 죄명을 기록하여 두고 속을 받으며, 장형에 해당한 죄면 현직을 해임하고 강등하여 서용하며, 파면하고 서용하지 아니하는 죄에 해당한 자는 강등하여 총기(總旗)[14]에 충용하며, 도형이나 유형에 해당한 자는 도정(途程)의 원근을 계산하여 각 방어소에 보내어 충군(充軍)[15]하고, 충군하고 있는 동안 만약 공을 세우면 순위를 따지지 아니하고 발탁하여 등용하였다.

또한 일정한 실직(實職)을 가진 직관(職官)이 범죄하여 파직되어 서용되지 아니하고 직첩을 추탈하여 관원명부에서 제명된 경우에는 이전의 관작을 모두 삭제하며, 승인이 범죄하여 이미 결벌(決罰)된 경우에

---

12) 『大明律直解』 卷 第1 名例律 文武官犯公罪條.
13) 『大明律直解』 卷 第1 名例律 文武官犯私罪條 참조.
14) 중국 원·명 때의 하급 군관의 하나로 병사 50인을 지휘함.
15) 변방 현지의 군역에 종사케 하는 것.

는 모두 환속시켜 군역, 민역 및 공장(工匠)·염간(鹽干) 등 각각 본색
에 따라 원역에 돌려보내게 하였다.[16)

이와 함께 경국대전은 문무관의 공·사 범죄에 대해 특별규정을 두
고 있었는데, 관리가 사죄를 범하면 장 100의 형까지는 고신(告身)의
추탈(追奪) 및 수속(收贖)[17)을 하였고, 장 100이 넘으면 형이 집행되었
다. 또한 관리가 공무상 경죄(輕罪)를 범한 경우 일정기간 봉급을 삭탈
하는 벌봉제(罰俸制)도 규정되어 있었다. 대명률의 벌봉전(罰俸錢) 10
일분은 태 10대, 반월분은 태 20대, 1월분은 태 30대, 2월분은 태 50대
에 준하는 것으로 하였다.[18)

(2) 금 고

조선시대의 금고(禁錮)는 오늘날의 자격상실 또는 자격정지에 해당하
는 것으로 종신금고와 연한금고의 두 가지가 있었다. 종신금고는 영구히
관리로 임용하지 아니하는 경우로, 남형(濫刑)으로 인해 사람을 치사케
한 관리,[19) 10호 이상을 호적에서 누락시킨 수령[20) 등에게 적용되었다.
반면 연한금고(年限禁錮)는 죄의 경중에 따라 기간에 차등이 있는 경우
이다. 뇌물을 계상할 때 의금부에서 계산하여 준 석수(石數)에 따라 이
조가 금고연한을 정하게 한다든가 불법수령(不法守令) 중 쌀 100석 이상
범죄자는 3년의 금고, 쌀 200석 이상의 자는 5년의 금고, 쌀 300석 이상

---

16) 『經國大典』 卷 第1 名例律 除名當差條.
17) 고신은 벼슬아치로 임명된 때에 주는 사령장(職牒)을 의미하며, 추탈은 追奪告
    身一等을 의미하는데, 이는 소급하여 벼슬 한 등급을 삭탈하는 것으로 正·從
    을 等으로 하고, 정6품인 자를 종6품으로 강등하는 식으로 직첩을 낮추는 것을
    말한다.
18) 『經國大典』 卷之5 「刑典」 推斷條, 罪犯准計條.
19) 『經國大典』 卷之5 「刑典」 濫刑條: "관리가 남형한 자는 장 100과 도 3년의 형
    에 처하고, 남형하여 치사한 자는 장 100의 형에 처하고 영구히 임용하지 아니
    한다."
20) 『受敎輯錄』 卷之2 「戶典」 戶籍條.

의 자는 10년의 금고에 처하도록 하는 것을 그 예로 들 수 있다.[21]

3. 정 형

정형(正刑)에는 태형, 장형, 도형, 유형 및 사형의 순서로 점차 형이
중해지는 오형이 있었다.[22] 태형과 장형은 신체형이고, 도형과 유형은
오늘날 자유형과 유사한 면이 있다.

(1) 태 형

태형은 경죄를 범한 자에 대해 작은 형장(荊杖)으로 치는 형벌이다.
10도, 20도, 30도, 40도, 50도의 5등급이 있고, 매 10도를 기준으로 형을
1등씩 가감한다. 태형에 쓰이는 회초리는 상부관서에 내린 교판에 맞추
어 규격검사를 해야 했다.[23]

(2) 장 형

장형은 죄를 범한 자에 대하여 큰 형장으로 치는 형벌이며, 60도에서
100도까지 5등급이 있고, 매 10도에 형 1등이 가감되었다. 장형에 쓰이
는 큰 회초리[24] 역시 태형의 경우처럼 규격검사를 하여야 했으며 그
집행방법도 태형과 같았다. 장형은 그것만으로 별도로 집행하는 경우도
있었지만, 주로 도형과 유형에 병과하였다.

---

21) 『新受敎輯錄』, 「吏典」 守令條 영조 13년의 왕명.
22) 이하의 정형의 설명은 『大明律直解』 五刑之圖, 五刑名義 및 獄具之圖; 『欽恤典
    則』 五刑名義 및 獄具之圖 참조.
23) 태형에 쓰는 매는 작은 회초리로 만들되 옹이나 나무눈은 깎아버려야 하며, 힘
    줄이나 아교 같은 물건은 덧붙이지 못하게 되어 있었다. 집행할 때에는 매의
    가는 편 끝으로 볼기를 친다. 大頭徑은 2푼 7리, 소두경은 1푼 7리, 길이는 3척
    5촌으로 규격을 정형화해놓고 있었다.
24) 대두경이 3푼 2리, 소두경이 2푼 2리, 길이가 3척 5촌의 회초리.

(3) 도 형

도형은 비교적 중한 죄를 범한 자를 관에 붙잡아 두고 소금을 굽히거나 쇠를 달구게 하여 힘들고 괴로운 일을 시키는 것을 말한다. 구금하여 정역에 복무케 한다는 점에서 오늘날의 자유형과 비슷한 면을 띠기는 하지만, 강제노역에 종사케 한다는 점에서 노동형(Arbeitsstrafe)25)의 성격 역시 지니고 있다.

노역에 처하는 기간은 1년에서 3년까지 5등급이 있고, 매 장 10도와 도역 반년에 형 1등이 가감된다. 도형은 항상 장형을 병과하며, 그 내용은 도 1년·장 60, 도 1년 반·장 70, 도 2년·장 80, 도 2년 반·장 90, 도 3년·장 100으로 되어 있다. 다만 도형이 도역으로 어떤 종류의 노역을 부과하였는가가 문제될 수 있는데, 기록에 따를 때 주로 제지서의 제지, 와서의 제와(기와 굽기) 또는 역체(驛遞)(역참에서 공문서를 넘겨받는 일 또는 말을 갈아 보내는 일) 등의 잡역에 종사했다는 점을 확인할 수 있다.26)

도형의 집행은 군, 현 등의 관아에서 행했고, 전국의 도형수에 대해서는 형조에서 총괄하였다. 도형·유형을 선고할 수 있는 권한은 형조와 관찰사에 있었으므로 도형수의 배소(配所)는 중앙의 경우 형조에서, 지방의 경우는 관찰사가 결정하였다. 도형을 선고받은 자는 함께 선고

---

25) 서구, 특히 독일에서 공적 강제노동형은 남부독일 도시들을 필두로, 17세기 초반 무렵 함부르크, 단찌히 그리고 스위스의 여러 도시 및 뷔르템베르크에 도입되었다. 조선에서 『대명률직해』와 『경국대전』이 시행되던 시기에 대응하는 것으로 볼 수 있는 서구법전으로는 1532년 카롤리나 형법전(Constitutio Criminalis Carolina: CCC)을 들 수 있다. 카롤리나 형법전의 형벌체계는 주로 생명형과 신체형에 그 중점을 두고 있었고, 자유형에는 사형에 맞먹는 종신구금(Ewiges Gefängnis: Art. 10, 101 CCC)과 경미절도에 부과되었던 벌금을 대체하는 자유형(Ersatzfreiheitsstrafe: Art. 157 CCC)의 두 가지를 규정하고 있었다. 상세한 설명은 Thomas Krause, *Geschichite des Strafvollzugs*(Darmstadt 1999), 21면 이하 참조.

26) 『조선왕조실록』 34 인조 卷 19, 6년 12월 6일.

380

받은 배소에 가서 노역에 종사하며 기간기산점은 배소도착일이다. 죄수가 도형, 유형의 판결을 받으면 해당 관아에서 10일 이내에 배소로 보내야 하며, 호송 중에는 법의 규정에 따라 목에 나무칼을 씌우고 손에 나무로 만든 수갑을 채워서 압송한다. 압송 도중 기한을 넘긴 자는 연체 3일에 태 20대씩을 과하고 최고 60대까지 과하게 하였다. 또한 이로 인하여 죄수를 도망하게 한 때에는 관리를 죄수 대신 가두고 죄수가 체포되어 관에 도착하는 날을 기다려 석방하며, 그 관리는 다른 직임에 임용토록 하였다.[27]

군역에 복부하게 하는 충군(充軍)도 도형의 일종으로 볼 수 있다. 경국대전에도 군인이 도형에 해당하는 죄를 범하고 도형을 받는 대신 충군된 경우에는 군복무기간이 도형기간을 경과하면 석방하도록 하는 규정이 있었다.[28] 충군의 종류에는 장 100·충군, 장 100·변원충군(邊遠充軍) 및 장 100·수군충군이 있었다.[29]

(4) 유 형

유형은 중한 죄를 범한 경우 먼 지방으로 귀양 보내어 죽을 때까지 고향에 돌아오지 못하게 하는 형벌이다.[30] 유형에는 귀양 보내는 거리에 따라 유 2,000리, 유 2,500리, 유 3,000리의 3등급이 있었고 반드시 장 100대가 병과되었다. 또한 유형은 황무지와 해변의 고을에 보내어 배치시키는 것이며, 노역을 과하지는 않았다.[31]

---

27) 도형의 집행절차에 관해 상세한 것은 김기춘, 앞의 책, 94면 이하.
28) 『經國大典』卷之5「刑典」推斷條.
29) 충군에 관한 상세한 설명은 서일교, 앞의 책, 144면 이하.
30) 유형은 형의 기간이 정해져 있지 않은 점이 큰 특징이며, 왕의 赦令 또는 疏決(죄인을 관대하게 처결함) 등에 의해서만 특별히 석방될 수 있었다. 정치적 주도권을 둘러싼 당쟁에 따른 정치범의 처벌에 자주 이용되었다(김기춘, 앞의 책, 96면).
31) 『大明律直解』卷 第1 名例律 徒流遷徙地方條.

우리나라 지형조건으로는 서울을 중심으로 2,000리 또는 3,000리가 되는 지역이 없어서 해당거리에 해당하는 유배지역을 일괄적으로 정하기도 하였고, 경우에 따라서는 배소로 바로 가지 않고 우회하여 거리를 계산한 경우도 있었다.[32] 유배죄인에 대한 계호 및 처우의 책임은 지방수령에게 있었고, 유형수 가운데 국사범에게는 식량 등 식량 등 생활필수품을 관에서 공급해 주었다.

유형수에게는 유형지에 처와 첩은 따라가도록 하며, 부모와 조부모 그리고 자손은 본인이 따라갈 때에만 허가하였다.[33] 유형이나 천사된 사람이 사망한 뒤 그의 가구(家口)가 고향에 돌아가기를 원할 때에는 방치하였으나 모반이나 살인 등 중범죄에 관련된 죄인의 가구는 다시 돌려보내지 않았다.

유형에는 천사(遷徙), 부처(付處), 안치(安置) 등이 있다.

1) 천 사

천사는 "遷離鄕土一千里外"로 죄인을 고향에서 천리 밖으로 강제 이주시키는 형벌을 말한다. 徙民이 도망하면 그 처자를 노비로 삼고, 체포하면 호주는 참형에 처한다. 자수하면 본래 천사되었던 곳으로 환원시키고 처자를 석방한다. 사민이 도망하는 때에 이를 돕거나 숨겨준 자는 全家徙邊에 처하고 5가구 이상이 도망하였을 때에는 수령을 파면하며, 소관인(所管人)[34] 및 이웃사람으로서 이를 알면서 고발하지 아니한 자는 제서유위율(制書有違律)로 논죄하였다.[35]

---

32) 조선 말기에 이르러 유형과 도형을 징역형으로 바꾸면서 유형은 국사범에 한하여 적용하고 유배지역도 섬 지방으로 한정시켰다. 배소지정의 구체적인 예에 대해서는 김기춘, 앞의 책, 147면 이하.

33) 付處, 安置에 처해진 자의 家口도 이에 준하였다.

34) 말단행정구역의 책임자, 즉 서울은 管令, 지방은 勸農官・里正・統主.

35) 『經國大典』 卷之5 「刑典」 逃亡條. 制書有違律이란 임금의 宣旨를 널리 알릴 목적으로 적은 문서인 제서(＝詔書)를 받들어 시행하는데 위반이 있는 자에 대해 적용되는 형률을 말한다(逃亡條. 註25).

천사 가운데 가장 가혹한 전가사변은 부정세리, 우마를 살해한 자, 도적에게 주로 적용되었다. 전가사변에 처해지면 변지(邊地)에 도착하여 정착할 수 있는 시기를 고려하여 1~2월에 천사시켰으며, 도적이나 중범자는 감옥에서 대기하였다가 변지로 이송하고 그 외의 범죄자는 일단 석방하고 집에서 대기하다가 천사시킨 것으로 보인다. 전가사변은 형벌의 가혹함에도 변방개척이라는 명목으로 점차 확대되다가 숙종 때 전가사변의 율령 중 20여 개를 삭제하고, 정조 20년(1744)에 이르러 대부분 장형이나 유형으로 바뀌게 된다.[36]

2) 부처(중도부처(中途付處))

부처는 주로 관원에 대해 과하던 유형의 일종으로 일정한 지역을 지정하여 그곳에서만 머물러 살게 하는 형벌을 말한다. 본향(本鄕), 원방(遠方), 해외(海外)의 원도(遠島), 사장(私莊), 자원처(自願處) 등 다양한 곳이 부처의 대상지로 허용되었다. 유생도 부처에 처해지기도 했고, 부처의 형에 그치지 않고 부처의 형에 처해진 사람을 다시 예문관의 노비로 삼은 경우도 있었다.[37]

3) 안 치

배소 중에서도 일정한 장소에 격리하여 유거(幽居)시키는 형벌로 왕족, 고관, 현직(顯職)[38]에 있는 자에 한해 적용되었고, 유형 가운데 가장 행동의 제한이 많았다. 안치에도 그 죄질에 따라 특히 은전을 베푸는 처분으로 본향안치(本鄕安置)가 있고, 더 엄중한 격리조치로 절도안치(絶島安置)와 위리안치(圍籬安置)가 있었다. 본향안치는 죄인의 고향에 안치시키는 것을 말하고, 위리안치는 집 주위에 가시나무로 담장을

---

36) 상세한 설명은 서일교, 앞의 책, 151면 이하와 김기춘, 앞의 책, 98면.
37) 중종실록 권 11, 중종 5년 4월 7일; 성종실록 권 246, 성종 21년 10월 18일.
38) 문무의 양반이 하는 벼슬.

설치하여 그 안에 유폐하여 살게 하는 것을 말한다. 절도안치는 가장
가혹한 격리조치로 죄인을 외딴 섬에 격리시키는 것을 말하며, 절도에
간수가 없는 곳은 죄인을 편배(編配)하지 아니하였다.[39]

(5) 사 형

사형은 사람의 목숨을 빼앗는 극형으로 교수형과 참수형의 두 가지
가 있었다. 교수형 내지 교형은 죄인의 두 손과 두 발목을 묶고 높은
데에 매달아 목을 졸라 죽이는 것이요, 참수형 내지 참형은 죄인의 목
을 큰 칼로 베어 죽이는 것을 말한다. 사형을 직접 집행하는 사람은 관
아에 소속된 가장 하위직인 이예(吏隷), 나장(羅將)들이었고, 죄수의 목
을 자르는 직업을 가진 자를 회자수(劊子手) 또는 망나니라고 불렀다.

사형과 관련하여 언급되어야 할 것이 능지처사(陵遲處死), 효수(梟
首) 및 기시(棄市)이다. 능지처사 또는 능지처참은 죄인의 머리, 양팔,
양다리, 몸체를 찢어 각지로 보내 여러 사람에게 보이거나 신체의 특정
된 여러 곳에 칼질하여 상처를 내고 목을 베는 것을 말한다. 모반대역
죄(謀反大逆罪),[40] 모살조부모·부모죄(謀殺祖父母·父母罪),[41] 채생절
할인죄(採生折割人罪),[42] 살일가삼인죄(殺一家三人罪),[43] 노비살가장죄
(奴婢殺家長罪),[44] 처첩살부죄(妻妾殺夫罪)[45] 등 대역죄나 친부살(親
夫殺)과 같은 최대의 반도덕범죄에 대해 과한다. 능지처사된 자의 매장
은 허용되지 않았고, 사후에 수형자는 영원한 망자가 되는 것으로 인식
되었다.

---

39) 『續大典』 卷之5 「刑典」 推斷條.
40) 『大明律直解』 卷 第18 「刑律」 盜賊 謀反大逆條.
41) 『大明律直解』 卷 第19 「刑律」 人命 謀殺祖父母·父母條.
42) 『大明律直解』 卷 第19 「刑律」 人命 採生折割人條.
43) 『大明律直解』 卷 第19 「刑律」 人命 殺一家三人條.
44) 『大明律直解』 卷 第20 「刑律」 鬪毆 奴婢毆家長條.
45) 『大明律直解』 卷 第20 「刑律」 鬪毆 妻妾毆夫條.

효수는 참수 후 머리를 간두(竿頭)(대막대기 또는 막대기 끝)에 매달아 많은 사람들에게 보이는 형을 말하는데, 조선에서는 『속대전』에 이르러 효수 또는 효시형이 나타난다. 기시는 참형에 처하되 그 집행장소를 사람이 많이 모이는 시장으로 한 다음 시체를 길거리에 버리는 형벌을 말한다. 또한 이미 죽은 자의 무덤을 파헤쳐 시체를 꺼낸 다음 참형 또는 능지처사를 행하는 부관참시(剖棺斬屍)라는 집행방법도 있었다고 기록에 전해진다.[46]

4. 부가형

정형에 덧붙여 가해지는 부가형으로 자자(刺字)와 몰관(沒官)이 있다. 자자는 죄인의 얼굴이나 팔에 흠을 내어 먹물로 죄명을 새겨 넣는 형벌을 말한다. 주로 뇌물죄를 범한 자에게 장 또는 도 등의 형을 가하고 이에 덧붙여 자자형을 과하였다. 이후 팔뚝에 흠을 내는 것은 눈에 띠지 않는다 하여 예종 원년에는 모든 자자를 얼굴에만 하도록 하는 경면(黥面)이라는 말이 생겨나기도 하였다. 그러나 경면은 거의 시행되지 않았고, 이후 영조 16년에는 자자를 엄격하게 금지하기 이른다.[47]

몰관은 대역죄인의 가족이나 그 재산을 관에서 몰수하는 것을 총칭하는 것이다. 몰관에는 몰수, 적몰(籍沒), 추징의 세 종류가 있다. 몰수는 부정품 또는 범죄에 사용된 물건을 몰관하는 것이고,[48] 적몰은 중범죄자의 일체의 가족, 재산을 전부 몰관하는 것으로 관련자의 가족을 노비로 몰입시켜 폐가시키는 처벌도 뒤따랐으며,[49] 추징은 몰관될 장물

---

46) 연산군 시대 무오사화, 갑자사화에 연루된 자에 대해 이 형이 집행되었다고 한다.

47) 자자에 관한 상세한 역사적 사료는 서일교, 앞의 책, 166면 이하.

48) 彼此俱罪之贓 및 犯禁之物은 관에 몰수한다. 그러나 만약 받은 자와 준 자가 서로 화의한 것이 아니고 강제로 일을 만들거나 강요, 갈취, 討索(금품을 억지로 달라고 함)한 장물은 본인에게 돌려준다(『大明律直解』 卷 第1 名例律 給沒贓物條).

중에서 이미 사용, 소비한 부분을 다시 관에 몰수하는 것을 말한다.[50]

몰수의 특이한 형태로 범인의 재산을 강제 징수하여 피해자 측에 피해배상으로 돌려주는 제도가 있었다. 예컨대 채생절할인을 범한 자는 능지처사하고 재산은 징발하여 피해자의 가에 주며,[51] 과실치사나 과실치상한 자는 각 죄에 준하는 속전을 받아 장례비나 치료비에 쓰도록 피해자에게 주었다.[52]

5. 법외의 형

정형과 부가형 이외에 조선시대의 관가 또는 사가에서 사실상 행해진 형벌이 있었다. 관에서 관행화 내지 일반화 되었던 것으로는 주리,[53] 태배(笞背),[54] 압슬(壓膝),[55] 난장(亂杖),[56] 낙형(烙刑)[57] 등이 있었고, 권문세가에서 불법으로 행해지던 것으로는 의비(劓鼻),[58] 단근형(斷筋

---

49) 모반이나 逆叛을 범한 자의재산은 모두 몰수하되 사면의 대상도 되지 않았고, 집안의 범죄로 연좌되어 관에 몰입된 家屬은 당해 범죄인이 사면되면 다시 사면, 석방되었다(『大明律直解』 卷 第1 名例律 給沒贓物條).

50) 장물이 이미 소비되었으면 그 가액을 추징하되, 만약 범인이 사망하였으면 추징하지 않고, 장물가액을 계산할 때에는 모두 범행 당시의 그곳의 中等物價에 의거하여 산정하였다. 금이나 은이 장물로 된 범죄를 처벌할 경우에는 범인이 처음에 가져간 은전의 함유량에 따라 실제대로 추징하되 官物은 관에, 사물은 본래의 주인에게 돌려주었다(『大明律直解』 卷 第1 名例律 給沒贓物條).

51) 『大明律直解』 卷 第19 「刑律」 人命 採生折割人條.

52) 『大明律直解』 卷 第19 「刑律」 人命 戱殺誤殺過失殺傷人條.

53) 剪刀주리의 준말이며, 주리를 튼다고 하는 형이다. 영조 때 이후 사라졌다.

54) 등을 구타하는 형벌. 세종 때 사라졌다.

55) 무릎 위에 무거운 물건을 올려놓아 압력을 가하는 고문의 일종. 현종 때 금지되었고, 영조 이후 폐지되었다.

56) 여러 명이 장을 가지고 죄인의 몸의 신체부위를 가리지 않고 마구 때리는 형벌. 비슷한 형벌로 朱杖撞問刑이 있었다. 영조 때 금지되었으나 이른바 멍석말이의 형태로 민간에는 오랫동안 존재하였다고 한다.

57) 쇠를 불에 달구어 온몸을 지지는 형벌로 炮烙刑 또는 단근질이라고 함. 세종 때 금하였으나 없어지지 않다가 영조 때 완전히 없어졌다.

58) 의비는 죄인의 코를 베는 형벌을 말한다. 세종 이후 엄히 단속하였다.

刑),59) 월형(刖刑),60) 비공입회수(鼻孔入灰水),61) 고족(刳足),62) 팽형(烹刑) 63)등이 있었다. 이런 법외의 형벌들은 그 집행의 참혹성과 남형의 폐단으로 인해 조선 초기를 지나 중기에 이르러 엄격히 금지된다.64)

Ⅲ. 형집행기관과 형구 및 옥구

1. 형집행기관

조선시대의 형정(刑政)을 담당하던 중앙기관에는 형조와 사헌부, 의금부, 한성부 등이 있었고, 지방에서는 관찰사와 수령이 이를 담당하였다. 형조는 국가의 사법업무와 노예에 관한 사무를 총괄하였고, 그 아래에 4사65)와 속아문(屬衙門)으로 율령의 관리와 율관을 양성하는 율학청, 죄수의 구금을 담당하는 전옥서(典獄署) 및 좌우포도청을 두었다. 이와 같은 본래의 구금시설 이외에 의금부에는 금부옥, 기타 병조, 사간원, 비변사, 포도청에서도 옥사를 두어 관리하고 있었다. 왕궁 안에도 내수사옥(內需司獄)을 두었으나 숙종 때 폐지된다.

---

59) 복숭아 뼈 부근의 힘줄을 끊어버리는 형벌.
60) 발뒤꿈치의 힘줄을 베어버리는 형벌. 세종 때 법으로 금하였다.
61) 사람을 거꾸로 매달아 놓고 코에 잿물을 붓는 고문의 일종.
62) 고족형은 죄인의 발을 쪼개는 형벌.
63) 煮刑이라고도 하였다. 물에 삶아 죽이는 형벌이라고 되어 있으나, 실제 생명형이나 신체형은 아니었고, 관리들의 독직행위에만 국한되어 가하는 제재로 삶아 죽이는 시늉만 하고, 죽은 자로 취급하여 죄인의 공민권을 박탈하고 외부인과의 접촉을 금하였다.
64) 법 외의 형에 관한 상세한 설명은 김기춘, 앞의 책, 107면 이하.
65) 중죄에 대한 복심업무를 주관하는 부서인 詳覆司와 율령에 관한 사항을 관장하는 考律司, 감옥과 범죄사무를 처리하는 掌禁司, 노예와 포로에 대한 업무를 주관하는 掌隸司가 있었다.

그중 전옥서(典獄署)는 종6품 아문으로 책임자는 종6품인 주부(主簿)였으며, 그 아래 종 8품인 봉사(奉事) 1명과 종 9품인 참봉 1명이 있었다. 조선개국과 동시에 전옥서를 두어 죄인의 수금(囚禁)에 관한 업무를 맡게 하였으나 세조 때에 이르러 직제가 완전히 정비되었다.

2. 형구·옥구

조선시대에 사용된 형구 내지 옥구로는 태, 장, 신장(訊杖), 가(枷), 축(杻), 철삭(鐵索), 요(鐐) 등이 있다. 이 중 태와 장은 태형과 장형을 집행하는 데 사용하고, 신장은 拷訊刑에 사용되었다. 가, 축, 철삭, 요는 범죄인의 도주방지를 위해 사용되었다. 태와 장은 앞에서 설명되었으므로, 그 이외의 형구에 대해 『대명률직해』, 「명례율」의 옥구지도(獄具之圖)를 중심으로 살펴보기로 한다.

(1) 신 장

고문을 하는 데 사용한 가시나무 회초리를 신장이라 한다. 중한 죄를 범하고 적증(賍證)(도둑질한 증거)이 명백한데도 자복하지 않는 경우에 문안을 명백히 작성하여 신장으로 고문하며, 이때 아래 끝으로 무릎 아래를 치되 정강이에 이르지 아니하게 하며, 1회에 30도를 넘지 못한다. 신장의 규격은 대두경이 4푼 5리(약 1.4cm), 소두경이 3푼 5리(약 1.1cm)이고 길이가 3척 5촌(약 106cm)이었다.

법체계상 보아 이렇게 자복을 위해 고신이 허용되었던 이유는 형벌을 부과하는 전제조건으로 피의자의 자백을 요구하고 있었기 때문이었다. 즉 『대명률직해』는 옥수(獄囚)가 도죄나 유죄나 사죄에 해당할 때에는 각각 그 죄수와 그 가속을 소환하여 그 판결한 죄명을 설명하여 주고, 죄수에게서 복죄 또는 불복의 문서를 받아야 한다는 규정을 두고

388

있었던 것이다.66) 따라서 피의자가 피의사실을 부인하면서 자백하지 아
니하면 명백히 유죄의 증거가 있더라도 상응하는 형벌을 과할 수 없으
므로 마땅한 형으로 처벌할 수 있게 한다는 뜻에서 고신이 허용되었던
것이다.67) 다만 고신(拷訊)을 통해 예상되는 각종 폐해를 막고자 고신
의 대상, 방법, 신장의 규정, 절차 등을 엄격하게 규정하고 있었다.68)

장이나 신장과는 구별되는 것으로 곤(棍)이 있었다. 곤 또는 곤장은
버드나무로 넓죽하고 길게 만들어 죄인의 볼기를 치는 데 사용했는데,
장보다 더 길고 굵은 것이 특징이다. 곤의 종류에는 사용 주체와 크기
에 따라 중곤(重棍), 대곤, 중곤(中棍), 소곤 및 치도곤이 있다.69)

(2) 가

가는 죄인의 목에 씌우는 나무칼이며 마른 나무로 만든다. 범죄인에
게 씌우는 것은 무게 25근, 도형이나 유형수인에게 씌우는 것은 15근이
며, 장단과 경중을 그 나무칼 위에 새겨 놓아야 한다. 길이는 5척 5촌
(약 167cm)이며, 두활(頭闊)(머리 넣는 곳의 넓이)은 1척 5촌(약
45cm)이다.

(3) 축

축은 죄인의 손에 채우는 수갑이며 마른 나무로 만든다. 남자가 사죄
를 범한 경우에만 채우며, 유형 이하에 해당하는 범죄자와 부인의 경우
에는 사죄인(死罪人)의 경우라 할지라도 축을 채우지 아니한다. 축의

---

66) 『大明律直解』 卷 第28 「刑律」 獄囚取服辯條.
67) 김기춘, 앞의 책, 120면.
68) 『경국대전』 卷之5, 「刑典」 推斷條. 조선왕조실록의 기록에 근거한 실제 고신의
    제한에 관한 연구는 이종길, 「조선시대 수인보호에 대한 일검토」, 『인권과 정
    의』 제325권(2003. 9), 158면 이하.
69) 곤의 종류에 대해서는 서일교, 앞의 책, 164면 이하; 김기춘, 앞의 책, 124면 이
    하 참조.

규격은 두께가 약 1촌, 길이가 1척 6촌(약 48.5cm)이다. 축을 채울 때에는 죄인의 오른쪽 손과 팔을 축에 넣은 뒤에 못을 박고, 그 축을 가에 붙여 놓는다.

(4) 철 삭

철삭은 가벼운 죄를 범한 사람에게 사용하는 쇠줄이며, 끝에 쇠고리가 달려 있어 여기에 목 또는 발목을 채운다. 죄수의 도망을 방지하기 위하여 채웠던 형구이다. 철삭은 사용하는 신체부위에 따라, 목에 채우면 항쇄(項鎖), 발에 채우면 족쇄(足鎖)라고 한다.

(5) 요

요는 도형의 선고를 받은 죄인의 발목에 채우는 쇠뭉치(鐐連環)가 달린 쇠사슬의 일종이며 쇠고리를 연결하여 만든다. 도형을 선고받은 죄수는 이 요를 발목에 차고 강제노역에 종사해야 한다. 달고 다니는 쇠고리의 무게는 3근(1.8kg)이며, 그 길이는 1장(약 3m)이다.

Ⅳ. 결론에 대신하여: 분석의 과제

대명률직해와 경국대전의 형률 및 형전의 내용과 그 이외의 여러 실록의 기록에서 보건대, 조선시대의 형벌제도는 부단한 자기 제한의 역사를 걸어왔다고 볼 수 있겠다. 물론 그 당시 행형현실은 제한된 역사적 사료에 의존해 판단할 수밖에 없겠지만, 현대적 서구행형의 관점에서 이것을 봉건적인, 그래서 낡은 행형의 잔재라고 폄하할 수만은 없다고 본다. 혹형과 고문의 위험이 상존하고 있었지만, 그것에 대한 제한과 견제장치인 보방제도(保放制度), 고신(拷訊)의 제한(制限), 결옥일한(決獄日限), 휼수(恤囚) 등이 존재했다는 것은 폐단의 반성과 개혁노력이 끊임없이 경주되어 왔다는 점을 반증해주는 것일 것이다. 이러한 내재적 발전 과정이 있었기에 조선왕조 말기에 이르러 연좌제의 폐지, 형구 사용의 제한, 능지처사형의 폐지, 징역형의 제정 등의 법개정이 이루어지고, 이것은『조선형법대전(朝鮮刑法大全)』의 제정으로 이어져 조선왕조형법의 집대성을 이루게 된다.

이러한 법발전 과정을 볼 때 조선조 말기의 조선형법대전이 그 이전의 법제도와 법현실을 어떠한 모습으로 개혁하고 근대화된 법전편찬의 기틀을 마련했는지, 또한 그것을 대체한 일본식민지법제가 어떠한 형태로 전통 법문화와 단절하게 만들었는지를 밝히는 것이 중요한 과제로 제기될 것이다. 즉 조선 말기에서 일본식민지통치 사이의 기간과 해방과 미군정기로 이어지는 과도기적 법이식 과정을 대비함으로써 내재적인 것과 이질적인 것을 평가해낼 수 있는 단초가 마련될 수 있을 것으로 생각한다.

아울러 조선시대의 형벌의 이념을 단순히 응보형이라고 보는 시각에도 의문이 들지 않을 수 없다. 과거의 형벌이라고 하여 응보형이라고만 보는 것은 단견일 것이다. 왜냐하면 모든 형벌은 그 자체 응보적 속성을 담고 있기 때문이며, 현대에 들어와서도 이런 응보적 속성에 대한 다양한 이론적 태도가 상존하고 있기 때문이다. 조선시대는 유교이념을 근간으로 하는 종법제 국가였다. 그렇다면 다소 논증의 부담을 안을 수는 있겠지만, 조선시대의 형벌이념(또는 형벌목적론)을 논할 때, 그런 종법질서에 대한 편입 또는 그런 질서의 규범력을 확인시켜 주는 형벌의 상징성에 더 주목해야 할 필요성 역시 있을 것이다. 그렇다면 최소한 이른바 현대의 통합예방이론(또는 적극적 일반예방)과의 관련성이 부인되기는 힘들 것이다. 왜냐하면 형벌의 상징적 기능 또는 통합기능은 그런 이론의 이름이 붙여지기 이전에도 여전히 존재해 왔을 것이기 때문이다. 이와 관련된 더욱 다양한 이론적 분석의 접점이 형성되어야 할 것이다.

참고문헌

『經國大典』.

『古法典用語集』.

『大明律直解』.

『大典會通』.

『大典會通』.

『續大典』.

『典錄通考』.

『朝鮮王朝實錄』.

『欽欽新書』.

김구진, 「대명률의 편찬과 전래」, 『백산학보』 29, 1984.

김기춘, 『조선시대형전』, 삼영사, 1990.

문준영, 「대한제국기 형법대전제정에 관한 연구」, 서울대학교 석사학위논문, 1998.

박강우, 「조선조 대명률직해의 형법총칙적 조항의 분석」, 『형사정책연구』 제55호, 한국형사정책연구원, 2003.

배종대/정승환, 『행형학』, 홍문사, 2002.

서일교, 『조선왕조 형사제도의 연구』, 삼영사, 1974.

392

심희기, 『한국법제사강의』, 삼영사, 1997.

오도기, 「경국대전 형전의 성격」, 『국사연구』, 조선대학교 국사연구소, 1978.

윤국일, 『신편 경국대전』, 신서원, 1998.

이재룡, 『조선 예의 사상에서 법의 통치까지』, 예문서원, 1995.

이종길, 「조선시대 수인보호에 대한 일검토」, 『인권과 정의』 제325권, 2003.

임재표, 『조선시대 행형제도에 관한 연구』, 한국형사정책연구원, 2000.

임재표, 『조선시대 휼형사례집』, 한국형사정책연구원, 2000.

진희권, 「조선조 초기의 유교적 국가이념과 국가질서」, 고려대학교 박사학위논문,
        1998.

한국역사연구회, 『수교집록』, 청년사, 2001.

저자약력(이하 필자순)

이재룡 고려대학교 사회학과를 나와 동 대학원 법학과에서 법철학으로 석사와 박사과정을 마쳤다. 저서로는 『조선 예의 사상에서 법의 통치까지』(예문서원) 등이 있고, 「도덕과 제도 국가원력의 분산과 집중의 변주」(『법철학연구』), 「유교사회사상에서의 자유와 평등」(『법철학연구』) 외에 다수의 논문이 있다. 현재 충북대학교 법과대학에 재직하고 있다.

진희권 고려대학교 법학과를 졸업하고, 같은 대학 대학원에서 법학석사와 법학박사를 취득하였다. 박사학위논문은 「조선 초기의 유교적 국가이념과 국가질서」이며, 유교적 규범관과 조선시대의 법제도에 깊은 관심을 갖고 『법철학연구』와 『동양사회사상』등 전문 학술지에 지속적으로 논문을 발표하고 있다. 현재 경기대학교 법학과에 재직하고 있다.

최희수 대구대 법학과를 졸업하였고, 고려대학교에서 공법(헌법)전공으로 석사와 박사를 마친 뒤 현재는 헌법재판소에서 재판연구원으로 재직하고 있다. 논문으로서는 「법률의 위헌결정의 효력에 관한 연구 - 소송법적 효력을 중심으로 -」(박사학위논문), 「헌법재판소 결정의 중요이유의 기속력에 관한 연구」(『공법연구』) 등 다수가 있으며, 번역서로서 『순수법학』(공역, 길안사), 『법철학의 기본개념들』(공역, 도서출판 지산)이 있다.

김중권 고려대학교 법학과를 나와 동대학원 법학과에서 행정법 전공으로 석사와 박사과정을 마쳤다. 「행정개입청구권의 인정과 관련한 법적 문제점에 관한 소고」(저스티스), 「국토이용계획변경신청권의 예외적 인정의 문제점에 관한 소고」(행정판례연구)외 다수의 논문이 있고, 저서로는 『지방자치법주해』(한국지방자치법학회), 『세법』(법문사), 『행정법』(경세원)등이 있다. 현재 중앙대학교 법과대학에 재직하고 있다.

박강우 고려대학교 법학과를 나와 동대학원 법학과에서 형사법으로 석사와 박사과정을 마쳤다. 저서로는 『범죄학이론』(나남) 등이 있고, 「미국 법학교육의 과거와 현재」(『법과 사회』 29호), 「형사절차에서 아동증언의 보호」(『형사정책』17권 1호), 「형법에서의 제조물책임」(충북대 『법학연구』15권 1호) 외에 다수의 논문이 있다. 현재 충북대학교 법과대학에 재직하고 있다.

정희철 고려대학교 법과대학을 졸업하고 동 대학원 법학과에서 형법으로 석사 및 박사학위를 취득하였다. 연구논문으로는 「민영교도소 도입을 위한 예비연구」(한국형사정책연구원), 「소년형벌의 형벌목적론」(『비교형사법연구』), 「소년법의 보호처분에 관한 비판적 고찰」(『비교법연구』) 등이 있다. 현재 고려대학교 법학연구원 연구원 및 한경대학교 법학부 겸임교수로 활동하고 있다.

이재목 동국대학교 법과대학을 나와 동 대학원 법학과에서 민사법으로 석사와 박사과정을 마쳤다. 현재 충북대학교 법과대학에 재직하고 있으며, 논문으로는 「청구권경합문제의 논의현황과 신실체법설의 위치」, 「소비자파산에 관한 비교법적 연구」, 「채무불이행에 있어서 위자료배상의 허용범위와 기준」 등 30편이 있다.

최상회 충북대학교 법과대학을 나와 동 대학교 대학원에서 법학석사와 법학박사학위를 받았다. 「채권자취소권에 관한 고찰」(『법학연구』), 「전자거래에 있어서 계약의 성립과 법적문제」(『법학연구』), 「고령화 사회와 신탁제도의 이용」(『법학연구』) 외에 다수의 논문이 있으며 저서로는 『현대사회와 법』(형설출판사)가 있다. 현재 충북대학교 법학연구소 전임연구원으로 재직하고 있다.

김상중 고려대학교 법과대학을 나와 동 대학원 법학과에서 석사학위를 받고 독일 쾰른대학에서 박사학위를 받았다. 「매매계약 교섭 당사자의 잘못된 정보제공에 관한 상대방의 보호」(『민사법학』), 「동기의 착오에 관한 개정 예고안 제109조 2항의 특색과 그 운용에 관한 제언」(『민사법학』), 「계약목적물의 시가에 관한 잘못된 관념과 계약당사자의 보호」(『법조』)외 다수의 논문이 있다. 현재 광운대학교 법학부에 재직하고 있다.

유성국 연세대학교 법학과를 나와 동 대학교 대학원에서 법학 석사와 법학박사학위를 받았다. 「삼국시대 재판제도」(『법사학연구』), 「漢代의 赦免制度」(『법사학연구』), 「高麗時代의 赦免制度」(『법사학연구』)등 다수의 논문이 있다. 현재 충북대학교 법학연구소 전임연구원으로 재직하고 있다.

김재두 고려대학교 법학과를 나와 동 대학원 법학과에서 상법 전공으로 석사와 박사과정을 마쳤다. 「전자서명에 관한 법적 고찰」(『중앙법학』), 「전자인증제도에 관한 법적 검토」(『상사법연구』), 「전자상거래에서의 계약성립상의 법적 문제」(『경영법률』) 등의 논문이 있다. 현재 고려대학교 법학연구원에서 연구원으로 재직하고 있다.

● 조선의 규범이론과 규범체계 - 1권

● 초판 인쇄	2006년 1월 12일
● 초판 발행	2006년 1월 12일
● 지 은 이	이재룡 외 12인
● 펴 낸 이	채종준
● 펴 낸 곳	한국학술정보㈜
	경기도 파주시 교하읍 문발리 526-2
	파주출판문화정보산업단지
	전화 031) 908-3181(대표) · 팩스 031) 908-3189
	홈페이지 http://www.kstudy.com
	e-mail(e-Book사업부) ebook@kstudy.com
● 등 록	제일산-115호(2000. 6. 19)
● 가 격	24,000원

ISBN   89-534-4484-5 93360 (Paper Book)
           89-534-4485-3 98360 (e-Book)